jetzt lerne ich

Visual Basic .NET

Der einfache Einstieg in die Sprache, Klassen-bibliothek und das .NET Framework 1.1

PETER MONADJEMI

Markt+Technik

Bibliografische Information Der Deutschen Bibliothek
Die Deutsche Bibliothek verzeichnet diese Publikation in der Deutschen
Nationalbibliografie; detaillierte bibliografische Daten sind im Internet
über <http://dnb.ddb.de> abrufbar.

Umwelthinweis:
Dieses Buch wurde auf chlorfrei gebleichtem Papier gedruckt.

10 9 8 7 6 5 4 3 2 1

06 05 04

ISBN 3-8272-6721-8

© 2004 by Markt+Technik Verlag,
ein Imprint der Pearson Education Deutschland GmbH,
Martin-Kollar-Straße 10–12, D-81829 München/Germany
Alle Rechte vorbehalten
Lektorat: Erik Franz, efranz@pearson.de
Redaktion: Tobias Draxler
Korrektorat: Petra Kienle
Herstellung: Claudia Bäurle, cbaeurle@pearson.de
Coverkonzept: independent Medien-Design
Coverlayout: adesso 21, Thomas Arlt
Titelillustration: Karin Drexler
Satz: text&form GbR, Fürstenfeldbruck
Druck und Verarbeitung: Bosch, Ergolding
Printed in Germany

Übersicht

»A programmer is just a tool which converts caffeine into code«

(anonym)

Im Sinne dieses bekannten und vielsagenden Zitats widmen Ihnen die Autoren und Lektoren der Buchreihe »Jetzt lerne ich« in jeder Ausgabe ein Rezept mit oder rund um das belebende und beliebte Getränk. Sollten Sie gerade ohne Bohnen oder Pulver sein: Über die Adresse *http://www.mut.de/jetzt-lerne-ich* können Sie einen eigens entwickelten Markt+Technik Programmiererkaffee bestellen.

Viel Spaß und Genuß!

Indischer Kaffeereis

225 g Reis
½ l Milch
60 g Zucker
2 Eigelb
1 Tasse starker Kaffee
1 Likörglas Rum

Den Reis waschen und 3 Minuten in einem großen Topf in Wasser kochen lassen, daneben die Milch zum Kochen bringen. Dann den Reis abtropfen lassen und in die kochende Milch geben. Leicht kochen lassen über ca. 10 Minuten; die Milch darf dabei natürlich nicht überlaufen. Den Topf vom Feuer nehmen, den Zucker, den Kaffee, den Rum und anschließend die Eigelb unter ständigem Rühren zugeben. Den Topf wieder aufs Feuer setzen, 2 Minuten erhitzen, aber nicht mehr zum Kochen bringen. Mit Schlagsahne verziert kalt servieren.

Reis ist das wichtigste landwirtschaftliche Produkt Indiens. Das Land kennt viele Reisgerichte, meist in scharf gewürzter Zubereitung. Da auch Kaffee im Südwesten Indiens in beträchtlichen Mengen kultiviert wird, war es nicht schwer, ein Reisgericht, mit Kaffee zubereitet, zu finden. Der Rum, aus dem in Indien ebenfalls in großen Mengen angebauten Zuckerrohr gewonnen, steuert eine pikante Note bei.

Das Kaffeerezept wurde entnommen aus:

»Kaffee«
Dr. Eugen C. Bürgin
Sigloch Edition, Blaufelden
ISBN: 3-89393-135-X

Mit freundlicher Genehmigung des Verlags.

Inhaltsverzeichnis

15

Einleitung

Programmiersprachen entwickeln sich im Laufe ihres Daseins weiter, die einen schneller, die anderen etwas weniger schnell, manche stellen die Weiterentwicklung sogar notgedrungen irgendwann ein (wer erinnert sich noch an Ada, Forth oder Strand88?). Eine Programmiersprache, die jüngst einen großen Sprung gemacht hat, ist, Sie werden es sich schon denken: Visual Basic. Auf die Version 6.0 folgte nicht, wie es den allgemeinen Gesetzen der Softwarebranche gemäß zu erwarten gewesen wäre, die Version 7.0. Stattdessen erschien Visual Basic .NET als »Nachfolger« auf der Bildfläche, der inzwischen bereits in der Version 1.1 vorliegt (nach der alten Zählweise, die intern beim direkten Aufruf des Visual Basic .NET-Compilers nach wie vor ihre Gültigkeit besitzt, also die Version 7.1). Dass Microsoft sich für dieses »Namenspielchen« (für die der Softwarekonzern ja bekannt ist) entschied, hat natürlich einen guten Grund. Er lautet .NET Framework und steht für den Umstand, dass mit Visual Basic .NET kompilierte Programme die allgemeine .NET-Laufzeitumgebung, kurz CLR (für *Common Language Runtime*), voraussetzen. Oder anders herum, Visual Basic .NET-Programme laufen nur noch dort, wo die CLR als Teil der .NET-Laufzeit zuvor installiert wurde. Da sich diese .NET-Laufzeit aber in Gestalt der ca. 21 Mbyte großen Datei *Dotnetfx.exe* ab Windows 98 aufwärts in wenigen Minuten (ähnlich der Java VM) installieren lässt, ist der Unterschied weitaus weniger spektakulär, als es zunächst den Anschein haben könnte. .NET erfordert weder ein neues Windows (es sei denn, Sie beharren auf Windows 95, was bei allem Wohlwollen etwas unvernünftig wäre) noch zeichnet es sich durch andere exotische Eigenheiten aus.

Auch Visual Basic .NET erscheint bei näherer Betrachtung weitaus weniger spektakulär, als es aufgrund des neuen Namens den Anschein haben könnte.

Die größte Neuerung ist, dass Visual Basic .NET nur noch für die Programmiersprache steht und nur noch als Compiler vorliegt. Was wir früher unter dem Namen Visual Basic kannten, nämlich die Entwicklungsumgebung inklusive der Programmiersprache und eines Interpreters, gibt es in der Form nicht mehr. Der Nachfolger ist Visual Studio .NET, das als universelle Entwicklungsumgebung nun alle .NET-Sprachen beherbergt und das man im Allgemeinen kaufen muss (mehr zu den verschiedenen Editionen in einem der nächsten Abschnitte). Halten wir daher fest:

Visual Basic .NET = Programmiersprache

Visual Studio .NET = Entwicklungsumgebung
             (unter anderem für Visual Basic .NET)

Visual Basic .NET wurde natürlich modernisiert und von einigen Altlasten befreit. Zu den Neuerungen gehören neue Datentypen (*Char*, *Decimal* und *Short*), eine strukturierte Ausnahmebehandlung, ein paar neue Befehle sowie eine vollständige Objektorientierung, die (endlich) auch Vererbung umfasst. Zu den Altlasten, die »entsorgt« wurden, gehören der Datentyp *Currency* sowie ein paar richtige Oldtimer, wie die Befehle *On Gosub*, *Return* oder *LSet*, die kein Programmierer vermissen dürfte.

Und was ist mit Multithreading, von dem oft die Rede ist, der XML-Unterstützung, einem Zufallszahlengenerator und, und, und? Nun, das alles gibt es natürlich, allerdings nicht als Teil der Sprache, sondern als Teil einer großen Klassenbibliothek, die (je nachdem, wen man fragt und wie man zählt) zwischen 4000 und 7000 Klassen umfasst[1]. Bei .NET muss daher streng zwischen den Programmiersprachen und der allgegenwärtigen Klassenbibliothek unterschieden werden. Für die Programmierpraxis macht sich diese Unterscheidung allerdings nur insofern bemerkbar, als der stets vorhandene Namespace als »Obername« einer Klasse ab und zu über den *Imports*-Befehl importiert werden muss.

Mit Visual Basic .NET stehen allen Programmierern im Vergleich zu früher sehr viel mehr Möglichkeiten zur Verfügung, von denen Sie die wichtigsten in diesem Buch kennen lernen werden.

An wen richtet sich dieses Buch?

Dieses Buch ist ein wenig anders, als Sie es unter Umständen von anderen Visual Basic-Büchern gewohnt sind. Im Mittelpunkt stehen nicht Fenster und Steuerelemente, sondern die Befehle der Programmiersprache sowie die stets vorhandenen und notwendigen Klassen der .NET-Klassenbibliothek. Außer-

---

1. Fragen Sie einmal in Barcelona einen Taxifahrer (auf Spanisch natürlich), wie viele Einwohner seine Stadt umfasst. Die stets mit größter Ernsthaftigkeit vorgetragenen Antworten liegen zwischen 2 und 5 Millionen.

dem werden die neuen Programmierregeln vorgestellt, die durch das .NET Framework allen Programmierern auferlegt werden. Dieses Buch ähnelt daher sehr viel mehr einem Programmierbuch zu Java oder C++ als einem typischen Visual Basic-Buch. Doch das soll Sie natürlich nicht davon abhalten, es mit Freude und Elan durchzulesen. Bleiben Sie am Ball, denn es lohnt sich mit Sicherheit.

Was lesen Sie in diesem Buch?

In diesem Buch stehen die Programmiersprache Visual Basic, die .NET-Klassenbibliothek und das .NET Framework im Mittelpunkt. Es ist insofern kein typisches Visual Basic-Buch, als es nicht von Anfang an um Fenster und Steuerelemente geht. Dieser Ansatz wurde bewusst gewählt, da es sehr viel wichtiger ist, die Programmiersprache und das Zusammenspiel mit dem .NET Framework zu kennen, als kleine Windows-Oberflächen zusammenzustellen. Das heißt natürlich nicht, dass dieses Thema nicht länger wichtig ist oder gar unterschlagen werden soll. Es trägt lediglich dem Umstand Rechnung, dass sich bei Visual Basic .NET die Themenschwerpunkte ein wenig verschoben haben. Mit .NET wird Visual Basic mehr zu einer »normalen« Programmiersprache, die einen Satz von Befehlen und Operatoren zur Verfügung stellt und den ganzen Rest einer Klassenbibliothek überträgt. Spätestens in Kapitel 14 stellt sich wieder das vertraute »Visual Basic-Feeling« ein, wenn Sie Kommandoschaltflächen, Radiobuttons und Pictureboxen auf einem Formular anordnen. Das Buch beschränkt sich auf die Kernbereiche der .NET-Klassenbibliothek. Das wichtige Thema Datenbankprogrammierung kann aus Platzgründen leider nicht behandelt werden – hierfür empfehle ich (ganz uneigennützig) mein Buch »Jetzt lerne ich Datenbankprogrammierung mit Visual Basic .NET«, welches das kleine Einmaleins der Datenbankprogrammierung mit ADO.NET und den Klassen der .NET-Klassenbibliothek an vielen Beispielen anschaulich vorstellt.

1: Ein erstes Beispiel in .NET

Kapitel 1 verschafft allen Leserinnen und Lesern ein erstes Erfolgserlebnis. Sie tippen das erste Visual Basic .NET-Programm ein, kompilieren es mit dem Kommandozeilencompiler und erleben hautnah, dass sich ein »Hallo, Welt«-Programm auch mit Visual Basic .NET programmieren lässt (im Unterschied zu früheren Versionen besteht es aber ausschließlich aus Klassen und Objekten).

2: Die .NET-Philosophie

In Kapitel 2 wird .NET in aller Kürze und mit leicht verständlichen Worten vorgestellt. Dies ist keinesfalls ein lästiges Pflichtkapitel, sondern ein wichtiger Baustein für das Erlernen von Visual Basic .NET. Außerdem werden hier eine Reihe von Begriffen erklärt, die Sie bestimmt schon öfter gehört haben.

19

3: Visual Basic .NET-Einmaleins

In Kapitel 3 geht es um all die Kleinigkeiten, die es bei jeder Programmiersprache gibt und die überall ein wenig anders gehandhabt werden. Dazu gehören Variablen, Deklarationen, Zuweisungen, Operatoren und der allgemeine Programmaufbau.

4: Kontrollstrukturen

Zu den Kontrollstrukturen, die in Kapitel 4 an der Reihe sind, gehören Entscheidungen und Schleifen. Hier hat es bei Visual Basic .NET im Vergleich zu seinen Vorgängern praktisch keine Änderungen gegeben, so dass dieses Kapitel auch sehr überschaubar ist.

5: Funktionen und Prozeduren

Klassen sind die Grundbausteine eines Visual Basic .NET-Programms, Funktionen und Prozeduren wiederum die Grundbausteine einer Klasse. In Kapitel 5 wird erklärt, wie Sie eine Funktion definieren, Parameter übergeben und Datentypen festlegen.

6: Klassen

Klassen sind bei Visual Basic .NET was? Richtig, die Grundbausteine. Visual Basic .NET ist (anders als die Vorgängerversionen) durch und durch objektorientiert. Jedes Programm besteht aus mindestens einer Klasse. In Kapitel 6 geht es um den Umgang mit Klassen, das Hinzufügen von Feldern, Eigenschaften und Methoden sowie einige Spezialitäten. Das wichtige (und bei Visual Basic .NET neue) Prinzip der Vererbung ist in Kapitel 11 an der Reihe.

7: Umgang mit Zeichenketten (Strings)

Zeichenketten spielen in praktisch jedem Programm eine Rolle. Bei .NET sind Strings nicht einfach nur ein Datentyp, sie basieren vielmehr auf einer eigenen Klasse, die in Kapitel 7 vorgestellt wird. Während die Stringverarbeitung bei früheren Visual-Basic-Versionen noch über viele verschiedene Funktionen erledigt wurde, gibt es bei .NET dafür die Methoden der *String*-Klasse.

8: Arrays (Felder)

Kapitel 8 stellt mit Arrays einen sehr wichtigen Datentyp vor, über den sich mehrere Werte unter einem Namen zusammenfassen lassen. Arrays basieren bei .NET auf der Array-Klasse, die eine Reihe von Methoden zur Verfügung stellt, mit denen sich Arrays bearbeiten lassen (dazu gehört unter anderem eine Sortierfunktion).

9: Dateizugriffe und Ausnahmen

Daten, die ein Programm entgegennimmt, ansammelt und errechnet, sollen im Allgemeinen auch irgendwo dauerhaft gespeichert werden. In Kapitel 9 wird gezeigt, wie sich mit Hilfe der .NET-Basisklassen Daten in Dateien speichern und wieder aus Dateien auslesen lassen.

10: Fortgeschrittene Programmiertechniken

In Kapitel 10 werden verschiedene »Spezialthemen« vorgestellt, die in den bisherigen Kapiteln keinen Platz hatten, die aber zum Grundwissen eines Visual Basic .NET-Programmierers gehören.

11: OOP für (etwas) Fortgeschrittene

In Kapitel 6 ging es um das ABC der objektorientierten Programmierung (OOP); in Kapitel 11 sind die etwas fortgeschritteneren Konzepte wie Vererbung, das damit direkt verbundene Überschreiben von Mitgliedern und der Umgang mit Schnittstellen an der Reihe.

12: XML, was sonst?

XML ist ein Zauberwort der IT-Branche, das auch bei .NET eine zentrale Rolle spielt (vor allem in Zusammenhang mit den Web Services, wo es das allgemeine Datenformat darstellt, mit dem Daten zwischen einem Programm und einem Web Service ausgetauscht werden). Auch wenn es kein direktes Grundlagenthema ist, zeigt Kapitel 12, wie mit Hilfe der .NET-Basisklassen XML-Dateien gelesen und geschrieben werden.

13: Internetprogrammierung mit Visual Basic .NET

Die Internetprogrammierung war einer der Gründe, warum .NET entwickelt wurde. .NET soll die Entwicklung von Internetanwendungen deutlich vereinfachen. Mit Visual Studio .NET wird die Programmierung von Webanwendungen (zum Beispiel mit Visual Basic .NET) so einfach wie die Programmierung einer Windows-Anwendung. In Kapitel 14 geht es allerdings in erster Linie um die Frage, wie sich mit Hilfe der .NET-Basisklassen Dateien aus dem Internet herunterladen und einfache Zugriffe über das HTTP-Protokoll durchführen lassen.

14: Windows-Formulare, Steuerelemente und SharpDevelop als Alternative zu Visual Studio .NET

Im »großen Finale« des Buchs geht es endlich um das, was früher in Visual Basic-Büchern an den Anfang gestellt wurde: die Programmierung von Windows-Anwendungen und damit verbunden der Umgang mit Formularen und Steuerelementen. In diesem Kapitel lernen Sie SharpDevelop eine sehr interessante, weil nicht nur leistungsfähige, sondern auch kostenlose Alternative zu Visual Studio .NET kennen.

A: .NET von A bis Z

Mit .NET wurden eine Vielzahl neuer Begriffe und Abkürzungen eingeführt, die in Anhang A zusammengefasst sind.

B: Visual Basic .NET-Referenz

Anhang B ist für alle, die es etwas systematischer lieben. Sie finden in diesem Anhang eine komplette Referenz aller Befehle, Schlüsselwörter, Operatoren und Datentypen. Außerdem werden jene Befehle vorgestellt, die es im Vergleich zu Visual Basic 6.0 nicht mehr gibt.

C: Das .NET Framework-SDK im Überblick

Anhang C stellt das .NET Framework-SDK (Software Development Kit) mit seinen verschiedenen Tools, der umfangreichen Dokumentation und den zahlreichen Beispielen vor. Das SDK ist auch auf der Buch-CD enthalten.

D: Antworten

Hier finden Sie alle Antworten und Lösungen zu den Übungen und Fragen am Ende jedes Kapitels.

E: Der Inhalt der Buch-CD

Anhang E listet den Inhalt der Buch-CD auf.

Was zum Programmieren benötigt wird

Auf der Buch-CD finden Sie das .NET Framework SDK, das alles umfasst, was zum Programmieren benötigt wird:

- Die CLR

- Die .NET Klassenbibliothek

- Die Compiler für Visual Basic .NET und C#

- Die Dokumentation zum .NET Framework SDK

- Verschiedene kleinere Tools

Eine »Kleinigkeit« fehlt leider – eine komfortable Entwicklungsumgebung. Als Alternative zum »großen« Visual Studio .NET, das im kostenlosen .NET Framework SDK nicht enthalten ist, bietet sich die freie IDE SharpDevelop an. Auch wenn der Name etwas anderes suggerieren könnte (SharpDevelop wurde allerdings komplett in C# programmiert), kommt SharpDevelop auch für Visual Basic .NET-Programmierer in Frage, denn seit der Version 0.99

bietet SharpDevelop auch einen komfortablen Windows Forms-Designer, so dass die IDE zum Einstieg und Kennenlernen beinahe ideal geeignet ist. Kapitel 14, in dem eine Windows Formular-Anwendung Schritt für Schritt umgesetzt wird, benutzt daher auch SharpDevelop und macht eindrucksvoll deutlich, dass auch bei .NET von einer freien Entwicklungsplattform gesprochen werden kann.

.NET – der Stand der Dinge

.NET ist seit Anfang 2002 offiziell erhältlich und gehört damit nicht mehr zu den brandneuen Erfindungen aus dem Hause Microsoft. Obwohl es am Anfang nicht gerade Stürme der Begeisterung entfacht hat (das lag an vielen Gründen, zu denen definitiv nicht die Leistungsfähigkeit des .NET Frameworks und der Programmiersprache Visual Basic .NET gehörten), hat es sich inzwischen als Microsoft-Entwicklungsplattform und Nachfolger von Visual Basic 6.0 und COM etabliert. Auch wenn auf Visual Basic 6.0 basierende Projekte noch auf viele Jahre hinaus gepflegt und vielleicht auch weiterentwickelt werden, wird für neue Projekte kaum noch die alte Version eingesetzt. Dies würde auch keinen Sinn machen, denn abgesehen von dem einmaligen Einarbeitungsaufwand besitzt das .NET Framework nur Vorteile und führt mittelfristig zu deutlich niedrigeren Entwicklungskosten für ein Projekt. Ausgeblieben ist der große Boom bei .NET-Anwendungen, wenngleich sich auch hier eine spürbare Entwicklung beobachten lässt. Es gibt noch relativ wenige Tools, Shareware-Programme und Büroanwendungen auf der Basis von .NET. Auch Microsoft selber hält sich noch vornehm zurück und hat bislang (Stand: April 2004) keine einzige .NET-Anwendung im Programm; von den großen Office-Anwendungen einmal ganz zu schweigen. Das heißt jedoch nicht, dass .NET eine teure Eintagsfliege war oder sich Microsoft insgeheim schon wieder etwas ganz anderes überlegt hat. Im Gegenteil: Die Gegenwart und Zukunft heißt .NET bzw. die dahinter stehenden Technologien (der Name .NET soll in Zukunft »ausgemustert« werden   bereits die nächste Version von Visual Studio wird diesen Beinamen nicht mehr tragen). Die nächste Windows-Version (an der unter dem Codenamen »Longhorn« bereits fleißig gearbeitet wird) wird eine komplette verwaltete API als Nachfolger der Win32-API besitzen und mit Longhorn soll es endlich auch ein »Office.NET« geben. Das Schöne dabei ist, dass alle neuen Technologien auf den vorhandenen Technologien aufsetzen werden und Visual Basic-Programmierer stets mittendrin sind.

Die nächste Version sowohl des .NET Frameworks als auch von Visual Basic .NET und Visual Studio .NET ist übrigens bereits in Arbeit. Sie wird aller Voraussicht nach .NET Framework 2.0, Visual Studio 2005 bzw. Visual Basic 8.0 heißen und wird, ebenfalls aller Voraussicht nach, im Sommer 2005 auf den Markt kommen. Spektakuläre Neuerungen soll es weder bei der Programmiersprache noch bei der Entwicklungsumgebung geben, aber ein paar

23

wirklich durchdachte Verbesserungen, die vor allem Visual Basic-Programmierer erfreuen werden (unter anderem wird es wieder möglich sein, während einer Programmunterbrechung Änderungen am Quelltext vorzunehmen). Auch die Klassenbibliothek wird viele nützliche neue Klassen enthalten, unter anderem Klassen für den Zugriff auf den COM-Port und Ftp-Server. Machen Sie sich übrigens keine Sorgen, dass das, was Sie in diesem Buch lernen, demnächst wieder veraltet sein könnte. Die nächste Version fügt lediglich ein paar neue Sprachelemente hinzu, bleibt aber kompatibel. Am Prinzip der Programmierung ändert sich (natürlich) nichts. Eine kleines eBook, das alle Neuerungen von Visual Basic 8.0 vorstellt, finden Sie unter *http://www.activetraining.de/whidbey.aspx*.

Was ist neu in der ersten Überarbeitung?

Nicht sehr viel, denn zwischen Visual Basic 1.0 und der aktuellen Version 1.1 hat es nur zwei Änderungen gegeben: 1. Die Bitschiebeoperatoren << und >>. 2. Schleifenvariablen können direkt in der Schleife definiert werden. In Kapitel 14 wird eine Windows Forms-Anwendung Schritt für Schritt mit SharpDevelop als Alternative zu Visual Studio .NET umgesetzt. Dies geschah, damit auch Leser, für welche die Anschaffung von Visual Studio .NET nicht in Frage kommt, in den Genuss der typischen Visual Basic-Programmierung kommen, die es natürlich auch bei .NET gibt. Darüber hinaus wurde das Buch noch einmal komplett durchgesehen und ein wenig »modernisiert«. Das bedeutet, dass an einigen Stellen die »alte Schule« aus der Visual Basic 6.0-Ära, die in der Regel 1:1 auch unter Visual Basic .NET zur Verfügung steht, gegen ein Beispiel im modernen Programmierstil ausgetauscht wurde. Hier ein kleines Beispiel. Der folgende Aufruf der *Shell*-Funktion startet sowohl unter Visual Basic 6.0 als auch unter Visual Basic .NET den Editor mit einer Datei:

```
Shell ("Notepad C:\Msdos.sys", _
  AppWinStyle.NormalFocus, True)
```

wobei das Programm durch Übergabe von *True* als drittem Parameter nun endlich auch wartet, bis der Prozess wieder beendet wurde. Die moderne Variante benutzt dagegen die *Process*-Klasse, um einen Prozess zu starten, und die *ProcessStartInfo*-Klasse, um die Daten für den Prozess festzulegen:

```
Dim P As New Process
Dim PI As New ProcessStartInfo("Notepad.exe")
PI.Arguments = "C:\Msdos.sys"
PI.WindowStyle = ProcessWindowStyle.Normal
P.StartInfo = PI
P.Start()
```

Auch wenn die zweite Variante nicht nur etwas umfangreicher, sondern auch ein wenig »komplizierter« wirkt, ist sie deutlich flexibler. Sie sollten diesen modernen Programmierstil gegenüber der alten Schule den Vorzug geben, auch wenn es oft nicht ganz leicht ist, der Versuchung zu widerstehen, die vertraute Variante zu verwenden.

Und es gibt noch eine wichtige Neuerung. Nach langen, langen Jahren kann der Autor seinen Lesern und Leserinnen endlich eine richtige Homepage anbieten, auf der es unter anderem aktuelle Neuigkeiten rund um Visual Basic, Beispielprogramme, zusätzliche Informationen zur Programmierung sowie ein Diskussionsforum gibt. Die Adresse lautet

http://www.activetraining.de

Kontakt zum Autor und Verlag

Wie immer freut sich der Autor über Kritik, Anregungen, Hinweise auf Fehler, Unstimmigkeiten und andere Dinge, die dem Leser auf dem Herzen liegen. Bitte haben Sie Nachsicht, wenn irgendetwas nicht auf Anhieb funktionieren sollte. Auch wenn alle Beispiele von mir mehrfach getestet wurden, kann es immer passieren, dass das eine oder andere Beispiel nicht exakt so funktioniert, wie es im Buch besprochen wurde. Für diese Fälle gibt es das Leserforum unter *http://www.activetraining.de*, in dem Ihnen bestimmt geholfen wird oder wo Sie feststellen, dass andere Leser ebenfalls auf das Problem gestoßen sind und eine Lösung bereits existiert. Sie erreichen mich auch direkt. Entweder (wie seit Jahren) unter *peterm@activetraining.de* oder, wenn Sie lieber an den Verlag schreiben möchten, unter *monadjemi@mut.de*.

Bei Problemen mit der Buch-CD oder anderen allgemeinen Fragen wenden Sie sich bitte an den Kundendienst des Verlags: *support@pearson.de*.

Vorbereitungen für .NET

Im Folgenden wird beschrieben, wie Sie Ihren Computer auf .NET »aufrüsten«.

Hardwarevoraussetzungen

Die Hardwarevoraussetzungen für .NET sind relativ moderat. Ein moderner PC vom Lebensmitteldiscounter um die Ecke reicht vollkommen. Konkret, mindestens 256 Mbyte und ein schneller Prozessor sollten es schon sein. Insbesondere .NET-Anwendungen, wie zum Beispiel die SharpDevelop-IDE, belegen relativ viel Arbeitsspeicher. Da eine Vollinstallation von Visual Studio .NET über 1,5 Gbyte auf der Festplatte belegt (insbesondere wegen der umfangreichen Dokumentation), sollten mindestens 2 Gbyte frei sein. Falls Sie sich nur auf das .NET Framework SDK beschränken und als »IDE« Notepad benutzen, sollten Sie auch mit einem Uralt-Pentium auskommen. Ressourcenintensiv wird es immer dann, wenn grafische Oberflächen im Spiel sind.

Softwarevoraussetzungen

Visual Studio .NET 2003 und das .NET Framework SDK 1.1 setzen Windows 2000 und höher voraus. Bei Windows XP Home muss beachtet werden, dass hier offiziell der Webserver IIS (*Internet Information Services*) nicht dabei ist und sich offiziell keine Webanwendungen entwickeln lassen, was in diesem Buch aber kein Thema ist (inoffiziell muss dazu das kostenlose Microsoft-Tool *WebMatrix* benutzt werden, das einen kleinen Webserver umfasst, der unter jeder Windows-Version läuft). Wer nur Windows 9x besitzt, kann aber trotzdem mit Visual Basic .NET programmieren. Dazu muss einfach die .NET-Laufzeit *Dotnetfx.exe* installiert werden, die neben der CLR und Klassenbibliothek auch den Visual Basic .NET Compiler *Vbc.exe* enthält. Wird dieser noch an den Suchpfad in der Umgebungsvariablen *Path* angehängt (*Arbeitsplatz*, *Eigenschaften*, *Erweitert*, *Umgebungsvariablen*, *Systemvariablen*), können Visual Basic .NET-Programme in jedem Verzeichnis kompiliert werden. Natürlich hat diese Schmalspurlösung kleinere Nachteile. Einer ist, dass keine Dokumentation zur Verfügung steht. Diese gibt es zwar auch online (*http://msdn.microsoft.com*), doch die Frage ist, ob dieser Aufwand gerechtfertigt ist, nur um bei Windows 9x bleiben zu können.

Visual Studio .NET installieren

Die Installation von Visual Studio .NET 2003 besteht aus dem Aufruf des Setup-Programms. Alles Weitere ergibt sich über die Hinweise des Installationsassistenten. Unter Windows 2000 und XP muss zuerst ein »Component Update« durchgeführt werden, was im Rahmen der Installation geschieht. Nehmen Sie sich aber Zeit, denn eine Installation kann 2-3 Stunden dauern. Ein wichtiger Tipp ist, dass Sie immer zuerst den IIS installieren, da dieser bei Windows 2000, XP Professional und Windows Server 2003 nicht automatisch installiert wird. Vergessen Sie es und installieren Sie ihn nachträglich, müssen Sie mit Hilfe einer kleinen Reg-Datei die erforderlichen Registry-Einträge nachtragen, ohne die sich keine Webanwendungen entwickeln lassen.

Das .NET Framework SDK installieren

Die Installation des .NET Framework SDKs ist sehr einfach. Starten Sie einfach die Exe-Datei (Sie finden sie unter anderem auf der Buch-CD) und befolgen Sie die Anweisungen am Bildschirm. Im Unterschied zur Installation von Visual Studio .NET dauert diese Installation nur »ein paar Minuten«.

SharpDevelop installieren

Die Installation besteht aus dem Aufruf der aktuellen Setup-Datei und ist schnell erledigt. Wählen Sie die Option mit dem Anlegen der Datenbank für die Autovervollständigung, da dies den Komfort erhöht. Die stets aktuellste Version erhalten Sie unter:

http://www.icsharpcode.net

Die Umsetzung der Beispielprogramme des Buchs

Die meisten Beispiele in diesem Buch sind kleine Konsolenanwendungen, die in der Eingabeaufforderung ausgeführt werden und ihre Ein- und Ausgaben daher auch in der Eingabeaufforderung durchführen. Grundsätzlich können Sie alle Programme mit Notepad eintippen, in einer Datei mit der Erweiterung *.Vb* speichern und mit dem Visual Basic .NET-Compiler in eine Exe-Datei kompilieren:

```
vbc HalloWelt.vb
```

Sollte nach der Eingabe die Meldung erscheinen, dass »Vbc.exe« nicht gefunden werden kann, wurde höchstwahrscheinlich der Suchpfad in der *Path*-Umgebungsvariablen noch nicht erweitert.

Auch wenn sich grundsätzlich jedes .NET-Programm über die Eingabeaufforderung kompilieren lässt, ist diese Variante oft ein wenig umständlich. Die Variante wird in diesem Buch daher auch nur dort verwendet, wo es zumutbar ist. Insbesondere für die Windows-Anwendungen in Kapitel 14 sollte eine komfortable IDE (Visual Studio .NET oder SharpDevelop) benutzt werden.

Ein kleine Änderung für die Umsetzung der Konsolenanwendungen

Alle Konsolenbeispiele in diesem Buch verwenden nicht den *Module*-Befehl, sondern den *Class*-Befehl. Der Grund ist der, dass der *Module*-Befehl im Grunde nur ein »Pseudobefehl« ist, da er eine Klasse definiert, in der alle Mitglieder automatisch mit *Shared* als freigegeben deklariert werden. Aus diesem Grund muss der *Main*-Prozedur kein *Shared* vorausgehen. Außerdem wird ein gleichnamiger Namespace definiert, so dass die Mitglieder des Moduls ohne Voranstellen des Modulnamens angesprochen werden können. Damit Sie nicht in jeder Konsolenanwendung den *Module*-Befehl gegen einen *Class*-Befehl austauschen müssen, sollten Sie die Vorlagendatei für die *Module1.vb*-Datei editieren. Sie finden diese Datei bei Visual Studio .NET 2003 im Verzeichnis *Programme\Microsoft Visual Studio .NET 2003\ vb7\VBWizards\ConsoleApplication\Templates\1031*.

Neu: Trainerband für Lehrer und Dozenten

Jetzt lerne ich Visual Basic .NET hat sich in den bisherigen Auflagen nicht nur für das Selbststudium bewährt, sondern war auch immer wieder Grundlage von Visual Basic-Kursen an Schulen, Volkshochschulen oder in Trainings. Diesem Umstand wollen wir Rechnung tragen – und so gibt es ab sofort mit *Jetzt-lerne-ich Trainer* einen Trainerband, mit dem Sie als Lehrer oder Dozent noch leichter eine grundlegende, systematische und ausbaufähige Einführung in die Programmierung unter Visual Basic .NET geben können (ISBN 38272-6801-X, 32 Seiten, 1 CD, € 39,95)

27

Dazu stellt Ihnen der Trainerband verschiedene Materialien zur Verfügung:

Er enthält nicht nur fachliche und didaktische Anleitungen zu den einzelnen Themen – auf einer Doppelseite finden Sie außerdem eine Übersicht über den Ablauf der Sitzung anhand von Thumbnails der Power Point-Folien und kurzen Erläuterungen zu den Einzelschritten.

Die PowerPoint-Folien auf der Trainer-CD (ebenfalls Bestandteil des Trainerbands) geben Ihnen unverzichtbare Basisinformation und dienen so als Grundlage Ihrer Erläuterungen. Seitenverweise und weiterführende Hinweise wahren die Verbindung zum Buch, so dass man ohne Blättern oder Suchen nachlesen, wiederholen oder vertiefen kann. Beispielkapitel aus dem Trainerband finden Sie ebenfalls auf der CD des vorliegende Bandes (Unterverzeichnis *Training*).

KAPITEL 1

Das erste Visual Basic .NET-Beispiel

Nachdem Ihr Computer nun »ready for .NET« ist, sollen Sie in diesem Kapitel Ihre ersten kleinen Visual Basic .NET-Programme umsetzen und auf diese Weise einen Eindruck von der Programmierung unter .NET erhalten. Außerdem verschafft Ihnen dieses Kapitel die lernpädagogisch sehr wichtigen Erfolgserlebnisse. Sie tippen ein Beispiel ab, rufen den Visual Basic .NET-Compiler auf, um es zu kompilieren, starten die entstandene Exe-Datei und – es funktioniert. So sollte die Programmierung immer aussehen. Daneben besitzen die Übungen aber auch einen praktischen Nutzen: Es macht einen großen Unterschied, ob man mehrere hundert Seiten über .NET liest oder ob man ein paar Zeilen eintippt und abspeichert, den Compiler darüber laufen lässt, befriedigt registriert, dass es fehlerfrei kompiliert wurde, das Programm startet und feststellt: »Heilig´s Blechle, das ist ja gar nicht so kompliziert.«

Die Themen für dieses Kapitel:

▨ Auch .NET kann Hallo sagen

▨ Der allgemeine Aufbau einer Konsolenanwendung

▨ Ein paar »Spezialitäten« in .NET

▨ Die wichtigsten Compileroptionen

1.1 Auch .NET kann Hallo sagen

Es hat keinen Sinn, es gibt keine Alternativen und diese Tatsache nicht zu akzeptieren, wäre pure Zeitverschwendung. Die Rede ist vom »Hallo, Welt«-Programm, das Programmierer wie Buchautoren gleichermaßen benutzen, um zu zeigen, dass alles doch wie immer ganz einfach ist. Auch wenn das »Hallo, Welt«-Programm vor einiger Zeit sein 30-jähriges Bestehen gefeiert haben dürfte[1] und seine Wirkung inzwischen alles andere als originell ist, ist es immer noch zeitgemäß. Der Programmierer tippt ein paar Zeilen ein, drückt auf einen Knopf, sieht ein knappes »Hallo, Welt« (oder einen vergleichbar inhaltsschweren Satz auf dem Bildschirm) und ist zufrieden.

Führen Sie zur Umsetzung eines »Hallo, Welt«-Programms in Visual Basic .NET die folgenden Schritte aus:

Schritt 1   Starten Sie Notepad, den FAS Script Editor, Emacs oder einen anderen Editor.

Schritt 2   Tippen Sie alle Zeilen aus Listing 1-1 ab, allerdings ohne die Zeilennummern (etwa 1:), die jeder Befehlszeile vorausgehen und lediglich zur Orientierung innerhalb des Listings dienen (innerhalb der Visual Studio .NET-Entwicklungsumgebung ist es übrigens ebenfalls möglich, Zeilennummern anzuzeigen; bei der Eingabe eines Listings über einen anderen Editor werden Zeilennummern als Sprungmarken interpretiert).

Schritt 3   Speichern Sie die Datei unter dem Namen »HalloWelt.vb« ab, am besten in einem Verzeichnis, das sich über die Kommandozeile leicht erreichen lässt.

Schritt 4   Öffnen Sie die Eingabeaufforderung, wechseln Sie in das Verzeichnis, in dem sich die Datei *HalloWelt.vb* befindet, und starten Sie den Visual Basic .NET-Compiler wie folgt:

```
vbc hallowelt.vb
```

Enthält die Quelltextdatei keine Tippfehler, wandelt der Compiler die Datei in eine Datei mit dem Namen *HalloWelt.exe* um. (Das Ergebnis wird in der .NET-Welt auch als Assembly bezeichnet – mehr dazu in Kapitel 2.)

Schritt 5   Geben Sie in der Eingabeaufforderung »HalloWelt« ein, um die Exe-Datei zu starten. Kurz darauf sollte eine kleine Ausgabe erscheinen.

---

1. Soweit ich mich erinnern kann, wurde »Hallo, Welt« in den Bell Laboratories in Zusammenhang mit der Entwicklung von Unix oder einem seiner Vorläufer erfunden. Wurde das Programm auf einen neuen Computer übertragen, muss man ja irgendwie feststellen können, dass es funktioniert. Dies geschah durch Ausgabe eines »Hello, world« (auf Deutsch »Hallo, Welt«). Die Ausgabe erfolgte übrigens auf einer Art Fernschreiber, was im Jahre 1971 absolut »state of the art« gewesen sein dürfte.

Das war's. Sie haben Ihr erstes Visual Basic .NET-Programm erfolgreich umgesetzt. Auch wenn es winzig klein ist und noch nicht ansatzweise erahnen lässt, warum um .NET so viel Aufhebens gemacht wird (keine Sorge, Sie müssen nicht alle Ihre Programme mit Notepad eintippen), macht es deutlich, dass sich auch bei der .NET-Programmierung alles um einfache und elementare Dinge dreht. Wesentlich komplizierter werden die weiteren Beispiele in diesem Buch auch nicht werden, wobei Sie am Ende des Buchs aber alles Wissenswerte über die Grundlagen der Programmierung mit Visual Basic .NET gelernt haben.

Buch-CD: vbnet0101.vb

```
1:' ------------------------------------------------
2:' Das Hallo, Welt-Programm in Visual Basic .NET
3:' Jetzt lerne ich Visual Basic .NET
4:' ------------------------------------------------

5:Imports System

6:Class App

7:  Shared Sub Main()
8:    Console.Console.WriteLine("Hallo, liebe Welt - es ist jetzt {0}",
      Date.Now.ToString("hh:mm:ss"))
9:    Console.ReadLine()
10:  End Sub
11:End Class
```

Listing 1-1: Das »Hallo, Welt«-Programm in Visual Basic .NET

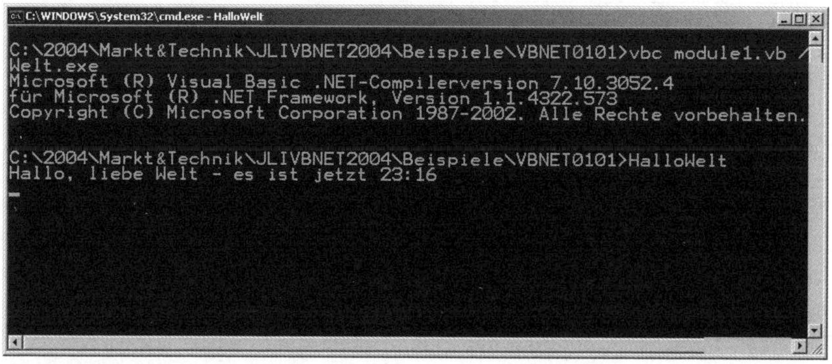

Abb. 1.1: Zweifelsohne ein weiteres »Hallo, Welt«-Programm

Die Erklärungen zum »Hallo, Welt«-Programm finden Sie in Tabelle 1.1.

31

Zeile	Was passiert hier?
1 bis 4	Dies sind Kommentare, die mit einem Hochkomma eingeleitet werden. Der Compiler ignoriert sie – sie dienen nur dazu, den Code für Programmierer zu erläutern und so verständlicher zu machen.
5	Der *Imports*-Befehl fügt einen Namespace zum Programm hinzu. Der Namespace ist *System*, die Klasse heißt *Console*, so dass allen Methoden der Klasse (etwa *WriteLine*) nicht der Namespace vorangestellt werden muss.
	Der *Imports*-Befehl importiert nichts, sondern macht einen so genannten Namespace bekannt, so dass dieser bei allen Klassen dieses Namespaces nicht vorangestellt werden muss. Ein Beispiel ist die Klasse *Console*, wo es ohne *Imports* »System.Console« heißen müsste.
6	Jedes Visual Basic .NET-Programm besteht aus mindestens einer Klasse, die über diesen *Class*-Befehl definiert wird.
7	Jedes Visual Basic .NET-Programm muss einen Startpunkt besitzen, der aus der Prozedur (Methode) *Main* besteht. Das Schlüsselwort *Shared* sagt, dass die Methode auch aufgerufen werden kann, ohne dass die Klasse instanziert werden muss.
8	Die *WriteLine*-Methode gibt einen Text in der Eingabeaufforderung aus. {0} ist ein Platzhalter für die aktuelle Uhrzeit, die auf die Zeichenkette folgt. Sie wird über die *Now*-Methode ausgegeben, die einen Wert vom Typ *Date* liefert, der das aktuelle Datum wiedergibt. Indem die Methode *TimeOfDay* der *Date*-Klasse auf dem *DateTime*-Wert aufgerufen wird, wird nur die Uhrzeit ausgegeben[a].
9	Die *ReadLine*-Methode wartet auf eine beliebige Eingabe, die durch die ⏎-Taste abgeschlossen wird.
10	Hier ist die Prozedur zu Ende.
11	Hier ist die Klasse und damit auch das Programm zu Ende.

a. Wenn Sie der Meinung sind, dass es sehr kompliziert zu sein scheint, die Uhrzeit auszugeben, haben Sie im Moment natürlich Recht. Später relativiert sich alles wieder ein wenig. Erstens ist es gar nicht so kompliziert und zweitens können Sie die Uhrzeit auf mindestens ein Dutzend verschiedene Weisen ausgeben (aber nur, wenn Sie das möchten).

1.2 Der allgemeine Aufbau einer Konsolenanwendung

In diesem Buch dreht sich fast alles um Konsolenanwendungen (lediglich Kapitel 14 beweist, dass man unter .NET auch mit Fenstern jonglieren kann und die guten alten Steuerelemente nicht ausgestorben sind). Eine Konsolenanwendung ist ein Visual Basic .NET-Projekttyp unter vielen, der meistens nur aus einem Modul besteht (wenngleich dies keine Voraussetzung ist) und keine grafische Benutzeroberfläche besitzt (es ist aber grundsätzlich kein Problem, ein Fenster anzuzeigen – dazu muss lediglich eine Instanz der Klasse *Form* aus dem Namespace *System.Windows.Forms* »eingebaut« werden). Konsolenanwendungen werden in der Eingabeaufforderung ausgeführt, führen ihre Ausgaben in der Eingabeaufforderung durch und nehmen Eingaben über die Tastatur entgegen. Die Maus kann also getrost beiseite geschoben werden. Was sich zunächst nach einer recht drögen Angelegenheit anhören mag (keine Fenster), ist gerade für das Lernen von Visual Basic .NET sehr praktisch. Konsolenprogramme lassen sich schnell mit Notepad oder einem komfortableren Editor eintippen und sind prima für kleinere Programme geeignet, die keine aufwändige Fensteroberfläche benötigen. Geradezu ideal sind sie für das Erlernen einer .NET-Programmiersprache, denn der Code beschränkt sich auf das, was erklärt werden soll, und enthält keinen überflüssigen Ballast, der das Verständnis erschwert. Konsolenanwendungen sind auch gut dazu geeignet, etwas kompliziertere Sachverhalte, wie Vererbung, Threading oder den Zugriff auf XML-Dateien, zu veranschaulichen. Konsolenanwendungen laufen unter allen Windows-Anwendungen und sind ein spezieller Anwendungstyp, der von der Win32 API unterstützt wird.

So war es früher:

Konsolenanwendungen gab es nicht bei Visual Basic 6.0. Was dort einer Konsolenanwendung am nächsten kam, war ein Standard-Exe-Projekt, das ohne Formular auskommt und mit der Prozedur *Main* in einem allgemeinen Modul beginnt.

1.2.1   Der allgemeine Programmrahmen einer Konsolenanwendung

In diesem Abschnitt wird der allgemeine Rahmen einer Konsolenanwendung vorgestellt. Diesen Rahmen können Sie praktisch für alle Übungen, um die es in diesem Buch gehen wird, benutzen.

Buch-CD: programmrahmen.vb

Listing 1-2: Ein allgemeiner Programmrahmen für Visual Basic .NET-Programme

```
' -----------------------------------------------------
' Ein allgemeiner Programmrahmen für Visual Basic .NET
' Jetzt lerne ich Visual Basic .NET
' Letzte Änderung:
' -----------------------------------------------------

Imports System

Class App

   Shared Sub Main()
      Console.WriteLine("Alles klar mit Visual Basic .NET - {0}", _
         Date.Now.TimeOfDay)
      Console.ReadLine()
   End Sub
End Class
```

33

Natürlich müssen Sie am Ende nicht die kleine Erfolgsmeldung zusammen mit der aktuellen Uhrzeit ausgeben. Das ist nur ein Vorschlag, der die Stimmung etwas auflockern soll. Die *ReadLine*-Methode der *Console*-Klasse sorgt dafür, dass die Programmausführung anhält und sich das Fenster der Eingabeaufforderung nicht gleich wieder schließt, nachdem das Programm beendet wurde. Zwingend notwendig ist dieser Befehl aber auch nicht.

Wenn Sie den Code in einer Datei mit dem Namen »Rahmen.vb« speichern und vor dem Start eines neuen Programms in die neue Programmdatei kopieren, müssen Sie den Rahmen nicht jedes Mal neu eingeben.

1.3   Ein paar Spezialitäten in .NET

Das »Hallo, Welt«-Beispiel aus dem letzten Abschnitt hat zwar hoffentlich zu einem schnellen Erfolgserlebnis geführt, konnte aber noch nichts von den neuen Möglichkeiten andeuten, die mit .NET im Allgemeinen und Visual Basic .NET im Speziellen einhergehen. Dieser Abschnitt stellt ein paar Konsolenanwendungen vor, die etwas mehr in die Tiefe gehen und deutlich machen, auf was es bei der Programmierung unter .NET ankommt. Damit keine Missverständnisse entstehen: Diese Beispiele sollen lediglich einen Ausblick auf kommende Themen in diesem Buch geben, sie werden an dieser Stelle noch nicht erklärt. Probieren Sie die Beispiele der Reihe nach aus, freuen Sie sich über den Aha-Effekt, der sich hoffentlich einstellt, machen Sie sich aber über die Details und das genaue Wie und Warum noch keine Gedanken. Die Hintergründe werden in den späteren Kapiteln des Buchs erklärt.

1.3.1   Dateizugriffe in Visual Basic .NET

Der folgende Abschnitt veranschaulicht anhand eines für jeden Programmierer vertrauten Themas, wie mit .NET-Basisklassen Aufgaben gelöst werden, für die unter früheren Visual Basic-Versionen »fest eingebaute« Befehle und Funktionen verwendet wurden. Diese Befehle gibt es bei Visual Basic .NET nicht mehr – stattdessen kommen die überaus vielseitigen Basisklassen zum Einsatz. Man muss verstehen, dass Visual Basic .NET keine eingebauten Funktionen mehr besitzt, da es dafür die Basisklassen gibt. Die vertrauten Funktionen früherer Versionen stehen bis auf wenige Ausnahmen trotzdem zur Verfügung, nur werden sie über eine Kompatibilitätsklasse angeboten – wenn Sie zum Beispiel die allen Visual Basic-Programmierern überaus vertraute *Rnd*-Funktion aufrufen, so rufen Sie in Wirklichkeit eine Methode der *Microsoft.VisualBasic*-Kompatibilitätsklasse auf. Das Resultat ist dasselbe, so dass viele Visual Basic-Programmierer den Unterschied am Anfang gar nicht beachten werden und auch nicht bemerken müssen. Genug der Vorrede, Listing 1-3 enthält ein kleines Visual Basic .NET-Programm, das den Inhalt der

(Text-)Datei *Msdos.sys* ausgibt (unter Windows 9x sollte stattdessen die Datei *Config.sys* benutzt werden). Außerdem wird der Zeitpunkt des letzten Zugriffs auf die Datei angezeigt. Das Öffnen und Auslesen der Datei übernimmt kein Befehl bzw. keine eingebaute Funktion. Es wird vielmehr über ein Objekt der Klasse *TextReader* erledigt, das über die *OpenText*-Methode eines *File*-Objjekts angelegt wird. Anschließend liest die *ReadToEnd*-Methode des *Text-Reader*-Objjekts den gesamten Inhalt ein, der über die *WriteLine*-Methode der *Console*-Klasse gleich wieder ausgegeben wird. Der Zeitpunkt des letzten Zugriffs wird über die *GetLastAccessTime*-Methode des *File*-Objjekts geliefert. Ist Ihnen aufgefallen, wie oft in den letzten drei Sätzen die Begriffe Klasse und Objekt verwendet wurden? Praktisch alles ist bei Visual Basic .NET objjektorientiert und basiert auf Klassen und Objekten (der kleine, aber nicht ganz unwichtige Unterschied wird in Kapitel 6 erklärt).

Buch-CD: vbnet0103.vb

Listing 1-3: Einfacher Dateizugriff über eine Text-Reader-Klasse

```
' --------------------------------------------
' Beispiel für einen Dateizugriff
' Jetzt lerne ich Visual Basic .NET
' --------------------------------------------


Imports System
Imports System.IO

Class App

  Shared Sub Main()
    Dim stPfad As String = "C:\Msdos.sys"
    Dim Fi As TextReader = File.OpenText(stPfad)
    Console.WriteLine("Letzter Zugriff: {0}", _
      File.GetLastAccessTime(stPfad))
    Console.WriteLine(Fi.ReadToEnd)
    Fi.Close()
    Console.ReadLine()
  End Sub

End Class
```

1.3.2   XML-Dateien lesen und auswerten

XML ist eines jener Schlagworte, die immer wieder in Zusammenhang mit .NET, Web Services und anderen modernen Themen erwähnt werden. Was an XML so toll ist und wie es genau funktioniert, wird in Kapitel 12 erklärt. Das folgende Beispiel zeigt, wie sich eine XML-Datei über eine .NET-Basisklasse einlesen und verarbeiten lässt.

Auch wenn dies bereits mit früheren Visual Basic-Versionen unter Einbeziehung des XML-Parsers in Gestalt einer COM-Bibliothek auf eine sehr ähnliche Weise möglich war, bieten die .NET-Basisklassen drei wichtige Vorteile:

1. Die XML-Unterstützung ist keine Option, sondern ein fester Bestandteil der Programmierumgebung.

2. Die XML-Klassen sind keine Fremdkörper, sondern werden von den übrigen Klassen verstanden.

3. Die XML-Unterstützung ist umfassender.

Listing 1-4:
Eine einfache
XML-Datei

Buch-CD: startrek.xml

```
<?xml version="1.0" ?>

<startrek>
  <Folge Nr="47">
    <title>Obsession</title>
    <stardate>3619.2</stardate>
  </Folge>
  <Folge Nr="48">
    <title>The immunity syndrom</title>
    <stardate>4307.1</stardate>
  </Folge>
  <Folge Nr="51">
    <title>Return to tomorow</title>
    <stardate>4768.3</stardate>
  </Folge>
  <Folge Nr="52">
    <title>Patterns of Force</title>
    <stardate>2534.0</stardate>
  </Folge>

</startrek>
```

Listing 1-5:
Das Visual
Basic .NET-
Programm liest
den Inhalt der
XML-Datei ein

Buch-CD: vbnet0105.vb

```
' ----------------------------------------------
' Ein kleines XML-Beispiel
' Jetzt lerne ich Visual Basic .NET
' ----------------------------------------------
Imports System.Xml
Imports System

Class App

  Shared Sub Main()
    Dim obXMLDoc As XmlDocument = New XmlDocument()
```

```
   Dim stXMLPfad As String = _
     "C:\Eigene Dateien\JLVBNET_Beispiele\Startrek.xml"
   obXMLDoc.Load(stXMLPfad)
   Dim obRoot As XmlNode = obXMLDoc.DocumentElement
   Dim obXMLElement As XmlNode
   For Each obXMLElement In obRoot.ChildNodes
       Console.WriteLine("Folge Nr. {0}", _
         obXMLElement.Attributes("Nr").Value)
       Console.WriteLine(obXMLElement.ChildNodes(0).InnerText)
   Next
   Console.WriteLine("Alles klar mit .NET und XML!")
   Console.ReadLine()
  End Sub
End Class
```

Wenn Sie das Listing in einer Datei mit der Erweiterung *.vb* speichern, den Compiler aufrufen und die resultierende Exe-Datei starten, wird der Inhalt aller *<Folge>*-Markierungen in der Eingabeaufforderung ausgegeben (gegebenenfalls müssen Sie den Pfad der XML-Datei *StarkTrek.xml* ändern).

Lässt sich das Programm nicht kompilieren und erhalten Sie stattdessen viele Fehlermeldungen? In diesem Fall kann der Compiler das Assembly *System.xml.dll* nicht finden, in dem die XML-Klassen enthalten sind. Sie müssen es beim Aufruf über die Option */r* angeben:

```
vbc vbnet0105.vb /r:system.xml.dll
```

1.3.3   Herunterladen einer HTML-Datei von einem Webserver

Ein Grund, warum Microsoft in den letzten Jahren mehrere Milliarden Euro in die Entwicklung von .NET gesteckt hat, ist der, dass Internetanwendungen einfacher zu programmieren sein sollen. Auch wenn das Thema ASP .NET und die Programmierung von Webanwendungen in diesem Buch nicht behandelt wird (dafür gibt es einen eigenen Band in der Jetzt lerne ich-Reihe von Markt+Technik), soll das folgende Beispiel zeigen, wie sich eine (beliebige) Datei von einem (beliebigen) Webserver herunterladen lässt. Spektakulär ist dabei weniger der Zugriff auf das Internet (das ging mit früheren Visual Basic-Versionen auch schon), sondern die nahtlose Integration durch die .NET-Basisklassen.

Das folgende Beispiel setzt voraus, dass der *Internet Information Server* (IIS) entweder lokal installiert oder über das Netzwerk erreichbar ist und ein virtuelles Verzeichnis angelegt wurde (in dem Listing heißt es *TestWeb*), das eine Datei enthält, die in der URL angeben wird. Alternativ muss eine Verbindung zum Internet bestehen und eine beliebige URL angegeben werden (von der die Standarddatei heruntergeladen wird, meistens heißt sie *Default.htm*, wenn keine Datei explizit angegeben wird).

Schritt 1 Starten Sie Notepad, geben Sie die Befehle aus Listing 1-6 ein und speichern Sie Datei unter dem Namen »Htmldownload.vb«.

Schritt 2 Kompilieren Sie Datei. Führen Sie das Programm aus. Hierfür ist der Aufruf des Kommandozeilencompilers in der Form

```
vbc.exe htmldownload.vb /r:system.dll
```

notwendig. Wenn alles klappt, sollte kurz danach der Inhalt der heruntergeladenen (HTML-)Datei in der Eingabeaufforderung ausgegeben werden.

Listing 1-6: Dieses Visual Basic .NET-Programm lädt eine Datei von einem Webserver herunter

Buch-CD: vbnet0106.vb

```
' ---------------------------------------------
' Download einer HTML-Datei
' Jetzt lerne ich Visual Basic .NET
' ---------------------------------------------
Imports System
Imports System.Net
Imports System.IO

Class App
  Shared Sub Main()
    Try
      Dim obWeb As HttpWebRequest = _
        HttpWebRequest.Create _
        ("http://localhost/TestWeb")
      Dim obResp As HttpWebResponse = obWeb.GetResponse()
      Dim obSt As Stream = obResp.GetResponseStream()
      Dim obStRead As StreamReader = New _
       StreamReader(obSt)
      Dim sZeile As String
      Do
        sZeile = obStRead.ReadLine()
        Console.WriteLine(sZeile)
      Loop Until obStRead.Peek() = -1
    Catch obEx As SystemException
        Console.WriteLine("Laufzeitfehler: {0}", obEx.Message)
    Finally
        Console.WriteLine("Alles klar mit .NET!")
    End Try
  End Sub
End Class
```

1.3.4   Zugriff auf die Metadaten eines Assembly

Was sich zunächst recht trocken anhören mag, ist bei .NET eine hochinteressante Angelegenheit. Sämtliche Informationen über die Typen eines Programms (das heißt die Klassen und deren Eigenschaften) stehen auch zur

Laufzeit zur Verfügung. Es ist zum Beispiel überhaupt kein Problem, ein Assembly (also ein .NET-Programm) zur Laufzeit zu laden, seine Klassen nach einer bestimmten Methode zu durchsuchen, ihre Parameternamen und Datentypen abzufragen und die Methode anschließend aufzurufen. Diese Informationen werden als die Metadaten des Programms bezeichnet[1]. Genauso ist es möglich, ein Assembly komplett zur Laufzeit anzulegen, und vieles mehr. Das folgende Beispiel führt eine nützliche Aufgabe durch, denn das Programm zählt alle Typen (Klassen) zusammen, die in sämtlichen Assemblies enthalten sind, die im .NET-Verzeichnis zu finden sind.

Starten Sie Notepad, geben Sie den Inhalt aus Listing 1-7 ein und speichern Sie das Ganze unter dem Namen »AssemblyLister.vb«. *Schritt 1*

Passen Sie den Verzeichnispfad des .NET-Verzeichnisses an. Es liegt im Windows-Verzeichnis. *Schritt 2*

Kompilieren Sie das Programm durch den Aufruf des Visual Basic .NET-Compilers: *Schritt 3*

```
vbc AssemblyLister.vb
```

Starten Sie das Programm. Ging alles gut, sollten eine Reihe von Verzeichnispfaden ausgegeben werden. Die letzte Zeile enthält die Gesamtzahl aller Typen (Klassen), die in allen durchsuchten Assemblies gefunden wurden. *Schritt 4*

Buch-CD: vbnet0107.vb

Listing 1-7: Das folgende Visual Basic .NET-Programm zählt alle Typen in allen .NET-Assemblies zusammen

```
' -----------------------------------------------
' Typenzählung in Assemblies
' Jetzt lerne ich Visual Basic .NET 2004
' -----------------------------------------------
Imports System
Imports System.IO
Imports System.Reflection
Imports System.Runtime.InteropServices

Class Appp

  Shared Sub Main()
  ' Zunächst elegant das .NET-Runtime-Verzeichnis abfragen
    Dim sPfad As String = _
     RuntimeEnvironment.GetRuntimeDirectory
    Dim AnzahlKlassen As Integer
    For Each sDatei As String In _
     Directory.GetFiles(sPfad, "System*.dll")
      Dim Ass As [Assembly]
```

---

1. Unter früheren Visual Basic-Versionen übernahmen die Typenbibliotheken eine ähnliche Aufgabe, nur nicht so weitreichend.

```
        Try
          Ass = Reflection.Assembly.LoadFile(sDatei)
        Catch Ex As SystemException
          Console.WriteLine("FEHLER: {0} kann nicht _
            geladen werden!", sDatei)
        End Try
        Console.WriteLine("{0} enthält {1} Typen", _
        Path.GetFileName(sDatei), Ass.GetTypes.Length)
        For Each T As Type In Ass.GetTypes
          If T.IsClass = True Then
            AnzahlKlassen += 1
          End If
        Next
      Next
      Console.WriteLine("Gesamt: {0} Klassen gefunden", _
        AnzahlKlassen)
      Console.ReadLine()
    End Sub

End Class
```

1.3.5   Aufruf einer Windows-API-Funktion

Zum Schluss ein kleines Beispiel, das vor allem für jene erfahrenen Visual Basic-Programmierer gedacht ist, die schon einiges über Visual Basic .NET gehört haben und nun vielleicht befürchten, dass alles anders ist und keiner der vertrauten Programmbefehle mehr übernommen werden darf. Das ist natürlich nicht so, Visual Basic .NET ist bei weitem nicht so anders wie es vielleicht zunächst den Anschein haben mag. Auch API-Funktionen sind weiterhin erlaubt, sie werden (im »Kompatibilitätsmodus«) praktisch auf die gleiche Weise aufgerufen (den *Declare*-Befehl gibt es auch bei Visual Basic .NET). Das folgende Beispiel ruft eine beliebe Win32-API-Funktion auf. Statt eines *Declare*-Befehls (der für Visual Basic .NET 1:1 übernommen wurde) verwendet es die »wahre« .NET-Technik über das *<DllImport>*-Attribut, die zwar ein wenig anders aussieht, aber ebenso leicht anzuwenden ist.

Listing 1-8: Der Aufruf einer API-Funktion in Visual Basic .NET

Buch-CD: vbnet0108.vb

```
' ------------------------------------------------
' Aufruf einer API-Funktion mit DllImport
' Jetzt lerne ich Visual Basic .NET
' ------------------------------------------------
Imports System
Imports System.Runtime.InteropServices

Class App
    <DllImport("winmm.dll", EntryPoint:="sndPlaySoundA")>
```

```
Public Shared Function PlayWav _
(ByVal lpszName As String, ByVal dwFlags As Integer) As Integer
End Function

Shared Sub Main()
  Dim stPfad As String = "C:\Eigene Dateien\Ufo.wav"
  Dim nRet As Integer
  nRet = PlayWav(stPfad, 0)
End Sub

End Class
```

Wenn Sie das Listing in einer Datei mit der Erweiterung *.vb* speichern, den Compiler aufrufen und die resultierende Exe-Datei starten, wird die Datei *Ufo.wav* im Verzeichnis *Eigene Dateien* (gegebenenfalls müssen Sie den Programmpfad der Wav-Datei ändern oder eine andere Datei auswählen) abgespielt.

1.4 Die wichtigsten Compiler-Optionen

Halten wir kurz inne, um uns dem Visual Basic .NET-Compiler zuzuwenden (mit der Programmierung geht es im nächsten Abschnitt weiter). Der *Compiler* ist jenes Programm, das allgemein aus einer Textdatei Maschinencode macht. Wie Sie in Kapitel 2 noch sehr viel ausführlicher erfahren werden, trifft dies auch auf den Visual Basic .NET-Compiler zu. Allerdings ist die Maschine, um die es geht, nicht der Prozessor Ihres Computers, sondern die *Common Language Runtime* (CLR), das heißt eine virtuelle Maschine, die auf Software basiert (daher das Attribut »virtuell«). .NET-Compiler erzeugen keinen Maschinencode, sondern stattdessen Befehle in einer sehr maschinennahen Sprache, die als *Microsoft Intermediate Language* (MSIL bzw. meistens nur IL) bezeichnet wird. Auch in diesem wichtigen Punkt werden Sie auf Kapitel 2 vertröstet, wo Sie den IL Code sogar an einem kleinen Beispiel kennen lernen werden (wenngleich IL für die Programmierung in Visual Basic .NET normalerweise keine Rolle spielt). Merken Sie sich vorerst nur, dass der Compiler bei Visual Basic .NET eine unscheinbare Datei mit dem Namen *Vbc.exe* ist, die keine Benutzeroberfläche besitzt und daher über die Kommandozeile aufgerufen wird.

Der Visual Basic .NET-Compiler besitzt folgende Eigenschaften:

▨ Er macht aus einer Textdatei (die im Allgemeinen die Erweiterung *.vb* besitzt), je nach Compiler-Option, eine Exe-Datei (Programmdatei) oder Dll-Datei (.NET-Komponente).

▨ Die erzeugte Datei enthält stets IL-Code (Intermediate Language) – mehr dazu in Kapitel 2.

41

> Der Compiler-Lauf kann über das Tool *Nmake* aus dem .NET-Framework-SDK und eine Textdatei gesteuert werden, die unter anderem die Namen der zu kompilierenden Dateien enthält. Auf diese Weise lassen sich mehrere Dateien auf einmal bequem kompilieren (dies wird für die Beispiele in diesem Buch aber keine Rolle spielen).

Der folgende Aufruf des Visual Basic .NET-Compilers kompiliert die Datei *Hallovb.vb*, wobei das resultierende Assembly den Namen *FirstApp.exe* erhalten soll:

```
vbc Hallovb.vb /out:FirstApp
```

Tabelle 1.2: Die Compiler-Optionen des Visual Basic .NET-Compilers im Überblick

Option	Bedeutung
/out:file	Gibt den Namen der Ausgabedatei an, falls diese vom Namen der Quelldatei abweichen soll.
/target:exe	Legt fest, dass eine Konsolenanwendung erstellt werden soll (Standardeinstellung). Abkürzung */t*.
/target:winexe	Legt fest, dass eine Windows-Anwendung erstellt werden soll.
/target:library	Legt fest, dass eine Bibliotheksdatei erstellt werden soll.
/target:module	Legt fest, dass lediglich ein Modul (es erhält die Erweiterung *.NetModule*) erstellt werden soll.
/addmodule:<Datei>	Fügt ein Modul zu einem Assembly hinzu.
/recurse:<Platzhalter>	Kompiliert alle Dateien im aktuellen Verzeichnis und seinen Unterverzeichnissen, die dem Platzhalter entsprechen.
/reference:<Dateiliste>	Fügt eine oder mehrere Referenzen auf andere Assemblies hinzu.
/linkresource:<Resinfo>	Verknüpft die angegebene Datei als eine externe Assembly-Ressource.
/resource:<Resinfo>	Bindet die angegebene Datei als eine Assembly-Ressource ein.
/win32icon:<Datei>	Die angegebene Ico-Datei wird als Programmsymbol der Windows-Anwendung verwendet.
/win32resource:<Datei>	Die angegebene Res-Datei wird als Ressourcen-Datei einbezogen.
/optimize[+ | -]	Schaltet die Compileroptimierung ein oder aus.
/removeintchecks[+ | -]	Schaltet die Überprüfung auf Ganzzahlenüberlauf ein oder aus.
/debug[+ | -]	Fügt in das Assembly Debug-Informationen ein (+).
/debug:full	Fügt in das Assembly die vollständigen Debugging-Informationen ein.

Option	Bedeutung
/debug:pdbonly	Erstellt lediglich eine Pdb-Datei.
/nowarn	Warnungen werden deaktiviert.
*/warnaserror[+	-]*	Warnungen werden wie Fehler behandelt.
/define:<Symbolliste>	Definiert globale Symbole, die für die bedingte Kompilierung benutzt werden (*/d:name=wert*).
/imports:<Importliste>	Definiert globale Namespaces, die für alle beteiligten Module gelten.
*/optionexplicit[+	-]*	Schaltet den Befehl *Option Explicit* ein oder aus.
*/optionstrict[+	-]*	Schaltet den Befehl *Option Strict* ein oder aus.
/rootname-space:<string>	Definiert den obersten Namespace für alle Typen, die in dem Programm verwendet werden.
/optioncompare:binary	Setzt den Befehl *Option Compare* auf *Binary* (Standardeinstellung).
/optioncompare:text	Setzt den Befehl *Option Compare* auf *Text* (Standardeinstellung).
/help	Listet alle Optionen auf (Kurzform */?*).
/nologo	Gibt die Begrüßungszeile nicht aus.
/quiet	Es werden keine Meldungen ausgegeben.
/verbose	Es werden ausführliche Meldungen ausgegeben.
/baseaddress:<Zahl>	Gibt die Basisadresse einer Bibliotheksdatei an.
/bugreport:<Datei>	Erstellt eine Fehlerprotokolldatei.
*/delaysign[+	-]*	Schaltet die verzögerte Signierung eines Assembly mit dem privaten Schlüssel des Entwicklers ein oder aus.
/keycontainer:<string>	Legt den Schlüsselcontainer fest, der den »starken Namen« für das Assembly enthält.
/keyfile:<Datei>	Gibt die Datei an, die den starken Namen für das Assembly enthält.
/libpath:<Pfadliste>	Gibt eine Liste von Verzeichnissen an, die auf Metadatenverweise durchsucht werden (die Verzeichnisse werden mit einem Semikolon getrennt).
/main:<Klasse>	Gibt die Klasse an, die die *Main*-Prozedur enthält, die als Programmeinsprungpunkt verwendet wird.
/netcf	.NET Compact Framework verwenden.
/sdkpath:<Pfad>	Speicherort des Verzeichnisses des .NET Framework SDKs
*/utf8output[+	-]:<Datei>*	Compilerausgabe im UTF8-Zeichensatz.
@<Datei>	Gibt eine Datei an, die die Compiler-Optionen enthält, die beim Aufruf übergeben werden sollen.

Tabelle 1.2:
Die Compiler-Optionen des Visual Basic .NET-Compilers im Überblick (Forts.)

43

1.5   Zusammenfassung

Visual Basic .NET ist eine durchweg objektorientierte Programmiersprache, bei der jedes Programm mindestens aus einer Klasse besteht und alle verwendeten Datenelemente wiederum Objekte aus den .NET-Basisklassen sind. Die Programmierung mit Visual Basic .NET ist grundsätzlich nicht schwieriger als bei seinen Vorgängerversionen. Im Gegenteil, hat man das Prinzip der Arbeitsteilung zwischen den relativ einfachen Befehlen und Operatoren der Programmiersprache und den sehr umfangreichen Klassen und Objekten des .NET-Framework erst einmal verstanden, erscheint die Programmierung deutlich einfacher als in der Vergangenheit.

1.6   F&A

Frage 1-1

Schreiben Sie ein Grundgerüst für ein Visual Basic .NET-Programm, das keinen ausführbaren Befehl enthält, sich aber fehlerfrei kompilieren lässt.

Frage 1-2

Mit welcher Dateierweiterung werden Visual Basic .NET-Programme üblicherweise gespeichert?

Frage 1-3

Wie wird eine Visual Basic .NET-Quelltextdatei in eine Exe-Datei kompiliert und was enthält die Exe-Datei?

Frage 1-4

Was ist eine Konsolenanwendung und welche Vorteile bietet sie?

Frage 1-5

Welche Rolle spielen die .NET-Basisklassen?

Frage 1-6

Wie heißt der typische »Ausgabebefehl« in einer Konsolenanwendung?

(Alle Antworten und Lösungen finden Sie in Anhang D.)

KAPITEL 2

Die .NET-Philosophie

Visual Basic .NET trägt den Zusatz *.NET* nicht umsonst in seinem Namen. Hinter diesem unscheinbaren Kürzel steckt eine brandneue Systemplattform, an der Microsoft einige Jahre gearbeitet hat und die in den kommenden Jahren eine sehr wichtige Rolle spielen wird. Auch wenn im Moment noch vieles sehr neu und ungewohnt (vielleicht auch ein wenig unnötig – nach dem Motto »Warum alles wieder neu, wenn doch das Vorhandene vollkommen ausreichend war?«) erscheinen mag, in ein paar Jahren werden die mit .NET eingeführten neuen Regeln zum Grundrepertoire eines jeden Windows-Programmierers gehören (müssen). Aus diesem Grund wird in diesem Kapitel auch mit einfachen Worten erklärt, was .NET ist und warum es so wichtig ist. Da sich mit .NET ganze Bücher füllen ließen (und auch schon gefüllt wurden) und in diesem Kapitel eine Einführung in Visual Basic .NET im Vordergrund steht, beschränkt sich dieser Abschnitt auf einen Überblick. Sehen Sie dieses Kapitel aber bitte nicht als lästiges Pflichtkapitel an, das man vielleicht kurz überfliegt, um es möglichst schnell wieder zu vergessen, da alles ein wenig theoretisch und langweilig erscheint und keine Beispiele vorkommen (es gibt eine Ausnahme, bei der es um das Zusammenspiel einer in C# programmierten Komponente mit einem Visual Basic .NET-Programm geht). .NET, insbesondere das .NET-Framework, sind die Grundlage für alles, was Sie in Visual Basic .NET umsetzen können. Visual Basic .NET ist, wie jede .NET-Programmiersprache, lediglich ein Satz von Befehlen, Schlüsselwörtern, Operatoren und Datentypen. Der ganze »Rest« (und das ist eine ganze Menge) stammt von .NET. Das gilt für alle wichtigen Eigenschaften, wie die Möglichkeit, Basisklassen bei der Definition neuer Klassen zu erweitern (Vererbung) oder während der Ausführung eines Programms weitere Threads zu starten (Multithreading).

Diese werden nicht von der Programmiersprache, sondern von der CLR zur Verfügung gestellt. CLR? Diese wichtige Abkürzung werden Sie am Ende des Kapitels auswendig können. Das gilt aber noch mehr für die Basisklassen des .NET-Framework, die einen großen Teil der Windows-API und alle Funktionen ersetzen, die bei früheren Versionen durch interne Funktionen der Programmiersprache zur Verfügung gestellt wurden. Bei Visual Basic .NET sind diese Funktionen nicht mehr »fest eingebaut«, sondern Methoden irgendwelcher Klassen der .NET-Basisklassen.

Mit Philosophie hat dieses Kapitel natürlich nur indirekt etwas zu tun. Der Begriff soll lediglich andeuten, dass mit .NET eine etwas andere Sichtweise für die »Dinge« der Welt (was die Programmierung angeht) einhergeht und es wieder einmal viele neue Begriffe gibt, die Programmierer verinnerlichen müssen. Allen, die sich bereits vor Jahren mit der Programmiersprache Java (die eine ähnliche Revolution ausgelöst hat) beschäftigt haben, kennen das bereits, ihnen wird einiges sehr bekannt vorkommen (wenngleich .NET sehr viel mehr als nur eine Kopie der Java-Plattform ist). Allen, die sich seit Jahren gemütlich in der Visual Basic-Ecke »eingekuschelt« und die restliche Welt der Programmierung ein wenig aus den Augen verloren haben, wird die neue Philosophie einiges an Flexibilität abverlangen, da sich viele vertraute Spielregeln geändert haben und Visual Basic .NET weniger die Version 7.0 von Visual Basic, sondern eher die Version 1.0 einer neuen Programmiersprache darstellt, die nur zufälligerweise einen vertrauten Namen besitzt. Aber es hilft alles nichts, den Sprung auf die .NET-Ebene muss jeder Programmierer absolvieren, auch wenn es am Anfang ein paar Dehn- und Streckübungen erfordert. Am Ende winken sehr viel mehr Möglichkeiten, so dass sich die Mühe in jedem Fall lohnt.

Die Themen für dieses Kapitel:

- Was ist .NET?

- .NET im Gesamtüberblick

- Die Rolle der *Common Language Runtime* (CLR)

- IL als die neue Maschinensprache

- Die Datentypen des *Common Type System* (CTS)

- Die Basisklassen

- Die Rolle der Assemblies

- Die *Common Language Infrastructure* (CLI) für Linux & Co.

Noch ein Tipp, bevor Sie sich in dieses Kapitel »stürzen«: Sehen Sie es in erster Linie als einen Überblick über .NET aus der Vogelperspektive. Nicht jeder Aspekt wird von Anfang an verständlich sein. Lesen Sie das Kapitel vor allem noch einmal, nachdem Sie sich ausführlicher mit der Visual Basic .NET-Programmierung beschäftigt haben. Einige Zusammenhänge, wie etwa die Rolle der Assemblies oder die Ausführung von IL-Code, wirken dann verständlicher und weniger abstrakt.

2.1   Was ist .NET?

Mit manchen Begriffen ist das so eine Sache. Man hört sie praktisch ständig und überall, doch so richtig verstehen kann man sie zunächst nicht. Das hat eine einfache Erklärung. Der Begriff stammt von der Firma Microsoft, die vor allem für ein sehr erfolgreiches Marketing bekannt ist. Gibt es aus dem Hause Microsoft etwas Neues, dauert es nicht lange und jeder kennt den neuen Modetrend beim Namen. Nicht immer muss es zu jedem Begriff eine technisch fundierte Definition geben, denn die Kunst des Marketings besteht bekanntlich darin, etwas zu verkaufen, und dazu gehört auch ein trendiger Name. .NET ist jedoch kein Marketingprodukt, auch wenn der Name und der Umstand, dass es kaum ein Microsoft-Produkt mehr gibt, wo es nicht als Namensanhang auftaucht, zu dieser Annahme verleiten könnten. Dazu ist .NET viel zu wichtig und dazu steckt viel zu viel an konkreter Software dahinter (Visual Basic .NET ist nur ein kleines Beispiel). Hinter .NET steckt eine komplett neue Systemarchitektur, an der mehrere Hundert Softwareingenieure in den letzten Jahren mit Hochdruck gearbeitet haben. Im Unterschied zu manchen anderen Technologien ist .NET vollständig und verfügbar, es gibt nichts, was erst »irgendwann« in Zukunft noch fertig gestellt werden müsste. Der griffige Name wurde deswegen gewählt, weil er sich leicht merken lässt, sich gut anhört und daher auch für die Werbung gut geeignet ist. Mit Netzwerken oder der Domainerweiterung *.net* hat unser .NET nichts zu tun (wenngleich es in erster Linie für die Programmierung von Webanwendungen geschaffen wurde und daher eine direkte Beziehung zum Internet besteht). Der ursprüngliche Name lautete übrigens »Next Generation Windows Services«. Suchen Sie sich aus, was Ihnen besser gefällt (wahrscheinlich klingt .NET auf einmal sehr viel attraktiver).

Alles schön und gut, doch was steckt nun genau dahinter? .NET ist der Name der neuen Systemplattform von Microsoft, auf der in Zukunft immer mehr Anwendungen aufbauen werden. Technisch gesehen ist .NET ein umfangreicher Satz von Programmen (die in der Kommandozeile ausgeführt werden) und Systemdateien, die auf jedem Windows-Computer nachträglich installiert werden müssen (lediglich Windows 95 wird nicht mehr unterstützt)[1] und die bei künftigen Windows-Versionen (etwa Windows .NET Server) von Anfang an mit dabei sein werden. Wurden diese Dateien installiert, sieht Windows kei-

---

1. Was auch vernünftig ist, denn irgendwann muss einmal Schluss sein mit der Abwärtskompatibilität.

nen Deut anders aus als vorher, denn .NET ist kein Programm und schon gar nicht eine Oberfläche, sondern wirkt hauptsächlich unsichtbar im Hintergrund (lediglich das Startmenü enthält unter Umständen einen neuen Eintrag, über den die Tools des .NET-Framework SDK aufgerufen werden können). Dennoch hat sich etwas Entscheidendes geändert. Windows ist auf einmal in der Lage, .NET-Anwendungen auszuführen, und ist damit endlich im 21. Jahrhundert angekommen. Im Mittelpunkt von .NET steht (aus der Sicht der Programmierer) die *Common Language Runtime* (CLR), sozusagen der Kern von .NET, der für die Ausführung aller .NET-Anwendungen (dazu gehören natürlich auch jene, die mit Visual Basic .NET programmiert wurden) zuständig ist. Eine Laufzeitumgebung, die die Ausführung eines Programms kontrolliert, ist grundsätzlich nichts Besonderes, denn für Visual Basic-Programmierer gibt es sie bereits seit Version 1.0. Die CLR ersetzt die bisherige Laufzeitumgebung und hat mindestens zwei Vorteile:

- Sie stellt eine Vielzahl sehr leistungsfähiger Funktionen, wie Multithreading, Erweiterung von Klassen (Vererbung), strukturierte Ausnahmebehandlung für das Abfangen von Laufzeitfehlern, Sicherheit bei der Ausführung von Programmen und vieles mehr zur Verfügung.

- Die CLR ist für sämtliche .NET-Programmiersprachen zuständig.

Visual Basic .NET-Programmierer nehmen die CLR nur indirekt wahr, da sie bei der Programmierung nur in Ausnahmefällen direkt angesprochen wird, sondern die meiste Zeit unsichtbar im Hintergrund wirkt. Sie ist aber das neue Fundament, auf dem Visual Basic .NET-Programme aufsetzen und das daher auf jedem Computer vorhanden sein muss, auf dem ein Visual Basic .NET-Programm laufen soll.

Die vorläufige Antwort auf die eingangs gestellte Frage lautet daher: .NET besteht aus einer neuen Laufzeitumgebung, die sich alle Programme teilen und mit der eine Vielzahl neuer Möglichkeiten für die Programmierer einhergehen. Was sich hinter der CLR verbirgt, erfahren Sie im nächsten Abschnitt.

2.1.1   Die Rolle der Common Language Runtime (CLR)

Der wichtigste Bestandteil von .NET ist die *Common Language Runtime*, kurz CLR. Sie ist das »Kontrollprogramm«, das für die Ausführung jedes .NET-Programms zuständig ist, egal, in welcher (.NET-)Sprache es programmiert wurde. Sobald Sie eine Exe-Datei starten, die von einem .NET-Compiler (etwa Visual Basic .NET) kompiliert wurde, tritt die CLR in Aktion und übernimmt die Kontrolle über die Ausführung. Diese Programme werden daher auch als *verwalteter Code* (engl. »managed code«) bezeichnet, da ihre Ausführung von der CLR verwaltet wird. Verwaltet bedeutet unter anderem, dass die CLR die komplette Speicherverwaltung für alle Objekte übernimmt und bei jedem einzelnen Befehl prüft, ob er im aktuellen Sicherheitskontext erlaubt ist oder nicht. Verwalteter Code ist »hagel- und bombensicher«, da er praktisch nicht abstürzen kann (man soll bekanntlich nie »nie« sagen, aber es wäre sehr unwahrscheinlich, da die CLR gründlich getestet wurde und nebenbei selbstverständlich »unfehlbar« ist). Daraus ergibt sich fast von allein, dass die CLR keinen Maschinencode ausführt, wie es bei einem normalen Windows-Programm (und bei Visual Basic 6.0-Programmen, die in nativen Maschinencode kompiliert wurden) der Fall ist. Stattdessen enthält jede Exe- oder DLL-Datei, die von einem .NET-Compiler produziert wurde, Befehle der *Intermediate Language* (kurz IL – prägen Sie sich alle Abkürzungen gut ein, es werden noch ein paar mehr, wir fragen sie am Ende ab und wer eine nicht kennt, muss wieder in Visual Basic 6.0 programmieren). Damit lässt sich die Aufgabe der CLR in einem Satz beschreiben: Sie ist für die Ausführung von IL Code zuständig. Visual Basic 6.0-Programme kann die CLR übrigens nicht ausführen, was aber kein Nachteil ist, denn die CLR ist, wie das komplette .NET-Framework, lediglich eine »Erweiterung« und ersetzt keine bereits vorhandenen Funktionen. Es ist daher auch kein Problem, Visual Basic 6.0- und Visual Basic .NET-Programme auf einem Computer parallel zu betreiben (falls gewünscht, können sie auch Daten austauschen).

Es wurde bereits erwähnt, dass die CLR während der Laufzeit eines .NET-Programms verschiedene Aktivitäten übernimmt. Dazu gehören im Einzelnen:

- Einrichten von so genannten *AppDomains*, in denen die .NET-Anwendung ausgeführt wird. Eine AppDomain ist lediglich ein (logischer) Bereich, in dem eine .NET-Anwendung läuft. AppDomains setzen auf dem Prozessmodell des Betriebssystems auf und virtualisieren es. Einer .NET-Anwendung ist es »egal«, in welchem Prozess sie läuft, ihre Ausführungsumgebung wird durch eine AppDomain definiert. Das Betriebssystem wiederum sieht nur Prozesse und Threads und weiß nichts über AppDomains.

- Verwalten des Arbeitsspeichers (das betrifft vor allem das Anlegen und Zerstören von Objekten – diese Aufgabe übernimmt die so genannte *Garbage Collection*, zu Deutsch »Müllbeseitigung«). Die CLR legt alle Objekte in einem Arbeitsspeicher an, der als Heap (zu Deutsch »Haufen«) bezeichnet wird. Indem sich die CLR um die Arbeitsspeicherverwaltung kümmert und diese nicht, wie es etwa bei C++ der Fall ist, dem Betriebssystem überlässt, nimmt diese sehr viel weniger Zeit in Anspruch. Für Visual Basic-Programmierer ist das Prinzip der automatischen Speicherverwaltung nicht neu, denn auch die alte Laufzeitumgebung kümmerte sich um das Freigeben des von einem COM-Objekt belegten Arbeitsspeichers.

- Überwachen der Sicherheitseinstellung vor der Ausführung eines IL-Befehls. Bei .NET lässt sich im Detail festlegen, welcher Befehl unter welchen Bedingungen ausgeführt werden darf. Das ist eine der leistungsfähigsten Eigenschaften der CLR.

Bereitstellen wichtiger Spracheigenschaften, wie eine strukturierte Ausnahmebehandlung (das Abfangen von Laufzeitfehlern), Vererbung bei Klassen und Multithreading.

Halten wir fest, die CLR ist die neue allgemeine Laufzeitumgebung für sämtliche .NET-Programme (sie ersetzt damit unter anderem die Datei *Msvbvm60.dll*, die Laufzeit-DLL für alle Visual Basic 6.0-Programme).

2.1.2   IL als die neue Maschinensprache

In diesem Abschnitt wird das sehr wichtige Prinzip der Programmausführung eines .NET-Programms erklärt. Sie werden erfahren, dass eine unscheinbare Exe-Datei gar keinen Maschinencode enthält, sondern die Befehle einer neuen und universellen Programmiersprache, und wie sich dieser virtuelle Code dennoch auf einem herkömmlichen Windows-Computer ausführen lässt. Wird ein Visual Basic .NET-Programm kompiliert, ist wie üblich eine Exe- oder DLL-Datei das Resultat. Daran hat sich gegenüber früheren Visual Basic-Versionen nichts geändert. Die Datei besitzt zwar das Standardformat einer ausführbaren Datei unter Windows[1], so dass sie auch problemlos gestartet werden kann (anders könnte es auch nicht gehen), enthält aber keinen 80x86-Maschinencode. Stattdessen enthält die Datei einen Befehlscode, der als *Intermediate Language* (IL) bezeichnet wird. Das ist bereits die erste kleine Revolution für alle Visual Basic-Programmierer. Visual Basic .NET erzeugt (wie alle anderen .NET-Compiler auch) keinen Maschinencode mehr, sondern stattdessen IL-Code. Dieser IL-Code besteht aus Instruktionen, die von der CLR verstanden werden. Wird ein Visual Basic .NET-Programm zur Ausführung gebracht, wird als Erstes die CLR geladen, deren Aufgabe darin besteht, den IL-Code Befehl für Befehl auszuführen. Ein Problem gibt es dabei aber noch zu lösen. Sämtliche Prozessoren, die in heutigen Computern enthalten sind, verstehen nur ihren 80x86-Maschinencode und keinen IL-Code. Es ist daher eine weitere Kompilierung erforderlich. Diese Aufgabe übernimmt der so genannte *Just In Time-Compiler* (JIT) der CLR. Seine Aufgabe besteht darin, den IL-Code in ausführbaren Maschinencode zu übersetzen. Die Bezeichnung »Just In Time« rührt von dem Umstand, dass diese Übersetzung unmittelbar vor der Ausführung des IL-Codes geschieht, also gerade noch rechtzeitig. Dieser Vorgang wird auch als »jitten« bezeichnet. Wenn .NET-Experten (dazu gehören Sie natürlich auch in Kürze) vom Jitten sprechen, meinen sie damit nicht irgendeine neue Extremsportart, sondern lediglich das Übersetzen von IL-Code in einen (im Prinzip beliebigen) Maschinencode. Sowohl die Anwender als auch die Programmierer des Programms bekommen davon

---

1. Das wiederum sogar auf die ehrwürdigen Zeit von MS-DOS zurückgeht – jede .NET-Exe-Datei beginnt mit den Buchstaben MZ, dem Namenskürzel jenes Programmierers, der 1980 die Speicherverwaltung von MS-DOS programmiert hat.

aber nichts mit. Voraussetzung ist lediglich, dass die CLR auf dem Zielcomputer vorhanden ist, denn ansonsten kann nichts »gejittet« werden und die Ausführung der Exe-Datei führt zu einer Fehlermeldung.

Da es so wichtig ist, hier noch einmal eine Wiederholung: .NET-Compiler, wie der Visual Basic .NET-, aber auch der C#-Compiler (*Csc.exe*), der ebenfalls im .NET-Framework-SDK enthalten ist, produzieren grundsätzlich IL-Code. Die resultierende Exe- oder DLL-Datei enthält daher keinen Maschinencode, sondern IL-Code. Mit anderen Worten, die .NET-Compiler erzeugen den Code für eine virtuelle Maschine, die in der CLR enthalten ist[1]. Vor der Ausführung des Programms wird der IL-Code durch den Just In Time-Compiler der CLR in Maschinencode übersetzt. Ein Geschwindigkeitsnachteil entsteht dadurch nicht.

Visual Basic-Programmierern ist dieses Prinzip nicht ganz neu, denn bereits frühere Versionen (bis zur Version 5.0 sogar ausschließlich) produzierten einen Zwischencode (den P-Code), der von der Laufzeit-DLL interpretiert wurde. Es ist aber wichtig zu verstehen, dass IL-Code nicht interpretiert wird. Er wird in Maschinencode übersetzt, der anschließend ausgeführt wird.

IL-Code ist bei weitem nicht so kompliziert, wie es vielleicht den Anschein haben mag. Es ist eine einfach strukturierte Programmiersprache, bei der ein Stack, also ein Speicherbereich, auf dem Elemente abgelegt (Push-Operation) oder von dem Elemente genommen werden (Pop-Operation), im Mittelpunkt steht. Mit Hilfe eines Tools mit dem Namen *Ildasm.exe* aus dem .NET-Framework-SDK lässt sich jede Exe-Datei in IL-Code zurückverwandeln, der in einem Fenster angezeigt wird (dass sich damit also selbst geschriebene Programme lesbar machen lassen, ist ein Nachteil der CLR, für den es offenbar im Moment noch keine Lösung gibt). Lohnt es sich, IL zu lernen? Im Prinzip nein. Auch wenn es einige Programmierkunststücke erlaubt, die weder in Visual Basic .NET noch in C# möglich sind (dies betrifft allerdings Spezialitäten wie den dynamischen Aufruf von Programmcode), lohnt sich der Aufwand im Allgemeinen nicht. Wer allerdings wirklich verstehen will, wie der Visual Basic .NET-Compiler funktioniert, oder wer in der Lage sein möchte, Visual Basic .NET und C# zu vergleichen, sollte sich ein wenig mit IL auskennen. IL-Grundkenntnisse können daher nicht schaden, aber kaum jemand wird direkt in IL programmieren wollen.

Dennoch soll IL im Folgenden zumindestens einmal gezeigt werden. Listing 2-1 enthält ein kleines IL-Programm. Wenn Sie diese Befehle in eine Textdatei eintippen, mit der Erweiterung *.Il* abspeichern und mit dem IL-Assembler *Ilasm.exe* aus dem NET-Framework-SDK in eine Exe-Datei umwandeln, kön-

---

1. Mag sein, dass es, wie bereits heute bei Java, eines Tages Prozessoren geben wird, die IL-Code direkt ausführen können.

nen Sie das Programm direkt ausführen (vermutlich können Sie sich schon denken, was es macht).

Listing 2-1:
IL-Code einmal
direkt – dieses
Programm
kann mit dem
IL-Assembler
Ilasm.exe in
eine Exe-Datei
umgewandelt
werden

Buch-CD: HalloWelt.il

```
.assembly Test{}
.class CTest {
 .method static void Main() {
 .entrypoint
 ldstr "Hallo, IL!"
 call void [mscorlib] System.Console::WriteLine(class System.Object)
 ret
 }
}
```

2.2   .NET im Gesamtüberblick

Sie kennen die Rolle der CLR, des wichtigsten Bestandteils von .NET, und Sie wissen, dass ein .NET-Compiler keinen Maschinencode wie früher, sondern IL-Code produziert. Allein das würde schon das Attribut revolutionär verdienen (zumindestens aus dem Blickwinkel von Microsoft). Hinter .NET steckt aber noch sehr viel mehr. Anstatt wortreicher Erklärungen enthält Abbildung 2.1 ein Schaubild (das Ihnen unter Umständen bekannt vorkommen dürfte, da es praktisch bei jeder .NET-Vorführung gezeigt wird). Dieses Schaubild fasst die wichtigsten Bestandteile von .NET zusammen, die im Folgenden kurz erklärt werden. Das alles wird übrigens unter dem Sammelbegriff *.NET-Framework* zusammengefasst, womit ein weiterer Begriff, der in Zusammenhang mit .NET immer wieder fällt, abgehakt wäre.

Das Schaubild lässt sich (erstaunlicherweise) in wenigen Sätzen erklären. Fangen wir ganz unten an, wo sich das Betriebssystem befindet. Das Schaubild macht deutlich, dass .NET nicht nur auf den verschiedenen Windows-Versionen (außer Windows 95) aufsetzt, sondern auch für andere Plattformen in Frage kommt. Neben den kleinen Pocket-PCs mit Windows CE als Betriebssystem (für diese Plattform gibt es das *.NET Compact Framework*) kann dies in Zukunft auch Unix sein (mehr dazu in Kapitel 2.8), wobei dies für Visual Basic .NET-Programmierer keine Alternative ist[1]. Es ist auch nicht so spektakulär, denn auch DCOM wurde bereits vor Jahren auf andere Plattformen portiert, ohne dass dies ein Entwickler mitbekommen hätte. Bewegen wir uns auf die nächste Ebene. Hier treffen wir die verschiedenen Komponenten der *Common Language Runtime* (CLR) an, wie das *Common Type System*, die *Garbage Collection* und die *Code Access Security* (CAS). Dies sind die »Ar-

---

1. Zum Zeitpunkt der Drucklegung war die von Microsoft angekündigte Implementierung der CLI für FreeBSD Unix noch nicht verfügbar.

beiter« der CLR, die unermüdlich im Einsatz sind, sobald die erste .NET-Anwendung gestartet wurde. Mit dabei ist natürlich auch der JIT-Compiler (den es sogar in verschiedenen Ausführungen gibt), der aber in dem Schaubild nicht zu sehen ist. Oberhalb der CLR befinden sich die überaus umfangreichen Basisklassen, sozusagen das .NET-Framework. Sie sind ein wichtiger Bestandteil der Laufzeitumgebung, da sie permanent sowohl von den .NET-Anwendungen als auch von der CLR benötigt werden. Anders als früher sind es keine statischen Funktionsbibliotheken, die einmal hinzugebunden werden. Es handelt sich um DLLs, die von der Anwendung, die sie benötigt, geladen werden und erst dann wieder entfernt werden, wenn sie keine .NET-Anwendung mehr benötigt. Nicht zu sehen in dem Schaubild ist der Umstand, dass jede .NET-Anwendung in ihrem eigenen Bereich, der so genannten *App-Domain*, läuft. Eine AppDomain definiert einen logischen Bereich, in dem ein Assembly ausgeführt wird und der unter anderem über eigene Sicherheitseinstellungen verfügt. Es ist die Aufgabe der CLR, für jede .NET-Anwendung in einem Prozess AppDomains einzurichten. Gehen wir in dem Schaubild eine Ebene nach oben, kommen wir zur Ebene des verwalteten Codes. Dies ist im Grunde keine eigene Ebene, der Kasten soll lediglich andeuten, dass die CLR ausschließlich verwalteten Code ausführt. An oberster Stelle des Schaubilds befinden sich schließlich die Anwendungen, die Sie mit Visual Basic .NET, C# oder jeder anderen .NET-Programmiersprache erstellen (insgesamt gibt es weit über 20, wobei es sich bei vielen eher um Fallstudien aus dem akademischen Bereich handelt). Das war .NET im Schnelldurchgang. War doch gar nicht so kompliziert, oder?

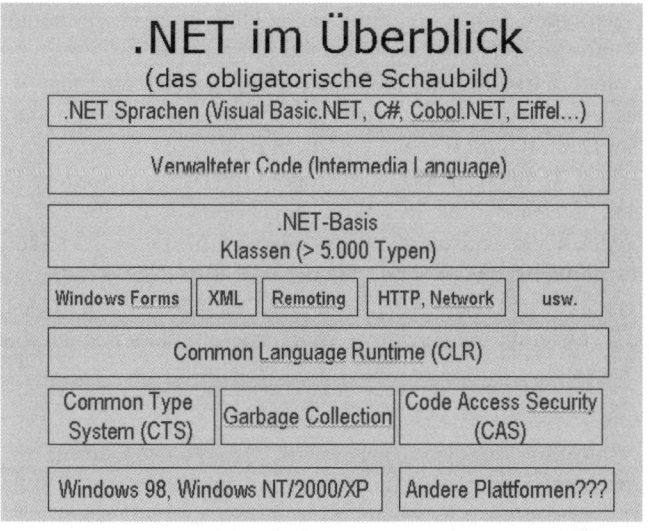

Abb. 2.1:
Das .NET-Framework im Überblick

2.3 Die Datentypen des Common Type System (CTS)

Die CLR arbeitet mit einem einheitlichen Satz an Datentypen, die unter dem Namen *Common Type System* (CTS) zusammengefasst werden. Es war stets ein Problem, dass jede Programmiersprache mit eigenen Datentypen arbeitete. Für Visual Basic-Programmierer macht sich dies vor allem dann negativ bemerkbar, wenn es um den Aufruf von API-Funktionen ging, deren Datentypen von C/C++ stammten. Wer schon einmal darüber nachgegrübelt hat, welche Visual Basic-Datentypen für einen lpzs-Parameter oder einen Functionpointer eingesetzt werden müssten, oder wer festgestellt hat, dass eine API-Funktion nicht aufgerufen werden konnte, weil sie vorzeichenlose Datentypen erwartete, wird das CTS mehr als begrüßen. Zwar wurde mit dem *Component Object Model* (COM) bereits ein einheitlicher Satz von Datentypen eingeführt, doch nur als Erweiterung der bereits vorhandenen Datentypen für den Fall, dass Daten über COM zwischen Anwendungen ausgetauscht werden sollten. Die CTS-Datentypen stellen dagegen den einzigen Satz an Datentypen dar, der für jede Programmiersprache maßgeblich ist. Tabelle 2.1 enthält eine Übersicht über die CTS-Datentypen und verrät auch, welche Namen dafür in Visual Basic .NET verwendet wurden (um die Programmierer nicht mehr als nötig zu verwirren, wurden viele Namen beibehalten – dahinter stecken aber stets die CTS-Datentypen).

Wie immer muss zwischen Theorie und Praxis unterschieden werden. Das CTS bedeutet nicht, dass alle Programmiersprachen exakt die gleichen Datentypen benutzen. Zum einen kann jede Programmiersprache eigene Namen verwenden – der Datentyp *Single* heißt in C# zum Beispiel *Float*, der Datentyp *String* heißt in C# *string*, was besonders subtil ist, da C# – anders als Visual Basic .NET – zwischen Groß- und Kleinschreibung unterscheidet. Der Datentyp *Int16* heißt bei Visual Basic .NET *Short*. Zum anderen, und das ist viel wichtiger, kann jede Programmiersprache weitere Datentypen besitzen, die nicht Teil des CTS sind. Bei C# wären das zum Beispiel die vorzeichenlosen Datentypen, wie etwa *uint*. Das CTS stellt daher den kleinsten gemeinsamen Nenner dar, der von allen .NET-Programmiersprachen unterstützt wird[1]. Bei Visual Basic .NET ist jeder Datentyp gleichzeitig auch ein CTS-Datentyp, bei anderen .NET-Programmiersprachen muss dies nicht der Fall sein.

---

1. Besser unterstützt werden sollte. Niemand kann einen Programmierer, der sich eine neue .NET-Sprache ausdenkt, zwingen, alle CTS-Datentypen zu unterstützen. Es wird aber praktisch immer der Fall sein, da es keinen Sinn ergibt und nur zu unnötigen Komplikationen führt, dies nicht zu tun.

Datentyp	Bedeutung	Visual Basic .NET-Alias
System.Byte	8 Bit vorzeichenlos	Byte
System.Char	1 Unicode-Zeichen (16 Bit)	Char
System.Int16	16 Bit mit Vorzeichen	Short
System.Int32	32 Bit mit Vorzeichen	Integer
System.Int64	64 Bit mit Vorzeichen	Long
System.Single	32 Bit-IEEE-Fließkommaformat	Single
System.Double	64 Bit-IEEE-Fließkommaformat	Double
System.Decimal	128 Bit-Fließkommaformat	Decimal
System.Boolean	True/False Wert (16 Bit)	Boolean
System.String	Array von Unicode-Zeichen	String
System.Object	Universeller Datentyp	Object

Tabelle 2.1:
Die .NET-
Datentypen
des Common
Type System
im Überblick

Wer sich Tabelle 2.1 genauer anschaut, wird sich vermutlich fragen, was der ganze Aufwand und die Gegenüberstellung zwischen CTS- und Visual Basic .NET-Datentypen soll, da doch praktisch alle CTS-Datentypen namensgleich mit den Visual Basic .NET-Datentypen sind (sieht man von dem Namenszusatz *System* ab, da sich alle Datentypen von der *System.Object*-Klasse ableiten). Doch das ist genau der Punkt, auf den man am Anfang nicht oft genug verweisen kann. Die Namensgleichheit rührt gerade von dem Umstand her, dass Visual Basic .NET 1:1 die CTS-Datentypen übernimmt und lediglich kleinere Namensänderungen vornimmt, damit es erfahrene Visual Basic-Programmierer am Anfang ein wenig leichter haben. Es ist jedoch überhaupt kein Problem (und manchmal auch empfehlenswerter), statt der Visual Basic-Aliase die »wahren« Namen zu verwenden.

Die folgenden beiden Befehle definieren zwei Variablen mit dem exakt gleichen Datentyp, nur dass einmal ein Visual Basic .NET-Alias, das andere Mal der CTS-Name verwendet wird.

```
Dim Zahl1 As Short
Dim Zahl2 As System.Int16
```

Die zweite Variante bietet den Vorteil, dass sie einheitlicher und aussagekräftiger ist. Programmierer, die sich am Anfang nicht sicher sind, ob ein *Long* nun 32 oder 64 Bit umfasst, sollten daher die CTS-Datentypen benutzen. Das macht den Quelltext unter Umständen ein wenig besser lesbar und vermeidet auch beim Aufruf von API-Funktionen (für den es allerdings bei Visual Basic .NET seltener eine Notwendigkeit geben dürfte als früher) Missverständnisse, denn für einen *Long*-Datentyp muss bei Visual Basic .NET ein *Integer* übergeben werden.

2.4   Die .NET-Basisklassen

Nun zu einem sehr angenehmen Thema, das angehende .NET-Programmierer meistens (eigentlich immer) mit zunehmender Praxiserfahrung von möglicherweise anfänglicher Skepsis zu echter Begeisterung hinreißt. Die Rede ist von den .NET-Basisklassen, die eine weitere Grundsäule des .NET-Framework darstellen. Wenn .NET weitestgehend unabhängig von einem Betriebssystem sein soll, muss es einen großen Teil der API des Betriebssystems zur Verfügung stellen. Das reicht von simplen Dingen, wie Funktionen für den Dateizugriff, bis hin zu komplexen Dingen, wie einer kompletten (und zudem sehr anspruchsvollen) Fensterverwaltung. Diese Herausforderung musste bereits bei Java gelöst werden, das seinem Anspruch »einmal schreiben, überall laufen« nur gerecht werden konnte, indem es alles das, was Programmierer an zusätzlichen Funktionen benötigen, über eine Klassenbibliothek zur Verfügung stellt. Und genauso verhält es sich bei .NET. Mit den .NET-Basisklassen existiert eine überaus umfangreiche Klassenbibliothek, die 90% aller Funktionen enthält, die Programmierer jemals benötigen werden. Die restlichen 10% sind nicht vorhanden, weil sie entweder noch nicht implementiert wurden (für diesen Fall müssen Programmierer wieder auf die API-Funktionen von Windows zurückgreifen) oder weil sie nicht benötigt werden. So gibt es im Rahmen der .NET-Basisklassen keine Low-Level-Funktionen, etwa für den Hardwarezugriff oder für das Allokieren von Speicherblöcken, da dies entweder nicht zur .NET-Philosophie passen würde oder diese Aufgabe von der CLR übernommen wird und die Programmierer davon die Finger lassen sollen[1].

2.4.1   Die Rolle der Namespaces

Bevor Sie einige Vertreter der Basisklassen kennen lernen, müssen Sie noch einen Begriff über sich ergehen lassen, den Sie an vielen Stellen in diesem Buch wiederfinden werden und der am Anfang alles andere als leicht verständlich erscheinen wird. Sind Sie bereit? Es geht um den *Namespace*. Namespaces sollen die Basisklassen übersichtlicher gestalten. Stellen Sie sich vor, Sie wären der Chef (oder die Chefin) einer Firma mit etwas über 7.000 Angestellten (so viele Basisklassen gibt es in etwa). Stellen Sie sich weiter vor, sie sollten die Namen aller Angestellten auf ein (grooßes) Blatt Papier schreiben. Nun würde es wenig Sinn ergeben, alle Namen untereinander oder nebeneinander zu schreiben, denn das wäre extrem unübersichtlich und es wäre praktisch aussichtslos einen bestimmten Namen zu finden. Es ergibt sich praktisch von alleine, die Angestellten auf ihre Abteilungen zu verteilen. Sie malen erst einen großen Kreis und geben diesem den Namen Vertrieb. Dann

---

1. Programmierer, die gerne einzelne Bits umdrehen oder direkt an der Hardware programmieren, werden mit .NET wenig Spaß haben. Diese Programmierer gehören allerdings bereits heute einer aussterbenden Spezies an.

malen Sie in diesen Kreis einen weiteren Kreis mit dem Namen Innendienst und einen weiteren mit dem Namen PLZ-Gebiet 1-2. In diesen Kreis schreiben Sie jetzt die Namen aller Mitarbeiter dieser Abteilung. Wenn es in dieser Abteilung einen Mitarbeiter z.B. namens *Schröder* gibt, entsteht womöglich ein weiteres Problem. In der Firma kann es natürlich viele Schröder geben, Schröder allein wäre noch nicht ausreichend (auch Gerhard als Vorname nicht). Um den Mitarbeiter eindeutig zu bezeichnen, beginnen Sie in der Kreishierarchie ganz oben und schreiben nacheinander die Namen aller Kreise auf, bis Sie zu dem Namen des Angestellten gelangen. Der Name des Mitarbeiters lautet daher in dieser speziellen Schreibweise: *\FirmaMegaAG\ Vertrieb\Innendienst\PLZ12\Schröder*. Damit lässt sich der Name des Mitarbeiters eindeutig beschreiben[1].

Bei den Basisklassen ist es ähnlich. Damit die Übersicht erleichtert und vor allem damit Klassennamen mehrfach vorkommen dürfen, sind die gesamten Basisklassen in Namespaces unterteilt. Da gibt es einen Obernamespace *System* und in diesem eine Reihe von Unternamespaces, wie *Console*, *Text* oder *Xml*. Jeder dieser Namespaces enthält Klassen und gegebenenfalls weitere Namespaces. Möchten Sie zum Beispiel die Klasse *FileStream* im Namespace *System.IO* ansprechen, so lautet ihr offizieller Name: *System.IO.FileStream*. Sie finden daher in manchen Visual Basic .NET-Programmen einen Befehl wie:

```
Dim obFi As New System.IO.FileStream("Test.dat", _
  System.IO.FileMode.Open)
```

Das sieht etwas kompliziert aus. Ist es aber nicht, denn hier wird lediglich die Klasse *FileStream* mit ihrem kompletten Namespace angesprochen, wobei dies auch für die Konstante *FileMode* gilt, da sie ebenfalls in diesem Namespace enthalten ist). Allerdings darf man nicht so ohne weiteres den Namespace weglassen und stattdessen

```
Dim obFi As New FileStream("Test.dat", FileMode.Open)
```

schreiben. Das geht nur dann, wenn der Namespace zuvor über den *Imports*-Befehl im Programm bekannt gemacht wurde:

```
Imports System.IO
```

Doch das wäre an dieser Stelle bereits zu weit vorgegriffen. Den *Imports*-Befehl von VisualBasic .NET lernen Sie in den folgenden Kapiteln ausführlicher kennen. Dort wird auch noch einmal, da es so wichtig ist, das Thema der Namespaces aufgegriffen.

---

1. Fällt Ihnen etwas auf? Richtig, in der Abteilung kann es natürlich auch mehrere Schröders geben – doch gehen wir für einen Moment davon aus, dass dies illegal ist.

2.4.2 Die .NET-Basisklassen in der Praxis

Einen halbwegs vollständigen Überblick über die .NET-Basisklassen zu geben, ist weder machbar noch sinnvoll. Es ist nicht machbar, weil es weit über 7.000 Klassen (sie werden unter dem Begriff Typen verallgemeinert) gibt, es ist nicht sinnvoll, da alles wunderschön in der Dokumentation des .NET-Framework-SDK beschrieben ist, die jedem (!) Programmierer frei zugänglich ist. Anders als in der Vergangenheit ist das .NET-Framework vollkommen programmiersprachenneutral, wenngleich es bei den Beispielen ein leichtes Übergewicht für C# gibt[1]. Auch das ist eine kleine Revolution für Visual Basic-Programmierer. Möchten Sie etwas über eine bestimmte Basisklasse wissen, drücken Sie (in Visual Studio .NET) einfach die F1-Taste oder stöbern Sie in der umfangreichen Dokumentation des .NET-Framework-SDK. Nie wieder suchen im Internet und nie wieder frustriert feststellen müssen, dass man C++-Programmierer sein müsste, um irgendeine »coole« Funktion benutzen oder zumindestens verstehen zu können.

Abb. 2.2:
In der Dokumentation des .NET-Framework-SDK werden alle .NET-Basisklassen beschrieben

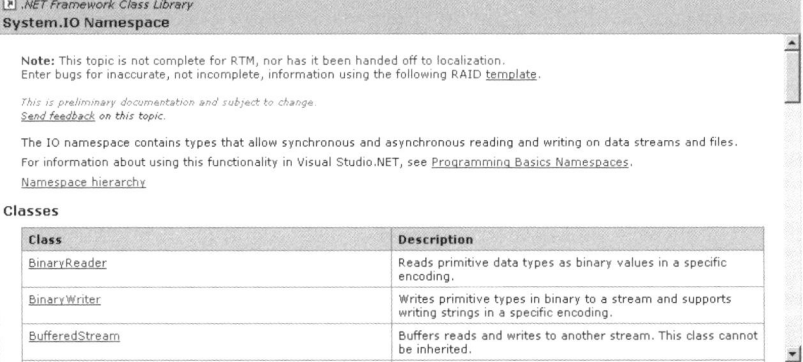

Dass sich die Basisklassen nicht vorstellen lassen, bedeutet natürlich nicht, dass Sie sich ein weiteres Buch zulegen müssen. In praktisch jedem Beispiel kommen Basisklassen vor, denn anders kann man nicht programmieren. Kapitel 6.13 fasst die Rolle der Basisklassen in einem etwas umfangreicheren Beispiel zusammen. Hier bereits ein kleiner Vorgeschmack, der vor allem zeigen soll, dass die .NET-Basisklassen keine Erweiterung, sondern ein fester Bestandteil eines jeden .NET-Programms sind.

Das folgende Beispiel legt ein neues Unterverzeichnis in *Eigene Dateien* an, dessen Name zuvor eingegeben wurde.

---

1. Kein Wunder, da ein Großteil der .NET-Basisklassen in C# programmiert wurde.

Buch-CD: vbnet0202.vb

Listing 2-2:
Anlegen eines
Verzeichnisses
mit den .NET-
Basisklassen

```vb
' ------------------------------------------------
' Kleines Beispiel für den Umgang mit den .NET-
' Basiklassen
' Jetzt lerne ich Visual Basic .NET
' ------------------------------------------------
Imports System

Class App

  Shared Sub Main()
    Console.Write("Bitte Verzeichnisname eingeben: ")
    Dim stPfad As String = Console.ReadLine()
    If stPfad = "" Then Environment.Exit(255)
    Dim stMyDocPfad = Environment. _
      ExpandEnvironmentVariables("%Userprofile%") & _
      "\Eigene Dateien"
      Try
       Io.Directory.CreateDirectory(stMyDocPfad & "\" & _
        stPfad)
       Console.WriteLine("Verzeichnis wurde angelegt!")
      Catch ex As Exception
         Console.WriteLine(ex.Message)
      End Try
    Console.ReadLine()
  End Sub

End Class
```

Haben Sie bereits entdeckt, wo in dem kleinen Visual Basic .NET-Programm die .NET-Basisklassen im Spiel sind? Nun, es ist natürlich nicht ganz einfach, denn man sieht es einem Namen nicht an, ob es sich um einen Befehl oder einen Methodenaufruf einer .NET Basisklasse handelt. Im obigen Beispiel wurde allerdings eine Besonderheit eingebaut, die das Erkennen der Klassen deutlich erleichtert. Da auf das Importieren weiterer Namespaces verzichtet wird, muss jedem Methodenaufruf der Klassenname vorangestellt werden. Damit lässt sich zum Beispiel erkennen, dass es sich in dem Befehl

```vb
If stPfad = "" Then Environment.Exit(255)
```

bei *Environment.Exit* um den Aufruf eine Methode (Funktion) einer .NET-Basisklasse handelt, wobei *Environment* die Klasse und *Exit* die Methode ist. Was bei früheren Versionen von Visual Basic eingebaute Funktionen waren, sind bei Visual Basic .NET ausschließlich die Methoden (Funktionen) der .NET-Basisklassen. Die Programmierung wird dadurch aber einfacher, da die Basisklassen einheitlicher sind und vor allem ein Vielfaches an Möglichkeiten bieten.

59

Merken Sie sich bitte, dass Sie nichts deklarieren müssen, um eine .NET-Basisklasse benutzen zu können. Sie schreiben einfach den Namen der Klasse hin oder verwenden direkt die Methode oder Eigenschaft. Ob Sie den vollständigen Klassennamen (inklusive des Namespaces) verwenden müssen oder ob es genügt, den Namen der Methode zu schreiben, hängt lediglich davon ab, ob über den *Imports*-Befehl ein Namespace vereinbart wurde. Es sei an dieser Stelle bereits erwähnt, dass der *Imports*-Befehl nichts wirklich importiert (etwa eine .NET-Klassenbibliothek), sondern lediglich eine Abkürzung für das Schreiben der teilweise etwas umfangreichen Namespace- und Klassennamen bietet. Mehr zu diesem Befehl in Kapitel 10.11.

Tabelle 2.2:
Wichtige
Namespaces
im System-
Namespace im
Überblick

Namespace	Was wird geboten?
Xml	Zugriff auf XML-Dateien über das Document Object Model (DOM).
Collections.Specialized	Stellt eine Reihe spezialisierter Arrays und Collections zur Verfügung.
Diagnostics	Stellt unter anderem PerformanceCounter-Klassen zur Verfügung, mit deren Hilfe sich die Performance eines Programms detailliert ermitteln lässt.
IO	Enthält Klassen für den Datei- und Verzeichniszugriff.
Net	Enthält Klassen für die Netzwerk- und Internetprogrammierung.
Text.RegularExpressions	Umfangreiche Klassen für die Auswertung regulärer Ausdrücke.
Threading	Unterstützung für das Multithreading.

2.5 Die Rolle der Assemblies

In diesem Abschnitt lernen Sie einen weiteren Begriff kennen, mit dem Sie in ein paar Wochen genauso selbstverständlich umgehen werden wie heute mit Begriffen wie Steuerelement oder auch Betriebssystem (vielleicht haben Sie noch in Erinnerung, wie ungeheuer kompliziert und abstrakt diese Begriffe am Anfang erschienen sind). Bei .NET spricht man nicht so sehr von Programmen, sondern vielmehr von Assemblies. Ein *Assembly*[1] ist eine logische Einheit, in der .NET-Programme ausgeliefert und »versioniert« (das heißt mit einer Versionsnummer versehen) werden. Soviel zur offiziellen Definition, nun zu einer verständlicheren Erklärung. Im einfachsten Fall besteht ein Assembly lediglich aus einer Exe- oder einer DLL-Datei. Praktisch alle Beispiele, die in diesem Buch vorgestellt werden, ergeben nach der Kompilierung ein

---

1 Der Begriff lässt sich vermutlich am besten mit »Versammlung« (von Dateien und Typen) übersetzen.

Assembly, das aus lediglich einer Datei besteht. In diesem Fall sind Assembly und das, was normalerweise als Programm bezeichnet wird, identisch. Es ist jedoch auch denkbar (in erster Linie bei etwas größeren Projekten), dass ein Assembly aus mehreren Dateien besteht. Das können Klassenbibliotheken sein, die von der Exe-Datei angesprochen werden. Das können aber auch Bitmaps, Sound- und andere Ressourcendateien sein. Es kann sich aber auch um Dateien handeln, die sich auf einem Webserver befinden und beim ersten Start des Programms erst einmal heruntergeladen werden müssen. Ein Assembly ist damit eine Zusammenstellung von im Prinzip beliebigen Dateien, die von der CLR als eine (logische) Einheit behandelt wird. Dabei kommt es aber nicht nur auf den Umstand an, dass alle Dateien unter einem Sammelnamen (dem Assembly-Namen, der stets pfadunabhängig ist) zusammengefasst werden. Sehr viel wichtiger ist der Umstand, dass ein Assembly eine Versionsnummer besitzt, anhand derer die CLR das Assembly passend zu einem anderen Assembly zuordnen kann.

Assemblies sind, anders als Exe- oder DLL-Dateien bei früheren Visual Basic-Versionen, selbst beschreibend (es gibt bei .NET weder Typenbibliotheken noch irgendwelche Registrierungseinträge – die Registrierung spielt vielmehr gar keine Rolle). Jedes Modul (aus denen sich später ein Assembly zusammensetzt) enthält eine Beschreibung seines Inhalts (in Textform). Handelt es sich bei dem Modul um ein Programmmodul (und um eine Ressourcendatei), umfasst die Beschreibung die Namen aller Typen, die in dem Modul enthalten sind. Darüber hinaus enthält genau ein Modul eine vollständige Beschreibung der Struktur des kompletten Assembly, eine Art Inhaltsverzeichnis. Dieses wird als *Manifest* bezeichnet und zum Beispiel von dem SDK-Tool *Ildasm.exe* angezeigt, wenn dieses mit dem Namen des Assembly aufgerufen wird. Am Anfang müssen Sie sich nicht mit diesen Details beschäftigen. Ihre Programme bestehen in der Regel aus einer einzigen Quelltextdatei. Sie kompilieren diese in ein Modul vom Typ Exe, das gleichzeitig das Assembly darstellt (die Alternative wäre, die Quelltextdatei zunächst in ein Modul zu kompilieren, das dann aber nicht eigenständig aufgerufen werden kann, sondern nur Teil eines anderen Assembly sein kann). Sie kümmern sich weder um Details, Metadaten noch um Manifeste. Dennoch ist es interessant und lehrreich, einmal einen Blick in ein solches Manifest zu werfen. Verwenden Sie dazu zum Beispiel das Assembly *HalloWelt.exe*, das als erstes kleines Beispiel in Kapitel 1 entstand. Wechseln Sie in die Eingabeaufforderung und rufen Sie *Ildasm.exe* wie folgt auf:

```
ildasm hallowelt.exe
```

Es öffnet sich ein kleines Fenster (die Ausgabe lässt sich auch in die Eingabeaufforderung umleiten), in dem die Struktur des Assembly angezeigt wird. Klicken Sie den Eintrag *Manifest* doppelt an, um das Manifest in einem weiteren Fenster anzuzeigen. Das Manifest ist eine Textbeschreibung, die mit ein wenig

61

Erfahrung im Umgang mit .NET alles andere als kompliziert ist. So erfahren wir aus dem Manifest (siehe Abbildung 2.3) unter anderem, dass das Assembly zwei externe Assemblies anspricht (*mscorlib* – dies ist das Kern-Assembly der .NET-Basisklassen – sowie das Assembly, das die *Microsoft.VisualBasic*-Kompatibilitätsklasse enthält und das irgendwie in das Programm geraten ist). Weiterhin erfahren wir, dass unser Assembly *HalloWelt* heißt (das ist nichts Neues), dass es keine Versionsnummer besitzt (diese lautet 0.0.0.0) und dass es aus dem Modul *HalloWelt.exe* (dem eigentlichen Programm) besteht.

*Abb. 2.3:
Das Manifest
des Hallo,
Welt-Pro-
gramms aus
Kapitel 1 zeigt
die Struktur
des Assembly
an*

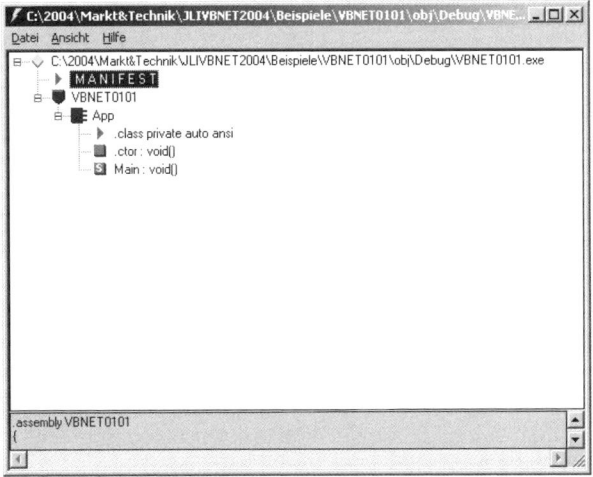

Bliebe noch zu erwähnen, dass auch sämtliche .NET-Basisklassen als Assemblies vorliegen. (Sie finden sie unter anderem im Verzeichnis *%system-root%\Microsoft.NET\Framework\v1.0.3317*, wobei das letzte Verzeichnis von der aktuellen Versionsnummer abhängt, und es daher auch kein Problem ist, sich ihren Inhalt mit *Ildasm.exe* im Detail anzuschauen.) Möchten Sie einmal einen Blick in das Assembly *Microsoft.VisualBasic.DLL* werfen? Dieses enthält die Visual Basic-Kompatibilitätsklasse mit den Funktionen und Konstanten früherer Visual Basic-Versionen, um so die Kompatibilität zu diesen Versionen herzustellen. Wechseln Sie in das Verzeichnis und rufen Sie *Ildasm.exe* wie folgt auf.

```
ildasm microsoft.visualBasic.dll
```

Sie sehen nun den IL-Code jeder einzelnen Methode und können im Prinzip Schritt für Schritt nachvollziehen, wie sie funktioniert. Das ist das Faszinierende und Schöne an .NET. Alles ist sehr einheitlich und größtenteils durch sich selbst definiert und daher sehr logisch aufgebaut.

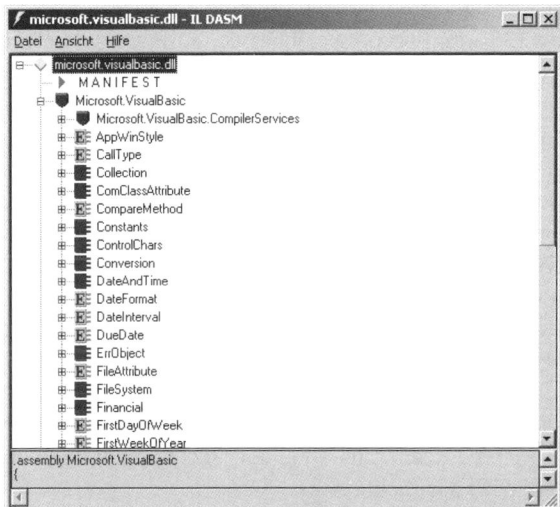

Abb. 2.4:
Ein direkter
Blick in die Mi-
crosoft.Visual-
Basic-Kompati-
bilitätsklasse

2.5.1   Starke Namen, schwache Namen

Assemblies könnten nicht die teilweise sehr komplexen und vertrackten Probleme der Versionierung lösen, indem sie lediglich (über ihre Metadaten und das obligatorische Manifest) selbstschreibend sind und Microsoft alle Programmierer ermahnt, künftig etwas sorgfältiger zu sein. Es gibt noch eine weitere »magische« Zutat, die Sie in diesem Abschnitt kennen lernen werden. Zunächst muss vorangestellt werden, dass sich Assemblies nicht durch ihren Verzeichnispfad auszeichnen, den sie zwar besitzen (alternativ kann es aber auch eine URL sein), der aber nicht zur Unterscheidung herangezogen wird. Ein Assembly besitzt lediglich einen einfachen Namen (der in Regel mit dem Dateinamen der Exe- oder DLL-Datei identisch ist). Da dieser Name aber nicht eindeutig sein kann, gibt es noch einen zweiten Namen. Dieser wird *starker Name* (engl. »strong name«) genannt und besteht aus einer Kombination aus einem privaten und einem öffentlichen Schlüssel. Dieses Namenspaar erfüllt zwei Aufgaben: Es gibt dem Assembly einen eindeutigen, unverwechselbaren Namen (ähnlich der GUID einer COM-Komponente) und es stellt gleichzeitig die digitale Unterschrift des Entwicklers bzw. der Entwicklungsfirma dar. Wird ein Assembly digital signiert, kann es nicht mehr modifiziert werden (etwa durch einen Virus), da dies die interne Prüfsumme brechen und bei der Ausführung erkannt werden würde. Gleichzeitig kann ein Administrator (oder wer immer sich dafür interessiert und in Besitz des dazugehörigen öffentlichen Schlüssels ist) feststellen, dass ein Assembly von einer bestimmten Person stammt und ihm nicht von irgendjemandem untergejubelt wurde.

Der starke Name wird aber nicht für alle Assemblies benötigt. Es gibt vielmehr zwei »Sorten« von Assemblies: jene, die in ein beliebiges Verzeichnis kopiert werden. Hier geht die CLR einfach davon aus, dass es in dem Verzeichnis nur ein Assembly mit einem bestimmten Namen gibt, was eine durchaus vernünftige Annahme ist. Möchten Sie also erreichen, dass ein Assembly auf einem anderen Computer laufen kann (auf dem sich natürlich die .NET-Laufzeitdateien befinden müssen), kopieren Sie die Exe-Datei einfach in irgendein Verzeichnis und führen Sie sie dort aus. Eine Registrierung (denken Sie daran, die Registry spielt für .NET-Programme keine Rolle) oder Installation ist nicht notwendig (Microsoft bezeichnet diese Form der Auslieferung auch als »XCopy-Installation«, da es im Prinzip genügt, alle beteiligten Dateien über den *XCopy*-Befehl in das Verzeichnis zu kopieren). Soll die Datei wieder »deinstalliert« werden, genügt es, das Verzeichnis zu löschen. Diese Assemblies werden als *private Assemblies* bezeichnet. Sie können einen starken Namen besitzen, müssen es aber nicht (und tun es vermutlich auch in der Vielzahl der Fälle nicht).

Das Problem der Versionierung wird durch die Assemblies mit einem so genannten *schwachen Namen* aber nicht gelöst. Soll ein Assembly von mehreren anderen Assemblies benutzt werden (es wird in diesem Fall auch als »shared Assembly« bezeichnet, was sich mit gemeinsam nutzbar übersetzen lässt), darf es sich nicht in irgendeinem Verzeichnis aufhalten, es muss sich vielmehr in einem ganz bestimmten Verzeichnis befinden. Dieses Verzeichnis wird als *Global Assembly Cache* (GAC) bezeichnet (auch wenn der physikalische Pfad im Allgemeinen keine direkte Rolle spielt, handelt es sich um das Unterverzeichnis *Assembly* im *%systemroot%*-Verzeichnis). Im GAC halten sich alle shared (öffentlichen) Assemblies auf. Nicht nur die des .NET-Framework, sondern auch die, die von Anwendungen bei der Installation eingefügt wurden, damit sie von anderen Assemblies (die sich in ihrem privaten Verzeichnis befinden können) aufgerufen werden können. Wenn Sie sich den Inhalt des GAC auf Ihrem Computer ansehen möchten, wechseln Sie die Eingabeaufforderung und geben Sie folgenden Befehl ein:

```
gacutil /l
```

Möchten Sie die umfangreiche Ausgabe in eine Datei umleiten, die Sie sich später mit Notepad anschauen können, geben Sie den folgenden Befehl ein:

```
gacutil /l > gac.txt
```

Gacutil ist ein Tool aus dem .NET-Framework SDK für den Zugriff auf den GAC. Am Anfang werden es noch relativ wenige Assemblies sein (auf meinem Computer sind es 116), doch je mehr .NET-Anwendungen Sie installieren, desto mehr Assemblies treffen im GAC ein. Ein »richtiges« .NET-System, bei dem nicht nur alle größeren Anwendungen (mit Sicherheit wird es eines

Tages auch ein .NET Office geben), sondern auch das Betriebssystem auf .NET basiert, dürfte Tausende von Assemblies enthalten[1].

Damit aber, und jetzt kommt der springende Punkt, ein Assembly in den GAC aufgenommen werden kann, muss es einen starken Namen tragen, den ihm der Entwickler (mehr dazu gleich) verliehen hat. In diesem Fall spielt es nämlich keine Rolle, ob zwei oder mehr Assemblies den gleichen (schwachen) Namen tragen. Die CLR unterscheidet sie anhand ihres starken Namens, der unter anderem voraussetzt, dass die Assemblies eine Versionsnummer tragen, anhand derer sie von anderen Assemblies unterschieden werden können.

Die Bezeichnung »starker Name« hätte man vielleicht besser mit »eindeutiger Name« übersetzen sollen. Es ist die 1:1-Übersetzung von »strong name«. Der Name ist nicht stark, weil sich jemand einen besonders tollen Namen ausgedacht hat, er ist stark in Bezug auf die Verschlüsselung und damit die Unmöglichkeit einer Verwechslung. Je stärker ein Schlüssel, desto schwieriger ist es, ihn zu knacken. Je stärker ein Name, desto schwieriger ist es, ihn zu verwechseln.

Abbildung 2.5 zeigt den Inhalt des GAC, wie er durch den Explorer angezeigt wird.

Globaler Assemblyname	Typ	Version	Kultur	Öffentlicher Schl...
System.Design	Systemeigene Bilder	1.0.5000.0		b03f5f7f11d50a3a
System.Design	Systemeigene Bilder	1.0.5000.0		b03f5f7f11d50a3a
System.Design		1.0.5000.0		b03f5f7f11d50a3a
System.Design.resources		1.0.5000.0	de	b03f5f7f11d50a3a
System.DirectoryServices		1.0.5000.0		b03f5f7f11d50a3a
System.DirectoryServices.resources		1.0.5000.0	de	b03f5f7f11d50a3a
System.Drawing	Systemeigene Bilder	1.0.5000.0		b03f5f7f11d50a3a
System.Drawing	Systemeigene Bilder	1.0.5000.0		b03f5f7f11d50a3a
System.Drawing		1.0.5000.0		b03f5f7f11d50a3a
System.Drawing.Design	Systemeigene Bilder	1.0.5000.0		b03f5f7f11d50a3a
System.Drawing.Design	Systemeigene Bilder	1.0.5000.0		b03f5f7f11d50a3a
System.Drawing.Design		1.0.5000.0		b03f5f7f11d50a3a
System.Drawing.Design.resources		1.0.5000.0	de	b03f5f7f11d50a3a
System.Drawing.resources		1.0.5000.0	de	b03f5f7f11d50a3a
System.EnterpriseServices		1.0.5000.0		b03f5f7f11d50a3a
System.EnterpriseServices.resources		1.0.5000.0	de	b03f5f7f11d50a3a

Abb. 2.5: Ein Blick in den Global Assembly Cache (GAC) – hier halten sich alle öffentlichen Assemblies auf, die alle einen starken Namen besitzen

Der Umstand, dass die Spalten die Eigenschaften eines Assemblies wie die Versionsnummer oder die CultureInfo (die Landeseinstellung) anzeigen, rührt daher, dass mit dem .NET-Framework auch eine kleine Explorer-Erweiterung

---

1. Und vermutlich einen 64-Bit-Prozessor mit 64 Gbyte RAM voraussetzen.

65

installiert wird. Würden Sie sich den Inhalt des GAC in der Eingabeaufforderung anschauen, würden Sie den »wahren« Inhalt sehen, der Ihnen aber nicht viel verraten würde.

Zum Schluss dieses hoffentlich sehr interessanten Abschnitts (der Umgang mit Assemblies ist das A und O der .NET-Programmierung – die genialsten Programmiertricks haben keinen Wert, wenn sich das Assembly, das sie enthält, nicht flexibel ausliefern lässt) sollen Sie erfahren, wie ein Assembly in den GAC installiert wird, wie es einen starken Namen erhält und wie sich die so wichtige Versionsnummer zusammensetzt und einem Assembly zugeordnet wird.

In Kapitel 2.6.5 wird eine kleine C#-Klasse vorgestellt, die von einem Visual Basic .NET-Programm angesprochen wird. Die Klasse ist Teil der Datei *Fak.dll* (es geht um Fakultätsberechnung und um nichts anderes). In diesem Abschnitt wird einfach davon ausgegangen, dass sich die DLL im gleichen Verzeichnis befindet wie das Visual Basic .NET-Programm (bzw. in einem jener Verzeichnisse, die automatisch vom Compiler durchsucht werden). Es handelt sich bei *Fak.dll* daher um ein privates Assembly. Doch das dürfte in der Praxis eher die Ausnahme sein. Wir wollen natürlich alle Freiheiten genießen und es soll keine Rolle spielen, ob sich das Assembly *Fak.dll* mehrfach physikalisch auf dem Computer aufhält (ansonsten erhielte der Dateiname vielleicht doch eine erweiterte Bedeutung). Wie lässt sich das erreichen? Das Kopieren in das Verzeichnis *Assembly* kommt zunächst nicht in Frage (auch wenn das Ziehen und Ablegen von Assemblies in das GAC-Verzeichnis mit dem Explorer grundsätzlich möglich ist), da dies einen starken Namen voraussetzt, der im Moment noch nicht vorhanden ist. Das Installieren eines Assembly in den GAC besteht vielmehr aus einer Folge von Schritten:

Schritt 1   Über das Tool *Sn.exe* aus dem .NET-Framework SDK wird eine so genannte Schlüsseldatei erzeugt, die einen privaten und einen öffentlichen Schlüssel enthält. Der private Schlüssel muss unter Verschluss gehalten werden, da er für die »Identität« des Entwicklers steht. Der öffentliche Schlüssel befindet sich dagegen im Umlauf, da er von allen benötigt wird, die auf das öffentliche Assembly zugreifen möchten.

Schritt 2   Mit der Schlüsseldatei wird das Assembly signiert. Dies geschieht bei Visual Basic .NET entweder direkt beim Aufruf des Compilers über die Option */keyfile*. (Allerdings ist es in der Praxis üblich, den privaten Schlüssel erst ganz zum Schluss, wenn das Assembly ausgeliefert wird, einzubringen. Diese Praxis wird als »delayed signing«, also verzögerte Signierung bezeichnet.) Alternativ kann die Datei mit dem Schlüssel auch über ein Attribut (im allgemeinen Format *<Assembly: KeyFile("<Name.snk>")>*) direkt im Quelltext angegeben werden. (Wenn Sie mit Visual Studio .NET arbeiten, legt die IDE automatisch eine weitere Quelltextdatei mit dem Namen *AssemblyInfo.vb* an, in der alle diese Attribute enthalten sind.)

Das Assembly erhält eine Versionsnummer. Diese ist nicht obligatorisch, aber *Schritt 3*
sinnvoll bzw. notwendig, damit eine Unterscheidung anhand Versionsnummern möglich wird. (Wird keine Versionsnummer vergeben, erhält das Assembly die Versionsnummer 0.0.0.0.) Die Versionsnummer kann entweder
direkt im Quelltext (meistens über die bereits erwähnte Quelltextdatei *Assem-
blyInfo.vb* in der Form *<Assembly: AssemblyVersion("1.0.0.0")>*) oder
beim Aufruf des Assembly Linkers *Al.exe*, der aus einer Moduldatei ein Assembly macht, angegeben werden.

Beim Kompilieren des Visual Basic .NET-Assembly muss über die Compiler- *Schritt 4*
Option */r* ein Verweis auf das Assembly im GAC angegeben werden. Und nun
wird es ein wenig kompliziert, denn der Pfad ist extrem lang. Er besteht nicht
nur aus dem GAC-Pfad (z.B. *C:\WINXP\assembly\GAC*), sondern auch
aus dem Pfad des öffentlichen Assembly, der aus einem Unterverzeichnis mit
dem Namen des Assembly besteht. Und dieser setzt sich wiederum aus insgesamt vier Teilen zusammen:

▪ Der Versionsnummer

▪ Dem so genannten Kulturnamen (z.B. »de« für Deutschland; ist das Assembly »kulturneutral«, was meistens der Fall ist, fällt diese Angabe weg).

▪ Dem so genannten Hash-Wert des öffentlichen Schlüssels. Dies ist eine
  aus »nur« 8 Byte bestehende Zahl, die den öffentlichen Schlüssel repräsentiert.

▪ Dem Namen des Assembly.

Der komplette Pfad des öffentlichen Assembly *Fak.dll* kann daher wie folgt
lauten:

C:\WINXP\assembly\GAC\fak\1.0.0.0__7a837161014d098f\fak.dll.

Anders geht es leider nicht. Ein kleiner Trost: Wenn Sie mit Visual Studio
.NET arbeiten, müssen Sie lediglich einen Verweis auf die DLL einfügen, indem Sie das Verzeichnis auswählen. Um den Rest kümmert sich die IDE.

2.6   Vorteile für Programmierer

Das .NET-Framework soll nicht nur Millionen Programmierer in aller Welt erneut auf die Schulbank schicken und direkt oder indirekt bewirken, dass viele
Programmierer ihre Programme, an denen sie jahrelang gearbeitet und in die
sie viel Energie, Zeit und Geld gesteckt haben, bildlich gesehen »wegwerfen«
und neu schreiben müssen. Das .NET-Framework soll vor allem die Programmierung einfacher machen, Programmierer produktiver werden lassen und
sie in die Lage versetzen, Aufgaben zu lösen und Herausforderungen zu be-

gegnen, denen sie sich mit ihren alten Werkzeugen nicht stellen konnten[1]. Auch wenn es in diesem Kapitel nur um eine erste Übersicht geht, sollen auch die Vorteile, die .NET für die (Windows-)Programmierung bietet, kurz aufgelistet werden (die Liste erhebt keinen Anspruch auf Vollständigkeit). In den folgenden Bereichen bringt .NET Verbesserungen:

- Versionierung

- Sicherheit

- Vereinfachung durch Laufzeitdienste

- Vereinheitlichung

- Leistungsfähigere Programmiersprachen

- Durch und durch objektorientiert

- Zusammenarbeit zwischen Programmen

- Realisierung verteilter Anwendungen

- Mehr Spaß

2.6.1   Versionierung

Dies ist eines der wichtigsten Themen der Softwarewelt, das aber in erster Linie jene Programmierer angeht, die häufiger Releases ihrer Anwendungen ausliefern müssen, in denen (COM-)Komponenten im Spiel sind. Der klassische Fall sieht so aus: Programmierer A liefert seine Anwendung aus, in der eine COM-Komponente beteiligt ist. Programmierer B liefert ebenfalls eine Anwendung aus, die die gleiche COM-Komponente verwendet, allerdings in einer unterschiedlichen Version. Installiert der Anwender die Anwendung von Programmierer B, nachdem bereits die Anwendung von Programmierer A installiert wurde, überschreibt die Installationsprozedur unter Umständen die COM-Komponente (das muss nicht zwangsläufig so sein, kann aber auch nicht ausgeschlossen werden). Wie es weitergeht, hängt nun von der Gunst der Softwaregötter und anderen Faktoren ab. Im ungünstigsten Fall hat die neue Komponente (frei nach Murphy) bei einer Funktion den Datentyp eines Parameters geändert, so dass, wenn Programm A die Funktion aufruft, der falsche Parameter übergeben wird und das Programm (im harmlosesten Fall) mit einem Laufzeitfehler abbricht. Das ist noch ein sehr einfaches Szenario. Sind mehrere Komponenten beteiligt, kann schnell eine Situation entstehen, die kaum noch zu überblicken ist, zumal kein Programmierer verhindern kann, dass ein Anwender munter drauflos installiert und dabei, ohne es zu ahnen, wichtige Komponenten vielleicht durch ältere, vielleicht durch neuere

---

1. Und ganz nebenbei soll .NET die Programmierer davon abhalten, auf Java zu wechseln.

Versionen ersetzt. Zwar sollte COM diesen Fall verhindern, indem es die »Invarianz« der Schnittstellen vorschrieb, doch was nützen die besten Vorsätze, wenn sich die Programmierer nicht daran halten?

Dieser Zustand des totalen Chaos bezüglich der Versionsnummern der an einem Programm beteiligten Komponenten wird ironisch auch als »DLL-Hell« bezeichnet, da es in erster Linie die DLLs (darunter fallen alle COM-Komponenten und ActiveX-Steuerelemente) sind, die in unterschiedlichen Versionen aber mit gleichen Dateinamen (und unter Umständen auch gleichen Registrierungsschlüsseln) vorliegen. Zwar hat Microsoft bereits mit Windows 2000 und Windows XP einige Anstrengungen unternommen, DLL-Hell auch ohne .NET in den Griff zu kriegen, doch das grundsätzliche Problem lässt sich mit der COM-Architektur nicht lösen. Bei .NET wird es kein DLL-Hell mehr geben. Ohne auf Details eingehen zu können, sei an dieser Stelle lediglich erwähnt, dass alle öffentliche Assemblies (also jene, die in den Global Assembly Cache kopiert wurden) neben einem eindeutigen Schlüssel, der sie unverwechselbar macht, auch eine Versionsnummer besitzen. Es ist daher weder ein Problem, wenn mehrere gleichnamige Assemblies im GAC vorhanden sind (sie müssen dann verschiedene Versionsnummern tragen), noch, wenn ein Assembly eine bestimmte Version eines anderen Assembly benötigt, dieses aber nicht vorhanden ist. Für diesen Fall lässt sich in der Konfigurationsdatei Vorsorge treffen, indem der Programmierer alternative Assemblies angibt.

2.6.2   Sicherheit

Auch die Codeausführungssicherheit war bei COM alles andere als optimal gelöst. Sobald ein ActiveX-Steuerelement über eine Webseite auf den Computer geladen wurde, gab es keine Möglichkeit, die Ausführung zu unterbinden, da es als DLL-Datei gleichberechtigt mit allen anderen DLLs unter den aktuellen Sicherheitseinstellungen des Anwenders ausgeführt wird. Ist dieser als Administrator angemeldet, stehen der Komponente Tür und Tor offen, mit allen damit verbundenen Konsequenzen. Die CLR bietet dagegen ein ausgefeiltes Sicherheitskonzept, *Code Access Security* (CAS) genannt, das auf dem Sicherheitskonzept des Betriebssystems aufsetzt. Die Sicherheitseinstellungen erfolgen nicht deklarativ im Quelltext (auch wenn dies möglich ist), sondern über eine Konfigurationsdatei, in der sich im Detail festlegen lässt, wann der Aufruf einer Funktion erlaubt ist und wann nicht. Damit lässt sich das Ausführungsverhalten des Programms definieren, ohne dass im Quellcode irgendwelche Änderungen notwendig sind. Ein und dasselbe Visual Basic .NET-Programm kann also einmal sehr restriktiv, ein anderes Mal ohne Einschränkungen ausgeführt werden. Verstößt das Programm gegen die vom Administrator über Richtlinien (engl. »policies«) auferlegten Einschränkungen, wird eine Ausnahme ausgelöst, die vom Programmierer abgefangen wird.

Der Anwender erfährt daher im Einzelfall, warum eine bestimmte Funktion nicht zur Verfügung steht, und wird nicht durch kryptische und allgemein gehaltene Systemmeldungen verwirrt.

2.6.3 Vereinfachung durch Laufzeitdienste

Von dieser Verbesserung profitieren vor allem C++-Programmierer, denn Visual Basic-Programmierer waren in diesem Punkt bereits in der Vergangenheit sehr verwöhnt. Zu den Laufzeitdiensten, die die CLR anbietet, gehört in erster Linie das »life time management« der Objekte. Das bedeutet konkret, dass ein Programmierer sich nicht darum kümmern muss, nicht mehr benötigte Objekte zu entsorgen, da dafür die *Garbage Collection* der CLR zuständig ist. Das bedeutet aber auch, dass es keinen definierten Zeitpunkt dafür gibt, wann ein Objekt wieder aus dem Arbeitsspeicher entfernt wird (ein Umstand, der im Allgemeinen kein Thema ist).

2.6.4 Vereinheitlichung

Dieser Aspekt wurde bereits einmal angesprochen und wird in erster Linie der Vollständigkeit halber wiederholt. Unter .NET und der CLR sind alle Anwendungen gleich. Es spielt keine Rolle, ob eine Anwendung mit Cobol, C++, C#, J#, Perl oder Visual Basic programmiert wurde, am Ende liegt IL-Code vor, dem man seine Herkunft nicht mehr ansieht. Das macht zum einen die Wahl der Programmiersprache sekundär, es führt zum anderen dazu, dass Komponenten, die in unterschiedlichen Programmiersprachen erstellt wurden, sehr viel besser zusammenarbeiten können.

Eine weitere Vereinheitlichung ergibt sich aus dem Umstand, dass alle .NET-Programme selbstbeschreibend sind. Es gibt weder Typenbibliotheken noch irgendwelche Einträge in der Registrierung. Eine .NET-Komponente muss nicht registriert werden, damit andere Assemblies sie benutzen können. Das sind Vorteile, die sich zwar erst bei etwas größeren Projekten auswirken, die aber einen der wesentlichen Vorzüge von .NET ausmachen.

2.6.5 Leistungsfähigere Programmiersprachen

Visual Basic .NET ist nicht nur einfach die .NET-Version von Visual Basic, es ist vielmehr eine komplett überarbeitete Version, bei der eine Reihe von Verbesserungen eingeführt wurden. Diese reichen von Kleinigkeiten, wie der Möglichkeit, Variablen bei der Deklaration auch initialisieren zu können, bis hin zu anspruchsvolleren Eigenschaften, wie die Möglichkeit, neue Klassen auf der Basis vorhandener Klassen zu definieren (Vererbung) und während der Programmausführung weitere Threads zu starten, um eine effektivere Auslastung des Prozessors und eine Art »Parallelverarbeitung« zu erreichen (Multithreading).

2.6.6   Durch und durch objektorientiert

Visual Basic .NET ist, wie viele andere .NET-Programmiersprachen auch, durch und durch objektorientiert. Ein Visual Basic .NET-Programm basiert ausschließlich auf Klassen (in Zusammenhang mit .NET auch Typen genannt). Jedes Datenelement ist ein Objekt, das über Methoden und Eigenschaften verfügt und sich von der »Mutter aller Typen« *System.Object* ableitet. Das bedeutet zum Beispiel auch, dass ein Integer über eine *ToString*-Methode verfügt (auch wenn dies nicht unbedingt erforderlich wäre), da diese von *System.Object* »geerbt« wird. Diese vollständige Objektorientiertheit steht in einem starken Gegensatz zu früheren Versionen, wo die Objektorientierung nachträglich (mit Version 4.0) eingebaut wurde und in erster Linie zur Implementierung von COM-Komponenten gedacht war, weswegen sie zahlreiche Einschränkungen und Besonderheiten aufwies. Das ist am Anfang etwas ungewohnt, führt aber letztendlich dazu, dass die Programmierung einheitlicher und einfacher wird.

2.6.7   Zusammenarbeit zwischen Programmen

Bereits das *Component Object Model* (COM) hatte den Anspruch, die Zusammenarbeit zwischen unterschiedlichen und vor allem unabhängigen Programmen zu verbessern. Für Visual Basic-Programmierer ist es selbstverständlich geworden, dass sie etwa auf Excel (als COM-Server) zugreifen oder die Scripting Runtime (etwa für das *FileSystemObject*) in ihren Programmen benutzen können, ohne sich über das genaue Wie und Warum Gedanken machen zu müssen. Doch das COM-Prinzip hat seine Grenzen. Was ist mit den unzähligen COM-Komponenten, die sich auf der Festplatte des Computers befinden (und in der Registrierung eingetragen wurden) und die sich nicht nutzen lassen, da es a) keine kompatiblen Schnittstellen und b) keine Dokumentation ihrer Schnittstellen gibt? Was ist mit COM-Komponenten, die sich zwar nutzen lassen, aber zu einem Laufzeitfehler führen, da sie in einer geringfügig modifizierten Form vorliegen? Alle diese Dinge haben in der Vergangenheit dazu geführt, dass die Idee der universellen Zusammenarbeit zwar irgendwie umgesetzt war, in der Praxis aber oft an Details (und der Bequemlichkeit der Programmierer) scheiterte. Bei .NET ist universelle Zusammenarbeit kein Schlagwort oder ein Anspruch, der erst durch die Programmierer erfüllt wird, die durch das Einhalten von komplizierten Spezifikationen und das Schreiben von Schnittstellendokumentationen erfüllt wird. Es ist von Anfang an Realität. Hier ein etwas exotisches, aber durchaus realistisches Beispiel: Schreibt ein Cobol-Programmierer eine .NET-Komponente, kann diese sofort und ohne Konvertierung oder Registrierung von einem Visual Basic .NET-Programmierer benutzt werden (vorausgesetzt, die Cobol .NET-Komponente hält sich an die CTS-Datentypen und an die allgemeinen Namenskonventionen – ganz ohne Übereinkünfte geht es also auch bei .NET nicht). Ja mehr noch, das

Visual Basic .NET-Programm kann Klassen der Cobol-Komponente erweitern und Schnittstellen der Komponente implementieren (sofern sich in Cobol .NET überhaupt Schnittstellen definieren lassen). Möglich wird diese universelle Zusammenarbeit durch den Umstand, dass jede .NET-Komponente ihre Beschreibung gleich mitliefert und jede andere .NET-Komponente diese Beschreibung auswerten kann.

Die folgende kleine Übung soll dies unter Beweis stellen. Sie werden eine kleine Komponente in C# programmieren (versprochen, es ist der einzige C#-Code, der in diesem Buch gezeigt wird) und Sie werden eine Funktion in der Komponente von einem Visual Basic .NET-Programm aufrufen, indem Sie eine Klasse definieren, die die Klasse der C#-Komponente erweitert. Alles das wird sich mit wenigen Befehlszeilen und ohne Tricks und andere Klimmzüge erledigen lassen.

Schritt 1 Starten Sie Notepad (oder Ihren Lieblingseditor) und geben Sie die Befehle aus Listing 2-3 ein. Es handelt sich um ein kleines C#-Programm (achten Sie daher auf Groß-/Kleinschreibung, der Compiler versteht hier keinen Spaß), das eine Komponente darstellt, die aus einer Klasse mit einer Methode besteht. Der Methode *fak* in der Klasse *Fak* wird eine Ganzzahl übergeben, sie gibt daraufhin die Fakultät dieser Zahl zurück.

Listing 2-3:
Diese C#-
Komponente
berechnet die
Fakultät einer
Zahl

Buch-CD: fak.cs

```
// ----------------------------------------------
// Eine C#-Komponente
// Jetzt lerne ich Visual Basic .NET (nicht C#)
// ----------------------------------------------

using System;

public class Fak
{

  public int fak (int zahl)
  {
    for (int i=zahl-1;i!=1;i--)
    {
      zahl*=i;
//      System.Console.WriteLine(zahl);
    }
    return zahl;
  }
}
```

Schritt 2 Speichern Sie das C#-Programm in einer Datei mit dem Namen »Fak.cs«.

Erstellen Sie mit Notepad nun eine weitere Datei. Dieses Mal ist es ein Visual Basic .NET-Programm (aufatmen, der Spuk ist vorbei). Geben Sie die Befehle aus Listing 2-4 ein und speichern Sie die Datei unter dem Namen »Faktest.vb«.

Schritt 3

Buch-CD: faktest.vb

```
' ---------------------------------------------
' Zugriff auf C#-Komponente
' Jetzt lerne ich Visual Basic .NET (und nicht C#)
' ---------------------------------------------
Imports System

Class App
    Shared Sub Main ()
Eingabe:
    Dim obFak = New Fak()
    Console.Write("Zahl? ")
    Try
      Dim Zahl As Integer = Console.ReadLine()
      Console.WriteLine("Die Fakultät von {0} ist: {1}", _
        Zahl, obFak.Fak(Zahl))
    Catch
      Console.WriteLine ("Bitte Zahl eingeben!")
      Goto Eingabe
    End Try
    Console.ReadLine()
  End Sub
End Class
```

Listing 2-4: Dieses Visual Basic .NET-Programm benutzt die C#-Komponente

Kompilieren Sie das C#-Programm durch folgenden Aufruf in der Eingabeaufforderung:

Schritt 4

```
csc /t:library fak.cs
```

Csc.exe ist der C#-Kommandozeilencompiler, der aus der Quelltextdatei eine ausführbare Programmdatei macht. Das Ergebnis ist eine DLL mit dem Namen *Fak.dll*. Dies ist die C#-Komponente, die nun allerdings im (neutralen) IL-Code vorliegt.

Kompilieren Sie nun auch das Visual Basic .NET-Programm:

Schritt 5

```
vbc faktest.vb /r:fak.dll
```

Über die Option */r* wird die angegebene DLL eingebunden.

Starten Sie das resultierende Programm *Faktest.exe*. Es sollte eine kleine Eingabeaufforderung erscheinen. Nach der Eingabe einer Zahl wird die Fakultät dieser Zahl ausgegeben.

Schritt 6

Das war ein kleines Beispiel dafür, wie problemlos unter .NET Programme zusammenarbeiten, die in unterschiedlichen Sprachen programmiert wurden. Bemerkenswert ist auch, dass das Visual Basic .NET-Programm keinen direkten Verweis auf die C#-Komponente enthält. Der Compiler erkennt automatisch, dass es sich bei *Fak* um einen Typ handelt, der nicht in dem Programm definiert ist, und durchsucht nun die über die Option /r angegebenen externen Bibliotheken.

2.6.8   Realisierung verteilter Anwendungen

Dieser Aspekt ist letztendlich der, um den sich alles bei .NET dreht. Man kann über .NET-Basisklassen, gemeinsame Datentypen, Metadaten, die sich zur Laufzeit auswerten und erweitern lassen, und vieles mehr ausführlich debattieren. Alles das wurde von Microsoft nur geschaffen, um die Programmierung verteilter Anwendungen (wobei das Internet das Medium ist, über das diese Anwendungen zusammenarbeiten) zu vereinfachen bzw. überhaupt erst zu ermöglichen. Mit COM+ hat Microsoft bereits vor Jahren eine Infrastruktur geschaffen, die verteilte Anwendungen erstmals möglich machte, und unter dem Namen *Distributed Network Architecture* (DNA) auch alles in schöne Worte gepackt und in Hochglanzprospekten zusammengefasst. Doch COM+ ist nur ein Teilaspekt, der für viele Visual Basic-Programmierer zudem wie ein Buch mit (mindestens) sieben Siegeln erschien. Die anderen Komponenten, vor allem HTTP als Transportprotokoll und XML als universelles Daten- und Befehlsformat, waren zwar auch vorhanden, doch war es für viele Programmierer schwierig, sie zusammenzubringen. Das wird mit .NET anders. .NET ist von Anfang an eine Programmierumgebung, in der sich verteilte Anwendungen auf der Basis von COM+ (das in der Version 1.0 von .NET noch gekapselt wird, in späteren Versionen jedoch ersetzt werden soll), HTTP und XML umsetzen lassen. Und zwar nicht nur in C#, sondern auf exakt die gleiche Weise auch in Visual Basic .NET.

2.6.9   Mehr Spaß

Auch dieser Aspekt soll kurz angesprochen werden, denn auch die Programmierung unter .NET soll Spaß machen, selbst wenn es am Anfang nicht immer den Anschein haben mag und man sich vielleicht überlegt, dass Microsoft alles nur geändert hat, um alten Visual Basic-Hasen den Spaß zu verderben. Das ist natürlich nicht so. Der Spaß bei .NET ergibt sich aus der Leichtigkeit, mit der sich unterschiedliche Assemblies verbinden lassen, der umfassenden Klassenbibliothek, die den Aufruf von API-Funktionen praktisch überflüssig macht, der vollständigen Dokumentation des .NET-Framework und nicht zuletzt aus der neuen Entwicklungsumgebung, die bezüglich Komfort und Möglichkeiten einen echten Meilenstein darstellt (wenngleich viele Visual Basic-Programmierer sich zunächst an den Umstand gewöhnen müssen, dass es nicht mehr möglich ist, Programmänderungen während einer Unterbrechung durchzuführen, und dass das Direktfenster leider kein Intellisense bietet).

2.7   Weitere Bestandteile von .NET

Im letzten Abschnitt wurden die Kernbestandteile von .NET bzw. des .NET-Framework vorgestellt. Doch das ist noch längst nicht alles. .NET hat noch einiges mehr zu bieten:

- C# und Visual Basic .NET

- ASP .NET

- Webservices

- ADO .NET

- Windows Forms

Die Aufzählung wird lediglich der Vollständigkeit halber kurz abgehandelt, da jeder Themenbereich im Grunde ein eigenes Buch erfordern würde und in diesem Buch Visual Basic .NET im Vordergrund steht. Da jedoch in diesem Kapitel alle wichtigen Elemente von .NET kurz erwähnt werden sollen, müssen auch diese Schlagwörter mit ein paar erklärenden Worten bedacht werden.

2.7.1   C# und Visual Basic .NET

Visual Basic .NET ist der Nachfolger von Visual Basic 6.0, C# (ausgesprochen wie Si-Sharp) ist der Name einer neuen Programmiersprache, die unter der Leitung von *Anders Hejlsberg* entwickelt wurde[1] und die sich in erster Linie an C++-, Java- und in gewissem Sinne auch an Delphi-Programmierer richtet, weniger aber an Visual Basic-Programmierer. In diesem Buch soll absichtlich auf eine Gegenüberstellung verzichtet werden. Nur so viel zu diesem Thema: Es gibt vermutlich keinen vernünftigen Grund, C# gegenüber Visual Basic .NET vorzuziehen. C# und Visual Basic .NET sind praktisch ebenbürtig, auch wenn C# in einigen Fällen eine etwas »klarere« Syntax besitzt und die offizielle »Systemsprache« von .NET ist (die .NET-Basisklassen wurden zum großen Teil in C# programmiert).

---

1. Für alle Leserinnen und Leser, die nicht so mit der Historie der Entwicklungstools vertraut sind: Anders Hejlsberg ist der »Erfinder« von Borland Turbo Pascal, eine der populärsten Programmiersprachen der 80er Jahre, der Chefentwickler von Borland Delphi und seit einigen Jahren bei Microsoft tätig.

2.7.2 ASP .NET

ASP .NET ist der Nachfolger von ASP (*Active Server Pages*) und die Technologie für die Programmierung von Webanwendungen auf der Basis der CLR und des .NET-Framework. Im Unterschied zu den schlichten ASP-Seiten, die sich nur mit Scripts erweitern ließen und bei denen die saubere Trennung zwischen Benutzeroberfläche und Programmcode sehr schwierig war, kann die Programmierung von Webanwendungen auf der Basis von ASP .NET in Visual Basic .NET, C# und im Prinzip in jeder anderen .NET-Programmiersprache erfolgen. Für Visual Basic-Programmierer ist das eine sehr gute Nachricht, denn die Entwicklung von Webanwendungen wird, insbesondere wenn Visual Studio .NET benutzt wird, so einfach wie die Entwicklung von Windows-Anwendungen in der Vergangenheit. Das bedeutet aber nicht, dass jeder seine Homepage mit Visual Basic programmieren kann. Voraussetzung, um eine Visual Basic .NET-Anwendung über das Internet ansprechen zu können, ist ein Provider, der Windows 2000 als Betriebssystem benutzt und eine ASP .NET-Anwendung hosten kann.

IIS- und DHTML-Projekte, die mit Visual Basic 6.0 erstellt wurden, werden von Visual Basic .NET nicht unterstützt und können auch in Visual Studio .NET nicht geladen werden. Es sollte aber nicht allzu schwierig sein, ein solches Projekt als ASP .NET-Anwendung neu zu programmieren.

2.7.3 Webdienste

Webdienste (auch Webservices oder XML Webservices genannt) sind natürlich das Schlagwort, das von Microsoft (und damit auch in der Öffentlichkeit) am häufigsten mit .NET in Verbindung gebracht wird. Dabei ist ein Webdienst bei Visual Basic .NET lediglich ein Projekttyp unter mehreren, der sich in wenigen Zeilen erstellen lässt und keine »magischen Kräfte« besitzt und auch nicht mit der Erfindung des Rads vergleichbar ist. Ein Webservice ist lediglich eine (beliebige) Funktion in einer Komponente (DLL, Assembly usw. – Webdienste lassen sich im Prinzip in jeder x-beliebigen Programmiersprache erstellen und setzen auch nicht .NET-Technologien voraus), die auf einem Webserver beheimatet ist und daher über eine URL und das HTTP-Protokoll aufgerufen wird. Für den Datenaustausch wird XML verwendet. Als eine Art Standardprotokoll hat sich das SOAP-Protokoll (*Simple Object Access Protocol*) herauskristallisiert, das von Microsoft in Zusammenarbeit mit anderen Softwarefirmen (hier werden stets Ariba und IBM genannt) entwickelt wurde und das sich auch von Visual Basic 6.0 aus benutzen lässt, allerdings nicht so komfortabel wie innerhalb von Visual Studio .NET.

Webdienste sind vor allem für größere Unternehmen im Rahmen von Downsizing-Szenarien interessant und eine Möglichkeit, effektiv eine verteilte Architektur aufzubauen. Für den »normalen« Visual Basic-Programmierer spielen sie vermutlich keine allzu große Rolle, auch wenn sie einfach zu programmieren sind.

2.7.4 ADO .NET

ADO .NET ist jener Teil der .NET-Basisklassen, der für den Zugriff auf »persistente Speichermedien«, etwa Datenbanken, zuständig ist. ADO .NET ist vor allem für ASP .NET-Anwendungen interessant, da sich das *DataSet*-Objekt, als wichtigster Baustein von ADO .NET, sehr flexibel verbindungslos einsetzen lässt, seinen Inhalt komplett im XML-Format speichert und damit ideal für den Austausch von Datensätzen über das Internet (bzw. allgemein über das HTTP-Protokoll) mit eingebauter Aktualisierung geeignet ist. Außerdem stellt die Visual Studio .NET-Entwicklungsumgebung eine Reihe komfortabler Assistenten bereit, die die Anbindung an eine Datenbank sehr einfach machen. Für Visual Basic-Programmierer, die lediglich in gewohnter Weise auf Access-, SQL-Server oder Oracle-Datenbanken zugreifen möchten, ist ADO .NET im Allgemeinen kein Thema, da sich ADO 2.x über die COM-Interoperabilität wunderbar auch unter Visual Basic .NET ansprechen lässt (lediglich die Geschwindigkeit sollte am Anfang einmal getestet werden, da sich der Overhead der COM-Interoperabilität nicht verallgemeinern lässt).

2.7.5 Windows Forms

Diese Frage dürften sich viele Visual Basic-Programmierer als Erstes stellen: Wo sind denn die Formulare geblieben? Sie sind natürlich auch bei .NET vorhanden. Die neuen Formulare heißen *Windows Forms*, sind sehr viel leistungsfähiger als ihre Vorgänger und stehen als ein allgemeiner Bestandteil der .NET-Basisklassen allen Programmiersprachen (also auch C#) auf die gleiche Weise zur Verfügung. Auch wenn sich Windows Forms komplett mit einem Editor programmieren ließen (es handelt sich ausschließlich um .NET-Klassen), wird dies in der Praxis niemand wollen, da dies viel zu umständlich wäre. Windows Forms-Anwendungen werden in der Regel mit Visual Studio .NET programmiert und in diesem Buch in Kapitel 14 vorgestellt.

2.8 Die Common Language Infrastructure (CLI) für Linux & Co.

Dieser interessante Aspekt hat (leider) nur indirekt etwas mit Visual Basic .NET zu tun. Da das .NET-Framework von seiner Konzeption her sowohl unabhängig von einem bestimmten Prozessor als auch vom Betriebssystem ist, lässt es sich auch auf andere Betriebssysteme und Prozessoren portieren. Und genau das beabsichtigt Microsoft im Rahmen der *Common Language Infra-*

structure (CLI). Ähnlich wie Java soll auch die CLI vom Großrechner bis zum Mobiltelefon »überall« vorhanden sein. Die CLI umfasst folgende Elemente:

- Die CLR

- Wichtige Teile der .NET-Basisklassen

- Den C#-Compiler

- Die wichtigsten Tools des .NET-Framework-SDK

Hinter der CLI stehen aber nicht nur jene Elemente des .NET-Framework, die auf andere Plattformen portiert werden sollen. Unter dem Namen *Shared Source* gibt Microsoft gleichzeitig den Quellcode der CLI frei, so dass ihn andere Programmierer anschauen und auch für eigene (private) Projekte benutzen können. Allerdings ist das Shared Source-Lizenzmodell restriktiver als das Open Source-Modell und sieht zum Beispiel keine kommerzielle Nutzung der CLI oder modifizierter Teile vor[1]. Die Shared Source-Implementierung der CLI ist vor allem für Universitäten oder auch Hobbyprogrammierer interessant, die den Quellcode der CLI studieren oder ihn auf andere Plattformen portieren möchten.

Unter dem Namen »Mono« gibt es auch eine (inoffizielle) Version des .NET Frameworks für das Betriebssystem *Linux*. Dieses Projekt wird (natürlich) nicht von Microsoft unterstützt. Es wurde von dem in der Linux-Szene durch seine Gnome-Oberfläche bekannten Programmierer *Miguel de Icaza* 2001 begonnen und hat inzwischen einen erstaunlichen Umfang angenommen. Neben den wichtigsten Basisklassen wurden inzwischen auch die meisten Klassen für ADO.NET (Datenbankzugriff) und sogar ASP.NET (Webanwendungen) portiert. Sogar ein Compiler für Visual Basic .NET ist dabei (allerdings noch nicht vollständig, der Programmierer sucht schon seit längerem Freiwillige, die ihm bei der Implementierung der noch fehlenden Funktionen helfen). Das bedeutet natürlich nicht, dass Visual Basic .NET-Programme automatisch 1:1 unter Linux laufen. Es bedeutet aber, dass sich ein relativ großer kleinster gemeinsamer Nenner an Klassen festlegen lässt, den ein Programm benutzen darf, damit es sich ohne Modifikationen unter Linux erneut kompilieren lässt. Anfang 2004 wurde die Firma von *Miguel de Icaza* vom Netzwerkspezialisten *Novell*[2] gekauft, so dass das Mono-Projekt auch eine kommerzielle Bedeutung erlangt hat. Eine ernsthafte Konkurrenz zum .NET Framework von Microsoft kann es aber niemals werden, denn Microsoft ist als Inhaber der Spezifikationen immer eine Nasenlänge voraus. Mono ist vor allem für Hobbyprogrammierer eine sehr faszinierende Angelegenheit, denn

---

1. Wir reden hier immerhin über Microsoft.

2. Wenn man berücksichtigt, dass IBM traditionell einen Einfluss auf Novell besitzt und gleichzeitig, vor allem in Deutschland, die Verbreitung von Linux (als direkte Konkurrenz zu Windows) aggressiv vorantreibt, erhält das Ganze auch eine gewisse Brisanz.

nach Java steht nun auch die zweite große Programmierplattform in beiden Welten zur Verfügung. Auch eine kostenlose IDE wird es geben. Das Programmierteam um Mike Krueger, das bereits mit SharpDevelop für Windows einen großen Wurf landete, arbeitet unter dem Namen »MonoDevelop« an einer mindestens genauso komfortablen IDE für Linux.

2.9   Zusammenfassung

Wie würden Sie, nachdem Sie dieses Kapitel (hoffentlich) aufmerksam durchgelesen haben, auf die Frage »Was ist denn nun .NET?« antworten? Vielleicht mit ».NET ist ein Traum, der für Programmierer endlich Wirklichkeit geworden ist«? Auch wenn Sie das Ganze (zu Recht natürlich) noch nicht ganz so euphorisch sehen, bringt .NET so viele kleine und größere Verbesserungen, dass es nach einer Weile schwer fällt, nicht spontan einen Freudentanz aufzuführen. Und das Beste ist: In diesem Kapitel war von den Webservices, die oft als Erstes aufgezählt werden, wenn es um die Bedeutung von .NET geht, gar nicht bzw. nur am Rande die Rede. Das sollte hoffentlich das Vorurteil widerlegen, dass .NET nur für »neumodische« Dinge wie Internetprogrammierung interessant ist (wenngleich diese Themen wirklich wichtig sind und in Zukunft, das ist kein Geheimnis, an Bedeutung stark gewinnen werden). .NET ist einfach die dritte Generation der Microsoft-Programmierplattform. (Kurz zur Erinnerung: Die ersten beiden Generationen waren DOS und Win32.)

2.10   F&A

Frage 2-1

Welche Mindestvoraussetzung muss auf einem Computer mit Windows 2000 erfüllt sein, damit ein Visual Basic .NET-Programm dort läuft?

Frage 2-2

Wie heißt der Programmcode, der von einem Visual Basic .NET-Compiler erzeugt wird?

a) P-Code

b) 80x86-Maschinencode

c) IL-Code

d) Das hängt davon ab, ob eine Exe- oder eine DLL-Datei kompiliert wird.

e) Java-Byte-Code

Es ist nur eine Antwort richtig.

Frage 2-3

Wie kann ein Visual Basic .NET-Programm sicherstellen, dass die .NET-Basisklassen, auf die es zugreift, auf jedem Computer vorhanden sind, auf dem es ausgeführt werden soll?

a) Die .NET-Basisklassen müssen mit ausgeliefert werden.

b) Die .NET-Basisklassen sind ein fester Bestandteil der .NET-Laufzeitumgebung.

Es ist nur eine Antwort richtig.

Frage 2-4

Beschreiben Sie ein Assembly in einem Satz.

Frage 2-5

Was ist der Unterschied zwischen einem privaten und einem öffentlichen Assembly?

Frage 2-6

Welche Voraussetzung muss ein Assembly erfüllen, damit es in den *Global Assembly Cache* (GAC) kopiert werden kann?

Frage 2-7

Welche drei verschiedenen Dateitypen kann der Visual Basic .NET-Compiler erzeugen? (Die Antwort ist nicht direkt im Kapitel zu finden.)

Frage 2-8

Welche Voraussetzungen müssen erfüllt sein, damit ein Visual Basic .NET-Programm eine in C# programmierte Klasse erweitern kann?

a) Keine, der Programmierer kann die Klasse einfach ansprechen, als wäre sie Teil des Visual Basic .NET-Programms. Und beim Kompilieren wird lediglich der Name der DLL angeben, in der sich die C#-Klasse befindet.

b) Das ist natürlich alles andere als trivial, da es sich um zwei grundsätzlich verschiedene Programmiersprachen handelt (C# kann nämlich auch unsicheren Code ausführen und ist daher höchst problematisch). Dieses Thema wird in diesem Buch daher nicht behandelt.

c) Kein Problem, allerdings muss dazu eine Erweiterung mit dem Namen ».NET Enhancer« von der Website *www.dotnetstuff.net* heruntergeladen werden, die immer noch im Beta-Stadium ist.

Es ist nur eine Antwort richtig.

(Alle Antworten und Lösungen finden Sie in Anhang D.)

KAPITEL 3

Visual Basic .NET-Einmaleins

In diesem Kapitel geht es um das »Standardzubehör« einer jeden Programmiersprache. Dazu gehören Variablen, Konstanten, Operatoren, die Regeln, nach denen Ausdrücke ausgewertet werden, und natürlich auch die Frage, wie einfache Eingaben und Ausgaben durchgeführt werden (einige Leser werden überrascht sein, dass Fenster keine Rolle spielen – dieses »Geheimnis« wird am Ende des Kapitels gelüftet). Da dies alles beim besten Willen nicht mehr in die Überschrift gepasst hätte, geht es in diesem Abschnitt einfach um das Einmaleins von Visual Basic .NET. Da noch nichts von den folgenden Kapiteln vorweggenommen werden soll, bleibt alles relativ simpel.

Die Themen für dieses Kapitel:

- Kleine Merkzettel für das Programm: die Variablen

- Charakterfest und beständig: die Konstanten

- Spezialisten fürs Rechnen: die Operatoren

- Alles genau nach Vorschrift: die Operatorreihenfolge

- Wahr oder falsch? – die Welt der logischen Verknüpfungen

- Eingaben über die Tastatur

- Ausgaben auf dem Bildschirm

- Der allgemeine Aufbau eines Visual Basic .NET-Programms

3.1 Kleine Merkzettel für das Programm: die Variablen

Variablen dienen zum Speichern von Werten, die während der Programmausführung anfallen. Variablen speichern diese Werte in Speicherzellen im Arbeitsspeicher des Computers. Wo sich diese Speicherzellen befinden, muss den Programmierer nicht interessieren, denn Variablen werden über Namen angesprochen. Damit ein Programm weiß, dass ein Name für eine Variable steht, muss der Name im Programm »bekannt gemacht« werden. Dies wird *Deklaration* der Variablen genannt. Visual Basic .NET kennt nicht nur einen, sondern gleich mehrere Befehle zur Variablendeklaration. Der bekannteste Befehl ist der *Dim*-Befehl.

```
Dim Anzahl As Integer
```

Dieser Befehl definiert eine Variable mit dem Namen *Anzahl* und dem Datentyp *Integer*. Mehr zu den Datentypen bietet Kapitel 3.2.1.

3.1.1 Variablen mit einem Anfangswert belegen

Eine Variable, die ohne einen Anfangswert definiert wird, besitzt (je nach Datentyp) den Wert 0 oder den Spezialwert Null. In der Regel möchte der Programmierer der Variablen jedoch einen Startwert geben.

```
Dim Anzahl As Integer = 123
```

3.1.2 Mehrere Variablen in einem Befehl deklarieren

Es lassen sich auch mehrere Variablen in einem Befehl deklarieren. Wird der Datentyp nur bei der letzten Variablen angegeben, erhalten alle Variablen diesen Datentyp. Dies ist die übliche Praxis.

```
Dim Treffer, Versuche, MaxVersuche As Integer
```

3.1.3 Mehrere Variablen mit unterschiedlichen Datentypen in einem Befehl deklarieren

Mehrere Variablen, die in einem Befehl deklariert werden, müssen nicht die gleichen Datentypen besitzen. Sollen eine oder mehrere Variablen mit einem Wert initialisiert werden, ist dies sogar Voraussetzung.

```
Dim Treffer As Long, Versuche As Byte=7, MaxVersuche As Integer = 123
```

3.1.4   Weitere Deklarationsbefehle

Neben dem *Dim*-Befehl kennt Visual Basic .NET noch eine Reihe weiterer Befehle zur Deklaration von Variablen. Dazu gehören die Befehle *Friend*, *Private*, *Protected* und *Public*. Diese Befehle unterscheiden sich dadurch von *Dim*, dass sie gleichzeitig einen so genannten *Gültigkeitsbereich* festlegen (also einen Bereich, in dem die Variable angesprochen werden kann) und, wie bei *Protected*, nur in Klassen benutzt werden können. Mehr zum Thema Gültigkeitsbereich von Variablen in Kapitel 3.2.3.

3.2   Die Merkmale einer Variablen

Jede Variable besitzt in einem Visual Basic .NET-Programm vier Merkmale:

- Name

- Datentyp

- Gültigkeitsbereich

  und

- Lebensdauer

Alle vier erhält sie bereits bei ihrer Deklaration – sie lassen sich nachträglich nicht mehr ändern. Lediglich der Wert kann später (beliebig oft) zugewiesen werden.

Der folgende Befehl definiert eine Variable mit dem Namen *iWert* und dem Datentyp *Short*.

```
Dim iWert As Short
```

Definieren oder deklarieren?

Heißt es bei Variablen nun definieren oder deklarieren? Im Allgemeinen spricht man von einer Deklaration einer Variablen (von definieren zu sprechen, ist aber auch nicht falsch).

3.2.1   Formal und trotzdem unverzichtbar: der Datentyp

Jede Variable besitzt einen Datentyp. Der Datentyp legt fest, welche »Sorte« von Daten in der Variablen gespeichert werden kann. Diese Unterscheidung ist wichtig, damit der Compiler die benötigte Anzahl an Speicherzellen im Arbeitsspeicher (der bei .NET von der CLR verwaltet wird) reservieren kann. Dazu muss man wissen, dass eine Speicherzelle stets die gleiche Größe besitzt (8 Bit), Variablen aber sehr viel größer sein können. So belegt ein *Short*-

Datentyp zwei, ein *Integer* vier und eine *Double*-Variable acht Speicherzellen. Indem bei der Deklaration einer Variablen ein Datentyp angegeben wird, kann der Compiler eine entsprechende Information in die Programmdatei eintragen, so dass die CLR später den benötigten Speicherplatz reservieren kann.

Es gibt noch einen weiteren Grund, warum der Datentyp bei einer Variablen wichtig ist. Durch die Angabe eines Datentyps erhält der Compiler die Gelegenheit, bereits bei der Kompilierung zu überprüfen, ob eine Zuordnung erlaubt ist. Hier ein kleines Beispiel: Eine Variable *Alter* soll das Alter einer Person enthalten. Ein Visual Basic .NET-Programmierer könnte die Variable wie folgt deklarieren:

```
Dim Alter
```

Der Datentyp sollte Byte sein, wurde hier entweder vergessen oder absichtlich nicht angegeben. Wird der Variable nun ein negativer Wert zugewiesen (in der Regel geschieht dies versehentlich oder aufgrund einer falschen Eingabe durch den Benutzer), so hat dies keine Folgen:

```
Alter = - 99
```

Das kann natürlich nicht gut gehen, da ein *Byte*-Wert keine negative Zahlen darstellen kann. Auch wenn das Programm dadurch nicht abstürzt, rechnet es von jetzt an mit dem falschen Wert, so dass alle folgenden Berechnungen ebenfalls mit falschen Werten durchgeführt werden. Irgendwann läuft das Programm gegen eine »Mauer« (etwa, wenn der Wert in eine Datenbank gespeichert werden soll) und eine Ausnahme ist die Folge. Wird die Variable dagegen bei ihrer Deklaration mit einem Datentyp versehen, sieht es ein wenig anders aus:

```
Dim Alter As Byte
```

Wird nun ein negativer Wert zugewiesen, gibt Visual Basic .NET bereits beim Kompilieren eine Fehlermeldung aus. Mit anderen Worten, mit diesem Befehl kann das Programm gar nicht erst kompiliert werden, ein unter Umständen schwer zu findender Fehler wird dadurch vermieden. Es ist interessant, dass der Compiler nicht so einfach zu überlisten ist. Die folgenden beiden Zuweisungen führen ebenfalls zu einer Fehlermeldung:

```
Alter = 99 - 100
Alter = (10 * 5) - 51
```

Der folgende Befehl ist dagegen in Ordnung:

```
Alter = (10 * 5) - 50
```

Würde der zugewiesene Ausdruck dagegen eine Variable enthalten, wäre der Compiler nicht in der Lage, den Wert auszurechnen. Die folgende Befehlsfolge führt zwar zu einer Ausnahme (vom Typ *System.OverflowException*), wird vom Compiler aber nicht erkannt:

```
Dim a, b As Byte
b = 100
a = 50 - b
```

Wird bei der Deklaration einer Variablen kein Datentyp angegeben, erhält diese den Datentyp *Object*.

Tabelle 3.1 zeigt alle Datentypen in der Übersicht (eine ausführlichere Auflistung finden Sie selbstverständlich in der Hilfe). In der rechten Spalte ist der Name des .NET-Datentyps angegeben. Dies sind die Namen der CLR, die ebenfalls für die Deklaration verwendet werden können – so ist die Verwendung von *System.Int32* unter Umständen ein wenig eindeutiger als die von *Integer*.

Daten-typ	Anzahl Bytes	Wertebereich	Anmerkung	.NET-Datentyp
Boolean	2	–1 (True) oder 0 (False)	–	System. Boolean
Byte	1	0 bis 255	–	System. Byte
Char	2	1 Unicode-Zeichen (16 Bit)	Ist nicht mit dem Datentyp *String* kompatibel.	System. Char
Date	8	1.1.1 bis 31.12.9999	–	System. Date
Decimal	16	Bis zu 28 Nachkommastellen (der genaue Bereich muss der Hilfe entnommen werden).	Bei Visual Basic 6.0 konnte dieser Datentyp nicht deklariert werden.	System. Decimal
Double	8	Bis zu 16 Nachkommastellen (der genaue Bereich muss der Hilfe entnommen werden).	Die Genauigkeit beträgt maximal 15 Stellen nach dem Komma.	System. Double
Integer	4	–2.147.483.648 bis 2147.483.647.	Bei Visual Basic 6.0 war dies der Datentyp Long.	System. Int32
Long	8	–9.223.372.036-854.775.808 bis 9.223.372.036.854.775.807.	–	System. Int64

Tabelle 3.1: Die Daten-typen von Visual Basic .NET in der Übersicht

Tabelle 3.1:
Die Daten-
typen von
Visual Basic
.NET in der
Übersicht
(Forts.)

Daten-typ	Anzahl Bytes	Wertebereich	Anmerkung	.NET-Datentyp
Object	4	–	Dies ist der Standarddatentyp, den eine Variable immer dann erhält, wenn kein Datentyp bei der Deklaration angegeben wird.	System. Object
Short	2	–32.768 bis +32.767	Bei Visual Basic 6.0 war dies der Datentyp Integer.	System. Int16
Single	4	Bis zu sieben Nachkommastellen (der genaue Bereich muss der Hilfe entnommen werden).	Die Genauigkeit beträgt maximal sieben Stellen nach dem Komma.	System. Single
String	–	0 bis ca. 2 Milliarden Unicode-Zeichen.	Strings sind bei Visual Basic .NET Objekte der String-Klasse[a].	System. String

a. Das gilt für alle Typen, ein Integer ist ein Objekt der Int32-Klasse.

3.2.2   Typisch Basic – der Datentyp ist freiwillig

Ein wenig ähnelt Visual Basic .NET einer netten Party in einem Freizeitclub: Alle sind gut gelaunt und reden sich mit den Vornamen (dem Variablennamen) an. Nach dem Motto »Sag einfach X zu mir und lass das förmliche »Integer« weg«, dürfen bei Visual Basic .NET Variablen auch ohne Datentyp deklariert werden. Visual Basic .NET setzt als Nachnamen einfach den Namen ein, den alle erhalten, die sich nicht festlegen wollen: *Object*.

Alle anderen Programmiersprachen (etwa C#) sind sehr viel formeller: Jeder Gast (also jede Variable) muss sich mit Namen und Nachnamen (dem Datentyp) vorstellen, sonst wird sie nicht akzeptiert (und da heißt es immer, Visual Basic wäre keine coole Sprache). Auch wenn das etwas Legere am Anfang recht interessant wirken mag und es auch nach einer Arbeitsersparnis aussieht, verwenden Sie trotzdem stets Datentypen, wenn Sie eine Variable deklarieren. Aus zwei Gründen: 1. Das Programm wird dadurch etwas schneller, denn der Standarddatentyp *Object* ist zwangsläufig etwas behäbig, da er mit »allem rechnen« muss. Das macht sich aber erst bei großen Programmen oder in Schleifen bemerkbar. 2. Je mehr Informationen Sie dem Compiler über den Datentyp einer Variablen zur Verfügung stellen, desto besser kann dieser Fehler rechtzeitig feststellen. So können Sie bei Visual Basic .NET (über den Befehl *Option Strict On*) einstellen, dass nur Variablen einander zugewiesen werden dürfen, die den gleichen Datentyp besitzen – ansonsten muss entweder die *CType*-Funktion als »Dolmetscher« benutzt werden oder ein Laufzeitfehler ist die Folge. Diese strenge Typüberprüfung führt zu fehlerfreieren Programmen, verlangt aber auch ein wenig mehr Disziplin und Tipparbeit vom Programmierer. Anfänger sind davon im Allgemeinen nicht besonders begeistert, einige alte Hasen, die im Laufe der Zeit etwas bequem geworden sind oder die Meinung vertreten, das war immer schon so und soll daher auch so bleiben, ebensowenig. Grundsätzlich ist die strenge Typüberprüfung aber eine wichtige Angelegenheit.

Wie kann die strenge Typüberprüfung aktiviert werden? Auf drei verschiedene Weisen:

- Über den Befehl *Option Strict On*, der zu Beginn eines Programms stehen muss – diese Option ist dann interessant, wenn das Programm mit Notepad oder einem anderen Editor eingetippt wird.

- Über die entsprechende Einstellung in den Projekteigenschaften der Visual Studio .NET-Entwicklungsumgebung. Diese Einstellung gilt dann für alle Dateien im Projekt.

- Über die Kommandozeilenoption */optionstrict+* beim Aufruf des Visual Basic .NET-Compilers *Vbc.exe*.

3.2.3   Die Rolle des Gültigkeitsbereichs: Wo werden Variablen in einem Programm deklariert?

Neben einem Namen, einem Datentyp und einem Wert besitzt jede Variable auch einen *Gültigkeitsbereich* (engl. »scope«). Der Gültigkeitsbereich einer Variablen gibt an, in welchem Bereich des Programms (bei .NET muss man genau genommen von einem *Assembly* sprechen) die Variable »gültig« ist, das heißt angesprochen werden kann. Das wiederum führt direkt zur Frage, an welchen Stellen eine Variable in einem Visual Basic .NET-Programm definiert werden kann. Es gibt drei unterschiedliche »Orte«:

- Innerhalb eines »Blocks« (etwa dem Bereich zwischen einem *If*- und einem *Else*-Befehl).

- Innerhalb einer Funktion (oder Prozedur).

- Außerhalb einer Funktion (oder Prozedur), aber innerhalb einer Klasse.

Je nachdem, an welchem Ort die Variable definiert wird, ist sie von anderen Funktionen oder Klassen aus ansprechbar. Die Stelle, an der eine Variable definiert wird, bestimmt daher ihren Gültigkeitsbereich. Für Programmiereinsteiger ist dieser Aspekt nicht ganz einfach zu verstehen. Doch keine Sorge, dahinter steckt (wie fast immer) ein sehr einfaches Konzept. Da der Gültigkeitsbereich einer Variablen aber erst bei etwas größeren Programmen eine Rolle spielt, die aus mehreren Klassen oder Prozeduren bestehen, wird dieses Thema auf Kapitel 10 verschoben.

Schauen Sie sich dazu die folgende simple Prozedur an (Prozeduren sind erst in Kapitel 5 an der Reihe), die einen eigenen Bereich (also einen Gültigkeitsbereich) des Programms darstellt.

```
Sub P1 ()
  Dim WertP1 As Short
End Sub
```

Die Prozedur enthält zu Anschauungszwecken nur einen Befehl, der eine Variable deklariert. Kann diese Variable auch von einer anderen Prozedur aus abgefragt werden oder einen Wert erhalten? Die Antwort lautet Nein, da die Variable *WertP1* nur innerhalb der Prozedur *P1* gültig ist. Ihr Gültigkeitsbereich beschränkt sich auf die Prozedur. Wird die Variable in einer Prozedur *P2* angesprochen, ist eine Fehlermeldung die Folge. Der Compiler tut so, als wäre die Variable nicht bekannt. Dies geschieht aber nicht, um den Programmierer zu ärgern oder um alles so richtig schön kompliziert zu machen. Im Gegenteil, diese strikte Trennung soll dazu beitragen, dass Programme fehlerfreier werden, da auf diese Weise der Fall ausgeschlossen wird, dass der Wert einer Variablen geändert wird, die vielleicht nicht geändert werden sollte. Prozeduren sind geschlossene Einheiten – es darf nicht möglich sein, von »außen« (d.h. von einer anderen Prozedur aus) auf interne Variablen der Prozedur zuzugreifen. Und es gibt noch einen zweiten Grund. Da der Gültigkeitsbereich ein zusätzliches Unterscheidungsmerkmal ist, können mehrere Variablen den gleichen Namen tragen, wenn sie sich in ihrem Gültigkeitsbereich unterscheiden.

Das folgende Beispiel definiert die Variable *Wert* zweifach. Es gibt aber kein Problem, da beide Variablen in verschiedenen Bereichen des Programms deklariert werden und dadurch (automatisch) einen unterschiedlichen Gültigkeitsbereich besitzen.

```
Sub P1 ()
  Dim Wert As Integer
End Sub

Sub P2 ()
  Dim Wert As Short
End Sub
```

Die verschiedenen Gültigkeitsbereiche in einem Programm

Der Gültigkeitsbereich einer Variablen wird entweder direkt über die Befehle *Private* und *Public* festgelegt oder er ergibt sich indirekt aus der Position der Variablen im Programm. Hier gibt es mehrere Möglichkeiten:

- Die Variable wird innerhalb einer Prozedur mit dem *Dim*-Befehl deklariert. In diesem Fall ist ihr Gültigkeitsbereich auf die Prozedur beschränkt (man spricht auch von einer lokalen Variablen).

- Die Variable wird außerhalb einer Prozedur aber innerhalb einer Klasse oder eines Moduls deklariert (neben dem *Dim*-Befehl sind in diesem Fall auch die Befehle *Private* und *Public* erlaubt). In diesem Fall ist die Variable in allen Funktionen und Prozeduren der Klasse gültig.

- Die Variable wird außerhalb einer Prozedur (und damit innerhalb einer Klasse) mit dem *Public*-Befehl deklariert. In diesem Fall ist die Variable auch von anderen Modulen und Assemblies (also von anderen Programmen aus) ansprechbar. (Voraussetzung ist allerdings, dass beim Kompilieren der anderen Programme ein Verweis auf dieses Programm mit der öffentlichen Variablen eingefügt wird.)

Das folgende Beispiel soll die Bedeutung des Gültigkeitsbereichs von Variablen veranschaulichen. Es enthält insgesamt drei Klassen und eine Variable mit dem Namen *GlobalLevel*.

Wenn Sie das Listing mit dem Kommandozeilencompiler kompilieren, muss die Option /rootnamespace:M1 übergeben werden, die den Namespace M1 definiert (der Name selber spielt keine Rolle). Der Aufruf muss daher in der Form

```
vbc.exe mit /rootnamespace.M1
```

erfolgen. Wenn Sie mit Visual Basic .NET arbeiten, wird automatisch ein Hauptnamespace angelegt, der dem Namen des Projekts entspricht.

Buch-CD: vbnet0301.vb

```
' ----------------------------------------
' Gültigkeitsbereich von Variablen
' Jetzt lerne ich Visual Basic .NET-Beispiel
' ----------------------------------------
Imports System
Imports CTest1

Class CTest1
  Public Shared GlobalLevel As Integer
End Class
```

Listing 3-1: Gültigkeits-bereich bei Variablen

89

```
Class CTest2
  Shared Sub ChangeWert()
    GlobalLevel = 123
  End Sub
End Class

Class CTest3
' Erweiterung 1: Den folgenden Befehl einfügen
' Shared GlobalLevel As Short
  Shared Sub Main()
    CTest2.ChangeWert()
    Console.WriteLine("Der Wert ist: {0}", GlobalLevel)
    GlobalLevel = 456
    CTest2.ChangeWert()
    Console.WriteLine("Der Wert ist: {0}", GlobalLevel)
    Console.WriteLine("Alles klar mit .NET")
      Console.ReadLine()
  End Sub
End Class
```

Dadurch, dass die Variable *GlobalLevel* in der Klasse *CTest1* mit *Public* deklariert wird (der Zusatz *Shared* sorgt lediglich dafür, dass es eine gemeinsame Variable ist und die Klasse nicht instanziert werden muss, um die Variable ansprechen zu können), kann sie auch in der dritten Klasse angesprochen werden. Entfernen Sie den Kommentar in der Klasse *CTest3*, ergibt sich eine Änderung: Nun wird eine weitere Variable mit dem Namen *GlobalLevel* deklariert, dieses Mal als Variable, deren Gültigkeitsbereich auf die Klasse beschränkt ist. Da sie sich dadurch in einem anderen Gültigkeitsbereich befindet, gibt es keine Probleme. Die Prozedur *ChangeWert* ändert aber nach wie vor die globale Variable und nicht jene, die in der Klasse *CTest3* deklariert wird.

Tabelle 3.2 zeigt die wichtigsten Gültigkeitsbereichsmodifizierer, die in einem Visual Basic .NET-Programm vorkommen können. Eine ausführliche Beschreibung finden Sie in der Hilfe.

Tabelle 3.2: Alternative für die Angaben eines Gültigkeitsbereichs

Gültigkeitsbereiche	Von wo kann die Variable angesprochen werden?
Public	Von anderen Modulen und Assemblies.
Protected	Nur von Klassen, die von der Klasse, die die Variable enthält, abgeleitet wurden.
Friend	Nur innerhalb des Assemblies, nicht von anderen Assemblies aus.
Private	Nicht außerhalb der Klasse, in der die Variable definiert wird.

3.2.4   Die Rolle der Lebensdauer einer Variablen

Drei Merkmale einer Variablen kennen Sie bereits: Name, Datentyp und Gültigkeitsbereich. Sie werden es nicht glauben, aber es gibt bei Variablen noch ein viertes Merkmal. Dies ist die Lebensdauer (engl. »lifetime«). Sie gibt an, wie lange der Wert einer Variablen erhalten bleibt. Normalerweise geht der Wert der Variablen verloren, wenn die Variable ihren Gültigkeitsbereich verliert. Es gibt jedoch zwei Ausnahmen:

▪ Die Variable wird mit *Static* als statisch deklariert. Statische Variablen gibt es nur innerhalb von Prozeduren. Sie behalten ihren Wert bei, nachdem die Prozedur verlassen und die Variable nicht mehr gültig ist. Wird die Prozedur das nächste Mal aufgerufen, erhält die Variable automatisch wieder den Wert, den sie vor dem Verlassen der Prozedur besaß.

▪ Es handelt sich um eine gemeinsame Variable innerhalb einer Klasse. Diese Variablen werden mit *Shared* deklariert. Die Variable kann benutzt werden, ohne dass die Klasse instanziert werden muss. Sie sind also auch dann ansprechbar, wenn keine Instanz der Klasse existiert.

3.3   Charakterfest und beständig: die Konstanten

Konstanten sind Variablen, die, während das Programm läuft, ihren Wert nicht ändern können. Diese Erklärung ist zwar nicht ganz logisch, hoffentlich aber verständlich. Konstanten erfüllen in erster Linie eine Aufgabe: Wenn in einem Programm eine Zahl oder ein Wort öfter vorkommt, ist es zweckmäßig, dafür eine Konstante zu benutzen. Das bietet zwei Vorteile: 1. Das Programm wird besser lesbar, da ein Name aussagekräftiger ist als eine Zahl. 2. Sollte sich der Wert der Zahl bzw. allgemein der Wert doch ändern, muss die Änderung nur einmal im Programm, bei der Deklaration der Konstanten, erledigt werden.

Hier ein kleines Beispiel: Ein Physiker überarbeitet gerade die allgemeine Relativitätstheorie und hat dafür ein Visual Basic-Programm entwickelt, bei dem die Lichtgeschwindigkeit mindestens ein Dutzend Mal vorkommt. Da er gerade einen Visual Basic-Kurs besucht hat, verwendet er eine Konstante für die Lichtgeschwindigkeit, was naheliegend ist, da es sich bei der Lichtgeschwindigkeit (so glauben es die meisten Physiker jedenfalls) um eine Konstante handelt. Kurz vor der Fertigstellung seiner Theorie gelingt einem anderen Physiker (der alles noch in C programmiert) der Beweis, dass die (vermeintlich konstante) Lichtgeschwindigkeit nicht 299792,458, sondern 299792,459 lautet. Statt sich zu ärgern, muss der erste Physiker nur die eine Stelle ändern, an der die Konstante ihren Wert erhält, und das Programm läuft fehlerfrei durch.

Eine Konstante wird über den *Const*-Befehl definiert, auf den gegebenenfalls ein Datentyp und der Wert der Konstanten folgen.

```
Const Licht = 299792,458
```

Auch Konstanten besitzen einen Datentyp (das wird auch von erfahrenen Programmierern häufig übersehen). Dieser spielt aber keine so wichtige Rolle wie bei den Variablen, da der Compiler mit einer Konstanten weniger »Arbeit« hat. Außerdem erhält eine Konstante immer den Datentyp, der zu ihrem Wert am besten passt, da der Wert anders als bei Variablen nicht offen gelassen werden kann.

Die folgende Deklaration würde auch ohne den Datentyp gut funktionieren. Er kann aber trotzdem sinnvoll sein, wenn der Programmierer damit andeuten will, dass der Datentyp eine Rolle spielt, oder veranlassen möchte, dass Visual Basic .NET einen anderen Datentyp verwenden soll als jenen, den es von sich aus gesetzt hätte.

Durch diese Deklaration erhält die Konstante nicht den Datentyp *Double*, sondern *Decimal*.

```
Const Licht As Decimal = 299792.458
```

3.3.1 Auch Zahlenwerte sind Konstanten

Jede Zahl, die in einem Ausdruck vorkommt, ist eine Konstante. Es ist eine besondere und recht interessante Eigenschaft, dass auch eine simple Zahl als Objekt betrachtet wird. Das führt zu seltsamen Konstruktionen, die natürlich für die Programmierung keine Rolle spielen, die aber dennoch erlaubt sind.

Das folgende Beispiel wandelt die Zahl 5 über die Methode *ToString*, über die jedes Objekt verfügt, in ihren Zeichenkettenwert um. Das Ergebnis ist zwar wieder 5, für eine Programmiersprache ist dies aber trotzdem ungewöhnlich. Es ist möglich, da selbst einfache Zahlen bei Visual Basic .NET Objekte sind.

```
?5.ToString
```

3.3.2 Zeichenkettenkonstanten

Eine besondere Sorte von Konstanten sind die *Zeichenkettenkonstanten* (manchmal auch Literale genannt). Eine Zeichenkettenkonstante ist eine Konstante, deren Wert eine Zeichenkette ist. Der Wert einer Zeichenkettenkonstanten wird bei Visual Basic .NET immer in Anführungsstriche gesetzt.

```
Const Mantra_Nr1 As String = "Alles ist ein Objekt"
```

Durch diese Definition kann die Konstante *Mantra_Nr1* überall im Programm statt der sehr viel längeren Zeichenkette eingesetzt werden. Der

Hauptvorteil ist auch hier: Wenn der Konstante eine andere Zeichenkette zugewiesen wird, bezieht sich dies selbstverständlich auf alle Stellen im Programm, an denen der Name der Konstanten auftaucht. Wie es für Variablen üblich ist, erhält auch die Konstante einen Datentyp (in diesem Fall ist es *String*).

3.4　Regeln für Bezeichner

Auch dieses Thema muss irgendwo einmal erwähnt werden, die Regeln für Bezeichner. Bezeichner? Die kamen bislang doch noch gar nicht vor. Nun, Bezeichner ist ein allgemeiner Begriff für Variablennamen, Konstantennamen, Klassennamen usw. Ein *Bezeichner* ist ein Name, der etwas bezeichnet. Und dafür gibt es bei Visual Basic .NET einfache Regeln, die wie folgt lauten:

- Bezeichner müssen mit einem Buchstaben beginnen und dürfen kein Leerzeichen beinhalten.

- Eine Reihe von Sonderzeichen (wie !, $, %, &, # und @) sind im Variablennamen nur dann erlaubt, wenn kein Datentyp angegeben wird, da sie selbst den Datentyp festlegen – eine Programmierkonvention, die aber kaum noch verwendet wird.

- Die maximale Länge für einen Bezeichner ist 254.

3.5　Spezialisten fürs Rechnen: die Operatoren

Wie es sich für eine Programmiersprache gehört, kann Visual Basic .NET ganz prima rechnen. Neben den Funktionen der .NET-Klassen, die sich vor allem um spezielle Berechnungen kümmern, gibt es wie bei jeder Programmiersprache Operatoren. Ein Operator dient dazu, zwei Ausdrücke miteinander zu einem Ergebnis zu kombinieren (einige wenige Operatoren arbeiten mit nur einem Operanden, sie heißen daher unäre Operatoren). Das beste Beispiel für einen Operator ist der +-Operator, der zwei Ausdrücke addiert:

4+5

Das ist ein Ausdruck, der aus zwei Operanden und einem Operator besteht. Es handelt sich aber nur um einen Ausdruck und nicht um einen vollständigen Befehl. Vollständig ist der Befehl erst im Rahmen einer Zuweisung, um die es im nächsten Abschnitt geht.

Operator	Bedeutung
^	Potenzierung (z.B. 2 ^3 = 8)
+, −	Vorzeichen
*, /	Multiplikation, Division
\	Integer-Division
Mod	Rest einer Division
+, -	Addition, Subtraktion
&	Zusammenfügen von Zeichenketten
=, <>, <, >, <=, >=, Like, Is, TypeOf…Is	Vergleichsoperatoren
Not	Logische Umkehrung
And, AndAlso	Logische UND-Verknüpfung
Or, OrElse	Logische ODER-Verknüpfung
Xor	Logische XOR-Verknüpfung (Entweder-Oder-Verknüpfung)
<<, >>	Arithmetisches Verschieben um ein Bit

3.5.1   Ein kleiner Ausflug in die Mathe-Klasse

Keine Sorge, Sie müssen in diesem Abschnitt nicht das Geodreieck heraus-
kramen oder sich mit dem induktiven Beweis von n abgebildet auf n+1 beschäftigen. Es geht lediglich um die (völlig harmlose) Frage, ob sich die
Rechentalente von Visual Basic .NET auf die Durchführung simpler Arithme-
tikoperationen beschränken. Selbstverständlich nicht, allerdings ist für alles,
was über die Grundrechenarten hinausgeht, die .NET-Basisklasse Math zuständig. Wie es noch erläutert wird, muss diese Klasse weder eingebunden
noch importiert werden. Sie steht als Teil der Laufzeitumgebung immer zu
Diensten. Jetzt müssen Sie nur noch wissen, welche Methoden (so werden die
Funktionen einer Klasse auch genannt) sich in dieser Klasse verbergen, und
schon kann es losgehen. (Eine Übersicht über die wichtigsten Funktionen der
nicht allzu umfangreichen Klasse enthält Tabelle 3.4.)

Das folgende kleine Beispiel zeigt eine Anwendung für die *Math*-Klasse, in
dem es die Quadratwurzel einer Zahl ausrechnet, auf zwei Stellen nach dem
Komma rundet.

```
Imports System.Math

Dim dbErgebnis As Double
dbErgebnis = Round(Sqrt(22), 2)
```

Der *Imports*-Befehl am Anfang ist nicht zwingend notwendig. Er vereinfacht
die Programmierung jedoch ein wenig, da so nicht jedem Mitglied der *Math*-
Klasse der Name der Klasse vorangestellt werden muss.

Mitglied	Bedeutung
Abs	Gibt den Absolutwert zurück.
Cos	Berechnet den Cosinus eines Winkels, der im Bogenmaß übergeben wurde.
E	Konstante, die für die Eulersche Zahl steht.
Exp	Exponentialfunktion.
Floor	Gibt die nächstkleinere Ganzzahl einer Zahl mit Nachkommaanteil zurück (entspricht der Int-Funktion früherer Visual Basic-Versionen).
Log10	Berechnet den Logarithmus zur Basis 10.
PI	Konstante, die für die Kreiszahl steht.
Pow	Berechnet die Potenzierung einer Zahl mit einer anderen Zahl.
Round	Rundet eine Zahl mit Nachkommaanteil (auf Wunsch auf eine bestimmte Anzahl an Stellen).
Sign	Gibt das Vorzeichen einer 8-Bit-Integer-Zahl zurück.
Sin	Berechnet den Sinus eines Winkels, der im Bogenmaß übergeben wurde.
Sqrt	Berechnet die Quadratwurzel einer Zahl.

Tabelle 3.4:
Die wichtigsten
Mitglieder der
Math-Klasse

3.5.2   Zuweisungen

Einige Dinge sind so trivial, dass sie oft gar nicht erwähnt werden. Die Zuweisungen gehören auch dazu. Bei einer Zuweisung erhält eine Variable einen Wert. Der Wert ist ein Ausdruck, d.h. es kann sich um eine einzelne Zahl oder einen Mix aus Zahlen, Operatoren, Variablen und Funktionen handeln, die einen einzigen Wert ergeben.

```
Ergebnis = 4 + 5
```

Es ist wichtig zu verstehen, dass auf der linken Seite der Zuweisung immer eine Variable stehen muss (man spricht auch von einem L-Wert). Auf der rechten Seite stehen dagegen ein Ausdruck und kein Befehl (man spricht auch von einem R-Wert). Umgekehrt geschrieben wäre der Befehl nicht erlaubt:

```
4 + 5 = Ergebnis
```

Diese Schreibweise verstößt gegen die Syntax von Visual Basic .NET[1]. Die Syntax einer Sprache ist ein Satz von Regeln, der festlegt, was erlaubt ist und was nicht. Geben Sie einen Befehl ein, der gegen eine Syntaxregel verstößt, ist ein Syntaxfehler die Folge.

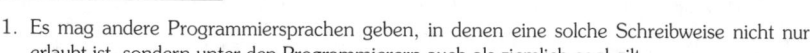

1. Es mag andere Programmiersprachen geben, in denen eine solche Schreibweise nicht nur erlaubt ist, sondern unter den Programmierern auch als ziemlich cool gilt.

Wenn Sie gerade mit dem Programmieren beginnen, ist es wichtig, sich an einfache Regeln zu halten und diese vor allem zu kennen. Wenn Sie sich nicht sicher sind, wie ein Befehl geschrieben wird, denken Sie z.B. an die »Variable muss immer links stehen-Regel« (VMILSR). Eine andere Regel besagt, dass auf einen Objektnamen immer ein Punkt folgt. Eine dritte Regel legt fest, dass Variablen immer einen Datentyp erhalten usw. Mit diesen einfachen Regeln lassen sich schon ein paar der typischen Anfängerfehler vermeiden.

3.5.3   Alles genau nach Vorschrift: die Operatorreihenfolge

Kommen in einem Ausdruck mehrere Operatoren vor, gibt es bei Visual Basic .NET eine genaue Reihenfolge, nach der sie alle abgearbeitet werden. Die erste Regel kennen Sie noch aus der Schule. Es ist die Punkt-vor-Strich-Regel. Der folgende Ausdruck, in der Konsole eingegeben, ergibt daher 7 und nicht 10:

```
?3 + 2 * 2
```

Etwas diffiziler wird es, wenn logische Operatoren im Spiel sind. Auch einige erfahrene Programmierer wissen nicht unbedingt, dass der *Not*-Operator eine geringere Priorität besitzt als etwa der Additionsoperator. Welches Ergebnis besitzt daher der folgende Ausdruck?

```
?Not 2 + 3
```

Die Umkehrung von 2 ergibt –3 (indem alle Bits umgedreht und das so genannte *Zweierkomplement* gebildet wird – das Zweierkomplement wird gebildet, indem man alle Bits »umdreht« und anschließend noch 1 addiert). Anstatt 0 ergibt die Operation aber –6, da zuerst die Addition und anschließend die logische Umkehrung durchgeführt wird. Das sind zwar relativ selten auftretende Situationen, dennoch ist es für einen Programmierer wichtig zu wissen, in welcher Reihenfolge Ausdrücke ausgewertet werden.

Wenn Sie sich in komplexeren Ausdrücken bezüglich der Auswertungsreihenfolge unsicher sind, verwenden Sie Klammern. Ausdrücke in Klammern werden immer als Erstes ausgewertet.

3.5.4   Kombiausdrücke: Zuweisung und Operator in einem

Visual Basic .NET bietet seinen Programmierern eine Gruppe von Operatoren, die lediglich dazu dienen, etwas Tipparbeit zu sparen. Dazu gehört der recht praktische +=-Operator, der eine Addition mit einer Zuweisung kombiniert.

```
Zahl += 1
```

Diese Zuweisung bewirkt, dass der Wert von *Zahl* um eins erhöht wird. Es ist sozusagen die Abkürzung von

```
Zahl = Zahl + 1
```

Vorsicht, achten Sie auf die Reihenfolge. Was bewirkt wohl der folgende Befehl?

```
Zahl =+ 1
```

Lassen Sie sich von dem Umstand nicht täuschen, dass der Zuweisungs- und der Additionsoperator so nahe beieinander stehen. Visual Basic .NET versteht den Befehl als simple Zuweisung:

```
Zahl = 1
```

Und da wir gerade bei etwas skurrileren Beispielen sind, auch der folgende Befehl ist erlaubt und verstößt nicht gegen die Syntaxregeln:

```
Zahl =+++    1
```

Die vielen Additionsoperatoren bringen Visual Basic .NET nicht durcheinander, denn es versteht das Pluszeichen nicht als eine Addition, sondern als den »unären« Vorzeichenoperator. Das kennen Sie noch aus der Schule, dreimal Plus gibt am Ende immer noch Plus. Anders sieht es im folgenden Fall aus. Welchen Wert erhält *Zahl* wohl durch diesen Befehl?

```
Zahl =+-+-- 1
```

Hier geht es nur um das Vorzeichen, dass durch jeden Minusoperator umgedreht wird. Am Ende kommt –1 heraus.

3.6 Wahr oder falsch? – die Welt der logischen Verknüpfungen

Alle Informationen, die ein Computer verarbeitet, werden intern binär, d.h. als eine schier endlose Folgen von Binärzahlen dargestellt. Eine Binärzahl ist eine Zahl, deren Ziffern nur zwei Werte annehmen können: 0 und 1. Daher auch der Begriff Binärzahl (früher war der Begriff Dualzahl geläufiger). Jede Ziffer einer Binärzahl wird als Bit bezeichnet und ist die kleinste denkbare Informationseinheit. Die provokante Behauptung, dass das ausdrucksvollste in Word eingegebene Gedicht, das eingescannte Kunstwerk oder eine aus dem Internet als MP3 heruntergeladene Ode an die Lebensfreude aus der Sicht des Computers nichts anderes ist als eine gewaltige Menge gleich aussehender, nüchterner Bits, wird in zahllosen Computerbüchern bewiesen. Falls Sie es noch nicht wussten, müssen Sie es an dieser Stelle einfach glauben. Damit der binäre Eintopf leichter zu verarbeiten ist, werden die binären Daten in kleinen Portionen zusammengefasst. Acht Bit bilden ein Byte, 1.024 Byte ein Kilobyte (Kbyte), 1.024 Kbyte ein Megabyte (Mbyte), 1.024 Mbyte ein Gigabyte (Gbyte) usw. Nur wenige wissen, dass ein 1.000 Seiten starkes Buch gerade einmal 2 Mbyte umfasst (mit einem kleineren Bild pro Seite) und damit komprimiert vielleicht gerade noch auf eine Diskette passen könnte (1,44 Mbyte Kapazität). Als die Computerrevolution in den achtziger Jahren begann, redeten alle über Kbyte, heute ist die größte gebräuchliche Einheit Gbyte[1]. Alle Computerbesitzer kennen diese Größeneinheiten in und auswendig. Ein MP3 eines fünfminütigen Songs umfasst (je nach Aufnahmequalität natürlich) etwa 8 Mbyte, ein mit DivX (raub-)kopierter DVD-Spielfilm umfasst knapp 700 Mbyte (und passt damit gerade noch auf eine CD-ROM) und beim Brennen einer CD muss auf der Festplatte die doppelte Kapazität frei sein, also 1,2 Gbyte.

In diesem Abschnitt soll es aber nicht um Größeneinheiten oder gar den Charme längst vergangener Zeiten gehen, sondern um die Frage, wie sich ein Byte, das aus einer Gruppe von 8 Bit besteht, mit einem anderen Byte verknüpfen lässt. Es geht um die logischen Grundverknüpfungen. Solche Verknüpfungen treten in zwei vollkommen unterschiedlichen Situationen auf:

- Im Rahmen einer Entscheidung (z.B. *If*-Befehl) sollen mehrere Ausdrücke kombiniert werden (ein Bankautomat zahlt nur Geld aus, wenn die Geheimnummer stimmt UND das Konto ein ausreichendes Guthaben aufweist).

- Im Rahmen einer Bitoperation sollen einzelne Bits in einem Byte (also einer Zahl) gesetzt oder abgefragt werden. In den »guten alten Tagen« der Programmierung war diese Praxis gang und gäbe, da viele Hardwarekomponenten durch Setzen oder Rücksetzen einzelner Bits in einem Hardwareregister kontrolliert wurden. Bei Visual Basic .NET haben solche »Kunststücke« eher Seltenheitswert (wenngleich die .NET-Basisklassen mit der *BitArray*-Klasse eine Feldvariable anbieten, auf die bitweise zugegriffen werden kann).

Die folgenden Beschreibungen der logischen Verknüpfungen mit den Operatoren *And*, *Or*, *Xor* und *Not* haben daher eher »akademischen« Charakter. Dennoch sind sie wichtig, da sie zu den Grundoperationen praktisch jeder Programmiersprache gehören. Allen logischen Verknüpfungen ist gemeinsam, dass sie bitweise durchgeführt werden. Um ihre Wirkung zu verstehen müssen Sie sich daher die beteiligten Operanden als eine Aneinanderreihung von Operatoren vorstellen, die jeweils zwei Bits nach der stets gleichen Regel miteinander verknüpfen, nach der ein einzelnes Ergebnisbit resultiert. Die einzelnen Ergebnisbits aneinander gereiht sind dann das Ergebnis der logischen Verknüpfung.

---

1. Wie schnell sich die Einheiten in den nächsten Jahren nach oben verschieben werden, macht die Menge an Informationen deutlich, die Ende 2003 auf magnetischen Datenträgern gespeichert sein soll: Unglaubliche 4.999.230 Tbyte oder rund 5000 Pbyte (Petabyte) oder 5 Ebyte (Exabyte). Quelle: http://www.heise.de/ct/04/06/050.

3.6.1   Die Und-Verknüpfung mit dem And-Operator

Mit dem *And*-Operator werden die Bits nach den Regeln der Und-Verknüpfung verknüpft. Diese besagt, dass das Ergebnisbit nur dann 1 ist, wenn beide verknüpften Bits ebenfalls 1 sind. Ansonsten ist das Ergebnis 0.

```
?10 And 7
2
```

3.6.2   Die Oder-Verknüpfung mit dem Or-Operator

Mit dem *Or*-Operator werden die Bits nach den Regeln der Oder-Verknüpfung verknüpft. Diese besagt, dass das Ergebnisbit 1 ist, wenn eines der beiden verknüpften Bit 1 ist. Ansonsten ist das Ergebnis 0.

```
?10 Or 7
15
```

3.6.3   Die Exklusiv-Oder-Verknüpfung mit dem XOR-Operator

Mit dem *Xor*-Operator werden die Bits nach den Regeln der exklusiven Oder-Verknüpfung verknüpft. Diese besagt, dass das Ergebnisbit nur dann 1 ist, wenn beide verknüpften Bits unterschiedlich sind. Ansonsten ist das Ergebnis 0. Die Xor-Verknüpfung spielt vor allem in der Grafikprogrammierung eine Rolle, wenn die Bitmuster zweier Bitmaps überlagert werden sollen.

```
?10 Xor 5
15
```

3.6.4   Die Negation mit dem Not-Operator

Den Vorwurf, alles negativ zu sehen, muss sich der *Not*-Operator sicher nicht gefallen lassen, er dreht lediglich alle Bits in einem Operanden um.

```
?1
-2
```

Wieso ergibt die Umkehrung von 1 denn −2 und nicht −1? Dazu muss man sich lediglich die Umkehrung der einzelnen Bits betrachten. Aus

```
0 0 0 0 0 0 0 1 (1)
```

wird

```
1 1 1 1 1 1 1 0 (254)
```

Die Zahl 254 ist die binäre Darstellung von −2.

99

3.6.5 Die kombinierten logischen Operatoren AndAlso und OrAlso

Die Operatoren *AndAlso* und *OrAlso* sind ausschließlich für den Fall gedacht, dass ein logischer Ausdruck (wie er etwa bei einem *If*-Befehl vorkommen kann) aus mehreren Teilen (also Teilausdrucken) besteht. Im Unterschied zum *And*- bzw. *Or*-Operator brechen diese Operatoren die Auswertung der folgenden Teilausdrücke ab, sobald ein Ausdruck den Wert *False* ergibt. Der Vorteil ist, dass sich auf diese Weise voneinander abhängige Ausdrücke auswerten lassen, ohne dass es zu einer Ausnahme (Laufzeitfehler) kommt, weil ein folgender Ausdruck von einer Bedingung ausgeht, die bereits bei einem vorangegangenen Ausdruck nicht erfüllt war. Das klassische Beispiel ist die Eingabeüberprüfung, bei der der erste Teilausdruck prüft, ob eine Zahl eingegeben wurde, und der zweite Teilausdruck feststellen soll, ob die Zahl positiv ist. Mit dem *And*-Operator wird der zweite Teilausdruck auch dann ausgewertet, wenn gar keine Zahl eingegeben wurde, was in einer Ausnahme resultiert.

Das folgende Beispiel zeigt, wie sich der *AndAlso*-Operator in der Praxis auswirkt. Ist die Eingabe keine Zahl, erscheint eine Fehlermeldung, das Programm wird nicht aufgrund der nicht möglichen Umwandlung abgebrochen.

Buch-CD: vbnet0302.vb

```
' --------------------------------------------
' Beispiel für den AndAlso-Operator
' Jetzt lerne ich Visual Basic .NET
' --------------------------------------------

Imports System
Imports Microsoft.VisualBasic

Class App
  Shared Sub Main()
    Dim sEingabe As String
    Console.Write("Bitte was eingeben: ")
    sEingabe = Console.ReadLine()
    If IsNumeric(sEingabe) = True AndAlso _
      CType(sEingabe, Int32) > 0 Then
      Console.WriteLine("Alles klar!")
    Else
      Console.WriteLine("Sorry, das war keine Zahl!")
    End If
    Console.ReadLine()
  End Sub
End Class
```

Wird nach dem Start des Programms ein nicht numerischer Wert eingegeben, wäre bei Verwendung des *And*-Operators eine Ausnahme die Folge, da die

CType-Konvertierungsfunktion fehlschlägt. Wird statt des *And*-Operators aber der *AndAlso*-Operator verwendet, wird die zweite Abfrage nicht mehr ausgeführt, da die Abfrage auf *IsNumeric* (eine Funktion der *Microsoft.VisualBasic*-Kompatibilitätsklasse) einen *False*-Wert zurückgibt und daher die Auswertung der folgenden Ausdrücke abgebrochen wird.

3.7　Eingaben von der Tastatur

Die Möglichkeit, Eingaben über die Tastatur entgegenzunehmen, ist bei Visual Basic .NET ein wenig umständlich und zudem recht bescheiden (bei C# ist es genauso). Das erscheint zunächst mehr als verwunderlich, denn eine Programmiersprache des 21. Jahrhunderts sollte in diesem Punkt etwas mehr auf dem Kasten haben. Der Widerspruch klärt sich auf, wenn man berücksichtigt, dass an Konsolenanwendungen keine allzu hohen Ansprüche gestellt werden. Wer Fenster oder Webseiten mit allen Schikanen will, legt statt einer Konsolenanwendung ein Windows- oder Webprojekt an und kann mit wenig Aufwand raffinierte Benutzeroberflächen auf den Bildschirm zaubern. Damit beschäftigt sich aber erst Kapitel 14. In diesem Abschnitt geht es lediglich um die Frage, wie sich über die Eingabeaufforderung ein beliebiger Wert über die Tastatur entgegennehmen und im Programm weiterverarbeiten lässt. Dafür gibt es zwei Methoden: *Read* und *ReadLine*. Beide sind Mitglieder der *System.Console*-Klasse. Während *Read* nur ein einzelnes Zeichen von der Tastatur entgegennimmt und dessen Tastaturcode als *Integer* zurückgibt, nimmt *ReadLine* eine komplette Zeile, d.h. alle Zeichen bis zum Drücken der ⏎-Taste, entgegen und gibt diese als *String* zurück.

```
Console.Write("Bitte Namen eingeben: ")
stName = Console.ReadLine()
Console.WriteLine("Der Name ist {0}", stName)
```

Bei der *Read*-Methode gilt es eine Besonderheit zu beachten: Auch wenn sie nur ein einzelnes Zeichen von der Tastatur entgegennimmt, kehrt sie erst dann zurück, wenn die ⏎-Taste betätigt wurde. Soll lediglich ein einzelnes Zeichen entgegengenommen werden (etwa für eine Menüauswahl), muss die Eingabe trotzdem mit der ⏎-Taste abgeschlossen werden.

3.8　Ausgaben auf dem Bildschirm

Was im letzten Abschnitt über die beschränkten Möglichkeiten der Tastatureingabe geschrieben wurde, gilt auch für die Ausgabe. In einer Konsolenanwendung ist die Kommandozeile das Maß aller Dinge. Alle Ausgaben werden Zeile für Zeile erledigt. Grafische Ausgaben gibt es nicht (das heißt natürlich nicht, dass sie mit Visual Basic .NET nicht möglich sind – es müssen lediglich die *System.Windows.Forms*-Klassen einbezogen werden, was am einfachsten im Rahmen einer Windows-Anwendung geschieht). Für die Ausgabe stellt die *System.Console*-Klasse die Methoden *Write* und *WriteLine* zur Verfügung. Beide unterscheiden sich lediglich durch den Umstand, dass bei *WriteLine* noch ein Zeilenumbruch ausgegeben wird, so dass alle folgenden Ausgaben in einer neuen Zeile ausgegeben werden.

```
Console.WriteLine("Das musste einmal gesagt werden...")
```

Oft sollen Werte von Variablen ausgegeben werden, die »irgendwo« in einem Satz auftauchen. Dafür bieten *Write* und *WriteLine* ein flexibles Konzept. Anstatt die verschiedenen Bereiche der Ausgabezeile mit Leerzeichen zu unterteilen und per &-Zeichen zu verknüpfen, werden für die Variablen Platzhalter in Form von Zahlen eingefügt, die in geschweifte Klammern gesetzt werden. Am Ende der Zeichenkette werden alle Variablen (bzw. allgemein Ausdrücke) aufgeführt, die der Reihe nach für die Platzhalter eingesetzt werden sollen.

```
Jahre = 10
Betrag = 1000 * (5.5/100)^Jahre
Console.WriteLine("Nach {0} Jahren Laufzeit erhalten Sie {1}€", Jahre, Betrag)
```

Wenn Sie mit VB .NET arbeiten, ist Ihnen vielleicht aufgefallen, dass es für *Write* und *WriteLine* insgesamt 17 verschiedene Syntaxvarianten gibt. Man sagt, die Methode ist *mehrfach überladen* (insgesamt 17 Mal). Dafür gibt es einen einfachen Grund. Neben verschiedenen Formatierungsmöglichkeiten existiert für jeden Datentyp eine eigene Variante. Das ist typisch für .NET und ein großer Fortschritt gegenüber vorangegangenen Versionen. Alles, was mit (Daten-)Typen zu tun hat, wird sehr genau genommen. Auch wenn dies am Anfang ein wenig verwirrend erscheinen mag, ist es ein großer Pluspunkt, denn hat man sich an diese neue Denkweise erst einmal gewöhnt, erschließen sich viele Bereiche von .NET praktisch von alleine.

3.8.1 Formatierte Ausgaben

Bislang wurden durch die Methoden *Write* und *WriteLine* die Ergebnisse einfach in der Form ausgegeben, in der sie in der Variablen vorlagen oder von dem Ausdruck zurückgegeben wurden. Oft reicht das jedoch nicht aus, ein Geldbetrag soll stets mit zwei Nachkommastellen, eine Zahl vielleicht in der wissenschaftlichen Schreibweise mit Exponent und ein Datum auf eine bestimmte Weise ausgegeben werden. Man spricht in diesem Fall von einer formatierten Ausgabe. *Formatierung* bedeutet, eine Zahl nach einem bestimmten Schema in eine Zeichenkette umzuwandeln, die dann ausgegeben wird. Durch Formatierung wird die Zahl 12345.6 als 1.2345,60 € ausgegeben, wobei dies nur ein simples Beispiel ist.

Visual Basic .NET bietet (genau wie bei den mathematischen Funktionen) keine eingebaute Funktion für die formatierte Ausgabe, diese Möglichkeit wird vielmehr auf verschiedene Weisen zur Verfügung gestellt. Entweder über Argumente, die eine direkte Formatierung unterstützen (indem diese die Schnittstelle *IFormatable* implementieren, wie es bei allen Basisdatentypen der Fall ist – dieser Hinweis ist für fortgeschrittenere Leser gedacht), oder über die Ausgabemethode *ToString*. Die häufigste Methode der Formatierung besteht darin, in dem Platzhalter für eine Ausgabe im Rahmen der *WriteLine*-Methode die Formatangabe über einen Doppelpunkt folgen zu lassen. So führt die Angabe {0:c} zur Ausgabe der Zahl als Währung, während die Angabe {0:####} bewirkt, dass stets vier Nachkommastellen angegeben werden.

Die folgenden kleinen Beispiele führen verschiedene formatierte Ausgaben durch, wobei das Ergebnis stets mit abgedruckt ist.

```
Console.WriteLine("Ihr Guthaben {0:c}", 12345.6)
Ihr Guthaben ? 12.345,60[1]

Console.WriteLine("Ihr Guthaben {0,-6:G}", 12345.6)
Ihr Guthaben 12345,6

Console.WriteLine("{0,-8:G} Kontostand", 12.34)
12,34    Kontostand

Console.WriteLine("Die Wahlbeteiligung: {0:##.00}", 45.5)
Die Wahlbeteiligung: 45,50

Console.WriteLine("Unser Treffen am {0:d}", Now)
Unser Treffen am 03.03.2002
```

Über die Formatierungsangabe »Dx« lässt sich (auch bei Ganzzahlen) eine Mindestanzahl von x Ziffern festlegen:

```
Console.WriteLine("Die Zahl ist {0:D6}", 123)
Die Zahl ist 000123
```

Es ist faszinierend, wie elegant und flexibel .NET länderspezifische Einstellungen integriert. Diese werden unter dem Begriff »culture« zusammengefasst und über die *CultureInfo*-Klasse eingestellt.

Das folgende Beispiel gibt das Datum auf Französisch aus. Dazu wird ein *CultureInfo*-Objekt angelegt und über den fest eingebauten Namen »fr-FR« werden die landesspezifischen Einstellungen ausgewählt.

```
Imports System.Globalization

Dim ci As CultureInfo = New CultureInfo("fr-FR")
```

---

1. In der Eingabeaufforderung kann das €-Zeichen nicht angezeigt werden – stattdessen erscheint ein ?.

```
Console.WriteLine("Unser Treffen am {0}", _
 DateTime.Now.ToString("f", ci))
```

```
Unser Treffen am dimanche 3 mars 2002 16:26
```

Die Möglichkeiten zur Formatierung sind äußerst vielseitig und in der Dokumentation zum .NET-Framework SDK ausführlich beschrieben (dort finden Sie auch die verschiedenen Formatbezeichner in Tabellen zusammengefasst).

3.8.2   Ausgaben über die Msgbox-Funktion

Was ist denn mit der beliebten *Msgbox*-Funktion passiert, die nicht nur in früheren Versionen von Visual Basic enthalten ist, sondern auch in VBScript? Sie war doch sehr praktisch, da sie eine kleine Box auf den Bildschirm brachte, in der sich auch ein Fragezeichen oder Ausrufezeichen anzeigen ließ. Wurde die Funktion etwa auch abgeschafft oder ist sie etwa nicht kompatibel? Weder das eine noch das andere. Sie gehört lediglich nicht mehr zum Sprachumfang von Visual Basic .NET, sondern wird als Methode über die Kompatibilitätsklasse *Microsoft.VisualBasic* zur Verfügung gestellt. Für die Programmierung macht dies keinen Unterschied, da auch diese Klasse (bzw. das Assembly, in dem sie enthalten ist) ständig zur Verfügung steht. Der Aufruf der Funktion erfolgt auf zwei geringfügig unterschiedliche Weisen. Entweder durch Voranstellen des Namespaces und der Klasse oder etwas einfacher durch Verwendung eines *Imports*-Befehls:

Variante a)

```
Microsoft.VisualBasic.Msgbox ("Hallo, das geht auch!", _
 Microsoft.VisualBasic.MsgBoxStyle.Information)
```

Auch wenn es ein wenig absurd erscheinen mag, ist es nur logisch, dass auch den Konstanten (in diesem Fall *Information*) der komplette Namespace vorangestellt werden muss, denn die Konstanten sind nur in diesem Namespace definiert und außerhalb unbekannt. Alleine aus diesem Grund ist die zweite Variante die einzige Alternative.

Variante b)

```
Imports Microsoft.VisualBasic


...
Msgbox ("Hallo, das geht auch!", MsgBoxStyle.Information)
```

Auch wenn es erfahrungsgemäß nicht ganz einfach ist, auf liebgewonnene Gewohnheiten zu verzichten, und auch wenn selbstverständlich grundsätzlich nichts dagegen spricht, sollte die *Msgbox*-Methode in Konsolenanwendungen zugunsten der *WriteLine*-Methode nicht mehr benutzt werden.

Beide Methoden unterscheiden sich auch in der Art und Weise, wie Variablen eingebaut werden. Bei *WriteLine* gibt es dafür die geschweiften Klammern, die für Platzhalter stehen. Diese gibt es bei der *Msgbox*-Methode nicht, hier muss die auszugebende Zeichenkette vielmehr Stück für Stück zusammengesetzt werden. Bei der *Msgbox*-Funktion muss eine Formatierung zudem über die *ToString*-Methode erledigt werden.

Das folgende Beispiel führt eine Ausgabe einmal mit der *WriteLine*- und ein weiteres Mal mit der *Msgbox*-Methode durch.

```
Console.WriteLine("Zeitdifferenz: {0:0.00}s", Timer() - VBZeit)

MsgBox("Zeitdifferenz: " & (Timer() - VBZeit).ToString("0.00s"), _
  MsgBoxStyle.Information, " Geschwindigkeitstest")
```

Achten Sie darauf, dass die *ToString*-Methode, über die jedes (!) Objekt verfügt, auch einen Formatstring erhalten kann. Die Formatbezeichner sind in der Hilfe beschrieben. Auf diese Weise lässt sich recht flexibel festlegen, in welchem Format sich ein Objekt ausgeben soll. Ist .NET nicht toll?

3.8.3   Die InputBox-Funktion zur Eingabe

Auch die *InputBox*-Funktion früherer Visual Basic-Versionen wird bei .NET über die *Microsoft.VisualBasic*-Klasse zur Verfügung gestellt. Sie wird lediglich der Vollständigkeit halber erwähnt, da sie nicht den optimalen Weg darstellt, Eingaben vom Anwender entgegenzunehmen.

```
Imports Microsoft.VisualBasic
```

```
...

Dim sName As String = InputBox("Identifizieren Sie sich:", , "Noname")
```

3.9   Der allgemeine Aufbau eines Visual Basic .NET-Programms

Visual Basic .NET-Programme besitzen stets einen einheitlichen Aufbau – darüber darf auch der Umstand nicht hinwegtäuschen, dass Visual Studio .NET eine Vielzahl von Projekttypen anbietet. Egal, welcher Projekttyp gewählt wird, besteht ein Visual Basic .NET-Programm aus einer Reihe von Klassen, die alle in einer Datei zusammengefasst oder auf mehrere Dateien verteilt sind. Handelt es sich um eine Exe-Datei, muss es in einer Klasse eine Prozedur geben, die den Namen *Main* trägt und mit *Shared* deklariert wird. Diese Prozedur legt den Einsprungspunkt, d.h. den Startpunkt des Programms, fest. Das folgende Listing stellt einen allgemeinen Programmrahmen dar, der in diesem Buch bislang schon mehrfach verwendet wurde.

```
Option Strict Off
Imports System

Class App

Shared Sub Main ()

End Sub

End Class

Class Zwei

End Class
```

Es ist wichtig zu verstehen, dass dieser allgemeine Rahmen nicht nur für Konsolenanwendungen gilt, die in diesem Buch den Schwerpunkt bilden. Er gilt allgemein für jedes Visual Basic .NET-Programm, ob es nun als Konsolenanwendung, Windows-Anwendung oder Web Service läuft. Die von Fall zu Fall benötigte zusätzliche Funktionalität wird einfach dadurch hinzugefügt, dass die »Hauptklasse« des Programms von den jeweiligen .NET-Basisklassen erbt, d.h. diese Klassen erweitert. Dieses leistungsfähige Konzept, das Visual Basic .NET-Programmierer auch für ihre eigenen Programme verwenden können, wird in Kapitel 11 vorgestellt.

3.9.1   Die Rolle der Visual Basic .NET-Module

Moment, viele Visual Basic .NET-Programme enthalten doch Module, die über den *Module*-Befehl definiert werden. Die wurden im letzten Abschnitt wohl vergessen? Nun, nicht ganz. Visual Basic .NET-Module sind Programmelemente, für die es in der CLR keine direkte Entsprechung gibt. (Jedes .NET-Programm lässt sich zwar in ein Modul kompilieren, das Teil eines Assembly werden kann, doch handelt es sich bei diesen Modulen um eine ganz andere Geschichte.) Module sind in erster Linie dazu da, Visual Basic-6.0-Programmierern eine vertraute Umgebung zu schaffen. Hinter jedem Modul verbirgt sich eine Klasse, bei der bestimmte Einstellungen so gesetzt sind, dass sie sich wie ein Modul benutzen lässt. Im Folgenden sehen Sie einen direkten Vergleich zwischen einem Modul und einer Klasse, die sich genauso verhält wie ein Modul:

```
Module basTest
  Public F1 As Integer
End Module
```

Dies ist eine Konstruktion, die allen Programmierern, die bereits mit älteren Visual Basic-Versionen gearbeitet haben, bestens vertraut sein sollte (mit dem kleinen Unterschied, dass es dort keinen *Module*-Befehl gab und ein Modul durch Hinzufügen eines weiteren »Moduls«, das immer als separate Datei gespeichert werden musste, definiert wurde). Durch die drei Befehle wird ein Modul mit dem Namen basTest definiert, das eine (öffentliche) Variable mit dem Namen F1 enthält. Da die Variable öffentlich ist, kann sie im gesamten Programm angesprochen werden, ohne dass der Name des Moduls vorangestellt werden muss.

Jedes Modul kann bei Visual Basic .NET auch durch eine Klasse dargestellt werden (eigentlich müsste die Formulierung umgekehrt lauten, da die Klasse der fest eingebaute Typ ist und ein Modul »nachbildet«). Allerdings müssen alle Mitglieder der Klasse mit *Shared* als gemeinsam deklariert werden, damit sie auf die gleiche Weise angesprochen werden können:

```
Class basTest
  Public Shared F1 As Integer
End Class
```

Der Zugriff auf die Variable *F1* sieht nun wie folgt aus:

```
basTest.F1
```

Nun, ganz so identisch sind Klassen und Module wohl doch nicht, denn es muss immer noch der Klassenname vorangestellt werden (bei einem Modul ist der Modulname dagegen optional). Ja und nein. Es gibt noch eine weitere Einstellung, die Visual Basic .NET hinter den Kulissen trifft, wenn ein Modul im Spiel ist. Es ist der *Imports*-Befehl, durch den der so genannte Namespace des Moduls im Programm bekannt gemacht wird, so dass die im Namespace der Klasse definierten Typen (also die Variable *F1*) auch ohne Voranstellen des »Namespacequalifizierers« (also des Klassennamens) akzeptiert werden. Bezogen auf das obige Beispiel lautet der Befehl wie folgt:

```
Imports ModulTest.basTest
```

Bei *ModulTest* handelt es sich um den Programmnamen, von dem bislang noch keine Rede war, der aber stets vorangestellt werden muss.

Soll man als Programmierer nun mit Modulen arbeiten oder nicht? Die Antwort hängt mit der Frage »Alte oder neue Schule?« zusammen, die an einigen Stelle des Buchs gestellt wird. Der *Module*-Befehl ist eine Konzession an jene Programmierer, die bereits ältere Versionen von Visual Basic kennen und sehr irritiert wären, wenn es unter Visual Basic .NET keine Module mehr gäbe (es würde bedeuten, das Programm komplett auf Klassen umstellen zu müssen, was bei einigen Programmierern eine Art »Kulturschock« auslösen könnte.) Außerdem ist der Befehl für besonders tippfaule Programmierer ganz praktisch, da sie so nicht jede Variable mit *Shared* deklarieren müssen. Da der Befehl aber streng genommen überflüssig ist und im Rahmen einer Einführung, die nicht nur die Befehle, sondern auch die »Befehlsphilosophie« der Programmiersprache Visual Basic .NET umfasst, den Blick für das Wesentliche (und das sind bei Visual Basic .NET die Klassen und die damit zusammenhängenden Konzepte) verstellt, wird der *Module*-Befehl für die folgenden Kapitel nicht mehr verwendet. Es ist jedoch jedem freigestellt, dies anders zu handhaben. Es ist weder schlechter Programmierstil noch führt es zu irgendwelchen Nachteilen, Module zu definieren.

3.10   F&A

Frage 3-1:

Wie lassen sich die folgenden Befehle bei Visual Basic .NET vereinfachen?

```
Dim n As Integer, m As Integer
m = 100
n = 200
```

Frage 3-2:

Ist die folgende Deklaration erlaubt?

```
Dim x, y As Integer = 100
```

Frage 3-3:

Ein Programmierer möchte ausrechnen, was er an einem Auftrag verdient und hat folgende beiden Befehle bereits eingetippt:

```
Dim Betrag As Decimal
Betrag = 1E6
```

Doch leider erhält er nach der Eingabe eine Fehlermeldung. Was ist der Grund und wie lässt sie sich abstellen?

Frage 3-4:

Unser Programmierer hat seinen Fehler inzwischen entdeckt und möchte sich nun den in Aussicht gestellten Lohn für seine noch nicht erbrachte Leistung anzeigen lassen. Von einer Webseite hat er den folgenden Befehl abgetippt:

```
Msgbox ("Du bekommst: " & Betrag.ToString("C"))
```

Ist dieser Befehl erlaubt und wenn ja, wieso ist diese Konstruktion möglich?

Frage 3-5:

Wie kann der klassische Befehl zum Erhöhen einer Variablen um eins bei Visual Basic .NET etwas eleganter geschrieben werden:

```
n = n +1
```

Frage 3-6:

Ein Programmierer möchte über die die *IsNumeric*-Funktion der Kompatibilitätsklasse prüfen, ob eine über Tastatur eingegebene Zeichenfolge eine Zahl ist (numerisch) und positiv ist:

```
Dim stEingabe = Console.ReadLine()
If IsNumeric(stEingabe) = True And CInt(stEingabe) > 0 Then
    Console.WriteLine("Alles klar mit der Zahl")
Else
    Console.WriteLine("Also, hier stimmt was nicht")
End If
```

Welcher kleine Denkfehler ist dem Programmierer hier unterlaufen und wie lässt sich das Problem durch Austauschen eines Operators beheben?

(Alle Antworten und Lösungen finden Sie in Anhang D.)

KAPITEL 4

Entscheidungen und Programmschleifen

jetzt lerne ich

Hinter dem recht nüchtern klingenden Begriff *Kontrollstrukturen* verbergen sich jene Befehle einer Programmiersprache, mit deren Hilfe sich der Programmverlauf »kontrollieren« lässt. In diese Kategorie fallen vor allem die Entscheidungen und die Programmschleifen, die beide in diesem Kapitel vorgestellt werden. Auch wenn jede Programmiersprache ihre Besonderheiten besitzen dürfte, ist das Prinzip der Entscheidungen und der Programmschleifen bei praktisch allen Programmiersprachen relativ identisch.

Visual Basic .NET bietet Befehle für Entscheidungen und Programmschleifen, die sich praktisch »seit Generationen« nicht geändert haben. Leser, die bereits ältere Versionen von Visual Basic kennen, werden dieses Kapitel daher in Rekordzeit absolvieren können. Alle anderen dagegen sollten es aufmerksam durcharbeiten, denn die Befehle, die in diesem Kapitel vorgestellt werden, bilden den »Kern« der Programmiersprache, der in praktisch jedem Programm zum Einsatz kommt.

Die Themen für dieses Kapitel:

▓ Wenn etwas so ist, dann tue mit dem *If*-Befehl

▓ Es gibt immer eine Alternative – der *Else*-Befehl

▓ Der *ElseIf*-Befehl als Abkürzung

▓ Mehrfachentscheidungen mit dem *Select Case*-Befehl

▓ Wiederholungen mit System – der *For Next*-Befehl

▓ Wiederholungen mit Abbruchbedingung – der *Do Loop*-Befehl

- Die Alternative, die eigentlich keine ist – der *While*-Befehl
- Schleifen mit Notausgang – der *Exit*-Befehl

4.1 Das Prinzip der Entscheidungen

In den Vorstellungen einiger Menschen sind Computer nach wie vor übermächtige »Elektronengehirne«, die Wahlergebnisse und Aktienkurse voraussagen können, stets die richtige Entscheidungen treffen und bereits im Voraus wissen, wer den nächsten Grand Prix de la Chanson gewinnt. Verstärkt werden solche Vorstellungen natürlich durch das Fernsehen und das Kino, wo Menschen wie selbstverständlich mit Computer und Robotern reden, diese stets intelligente Antworten geben und am Ende nur mit viel Mühe davon abgehalten werden können, effektvoll den ganzen Planeten zu zerstören oder dem letzten Astronauten an Bord den Sauerstoff abzustellen. Das ist natürlich alles Humbug. Computer können weder denken noch selbstständige Entscheidungen treffen (zumindest jene, mit denen wir Normalsterbliche uns beschäftigen – über andere Computer ist allerdings nichts bekannt). Dass Computer dennoch so viele Aufgaben übernehmen, bei denen scheinbar Intelligenz erforderlich ist, hat einen erstaunlich simplen Hintergrund. Computer können lediglich zwei (beliebige) Ausdrücke vergleichen, wobei das Ergebnis immer (die Betonung liegt auf immer) *Falsch* oder *Wahr* ist. Die Begriffe »Falsch« oder »Wahr« dürfen in diesem Fall aber nicht umgangssprachlich interpretiert werden. Sie stehen vielmehr für die Zustände »Trifft nicht zu« (Falsch) und »Trifft zu« (Wahr). Das Besondere daran ist, dass Computer solche supersimplen Entscheidungen unglaublich schnell durchführen können. Selbst ein preiswerter PC aus dem Kaufhaus schafft locker mehrere Millionen Entscheidungen pro Sekunde (die Anzahl der Entscheidungen pro Sekunde wird dabei direkt durch die Taktfrequenz des Prozessors bestimmt). Kein Wunder also, dass Computer intelligent wirken, es in Wirklichkeit aber nicht sind. Sie sind nur schnell.

Das Prinzip, nach dem ein Computer Entscheidungen trifft, stellt auch die Grundlage einer jeden Programmiersprache dar. Letztendlich basiert die »Intelligenz« eines Computers nicht auf seiner Hardware, sondern seiner Software. Jede Programmiersprache, deren Aufgabe es ja ist, Software zu erstellen, enthält daher Befehle, mit deren Hilfe sich Entscheidungen in einem Programm durchführen lassen. Auch wenn diese Befehle von Programmiersprache zu Programmiersprache anders lauten können, sie basieren stets auf Vergleichen, deren Ergebnis nur zwei Zustände kennt: wahr oder falsch.

4.2 Wenn etwas so ist, dann tue das – der If-Befehl

Im letzten Abschnitt wurde das allgemeine Prinzip von Entscheidungen vorgestellt. Der Befehl, mit dem dieses Prinzip bei Visual Basic .NET umgesetzt wird, ist der *If*-Befehl, der in den meisten Fällen mit einem *End If*-Befehl abgeschlossen wird. Der *If*-Befehl bestimmt, dass alle folgenden Befehle nur dann ausgeführt, wenn eine Bedingung erfüllt ist. Die Bedingung besteht aus einem Ausdruck, der stets nur wahr oder falsch sein kann. Die Bedingung ist erfüllt, wenn der Ausdruck wahr ist. Ansonsten ist sie nicht erfüllt. Einen dritten Weg in der Mitte gibt es nicht.

Es soll geprüft werden, ob eine eingegebene Altersangabe 0 oder negativ ist. In diesem Fall soll eine Meldung ausgegeben werden.

```
Alter = Console.ReadLine()
If (Alter <= 0) Then Console.WriteLine("Das Alter darf nicht kleiner oder
gleich 0 sein!")
```

Sie wissen bereits, dass der *If*-Befehl stets einen Ausdruck prüft, der unmittelbar auf den Befehl folgt (die Klammern sehen zwar gut aus, sind aber nicht zwingend notwendig). Sie wissen auch, dass der Ausdruck nur *Wahr (True)* oder *Falsch (False)* ergeben kann. Nun, dann ist alles Weitere klar. Der Ausdruck lautet:

```
Alter <= 0
```

und wird gelesen wie »Alter kleiner oder gleich 0«. Ist dies der Fall, d.h., besitzt die Variable *Alter* tatsächlich einen Wert, der kleiner oder gleich 0 ist, dann und nur dann ist der gesamte Ausdruck *Wahr* und der auf den *Then*-Befehl folgende Befehl wird ausgeführt.

Alles klar? Wenn ja, dann erfahren Sie jetzt, dass die obige Variante alles andere als optimal ist[1]. Und zwar aus drei Gründen:

▪ Was ist, wenn die Variable einen Wert besitzt, der größer als 0 ist?

▪ Was ist, wenn auf den *If*-Befehl mehrere Befehle folgen sollen?

▪ Was ist, wenn für die Variable *Alter* keine Zahl eingeben wurde?

Die erste Frage lässt sich leicht beantworten, denn in diesem Fall wird einfach der nachfolgende Befehl ausgeführt und der folgende *WriteLine*-Aufruf übergangen. Die Antwort auf die zweite Frage setzt bereits Visual Basic-Kenntnisse voraus. In diesem Fall werden alle folgenden Befehle nacheinander aufge-

---

1. Wenn nicht, dann sollten Sie den letzten Abschnitt so oft lesen, bis auch bei Ihnen (genauer bei Ihrem Gehirn) die Bedingung »Alles klar?« einen True-Wert zurückgibt.

führt und durch einen *End If*-Befehl abgeschlossen (ein Beispiel folgt gleich). Die Antwort auf die dritte Frage muss bis zum Kapitel 9 warten, in dem es um die Ausnahmen und ihre Behandlung geht. (Ein solcher Fall lässt sich nämlich bei Visual Basic .NET nicht direkt abfragen, sondern nur indirekt über eine Ausnahme feststellen.)

Hier zunächst jene Variante, bei der auf den *If*-Befehl gleich mehrere Befehle folgen.

Listing 4-1:
Ein Beispiel
für den If Else-
Befehl

```
Buch-CD: vbnet0401.vb

' ---------------------------------------------
' Beispiel für den If Else-Befehl
' Jetzt lerne ich Visual Basic .NET
' ---------------------------------------------

Imports System

Class App

  Shared Sub Main()
    Dim Alter As Short
    Console.Write("Bitte ein Alter eingeben: ")
    Alter = Console.ReadLine()
    If (Alter <= 0) Then
      Console.WriteLine("Das Alter darf nicht kleiner oder gleich 0 sein!")
      Console.WriteLine("Denken Sie doch einmal g'scheit nach")
      Alter = 0
    End If
  End Sub

End Class
```

Starten Sie das Programm und geben Sie eine Zahl ein. Ist sie größer 0, passiert nichts, da in diesem Fall die Bedingung nicht erfüllt ist und die Programmausführung mit dem ersten Befehl nach dem *End If*-Befehl fortgesetzt wird (wo sich bei unserem Programm allerdings nichts befindet). Ist die Eingabe dagegen kleiner 0, ist die Bedingung erfüllt und es werden eine Reihe von »Belehrungen« ausgegeben. Natürlich müssen auf einen *If*-Befehl nicht nur *WriteLine*-Aufrufe folgen, es dürfen vielmehr beliebige Befehle folgen (auch, was die Anzahl der Befehle angeht, gibt es keine Einschränkung – allzu viele sollten es aber nicht sein, da es ansonsten zu unübersichtlich werden dürfte).

Ein wichtiger Punkt muss an dieser Stelle bereits angesprochen werden, da er für alle Programme gilt, bei denen eine Eingabe durch den Benutzer erfolgt. In der Praxis muss auf jede Eingabe eine Eingabeüberprüfung folgen, durch die sichergestellt wird, dass der richtige Datentyp eingegeben wurde. Dies geschieht nicht nur, weil das Programm ansonsten falsch rechnen könnte, sondern vor allem dann, wenn die CLR bei einer falschen Typenzuordnung eine Ausnahme verursacht, die abgefangen werden muss (mehr zu diesen Ausnahmen in Kapitel 9). Geben Sie etwa bei dem letzten Beispiel statt einer Zahl einen Buchstaben ein (das kann niemand verhindern), führt dies dazu, dass der Befehl

```
Alter = Console.ReadLine()
```

versucht, einer Variablen vom Typ *Short* eine Zeichenkette zuzuweisen, die keine Zahl darstellt. Da dies nicht funktionieren kann, ist eine Ausnahme die Folge, die normalerweise (wenn sie nicht abgefangen wird) zu einem Programmabbruch führt. Denken Sie bitte bei allen Beispielen in diesem Buch, bei denen Eingaben im Spiel sind, daran, dass eine Eingabeüberprüfung meistens nicht mit dabei ist, damit das Beispiel nicht unnötig umfangreich wird (nicht, dass dies kompliziert wäre, nur sollen die Beispiele sich stets auf einen Themenbereich beschränken).

4.2.1　Vergleichsoperatoren

Speziell für die Durchführung von Vergleichen stellt Visual Basic .NET (wie jede Programmiersprache) einen Satz von Operatoren bereit. Möchten Sie etwa prüfen, ob zwei Ausdrücke gleich sind, verwenden Sie den Gleichheitsoperator, der aus einem Gleichheitszeichen besteht. Da Operatoren bereits in Kapitel 3.5 vorgestellt wurden, stellt Tabelle 4.1 lediglich die vorhandenen Vergleichsoperatoren zusammen.

Operator	Bedeutung
<	Kleiner
<=	Kleiner gleich
>	Größer
>=	Größer gleich
=	Gleich
<>	Ungleich

Tabelle 4.1:
Die Vergleichs-operatoren von Visual Basic .NET

4.2.2　Bedingungen kombinieren

Häufig hängt eine Entscheidung nicht von einer, sondern von mehreren Bedingungen ab. Ein Bankautomat (das klassische Beispiel) spuckt nur dann die gewünschten Euros aus, wenn mindestens drei Bedingungen erfüllt sind:

▪ Es muss sich um eine gültige Karte handeln.

▪ Die Geheimzahl stimmt.

▪ Das Konto weist ein ausreichendes Guthaben auf.

115

Die Programmierer, die für die Software des Bankautomaten zuständig sind (auch wenn es nicht sehr wahrscheinlich ist, spräche nichts dagegen, dass hier Visual Basic zum Einsatz kommt), müssen daher eine Möglichkeit haben, diese drei Bedingungen zu kombinieren. Diese Möglichkeit bieten bei Visual Basic die logischen Operatoren *And* und *Or* bzw. ihre Verwandten *AndAlso* und *OrAlso* (Sie kennen das schon aus Kapitel 3.5). Müssen bei einer Mehrfachverknüpfung alle Teilbedingungen erfüllt sein, damit die gesamte Bedingung erfüllt ist, kommt der *And*-Operator zum Einsatz.

Der folgende *If*-Befehl prüft die drei Bedingungen, die erfüllt sein müssen, damit es zu einer Geldauszahlung kommt.

```
If KarteOk = True And GeheimzahlOk = True And Guthaben > Betrag Then
  GeldAuszahlen
```

Genauso häufig genügt es aber auch, wenn eine von mehreren Bedingungen erfüllt ist, damit die Gesamtbedingung erfüllt ist. Das (klassische) Beispiel ist die Alarmanlage, die immer dann einen Alarm auslöst, wenn entweder Sensor1 oder Sensor2 oder Sensor3 usw. einen Kontakt gibt. Für diese Form der Verknüpfung gibt es den *Or*-Operator.

```
If Sensor1 = True Or Sensor2 = True Or Sensor3 = True Then
```

4.3   Es gibt immer eine Alternative – der Else-Befehl

Soll für den Fall, dass eine Bedingung nicht zutrifft, ein alternativer Befehlsblock ausgeführt werden, kommt der *Else*-Befehl zum Einsatz.

In dem folgenden Beispiel prüft der *If*-Befehl die Variable *Alter*. Ist ihr Wert größer 0, sorgt der *Else*-Befehl dafür, dass eine entsprechende Meldung ausgegeben wird.

Listing 4-2:
Beispiel für
den Else-
Befehl

Buch-CD: vbnet0402.vb

```
' ---------------------------------------------
' Beispiel für den Else-Befehl
' Jetzt lerne ich Visual Basic .NET
' ---------------------------------------------

Imports System

Class App

  Shared Sub Main()
```

```
    Dim Alter As Integer
    Console.Write("Bitte ein Alter eingeben: ")
    Alter = Console.ReadLine()
    If (Alter <= 0) Then
      Console.WriteLine("Das Alter darf nicht kleiner oder gleich 0 sein!")
    Else
      Console.WriteLine("Das war ganz prima, braver Anwender!")
    End If
  End Sub

End Class
```

Alle Befehle nach dem *Else*-Befehl werden nur ausgeführt, wenn die Bedingung, die auf den *If*-Befehl folgt, nicht erfüllt ist.

4.4   Der ElseIf-Befehl als Abkürzung

Sobald mehrere Entscheidungen verschachtelt werden müssen, wird der *Else*-Befehl etwas unhandlich, da zu jedem *Else*-Befehl ein separater *End If*-Befehl aufgeführt werden muss.

Das folgende Beispiel demonstriert, dass am Ende einer solchen Konstruktion stets eine Aneinanderreihung von (im Grunde überflüssigen) *End If*-Befehlen steht. Es nimmt über die Tastatur (*ReadLine*-Methode) ein Geburtsdatum entgegen und gibt das zugehörige Sternzeichen aus (aus Platzgründen werden nur einige Sternzeichen abgefragt). Bitte achten Sie darauf, dass eine Eingabe, die vom Programm nicht als Datum interpretiert werden kann, eine Ausnahme zur Folge hat. Das liegt daran, dass keine Abfrage eingebaut wurde (mehr zur Behandlung von Ausnahmen in Kapitel 9).

Buch-CD: vbnet0403.vb

*Listing 4-3:
Ein Beispiel
für einen ver-
schachtelten
If-Befehl*

```
' -----------------------------------------------
' Beispiel für einen verschachtelten If-Befehl
' Jetzt lerne ich Visual Basic .NET
' -----------------------------------------------

Imports System

Class App

  Shared Sub Main()
    Dim GebDatum As Date
    Dim Sternzeichen As String
    Console.Write("Bitte Geburtstag 2004 eingeben (TT/MM/04): ")
    GebDatum = Console.ReadLine()
```

117

```
      If GebDatum >= "23.10.04" And GebDatum <= "21.11.04" Then
        Sternzeichen = "Skorpion"
      Else
        If GebDatum >= "22.11.04" And GebDatum <= "21.12.04" Then
          Sternzeichen = "Schütze"
        Else
          If GebDatum >= "21.12.04" And GebDatum <= "19.01.05" Then
            Sternzeichen = "Steinbock"
          Else
            If GebDatum >= "20.01.2004" And GebDatum <= "17.02.2004" Then
            Sternzeichen = "Wassermann"
            Else
              Sternzeichen = "Scherzkeks"
            End If
          End If
        End If
      End If
      Console.WriteLine("Sie sind ein(e) {0}", Sternzeichen)
    End Sub
End Class
```

Das sieht nicht nur ein wenig »uncool« aus, es bedeutet auch unnötige Tipparbeit und macht das Programm unübersichtlich. Das muss nicht sein, denn
genau für diesen Zweck gibt es den *ElseIf*-Befehl, der immer dann zum Einsatz kommt, wenn auf den *Else*-Befehl gleich wieder ein *If*-Befehl folgt, um
für den Fall, dass die erste Bedingung nicht erfüllt ist, eine weitere Bedingung
zu testen. Der Vorteil dieses Befehls ist, dass der *EndIf*-Befehl für den *Else*-
Zweig entfällt.

Das folgende Beispiel entspricht dem Beispiel aus dem letzten Abschnitt, nur
dass es dank des *ElseIf*-Befehls etwas übersichtlicher geworden ist.

Listing 4-4:
Ein Beispiel
für den ElseIf-
Befehl

Buch-CD: vbnet0404.vb

```
' -----------------------------------------------
' Beispiel für den ElseIf-Befehl
' Jetzt lerne ich Visual Basic .NET
' -----------------------------------------------

Imports System

Class App

  Shared Sub Main()
    Dim GebDatum As Date
    Dim Sternzeichen As String
    Console.Write("Bitte Geburtstag 2004 eingeben (TT/MM/04): ")
```

```
GebDatum = Console.ReadLine()
GebDatum = CType(GebDatum, Date)
If GebDatum >= "23.10.04" And GebDatum <= "21.11.04" Then
  Sternzeichen = "Skorpion"
ElseIf GebDatum >= "22.11.04" And GebDatum <= "21.12.04" Then
  Sternzeichen = "Schütze"
ElseIf GebDatum >= "21.11.04" And GebDatum <= "19.01.05" Then
  Sternzeichen = "Steinbock"
ElseIf GebDatum >= "20.01.04" And GebDatum <= "17.02.04" Then
 Sternzeichen = "Wassermann"
Else
 Sternzeichen = "Scherzkeks"
End If
Console.WriteLine("Sie sind ein(e) {0}", Sternzeichen)
  End Sub
End Class
```

4.5　Mehrfachentscheidungen mit dem Select Case-Befehl

Geht es darum, einen festen Ausdruck gegen mehrere Alternativen zu vergleichen, ist der *Select Case*-Befehl oft sehr viel praktischer als eine Aneinanderreihung von *If*- und *ElseIf*-Befehlen. Der *Select Case*-Befehl prüft keine Bedingung, sondern vergleicht einen Ausdruck, der eine beliebige Anzahl an Werten annehmen kann. Für jeden Wert, der verglichen werden soll, wird ein separater *Case*-Befehl aufgeführt, auf den jeweils alle Befehle folgen, die ausgeführt werden sollen, wenn der zu prüfende Ausdruck genau diesen Wert besitzt. Der *Select Case*-Befehl besitzt die folgende allgemeine Struktur:

```
Select Case <Prüfausdruck>
  Case <Vergleichswert1>
    ' Befehle
  Case <Vergleichswert2>
    ' Befehle
  Case <Vergleichswert3>
    ' Befehle
    ' usw.
  Case Else
    ' Befehle
End Select
```

Es ist wichtig zu verstehen, dass nur die Befehle des *Case*-Zweigs ausgeführt werden, der den gleichen Wert wie der Ausdruck besitzt. Alle übrigen Befehle werden ignoriert. Der *Case Else*-Zweig ist für den Fall gedacht, dass keiner der Werte passt.

Das folgende Beispiel prüft den Wert der Variablen *Note*.

Listing 4-5:
Ein einfaches
Beispiel für
den Select
Case-Befehl

Buch-CD: vbnet0405.vb

```
' ---------------------------------------------
' Beispiel Nr. 1 für den Select Case-Befehl
' Jetzt lerne ich Visual Basic .NET
' ---------------------------------------------


Imports System

Class App
  Shared Sub Main()
    Dim Note As Byte
    Dim Bewertung As String
    Note = 1 ' Kann im Bereich 1 bis 5 liegen
    Select Case Note
      Case 1
        Bewertung = "Das ist spitze!"
      Case 2
        Bewertung = "Gar nicht übel"
      Case 3, 4, 5
        Bewertung = "Na ja, geht so..."
      Case Else
        Bewertung = "Außerhalb des Bereichs"
    End Select
    Console.WriteLine("Die Bewertung ist: {0}", Bewertung)
  End Sub
End Class
```

Der dritte *Case*-Zweig zeigt, dass sich auch mehrere Vergleichswerte aufführen lassen, die der Reihe nach geprüft werden. Die folgenden Befehle werden ausgeführt, wenn einer der Werte übereinstimmt. Der *Case*-Befehl ist kein *If*-Befehl, der eine Bedingung prüft, die *True* oder *False* sein kann. Der *Case*-Befehl prüft vielmehr, ob der Vergleichsausdruck mit dem Prüfausdruck übereinstimmt. Der folgende *Case*-Befehl führt daher zu einem falschen Resultat:

```
Note = 4
Select Case Note
  Case Note = 4
    Bewertung = "Das ist eine glatte Vier"
```

Warum prüft dieser Befehl nicht den Fall, dass die Variable *Note* gleich 4 ist? Weil der *Case*-Befehl nicht prüft, ob der folgende Ausdruck wahr ist, sondern diesen Ausdruck mit dem Prüfausdruck vergleicht. Angenommen, der Prüfausdruck ist 4. Dann ergibt der Ausdruck *Note = 4* zwar *True*, doch *True* ist nicht gleich 4. Die auf den *Case-Befehl* folgenden Befehle werden daher nicht ausgeführt.

Ein Vergleichsausdruck muss natürlich nicht aus Zahlen bestehen, erlaubt sind alle elementaren Datentypen.

Das folgende Beispiel nimmt den Namen einer Programmiersprache von der Tastatur entgegen und vergleicht die Eingabe über einen *Select Case*-Befehl.

Buch-CD: vbnet0406.vb

Listing 4-6:
Ein weiteres
Beispiel für
den Select
Case-Befehl

```
' -----------------------------------------------
' Beispiel Nr. 2 für den Select Case-Befehl
' Jetzt lerne ich Visual Basic .NET
' -----------------------------------------------
Option Compare Text

Imports System

Class App
  Shared Sub Main()
    Dim Sprache, Bewertung As String
    Console.Write("Wählen Sie Ihre Sprache: ")
    Sprache = Console.ReadLine()
    Select Case Sprache
      Case "Java", "C++"
        Bewertung = "Gute Wahl"
      Case "Cobol", "RPG"
        Bewertung = "Bitte dringend umschulen"
      Case "Visual Basic", "C#"
        Bewertung = "Damit kann nichts schiefgehen"
      Case Else
        Bewertung = "Diese Sprache kenne ich nicht"
    End Select
    Console.WriteLine("Die Bewertung ist: {0}", Bewertung)
  End Sub

End Class
```

Ist Ihnen aufgefallen, dass die Groß-/Kleinschreibung bei der Eingabe eines Namens keine Rolle spielt? (Sie können wahlweise Java oder java eingeben.) Das liegt daran, dass zu Beginn der Befehl

```
Option Compare Text
```

ausgeführt wurde. Dieser Befehl sorgt dafür, dass Zeichenfolgen als Textelemente und nicht als binäre Datenelemente verglichen werden. Das Gegenteil ist der Befehl *Option Compare Binary*, der nicht eingegeben werden muss, da es die Standardeinstellung ist. Wie alle Option-Befehle muss auch dieser Befehl ganz am Anfang eines Programms stehen.

Das folgende Beispiel führt erneut einen Vergleich eines eingegebenen Datums aus, um das Sternzeichen zu ermitteln.

Listing 4-7: Datums- abfrage mit Select Case- Befehl

Buch-CD: vbnet0407.vb

```
' -----------------------------------------------
' Beispiel Nr. 3 für den Select Case-Befehl
' Jetzt lerne ich Visual Basic .NET
' -----------------------------------------------


Imports System

Class App
  Shared Sub Main()
    Dim GebDatum As Date
    Dim Sternzeichen As String
    Console.Write("Bitte Geburtstag 2002 eingeben (TT/MM/02): ")
    GebDatum = Console.ReadLine()
    Select Case GebDatum
      Case "23.09.02" To "22.10.02"
        Sternzeichen = "Waage"
      Case "23.10.02" To "21.11.02"
        Sternzeichen = "Skorpion"
      Case "22.11.02" To "21.12.02"
        Sternzeichen = "Schütze"
      Case "21.12.02" To "19.01.03"
        Sternzeichen = "Steinbock"
      Case "20.01.02" To "17.02.02"
        Sternzeichen = "Wassermann"
      Case Else
        Sternzeichen = "Scherzkeks"
    End Select
    Console.WriteLine("Sie sind ein(e) {0}", Sternzeichen)
  End Sub
End Class
```

Achten Sie bitte darauf, auf welche Weise der Datumsbereich verglichen wird. Um zu prüfen, ob die Variable *GetDatum* in einem bestimmten Bereich liegt, kommt das Schlüsselwort *To* des *Select Case*-Befehls zum Einsatz. Beachten Sie außerdem, dass die Variable *GetDatum* vom Typ *Date* sein muss, damit ein solcher Vergleich möglich ist. Ansonsten ist das Datum lediglich eine Zeichenkette, für die andere Regeln gelten. Der 21.1 liegt dann nämlich hinter dem 19.2, da ein einfacher Vergleich der Zeichen durchgeführt wird.

4.5.1   Einen Case-Zweig vorzeitig verlassen

Der *Case*-Zweig kann über den Befehl *Exit Select* vorzeitig verlassen werden.

4.6   Wiederholungen mit System – der For Next-Befehl

Wiederholungen sind das Lebenselixier eines Programms. Oder etwas sachlicher formuliert: Erst durch die Verwendung von Wiederholungen entfaltet ein Computerprogramm seine Leistungsfähigkeit, denn wenn der Computer eines gut kann, dann ist es, einen Befehl oder eine Gruppe von Befehlen beliebig oft extrem schnell zu wiederholen. Eine solche Wiederholung wird Schleife oder Programmschleife genannt, der Befehl, der eine solche Wiederholung durchführt, heißt entsprechend Schleifenbefehl. Visual Basic .NET bietet (wie seine Vorgänger) nicht einen, sondern gleich drei Schleifenbefehle:

- Der *For Next*-Befehl

- Der *Do Loop*-Befehl

- Der *While End While*-Befehl

Streng genommen sind es sogar vier, doch der vierte im Bunde, der *For Each*-Befehl, wird nur in Zusammenhang mit Auflistungen und Arrays verwendet und daher in Kapitel 10 vorgestellt.

4.6.1   Zählschleifen mit For Next

Die Aufgabe des *For Next*-Befehls ist es, eine Gruppe von Befehlen so lange zu wiederholen, wie eine Variable, die bei jedem Durchlauf um einen bestimmten Betrag erhöht (oder erniedrigt) wird, einen Endwert erreicht hat.

In einer Schleife kann die Schleifenvariable in der Schleife deklariert werden, so dass sie sich wie folgt umsetzen lässt:

```
For i As Integer = 1 To 10
```

oder

```
For Each C As Control In Me.Controls
```

Das folgende Beispiel zeigt eine kleine Schleife, die insgesamt zehnmal wiederholt wird. Dabei wird die Variable *j* bei jedem Durchlauf um eins erhöht.

123

Listing 4-8:
Ein Beispiel für
den For Next-
Befehl

Buch-CD: vbnet0408.vb

```
' -----------------------------------------------
' Beispiel Nr. 1 für den For Next-Befehl
' Jetzt lerne ich Visual Basic .NET
' -----------------------------------------------

Imports System

Class App

   Shared Sub Main()
      For j As Short = 1 To 10
         Console.WriteLine("Dies ist Durchlauf Nr. {0}", j)
      Next
      Console.ReadLine()
   End Sub
End Class
```

Die Schleifenvariable spielt in diesem Fall die Variable *j*, wobei es sich hier um eine beliebige Variable handeln kann. Außerdem muss der Startwert nicht 1, der Endwert nicht 10 und der Betrag, um den die Schleifenvariable bei jedem Durchlauf erhöht wird, nicht 1 betragen. Hier sind beliebige Werte erlaubt.

Listing 4-9:
Eine For Next-
Schleife mit
»Genauigkeits-
problemen«

Buch-CD: vbnet0409.vb

```
' --------------------------------------------------------
' Beispiel Nr. 2 für den For Next-Befehl
' Jetzt lerne ich Visual Basic .NET 2004
' --------------------------------------------------------
Imports System

Class App

   Shared Sub Main()
      For j As Single = -5 To 5 Step 0.1
         Console.WriteLine("Der Wert von j ist: {0}", j)
      Next
      Console.ReadLine()
   End Sub

End Class
```

Über das Schlüsselwort *Step* wird erreicht, dass die Variable *j* bei jedem Durchlauf nicht um 1, sondern um 0.1 erhöht wird (dadurch treten eine Reihe »krummer« Werte, insbesondere in der Nähe von 0, auf, was auf eine durch das interne Darstellungsformat von Fließkommazahlen bedingte Ungenauigkeit zurückzuführen ist – mehr dazu in Kapitel 10).

Natürlich ist eine Programmschleife zum Zählen viel zu schade. Es lassen sich selbstverständlich beliebige Befehle innerhalb einer Programmschleife ausführen. Sie gehört schließlich zum Grundrepertoire einer jeden Programmiersprache.

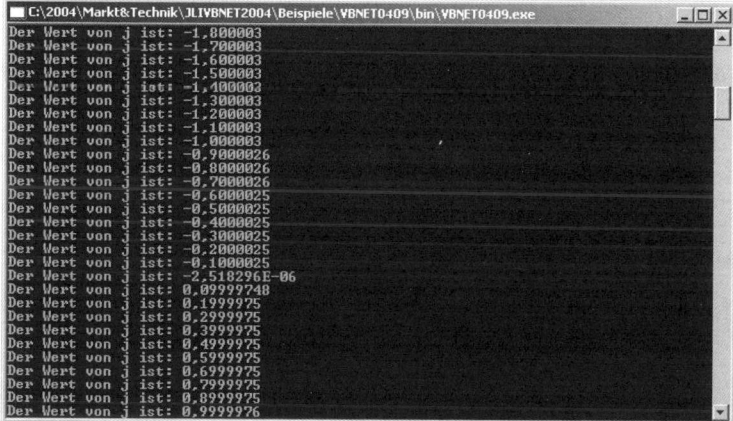

Abb. 4.1: Insbesondere in der Nähe von 0 treten beim Schleifendurchlauf kleine Ungenauigkeiten auf

Das folgende Beispiel führt eine einfache Zinsrechnung durch. Nach Eingabe von Kapital, Zinssatz und Laufzeit wird für jedes Jahr der um den Zins gewachsene Betrag angezeigt. Für die typische Währungsformatierung wird die *ToString*-Methode mit dem »c« als Formatname benutzt (dies ist eine von mehreren Möglichkeiten), doch anscheinend lässt sich das Eurozeichen nicht in der Eingabeaufforderung anzeigen.

Buch-CD: vbnet0410.vb

Listing 4-10: Zinsberechnung in der Schleife

```vb
' ---------------------------------------------------------
' Beispiel Nr. 3 für den For Next-Befehl
' Einfache Zinsrechnung
' Jetzt lerne ich Visual Basic .NET 2004
' ---------------------------------------------------------
Imports System

Class App

  Shared Sub Main()
    Dim Kapital, Zinssatz As Single
    Dim Laufzeit As Short
    Console.Write("Kapital: ")
    Kapital = Console.ReadLine()
    Console.Write("Zinssatz: ")
    Zinssatz = Console.ReadLine()
```

125

```
      Console.Write("Laufzeit: ")
      Laufzeit = Console.ReadLine()
      For j As Short = 1 To Laufzeit
        Kapital += Kapital / 100 * Zinssatz
        Console.WriteLine("Nach {0} Jahren gibt es {1}", _
          j, Kapital.ToString("C"))
      Next
      Console.ReadLine()
    End Sub

End Class
```

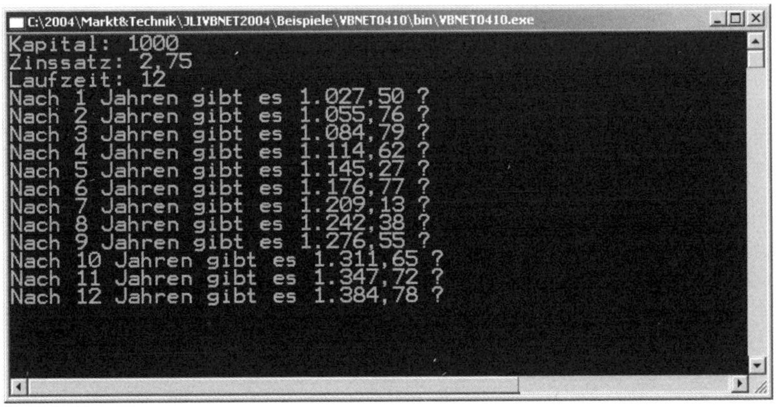

Abb. 4.2:
Ist das Spar-
buch noch zeit-
gemäß? – die
For Next-
Schleife gibt
eine Orien-
tierungshilfe

```
C:\2004\Markt&Technik\JLIVBNET2004\Beispiele\VBNET0410\bin\VBNET0410.exe

Kapital: 1000
Zinssatz: 2,75
Laufzeit: 12
Nach  1 Jahren gibt es 1.027,50 ?
Nach  2 Jahren gibt es 1.055,76 ?
Nach  3 Jahren gibt es 1.084,79 ?
Nach  4 Jahren gibt es 1.114,62 ?
Nach  5 Jahren gibt es 1.145,27 ?
Nach  6 Jahren gibt es 1.176,77 ?
Nach  7 Jahren gibt es 1.209,13 ?
Nach  8 Jahren gibt es 1.242,38 ?
Nach  9 Jahren gibt es 1.276,55 ?
Nach 10 Jahren gibt es 1.311,65 ?
Nach 11 Jahren gibt es 1.347,72 ?
Nach 12 Jahren gibt es 1.384,78 ?
```

For Next-Schleifen mit negativer Schrittweite

Die Schleifenvariable einer *For Next*-Schleife kann bei jedem Durchlauf um
einen beliebigen Wert erhöht werden. Dadurch ist auch ein Herunterzählen
einer Variablen möglich, denn dazu muss die Schrittweite lediglich negativ
sein.

Das folgende Beispiel zählt die Schleifenvariable *j* von 10 auf 1 herunter.

```
For j As Short = 10 To 1 Step −1
  Console.WriteLine ("Rocket-Launch bei t-{1}", j)
Next j
```

Bei einer negativen Schrittweite darf die Schleifenvariable nicht vom Typ
Byte sein, auch wenn die Schleifenvariable selber nicht negativ wird.

4.6.2   Wiederholungen mit Abbruchbedingung – der Do Loop-Befehl

Der *Do Loop*-Befehl umklammert einen oder mehrere Befehle. Er kommt immer dann zur Anwendung, wenn die Anzahl der Durchläufe am Anfang noch gar nicht feststeht, sondern vielmehr von einer Bedingung abhängt, die sich bei jedem Durchlauf ändern kann (aber nicht ändern muss) und daher auch bei jedem Durchlauf erneut geprüft werden muss. Das Prüfen dieser Bedingung kann wahlweise vor einem neuen Durchlauf (*Do Until*), nach erfolgtem Durchlauf (*Loop Until*) oder mittendrin geschehen.

Buch-CD: vbnet0411.vb

Listing 4-11:
Ein Beispiel für eine Do Loop-Schleife

```
' -----------------------------------------------
' Beispiel Nr. 1 für den Do Loop-Befehl
' Zinsberechnung mit Zielbetrag
' Jetzt lerne ich Visual Basic .NET
' -----------------------------------------------

Imports System

Class App

  Shared Sub Main()
    Dim Startbetrag, Zielbetrag, Zinssatz As Single
    Dim Jahre As Short
    Console.Write("Startbetrag: ")
    Startbetrag = Console.ReadLine()
    Console.Write("Zielbetrag: ")
    Zielbetrag = Console.ReadLine()
    Console.Write("Zinssatz: ")
    Zinssatz = Console.ReadLine()
    Do
      Startbetrag *= 1 + Zinssatz / 100
      Console.WriteLine(Startbetrag)
      Jahre += 1
    Loop Until (Startbetrag >= Zielbetrag)
    Console.WriteLine("Nach {0} Jahren sind {1} erreicht.", Jahre,
Startbetrag.ToString("c"))
    Console.ReadLine()
  End Sub

End Class
```

Dieser *Do Loop*-Befehl wiederholt die Befehle zwischen *Do* und *Loop* so oft bis die Abbruchbedingung *Startbetrag >= Zielbetrag* erfüllt ist und der Ausdruck *Wahr* wird. Da es keine automatische Schleifenvariable gibt, muss diesen Job eine Variable übernehmen, die bei jedem Durchlauf inkrementiert

127

wird. Das Schlüsselwort *Until* bestimmt, dass die Programmschleife so lange wiederholt wird, bis die Abbruchbedingung erfüllt ist. Visual Basic .NET kennt mit dem Schlüsselwort *While* eine zweite Variante: Hier wird die Programmschleife so lange wiederholt, bis die Abbruchbedingung erfüllt ist:

```
Do
  Startbetrag *= 1 + Zinssatz / 100
    Console.WriteLine(Startbetrag)
    Jahre += 1
Loop While (Startbetrag < Zielbetrag)
```

Frage: Wird das *While*-Schlüsselwort wirklich benötigt? Denken Sie bitte einen Augenblick nach, bevor Sie weiterlesen.

*** Denkpause ***

Die Antwort lautet: Nein, es wird nicht benötigt, denn möchte man erreichen, dass eine Programmschleife so lange wiederholt wird, wie eine Bedingung erfüllt ist, muss man lediglich bei *Until* die Bedingung umkehren. Aus der Abbruchbedingung *Betrag <= 10* wird folglich wieder *Betrag > 10*. Das *While*-Schlüsselwort ist daher überflüssig[1].

4.6.3   Eine Alternative, die eigentlich keine ist – der While-Befehl

Die Zwischenüberschrift ist natürlich erklärungsbedürftig. Aus irgendwelchen Gründen erlaubt sich Visual Basic den Luxus eines Befehls, der streng genommen gar nicht benötigt wird. Es ist der *While*-Befehl, der eine Schleife einleitet, die durch einen *End While*-Befehl abgeschlossen wird. Der Befehl ist deswegen überflüssig, da er stets durch ein *Do Loop*-Befehlspaar ersetzt werden kann. Für den *While*-Befehl spricht, dass es ihn a) schon immer gab und dass er b) eine Schleife etwas (die Betonung liegt dabei wirklich auf etwas) kürzer macht, da ein Befehlswort weniger eingegeben werden muss.

```
Betrag = 5
While Betrag < 10
  Betrag = Betrag * 1.07
    Console.WriteLine("Der aktuelle Betrag lautet: {0}", Betrag)
End While
```

Dass es eines separaten *While*-Befehls nicht unbedingt bedurft hätte, zeigt das nächste kleine Beispiel, dass stattdessen wieder den *Do Loop*-Befehl verwendet, nur dass dieses Mal die Abbruchbedingung bereits am Anfang der Schleife geprüft wird und die Schleife unter Umständen (allerdings nicht in diesem Beispiel) gar nicht durchlaufen wird:

---

1. Ein weiteres kleines, allerdings auch harmloses, Beispiel für den »Ballast«, den Visual Basic .NET aus früheren Tagen noch mit sich herumträgt.

```
Betrag = 5
Do While Betrag < 10
  Betrag = Betrag * 1.07
  Console.WriteLine("Der aktuelle Betrag lautet: {0}", Betrag)
Loop
```

4.7 Schleifen mit Notausgang – der Exit-Befehl

Jede Programmschleife kann vorzeitig verlassen werden – dafür gibt es den *Exit*-Befehl. Seine Wirkung besteht darin, die Programmschleife zu beenden und den ersten Befehl unmittelbar nach dem Ende der Schleife auszuführen. Da es verschiedene Programmschleifentypen gibt, existiert der *Exit*-Befehl auch in verschiedenen Varianten:

- Exit For

- Exit Do

- Exit While

Außerdem ist der *Exit*-Befehl für das Verlassen von Prozeduren, Funktionen und Eigenschaftsprozeduren zuständig, so dass weitere Varianten existieren, die in diesem Zusammenhang aber nicht gesondert hervorgehoben werden (das ist alles in der Hilfe sehr ausführlich beschrieben).

Die Anwendung des *Exit*-Befehls ist sehr einfach, wobei dieser praktisch ausschließlich in Zusammenspiel mit einem *If*-Befehl verwendet wird, damit die Schleife nur dann verlassen wird, wenn eine bestimmte Bedingung erfüllt ist.

Die folgende Schleife produziert Zufallszahlen am laufenden Band. Allerdings hat der Programmierer eine Abbruchbedingung vergessen – es handelt sich daher um eine Endlosschleife, die tatsächlich »niemals« beendet wird[1].

Buch-CD: vbnet0412.vb

*Listing 4-12:
Ein Beispiel für
eine Endlos-
schleife*

```
' ------------------------------------------------
' Beispiel für den Do Loop-Befehl mit Exit
' Zufallszahlen
' Jetzt lerne ich Visual Basic .NET
' ------------------------------------------------

Imports System
```

---

1. Glauben Sie es nicht? Dann probieren Sie es einfach aus.

```
Class App

  Shared Sub Main()
    Dim r As System.Random = New System.Random()
    Do
      Console.Write(" {0} ", r.Next(1, 49))
    Loop
    Console.ReadLine()
  End Sub
End Class
```

Da eine Endlosschleife auf die Dauer etwas eintönig ist (sie kann allerdings bei einer Konsolenanwendung, die in der Visual Studio-IDE läuft, über die Tastenkombination ⎡Strg⎤+⎡C⎤ unterbrochen werden, indem das Programm abgebrochen wird), muss mit dem *Exit Do*-Befehl ein Ausstieg eingebaut werden.

Die folgende Schleife produziert ebenfalls Zufallzahlen, nur wird die Schleife abgebrochen, sobald eine ungerade Zahl »gezogen« wurde:

Listing 4-13:
Ein Beispiel für
eine Do Loop-
Schleife mit
Exit

Buch-CD: vbnet0413.vb

```
' -----------------------------------------------
' Beispiel für den Do Loop-Befehl mit Exit
' Zufallszahlen
' Jetzt lerne ich Visual Basic .NET
' -----------------------------------------------

Imports System

Class App
  Shared Sub Main()
    Dim r As System.Random = New System.Random()
    Dim z As Byte
    Console.WriteLine("Und nun die geraden Lottozahlen...")
    Do
      z = r.Next(1, 49)
      If z mod 2 = 1 Then Exit Do
      Console.Write(" {0} ", z)
    Loop
    Console.ReadLine()
  End Sub
End Class
```

Warum wird das Prüfen auf ungerade (was der *Mod*-Operator übernimmt, der den Rest einer ganzzahligen Division zurückgibt) nicht beim *Loop*-Befehl durchgeführt? Weil in diesem Fall die gezogene ungerade Zahl noch ausgegeben wird, was zwar alles andere als tragisch wäre, in diesem Fall aber nicht erwünscht ist. Die Schleife muss daher mittendrin über einen »Notausstieg« verlassen werden.

4.8   Wie »schnell« ist Visual Basic .NET?

Zum Schluss ein Thema, das (wie einige Dinge in diesem Buch) nicht allzu ernst gemeint ist. Es wäre doch einmal interessant herauszufinden, wie schnell Visual Basic .NET im Vergleich zu seinem Vorgänger Visual Basic 6.0 ist. Zumindest wäre es aufschlussreich zu erfahren, wie lange ein Visual Basic .NET-Programm braucht, um eine wirklich große Zahl von Berechnungen durchzuführen. Diese Dinge lassen sich relativ einfach herausfinden und bieten eine gute Gelegenheit, die Schleifenbefehle noch einmal zu üben.

Das folgende Beispielprogramm rechnet und »misst« dabei die Zeit über die Timer-Funktion der *Microsoft.VisualBasic*-Kompatibilitätsklasse.

Buch-CD: vbnet0414.vb

Listing 4-14: Ein kleiner Geschwindigkeitstest mit Schleife

```
' --------------------------------------------------------
' Kleiner Schleifenbenchmark
' Jetzt lerne ich Visual Basic .NET 2004
' --------------------------------------------------------
Imports System

Class App

    Shared Sub Main()
        Dim Zahl As Double = 222333444.555
        Dim StartZeit As Date = Now
        For j As Long = 1 To 20000000
            Zahl = Math.Sqrt(Zahl) / Math.Exp(Zahl) ^ 1.5
        Next
        Dim EndZeit As Date = Now
        Dim Zeit As TimeSpan = EndZeit.Subtract(StartZeit)
        Console.WriteLine("Dauer {0}s", Zeit.TotalSeconds)
        Console.ReadLine()

    End Sub

End Class
```

131

4.9   Zusammenfassung

Das war hoffentlich ein angenehm einfaches Kapitel, zumal es gegenüber Vorgängerversionen von Visual Basic bei Visual Basic .NET keine Änderungen gegeben hat (sieht man einmal von dem Versuch ab, durch die Einführung des *End While*-Befehls, der als Alternative zum früheren, bei Visual Basic .NET nicht mehr unterstützten, *Wend*-Befehl, etwas Struktur in die Sprache zu bringen). Die Kontrollstrukturen, die in diesem Kapitel vorgestellt wurden, sind praktisch bei jedem Programm dabei, so dass es (in diesem Buch) noch viele Gelegenheiten geben wird, sie zu üben.

4.10   F&A

Frage 4-1

Wie muss ein *If*-Befehl aussehen, der prüft, ob der Wert einer Variablen z vom Typ *Byte* ungerade ist und wenn dies der Fall ist, eine entsprechende Meldung ausgibt?

Frage 4-2

Wie muss der *If*-Befehl erweitert werden, dass für den Fall, dass die Zahl gerade ist, ebenfalls eine Meldung ausgegeben wird?

Frage 4-3

Sie haben es bei der Quizsendung von Dieter Strauch in die Endrunde geschafft und dürfen nun zwischen einem Preis von 5 Millionen € und einem Cent wählen, der 30 Tage lang verdoppelt wird. Programmieren Sie eine kleine Schleife, die Ihnen die Entscheidung abnimmt.

Frage 4-4

Unter einer Fakultät einer Zahl versteht man die Produkte aller Zahlen verkleinert um 1 vom Wert der Zahl bis 2 (zum Beispiel 4! = 4 * 3 * 2 = 24). Programmieren Sie eine kleine Konsolenanwendung, die eine Zahl entgegennimmt und die Fakultät dieser Zahl ausgibt.

Welches ist die größte Zahl, von der sich die Fakultät berechnen lässt und wovon hängt dies ab?

Frage 4-5

Eine Primzahl ist eine Zahl, die nur sich und durch 1 teilbar ist. Programmieren Sie eine Konsolenanwendung, die alle Primzahlen zwischen 1 und 1000 ausgibt. Hier ein kleiner Tipp: Dies ist bereits eine etwas anspruchsvollere Aufgabe, bei der zwei *For Next*-Schleifen ineinander verschachtelt werden.

Dabei läuft die äußere Schleife von 1 (bzw. 3) bis 1000, während die innere Schleife bei jedem Durchlauf prüft, ob bei der Division des aktuellen Schleifenzählers der äußeren Schleife durch eine der Zahlen von 3 bis zur nächsten ganzen Zahl, die größer als die Quadratwurzel des Schleifenzählers ist, ein Rest von 0 übrig bleibt, sich die zu überprüfende Zahl durch eine andere Zahl also glatt teilnehmen lässt. (Diese Abbruchbedingung reduziert lediglich die Anzahl der Durchläufe der inneren Schleife – ansonsten müsste die innere Schleife bis zum Wert des Schleifenzählers der äußeren Schleife minus 1 laufen.) In diesem Fall ist die zu prüfende Zahl keine Primzahl und wird nicht ausgegeben.

Frage 4-6

Wie muss eine *Do Loop*-Schleife aussehen, die bei jedem Durchlauf einen Buchstaben von der Tastatur entgegennimmt und erst abbricht, nachdem ein »Q« (zusammen mit der ⏎-Taste) eingegeben wurde?

(Alle Antworten und Lösungen finden Sie in Anhang D.)

KAPITEL 5

Funktionen und Prozeduren

Funktionen und Prozeduren sind, neben den Klassen, die Grundbausteine eines jeden Visual Basic .NET-Programms. Eine Funktion fasst mehrere Befehle unter einem Namen zusammen. Der Name »Funktion« hat »historische« Gründe und hat rein gar nichts mit jenen Funktionen zu tun, die der eine oder andere Leser aus der Mathematik kennen dürfte. Trifft das Programm beim Abarbeiten der Befehlszeilen auf einen Funktionsnamen, werden alle diese Befehle ausgeführt. Man spricht vom Aufruf der Funktion. Prozeduren sind Funktionen, nur dass sie keinen Wert »berechnen«, das heißt keinen Wert zurückgeben. Da auch eine Funktion keinen Rückgabewert zurückgeben muss bzw. ein solcher Wert ignoriert werden kann, sind Prozeduren lediglich ein Spezialfall von Funktionen und ein Programm könnte auf Prozeduren verzichten. Dennoch wird auch bei Visual Basic .NET (wie bei den Vorgängerversionen von Visual Basic) zwischen Funktionen und Prozeduren unterschieden. Funktionen und Prozeduren sind (wie Klassen) keine Option, sondern sozusagen ein »Pflichtbestandteil« in jedem Visual Basic .NET-Programm. Sie wissen bereits, dass jedes Visual Basic .NET-Programm aus mindestens einer Klasse besteht. Die Befehle einer Klasse werden jedoch nicht »irgendwo« in die Klasse eingegeben, sie müssen stets in einer Funktion oder Prozedur enthalten sein. Da Funktionen und Prozeduren in einer Klasse auch als Methoden bezeichnet werden, nimmt dieses Kapitel bereits einen Themenbereich vorweg, der im nächsten Kapitel behandelt wird, wenn es um die Klassen geht.

Die Themen für dieses Kapitel:

- Die Definition von Prozeduren und Funktionen
- Parameterübergabe bei Funktionen

☀ Funktionen mit einem Rückgabewert

▨ Die Rolle des Funktionsnamens als lokale Variable

▨ Prozeduren mit »Notausgang«

Um die Ausführungen etwas weniger wortreich zu halten, ist in diesem Kapitel nur von Funktionen die Rede, wenn sich die Beschreibung sowohl auf Funktionen als auch auf Prozeduren bezieht.

5.1 Die Definition von Funktionen und Prozeduren

Für die Definition einer Funktion und einer Prozedur hält Visual Basic .NET zwei Befehle bereit, die sich nur geringfügig unterscheiden. Eine Funktion wird über den *Function*-Befehl definiert, der durch den *End Function*-Befehl abgeschlossen wird. Für die Definition einer Prozedur ist der *Sub*-Befehl zuständig, der entsprechend durch einen *End Sub*-Befehl beendet wird. Die Syntaxbeschreibung für eine Funktion bzw. Prozedur in der Hilfe ist recht umfangreich, da hier alle Spezialfälle und Varianten berücksichtigt werden müssen. Die folgenden beiden Abschnitte stellen den allgemeinen Aufbau von Funktionen und Prozeduren erst einmal sehr einfach vor. (Denken Sie daran, dass das alles auch für die Methoden gilt, die Sie im nächsten Kapitel in Zusammenhang mit Klassen kennen lernen werden.)

5.1.1 Der allgemeine Aufbau einer Funktion

Eine Funktion wird mit einem *Function*-Befehl eingeleitet, auf den der Name der Funktion folgt, und durch einen *End Function*-Befehl wieder beendet. Die einfachste Funktionsdeklaration ist in Listing 5-1 zu sehen. Alle Befehle, die innerhalb der Funktion aufgeführt sind (dieser Bereich wird auch als *Funktionsrumpf* bezeichnet), werden mit dem Aufruf der Funktion ausgeführt. Der *Funktionskopf* besteht dagegen nur aus dem Funktionsnamen und einem leeren Klammerpaar (hier werden die Funktionsparameter aufgeführt, die es in diesem Beispiel aber noch nicht gibt – mehr dazu in Kapitel 5.2).

Eine Funktion endet mit (mindestens) einem *Return*-Befehl, der gleichzeitig den Wert angibt, den die Funktion zurückgeben soll. Der *Return*-Befehl muss aber nicht der letzte Befehl in einer Funktion sein. Auch kann eine Funktion mehrere *Return*-Befehle enthalten.

Listing 5-1:
Der allgemeine Aufbau einer Funktion

```
Function Name (Parameterliste) As Datentyp

    Return Rückgabewert

End Function
```

5.1.2   Der allgemeine Aufbau einer Prozedur

In erster Linie der Vollständigkeit halber soll auch der allgemeine Aufbau einer Prozedur vorgestellt werden. Der allgemeine Rahmen (Listing 5-2) entspricht dem einer Funktion, mit zwei Unterschieden: 1. Eine Prozedur besitzt keinen Rückgabewert. 2. Eine Prozedur benötigt keinen Return-Befehl.

```
Sub Name (Parameterliste)


End Sub
```

Listing 5-2: Der allge- meine Aufbau einer Prozedur

5.1.3   Die Rolle des Rückgabewerts

Jede Funktion muss (besser sollte) einen Rückgabewert besitzen. Dieser wird über den *Return*-Befehl festgelegt. Der Befehl beendet die Funktion und legt gleichzeitig den Wert fest, für den der Funktionsname steht. Welchen Wert eine Funktion zurückgibt, spielt natürlich keine Rolle, er muss lediglich mit dem Datentyp übereinstimmen, der im Funktionskopf angegeben wurde. Unter Umständen muss über die *CType*-Funktion eine Typenkonvertierung durchgeführt werden.

Das folgende Beispiel definiert eine Funktion mit einem Rückgabewert vom Typ *String*. Innerhalb der Funktion wird eine lokale Variable vom Typ *Single* definiert, die vor der Rückgabe in einen String konvertiert wird.

```
Function Kreis2() As String
  Console.Write("Bitte Radius eingeben: ")
  Dim Radius As Single
  Radius = Radius()
  Return CType(Radius * 2 * Math.Pi, String)
End Function
```

5.2   Parameterübergabe bei Funktionen

Richtig interessant wird es, wenn einer Funktion beim Aufruf Parameter übergeben werden, mit denen die Funktion rechnen kann. Eine Funktion führt in diesem Fall zwar immer noch die gleichen Befehle aus, doch je nachdem, welche Werte beim Aufruf übergeben werden, gibt die Funktion einen anderen Wert zurück.

Die Parameter einer Funktion werden bei der Deklaration im Funktionskopf angegeben. Für jeden Parameter werden zwei Angaben benötigt: 1. Der Name des Parameters und sein Datentyp. Gerade beim Datentyp kommt es darauf an, den passenden zu verwenden. Wird kein Datentyp angegeben, erhält der Parameter (genau wie bei einer Variablendeklaration) den Typ *Object*, was nur selten optimal ist.

137

Die folgende Funktion berechnet den Kreisumgang – als Parameter wird der Radius als Variable vom Typ *Single* übergeben. Die Funktion gibt auch einen Wert zurück, er besitzt den Datentyp *Single*.

```
Function KreisUmfang (r As Single) As Single
  Return r * 2 * Math.Pi
End Function
```

In diesem Fall führt die Funktion lediglich eine kleine Berechnung durch und gibt das Ergebnis gleich wieder zurück. Da für derartige Berechnungen streng genommen natürlich keine Funktion benötigt wird, führt das nächste Beispiel zunächst eine Überprüfung des übergebenen Wertes durch:

```
Function KreisUmfang (r As Single) As Single
  If r < 0 Then
     Return -1
  Else
     Return r * 2 * Math.Pi
  End If
End Function
```

Natürlich obliegt es dem Programmierer, sich zu überlegen, wie die Funktion auf den Fall reagieren soll, dass ein Wert kleiner 0 übergeben wird. In diesem Beispiel wird, um es möglichst einfach zu halten, -1 zurückgeben. Es ist nun die Aufgabe des aufrufenden Programms, diesen Wert abzufragen und entsprechend zu reagieren. Eine andere Möglichkeit bestünde darin, über den *Throw*-Befehl eine Ausnahme auszulösen, die von dem aufrufenden Programm über den *Try/Catch*-Befehl abgefangen werden kann.

5.2.1 Benennung von Funktionsparametern

Was Anfänger erfahrungsgemäß häufig ein wenig verwirrt, ist die Frage, ob die Namen von Variablen beim Aufruf einer Funktion mit dem Namen der Funktionsparameter übereinstimmen müssen. Dies ist nicht der Fall, das heißt, die Funktionsparameter können im Prinzip beliebige Namen erhalten.

```
Function Wachstum (Population As Long, Rate As Single) As Single

  ' ...


End Function
```

Die Namen *Population* und *Rate* sind normale Variablendeklarationen, nur dass sie im Kopf einer Funktion stattfinden. Sie sind daher auch nur innerhalb der Funktion gültig (man spricht von lokalen Variablen).

Die Variablennamen, die beim Aufruf verwendet werden, müssen nicht mit jenen Namen übereinstimmen, die bei der Funktionsdeklaration verwendet wurden:

```
w = Wachstum(Menge, Zuwachs)
```

5.2.2   Parameterübergabe als Wert

Bei Visual Basic .NET findet die Parameterübergabe per Default als Wert statt. Dieser wichtige Satz soll zunächst nicht weiter vertieft werden, da die Unterscheidung für die Mehrheit der Programme, die Sie am Anfang programmieren werden, keine Bedeutung hat. Es bedeutet lediglich, dass, wenn eine Variable beim Aufruf einer Funktion übergeben wird und diese innerhalb der Funktion geändert wird, sich dies nicht auf die Variable auswirkt, die übergeben wurde. Das Pendant ist die Übergabe als Referenz. Hier sieht es wie folgt aus: Wenn eine übergebene Variable innerhalb der Funktion geändert wird, wirkt sich diese Änderung auch auf die Variable aus, die übergeben wurde. Da dieses Verhalten nur selten benötigt wird, in jedem Fall aber zu einem »Seiteneffekt« (nämlich der Änderung der Variablen) führt, ist der Default die Parameterübergabe als Wert.

Die Übergabe als Wert oder Referenz kann über das Schlüsselwort *ByVal* (Übergabe als Wert) und *ByRef* (Übergabe als Referenz) festgelegt werden. Die Visual-Studio .NET-Entwicklungsumgebung stellt einem Parameter in der Funktionsdeklaration automatisch *ByVal* voraus, auch wenn dies nicht notwendig ist.

So war es früher:

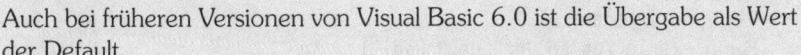

Auch bei früheren Versionen von Visual Basic 6.0 ist die Übergabe als Wert der Default.

5.2.3   Optionale Parameter

Soll eine Funktion einen Parameter besitzen, der übergeben werden kann, aber nicht übergeben werden muss, spricht man von einem optionalen Parameter. Sie werden über das Schlüsselwort *Optional* bezeichnet. Optionale Parameter bieten den Vorteil, dass die Funktion dadurch etwas flexibler aufrufbar wird. Es ist allerdings erforderlich, für den optionalen Parameter in der Funktionsdeklaration einen Wert anzugeben, der automatisch eingesetzt wird, wenn beim Aufruf kein Wert übergeben wird.

Das folgende Beispiel definiert eine Funktion mit einem optionalen Parameter namens Modus, der festlegt, ob die Funktion den Kreisumfang oder die Kreisfläche berechnen soll.

```
Function Kreis3(ByVal Radius As Single, _
   Optional ByVal Modus As Boolean = True) As Single
      If Modus = False Then
         Kreis3 = Math.PI * Radius ^ 2
      Else
         Kreis3 = Math.PI * Radius * 2
      End If
End Function
```

5.2.4 Funktionen mit einer variablen Anzahl an Parametern

Möchte man einer Funktion eine beliebige Anzahl Parameter übergeben, müsste man dazu eigentlich ein Array verwenden (Arrays werden in Kapitel 8 vorgestellt). Mit dem *ParamArray*-Schlüsselwort geht es ein wenig einfacher. Auf *ParamArray* folgt eine Feldvariable, für die später beim Aufruf eine beliebige Anzahl an Werten (die alle den gleichen Datentyp besitzen müssen, sofern sie nicht vom Typ *Object* sind) übergeben werden.

Das folgende Beispiel zeigt eine Funktion, die die Summe einer beliebigen Anzahl an Zahlen berechnet, die beim Aufruf übergeben werden. Da es sich bei *Zahlen()* aber um eine Feldvariable handelt, greift es bereits auf Kapitel 8 vorweg, in dem die Feldvariablen an der Reihe sind.

```
Function Summe(ByVal ParamArray Zahlen() As Byte) _
   As Integer
      Dim j As Integer
      For j = 0 To Zahlen.GetUpperBound(0)
         Summe += Zahlen(j)
      Next
      Return Summe
End Function
```

5.3 Die Rolle des Funktionsnamens als lokale Variable

Der Funktionsname dient nicht nur zur Benennung der Funktion, er ist gleichzeitig eine Variable, die innerhalb der Funktion für den aktuellen Rückgabewert der Funktion steht – der *Return*-Befehl ist zwar der offizielle Abschluss einer Funktion, er ist aber nicht zwingend erforderlich.

Das folgende Beispiel zeigt eine kleine Funktion, bei der der Funktionsname gleichzeitig als lokale Variable angesprochen wird.

```
Function Preisausschreiben(ByVal Tage As Byte) As Single
  Dim j As Byte
  Preisausschreiben = 0.01
  For j = 1 To Tage
    Preisausschreiben *= 2
  Next j
  Return Preisausschreiben
End Function
```

Streng genommen ist der *Return*-Befehl am Ende überflüssig, da die Funktion ohnehin mit dem *End Function*-Befehl zurückkehrt und der Funktionsname durch die Zuweisung innerhalb der Schleife für jenen Wert steht, der auch zurückgegeben werden soll. Dennoch sollte man auf ihn nicht verzichten, da er die Lesbarkeit des Programms erhöht.

Der Verwendung des Funktionsnamens als lokale Variable sind gewisse Grenzen gesetzt. So können Sie bei einer Funktion, die ein Array zurückgibt, den Funktionsnamen nicht als Array ansprechen (auch wenn dies möglich sein sollte), da die dafür erforderlichen Klammern als Funktionsaufruf interpretiert würden.

5.4 Rekursive Funktionen

Rekursive Funktionen sind das Lieblingsspielzeug vieler Programmierer mit einer eher mathematischen Ausrichtung. Eine rekursive Funktion ist eine Funktion, die sich selber aufruft. Dadurch lassen sich bestimmte Programmierprobleme oft effektiver lösen als es durch einen linearen Aufruf möglich wäre. Um eine Funktion rekursiv aufzurufen sind keine speziellen Vorbereitungen erforderlich, es muss lediglich für eine Abbruchbedingung gesorgt werden, denn der rekursive Aufruf soll sich im Allgemeinen nicht beliebig fortsetzen. Auch ist die »Tiefe« der Aufrufebene nicht unbegrenzt, denn bei jedem Aufruf werden sowohl die Funktionsparameter als auch die Rücksprungadresse auf dem internen Stapelspeicher abgelegt, der nicht unbegrenzt aufnahmefähig ist. Rekursive Funktionsaufrufe sind im »normalen« Programmieralltag eher selten (ein praxisnahes Beispiel wäre ein Dateisuchprogramm, das eine Funktion zur Durchsuchung eines Verzeichnisses bietet und sich rekursiv aufruft, wenn ein Unterverzeichnis durchsucht werden soll), aus diesem Grund ist das folgende Beispiel auch sehr knapp gehalten.

Das folgende Beispiel zeigt eine weitere Variante der Fakultätsfunktion zur Berechnung der Fakultät einer ganzen Zahl (zum Beispiel 4!=4*3*2*1=24), nur dass die Fakultät dieses Mal nicht durch eine Zählschleife, sondern durch einen rekursiven Aufruf gelöst wird.

141

```
Function Fak(ByVal Zahl As Long) As Long
  If Zahl = 0 Then Return 1
  Fak = Zahl * Fak(Zahl - 1)
End Function
```

Ob die rekursive Variante effektiver ist, muss von Fall zu Fall geprüft werden.[1]

5.5   Prozedur mit »Notausgang«

Soll eine Prozedur vor dem Erreichen des *End Sub*-Befehls beendet werden, geschieht dies über den *Exit Sub*-Befehl. Bei Funktionen gibt es zwar mit dem *Exit Function*-Befehl ein Pendant, doch ist dieser Befehl im Grunde überflüssig, da es dafür *Return* gibt, durch den sich zusätzlich ein Rückgabewert festgelegen lässt. (Funktionen, die mit einem *Exit Function*-Befehl beendet werden, besitzen keinen Rückgabewert – die Funktion gibt dann den Initialisierungswert des Datentyps zurück.)

Das folgende Beispiel definiert eine Prozedur, die laufend Eingaben von der Tastatur entgegennimmt und bei Eingabe eines »Q« über den *Exit Sub*-Befehl vorzeitig verlassen wird.

```
Sub ExitTest()
  Dim stKey As String
  Do
    Console.WriteLine("Bitte ein Zeichen eingeben...")
    stKey = Console.ReadLine().ToUpper()
    If stKey = "Q" Then
      Exit Sub
    End If
  Loop
End Sub
```

5.6   Zusammenfassung

Funktionen sind die kleinsten »Einheiten« in einem Visual Basic-Programm und der »wahre« Aufenthaltsort für die Befehle eines Programms. Eine Funktion besteht aus einer Gruppe von Befehlen, die ausgeführt werden, wenn die Funktion aufgerufen wird. Eine Prozedur ist eine Funktion, nur dass kein Rückgabewert zurückgegeben wird. Während eine Funktion daher für eine Variable steht und auf die gleiche Weise in einen Ausdruck eingesetzt werden kann, sind Prozeduren lediglich Platzhalter für eine Gruppe von Befehlen. Da Funktionen stets innerhalb einer Klasse auftreten, sind sie mit den Methoden identisch, von denen im nächsten Kapitel die Rede sein wird.

---

1. Auf alle Fälle ist sie »cooler« und verschafft mehr Respekt bei Berufskollegen, die mit dieser Programmiertechnik unter Umständen noch nicht vertraut sind.

5.7   F&A

Frage 5-1

Was ist der Unterschied zwischen einer Funktion und einer Prozedur?

Frage 5-2

Welche Kleinigkeit hat unser Programmierer bei der folgenden Deklaration offenbar vergessen und welche Folgen hat dies für die Programmausführung?

```
Function FragWuerdig (Zahl As Integer)
```

Frage 5-3

Kapitel 4 erhält im F&A-Bereich ein kleines Fakultätsprogramm. Bauen Sie den Abschnitt, der die Fakultät der Zahl berechnet, in eine Funktion ein, die als Parameter die Zahl erhält und als Ergebnis die Fakultät dieser Zahl zurückgibt.

Frage 5-4

Wie muss eine Funktion aussehen, der eine beliebige Anzahl Zahlen (Typ Byte) übergeben werden und die, je nach übergebenen *Modus*-Parameter, die kleinste (*Modus=True*) oder die größte der Zahlen (*Modus= False*) zurückgibt?

Die Lösung dieser Aufgabe setzt eine Feldvariable voraus, die erst in Kapitel 9 an der Reihe ist.

Frage 5-5

Was passiert, wenn beim Aufruf einer Funktion für einen Parameter der falsche Datentyp übergeben wird?

Frage 5-6

Welcher Wert wird für die Variable *x* ausgeben, wenn die Prozedur *RateMal* ausgeführt wird?

```
Sub RateMal ()
  Dim x As Integer
  x = F1(2) * 3 + 1
  Console.WriteLine("Der Wert von x ist {0}", x)
End Sub

Function F1(Zahl As Byte) As Short
  Return Zahl^2
End Function
```

(Alle Antworten und Lösungen finden Sie in Anhang D.)

143

KAPITEL 6

Klassen

Klassen sind das wichtigste Sprachelement in einem Visual Basic .NET-Programm. Sie erfüllen eine Doppelfunktion. Auf der einen Seite bilden sie das Grundgerüst eines jeden Programms, das direkt oder indirekt aus mindestens einer Klasse besteht (warum in manchen Programmen scheinbar keine Klasse enthalten ist, wird am Ende dieses Kapitels verraten). Auf der anderen Seite lassen sich über Klassen Objekte definieren, die als wiederverwendbare Programmelemente dazu führen, dass der Programmaufbau besser strukturiert wird und der Programmierer häufiger benutzte Funktionen nicht jedes Mal neu programmieren muss. So wird er in die Lage versetzt, Funktionen so in Klassen zu kapseln, dass diese sich einfacher benutzen lassen. Es ist wichtig zu verstehen, dass Klassen bei Visual Basic .NET keine Option sind. Gemäß dem »Mantra Nr. 1« der angehenden Visual Basic .NET-Programmierer aus Kapitel 3 ist alles ein Objekt. Unter diesem Gesichtspunkt ist es mehr als selbstverständlich, dass sich die gesamte Programmierung in Klassen abspielt. Klassen enthalten jedoch (außer Deklarationen) keine Programmbefehle. Diese werden in Funktionen (und Prozeduren) eingegeben, die, da sie sich in einer Klasse befinden, auch als Methoden und Eigenschaften bezeichnet werden. Schwierig ist die »objektorientierte« Programmierung keinesfalls, sie erfordert vom Programmierer allerdings etwas mehr Abstraktionsvermögen und die Fähigkeit, die Struktur eines Programms oder die zur Lösung eines Problems erforderlichen Schritte in Klassen unterteilen zu können, die oft zueinander in einer Beziehung stehen. Da praktisch alle modernen Programmiersprachen im 21. Jahrhundert Klassen anbieten und mehr oder weniger objektorientiert sind, gehört dies zu den Fähigkeiten, die jeder angehende Programmierer erwerben muss.

In diesem Kapitel geht es zunächst um das kleine Einmaleins der Klassen. In Kapitel 11 werden die etwas fortgeschritteneren Themen, wie das Ableiten einer Klasse von einer Basisklasse (Vererbung), die damit verbundene Möglichkeit, einzelne Mitglieder überladen zu können, die verschiedenen Gültigkeitsbereiche von Klassenmitgliedern und vor allem die sehr wichtige Trennung zwischen der Schnittstelle einer Klasse und ihrer Implementierung besprochen.

Die Themen für dieses Kapitel:

- Klassen definieren

- Klassen instanzieren

- Felder, Eigenschaften und Methoden hinzufügen

- Objekte benutzen

- Die Bedeutung von Me

- Shared oder nicht?

- Die Rolle des Konstruktors

- Eigenschaften und Methoden überladen

- Klassen und wozu sie gut sind

- Ein kleiner Ausblick auf die .NET-Basisklassen

6.1   Klassen definieren

Eine Klasse definiert einen Bereich in einem Visual Basic .NET-Programm und einen Typ aus der Sicht der *Common Language Runtime*. Eine Klasse wird durch einen *Class*-Befehl, auf den der Name der Klasse folgt, eingeleitet und durch einen *End Class*-Befehl wieder beendet. Ein Visual Basic .NET-Programm besteht aus mindestens einer, meistens jedoch mehrerer Klassen – mehr dazu in Kapitel 6.11.

Das folgende Beispiel definiert eine Klasse mit dem Namen *CFlugzeug*, die allerdings noch keinen Inhalt besitzt – das wird in den folgenden Abschnitten nachgeholt.

```
Class CFlugzeug

End Class
```

Das war's – war doch gar nicht so schwer. Damit besitzt das Programm eine (weitere) Klasse (allerdings noch ohne Inhalt) und das Assembly einen weiteren Typen, der zum Beispiel über die *System.Reflection*-Klasse angesprochen werden kann (mehr dazu in Kapitel 10). Klassen können übrigens auch verschachtelt werden, dass heißt ein *Class*-Befehl kann Teil eines anderen *Class*-Befehls sein.

Eine leere Klasse ist nur ein (relativ nutzloser) Rahmen, der noch mit Inhalten gefüllt werden muss. Der Inhalt einer Klasse besteht aus Funktionen, Prozeduren, Variablen und Eigenschaften, die unter dem Sammelbegriff *Mitglieder* (engl. »members«) zusammengefasst werden. Diese Mitglieder werden in den folgenden Abschnitten in die Klasse *CFlugzeug* eingebaut. Zuvor muss aber noch erklärt werden, was es mit dem Instanzieren einer Klasse auf sich hat.

6.2   Klassen instanzieren

Damit eine Klasse benutzt werden kann, muss sie in der Regel instanziert werden (eine Ausnahme sind Klassen, die gemeinsame Mitglieder enthalten – mehr dazu in Kapitel 6.7). Beim Instanzieren legt die CLR einen Speicherblock für alle Mitglieder der Klasse auf dem *Heap* (zu deutsch »Haufen«) an und gibt eine »Hausnummer« zurück, die in einer Variablen gespeichert wird. Das Ergebnis der Instanzierung ist eine Variable, die als Datentyp den Typ der Klasse (also einen Typ mit dem Namen der Klasse) besitzt und die für die Instanz steht. Eine Klasse kann mehrfach instanziert werden, wobei jede Instanz ein eigenes und unabhängiges Objekt darstellt. Für das Instanzieren einer Klasse gibt es bei Visual Basic .NET das Schlüsselwort *New*.

Der folgende Befehl instanziert die Klasse *CFlugzeug*.

```
Dim obFlugzeug1 As CFlugzeug = New CFlugzeug()
```

Alle Mitglieder, die nicht als gemeinsam deklariert wurden, können nun über die Objektvariable, d.h. über die Instanz der Klasse, angesprochen werden. Diese Mitglieder werden daher auch als *Instanzenmitglieder* bezeichnet.

Das Schlüsselwort *New* ist wichtig, um eine neue Instanz zu erstellen. Der folgende Befehl deklariert lediglich eine Variable vom Typ *CFlugzeug*:

```
Dim obFlugzeug2 As CFlugzeug
```

Die Variable *obFlugzeug2* ist ebenfalls vom Typ *CFlugzeug*. Allerdings ist sie noch leer, da sie keinen Inhalt besitzt. Sie besitzt den Spezialwert *Nothing*, der dem Wert 0 bei Objekten entspricht.

6.2.1   Vermeiden Sie späte Bindung

Die mysteriös klingende Zwischenüberschrift dürfte zunächst keinen rechten Sinn ergeben. Schauen Sie sich dazu einmal die folgende Deklaration an:

```
Dim obFlugzeug = New CFlugzeug ()
```

Was ist an dieser Deklaration faul? Nun, scheint doch alles in Ordnung zu sein. Doch nur scheinbar, denn was bei dieser Deklaration fehlt, ist der Datentyp der Variablen *obFlugzeug*. Dass das Programm dennoch funktioniert, liegt daran, dass die Variable *obFlugzeug* aufgrund des fehlenden Datentyps den Datentyp *Object* erhält. Der Nachteil dieser Variante ist, dass der Compiler zunächst nichts über die spätere Verwendung der Variablen weiß und erst einmal abwarten muss, welcher Wert ihr später zugewiesen wird. Auch wenn dies noch innerhalb derselben Anweisung geschieht, liegt eine so genannte späte Bindung vor. Diese besitzt zwei gravierende Nachteile:

1. Der Compiler kann bei Zuweisungen an die Variable keine Überprüfungen vornehmen.

2. Innerhalb der Visual Studio .NET-Entwicklungsumgebung kann nach Eingabe eines Punkts keine Auswahlliste angezeigt werden.

Vergessen Sie daher nicht, auch wenn es am Anfang des Öfteren passieren dürfte, den Datentyp einer Objektvariablen anzugeben.

6.3 Felder, Eigenschaften und Methoden implementieren

Klassen spielen nur dann eine Rolle, wenn sie Mitglieder besitzen. Es gibt drei Kategorien von Mitgliedern:

- Felder

- Eigenschaften

- Methoden

Felder sind Variablen, die innerhalb der Klasse definiert werden. Damit wird die Klasse bzw. das Objekt in die Lage versetzt, Werte speichern zu können, die sich in Kombination mit dem Klassen- oder Objektnamen wieder abfragen lassen. Eigenschaften entsprechen Feldern, nur dass sie über einen *Property*-Befehl definiert werden und, je nachdem, ob es sich um eine *ReadOnly*- oder *WriteOnly*-Eigenschaft handelt, über einen *Get*- und *Set*-Teil verfügen, in dem sich beliebige Befehle einbauen lassen (etwa, um einen zugewiesenen Werten zu überprüfen). Methoden sind Funktionen oder Prozeduren.

6.3.1 Felder implementieren

Ein Feld ist eine Variable, die innerhalb einer Klasse definiert wird[1]. Es wird daher über die üblichen Deklarationsbefehle für Variablen definiert.

---

1. Gemäß der eingangs getroffenen – und nach wie vor korrekten – Feststellung, dass alle Befehle eines Programms stets Teil einer Klasse sind, sind alle Variablen eines Programms automatisch Felder, doch ist diese Betrachtungsweise etwas zu »speziell«, so dass sie lediglich als Fußnote erscheint.

Das folgende Beispiel definiert in der Klasse *CFlugzeug* ein Feld mit dem Namen *Flugzeugtyp*:

```
Class CFlugzeug

  Public Flugzeugtyp As String

End Class
```

Die Deklaration mit *Public* geschah nicht ohne Grund, denn damit das Feld von außen, das heißt von anderen Klassen, angesprochen werden kann, muss es öffentlich sein. Das Gegenstück wäre ein privates Feld, das mit *Private* deklariert wird und nur innerhalb der Klasse angesprochen werden kann.

Auch wenn der *Dim*-Befehl zur Deklaration eines Feldes benutzt werden kann, wird dies nicht empfohlen, da dieser Befehl den Gültigkeitsbereich des Feldes nicht explizit angibt, sondern von der impliziten Einstellung *Private* ausgeht.

Es ist wichtig zu verstehen, dass das Feld *Flugzeugtyp* nur über die Instanz einer Klasse und nicht über die Klasse selber angesprochen werden kann (ansonsten müsste es ein gemeinsames Feld sein – mehr dazu in Kapitel 6.7).

Das folgende Beispiel weist dem Feld *Flugzeugtyp* einen Wert zu, der unmittelbar danach wieder ausgegeben wird:

```
Dim obFlugzeug1 As CFlugzeug = New CFlugzeug()

obFlugzeug1.Flugzeugtyp = "A340"
Console.WriteLine("Der Typ ist: {0}", obFlugzeug1.Flugzeugtyp
```

6.3.2 Eigenschaften implementieren

Eine Eigenschaft entspricht bezüglich ihrer Bedeutung einem Feld mit einem wichtigen Unterschied. Genau wie ein Feld steht es für eine Möglichkeit einen (beliebigen) Wert in der Klasse bzw. deren Instanz zu speichern. Anders als bei einem Feld wird eine Eigenschaft über den *Property*-Befehl implementiert, durch den sich sowohl beim Zuweisen als auch beim Abfragen des Wertes beliebige Befehle ausführen lassen. Das macht Mitglieder flexibler als Felder, wobei Letztere dadurch nicht an Bedeutung verlieren.

Über den *Property*-Befehl ist es möglich, zwischen dem Zuweisen an die Eigenschaft und dem Abfragen der Eigenschaft zu unterscheiden. Der Wert, der einer Eigenschaft zugewiesen wird, steht über das Schlüsselwort *Value* (es muss nicht deklariert werden) zur Verfügung.

Wenn Sie nicht in der Visual Studio .NET-Entwicklungsumgebung arbeiten, müssen Sie selbst darauf achten, innerhalb der *Property*-Definition die Datentypen nicht zu vergessen.

Das folgende Beispiel erweitert die Klasse *CFlugzeug* um die Eigenschaft Treibstoff.

Listing 6-1:
Eine Klasse mit
einer Eigen-
schaft (und
einem Feld)

Buch-CD: vbnet0601.vb

```
' ---------------------------------------------
' Eine Klasse mit einer Eigenschaft
' Jetzt lerne ich Visual Basic .NET
' ---------------------------------------------
Imports System

Class App
   Shared Sub Main ()
      Dim obFlug As CFlugzeug = New CFlugzeug()
      obFlug.Treibstoff = 12000
      Console.WriteLine("Treibstoffmenge: {0}", _
       obFlug.Treibstoff)
      Console.ReadLine()
   End Sub
End Class


Class CFlugzeug
   Public Flugzeugtyp As String
   Private shTreibstoff As Short
   Property Treibstoff() As Short
      Get
         Return shTreibstoff
      End Get

      Set(ByVal Value As Short)
         shTreibstoff = Value
      End Set
   End Property
End Class
```

Versuchen Sie sich bitte an diesem Beispiel den Unterschied zwischen *Get* und *Set* vor Augen zu führen. *Get*, das einer Funktion entspricht, wird aufgerufen, wenn der Wert der Eigenschaft später über die Instanz der Klasse abgefragt wird. *Set*, das einer Prozedur entspricht, wird dagegen aufgerufen, wenn die Eigenschaft über die Instanz der Klasse einen Wert erhält. Das Ganze wird eingerahmt durch das Befehlspaar *Property/End Property*, wobei sowohl der *Get*-Teil als auch der *Set*-Teil entfallen kann. Fällt der *Set*-Teil weg, muss der *Get*-Teil mit dem Schlüsselwort *ReadOnly* versehen werden, da die Eigenschaft nur gelesen werden kann. Fällt der *Get*-Teil weg, muss der *Set*-Teil mit dem Schlüsselwort *WriteOnly* versehen werden, da die Eigenschaft nur geschrieben werden kann (was ungewöhnlich wäre, aber nicht völlig ausgeschlossen ist).

Und noch ein wichtiger Aspekt der Klasse ist typisch für die Klassenprogrammierung mit Visual Basic .NET. Ist Ihnen die Variable *shTreibstoff* aufgefallen? Dieses private Feld wird benötigt, um den Wert, der an die Eigenschaft *Treibstoff* zugewiesen wird, in der Instanz zwischenzuspeichern. Ohne diese Variable gäbe es keinen Wert, den der *Get*-Teil der *Property*-Prozedur zurückgeben könnte. Lesen Sie bitte nicht weiter, bevor Sie diesen Aspekt nicht verstanden haben, denn er ist von grundlegender Bedeutung für die gesamte Klassenprogrammierung.

Und hier gleich eine weitere Verständnisfrage. Warum wurde die Eigenschaft *Treibstoff* nicht einfach als Feld implementiert? Aus zwei Gründen:

▨ Bei Eigenschaften kann über die Schlüsselwörter *ReadOnly* und *WriteOnly* (wie bereits erwähnt) festgelegt werden, dass es sich um eine Nur Lese- oder eine Nur Schreib-Eigenschaft handelt (letztere ist allerdings relativ selten und eher eine theoretische Variante).

▨ Da es sich beim *Get*-Teil um eine Funktion und beim *Set*-Teil um eine Prozedur handelt, können beim Abfragen und Zuweisen eines Wertes beliebige Befehle ausgeführt werden.

Das folgende Beispiel baut in den *Set*-Teil der Eigenschaft *Treibstoff* eine kleine Abfrage ein:

Buch-CD: vbnet0602vb

Listing 6-2: Eine Eigenschaft mit einer eingebauten Abfrage

```
' -------------------------------------------
' Eine Eigenschaft mit einer eingebauten Abfrage
' Jetzt lerne ich Visual Basic .NET
' -------------------------------------------
Imports System

Class App
  Shared Sub Main ()
    Dim obFlug As CFlugzeug = New CFlugzeug()
    obFlug.Flugzeugtyp = "A300"
    obFlug.Treibstoff = 30
    Console.WriteLine("Treibstoffmenge: {0}", obFlug.Treibstoff)
    Console.ReadLine()
  End Sub
End Class
```

151

```
Class CFlugzeug
  Public Flugzeugtyp As String
  Private shTreibstoff As Short
  Property Treibstoff() As Short
    Get
      Return shTreibstoff
    End Get

    Set(ByVal Value As Short)
      If Flugzeugtyp = "A300" And Value > 28 Then
        shTreibstoff = -1
        Console.WriteLine("Treibstoff bei A300 0-28t")
        Exit Property
      End If
      shTreibstoff = Value
    End Set

  End Property
End Class
```

Im Rahmen des *Set*-Teils wird, in Abhängigkeit des Flugzeugtyps, geprüft, ob der Treibstoff einen bestimmten Wert überschreitet. Sollte dies der Fall sein, wird ein Hinweis ausgegeben und die Eigenschaft erhält den Wert -1[1]. Natürlich wird man in der Praxis den Anwender nicht durch die Anzeige lapidarer Meldungen belästigen (vor allem dann nicht, wenn ein Programm aus mehreren hundert Klassen besteht und jede Klasse ihre eigene Meldung produzieren könnte). Stattdessen würde eine solche Falschzuweisung zu einer Ausnahme führen, die vom Programmierer abgefangen werden kann (mehr dazu in Kapitel 9). Nicht der Anwender ist in der Regel der Verursacher, sondern ein anderer Programmteil, so dass die einzelnen Teile diese »Meinungsverschiedenheit« unter sich ausmachen müssen.

6.3.3   Methoden implementieren

Methoden sind Funktionen und Prozeduren, die mit einer Klasse verbunden sind. Da Visual Basic .NET vollständig objektorientiert ist und jedes Programm auf Klassen basiert[2], ist jede Funktion automatisch auch eine Methode. Da in Kapitel 5 bereits erklärt wurde, was eine Funktion ist und wie sie definiert ist, gibt es zu diesem Thema in Zusammenhang mit Klassen auch nicht viel Neues zu berichten. Lediglich die verschiedenen Schlüsselwörter (wie zum

---

1. Den in der internationalen Luft- und Raumfahrt üblichen Wert für »Fluggerät soll mit zu viel Treibstoff betankt werden«.

2. Im Unterschied zu früheren Versionen, die eher unvollständig objektorientiert waren, wenngleich fairer Weise angemerkt werden muss, dass diese Versionen dadurch nicht weniger brauchbar waren.

Beispiel *Overridable* oder *Protected*) spielen bei normalen Funktionen im Allgemeinen keine Rolle – sie werden in Kapitel 11 erklärt).

Das folgende Beispiel implementiert eine Methode *Auftanken*, die einen Wert erhält und diesen zum privaten Feld *shTreibstoff* addiert:

```
Sub Auftanken(ByVal Wert As Short)
  shTreibstoff += Wert
End Sub
```

Na, das hätte man doch genauso gut als Eigenschaft implementieren können. Hätte man auch, denn die Frage Eigenschaft oder Methode ist in erster Linie eine Frage der Semantik, d.h. der Art und Weise, wie der Aufruf dem Programmierer angeboten werden soll. Bei aktiven Dingen, wie Löschen, Hinzufügen, Auftanken usw., empfiehlt sich eine Methode, bei den eher passiven Dingen eine Eigenschaft. Hätte man *Auftanken* als Eigenschaft implementiert, sähe die Zuweisung wie folgt aus:

```
obFlugzeug.Auftanken = 12000
```

Dieser Aufruf liest sich ein wenig merkwürdig, denn Auftanken ist ein Verb. Hier wurde die Semantik nicht optimal formuliert. Besser ist die Verwendung einer Methode, auch wenn es bei der Programmausführung auf das Gleiche hinausläuft:

```
obFlugzeug.Auftanken 12000
```

Die Werte von Methoden werden (wie bei Funktionen) übergeben und nicht (wie bei Eigenschaften) durch ein Gleichheitszeichen zugewiesen.

6.4 Objekte benutzen

Das Objekt wurde instanziert, wie geht es nun weiter? Nun, in den allermeisten Fällen hat das Objekt selbst keine unmittelbar Bedeutung, man möchte vielmehr auf die Felder, Eigenschaften und Methoden des Objekts zugreifen, um damit etwas »anzustellen«. Beim Zugriff auf ein Objekt gilt eine einfache Regel: Objektname und der Name des Mitglieds werden stets durch einen Punkt voneinander getrennt. Arbeiten Sie innerhalb der Visual Studio .NET-Entwicklungsumgebung, öffnet sich nach der Eingabe des Punkts als kleine Komforthilfe eine Auswahlliste, in der alle Mitglieder der Klasse aufgelistet werden (sollte diese Liste nicht erscheinen, steht die Information nicht zur Verfügung, etwa weil die Objektvariable noch nicht deklariert wurde oder das Programm noch Fehler enthält).

a) Zugriff auf ein Feld

Felder sind einfach Variablen, die entweder zu einer bestimmten Instanz (Instanz=Objekt) eines Objekts gehören, oder die, wenn es sich um ein gemeinsames Feld handelt, sich alle Instanzen der Klasse teilen.

```
obFlugzeug.Typ = "A340"
```

b) Zugriff auf eine Eigenschaft

Auch Eigenschaften sind Variablen, die entweder zu einer Instanz oder, wenn sie gemeinsam sind, zu allen Instanzen der Klasse gehören. Der Unterschied zu einem Feld besteht darin, dass sie in der Klasse über eine *Property*-Prozedur definiert werden und so die Möglichkeit besteht, sowohl beim Abfragen der Eigenschaft als auch beim Zuweisen eines Wertes an die Eigenschaft beliebige Befehle auszuführen.

```
obFlugzeug.FlugNr = "LH 456"
```

c) Aufruf einer Methode

Methoden sind Funktionen (oder Prozeduren), die entweder zur Instanz eines Objekts oder, wenn sie als gemeinsam deklariert wurden, direkt zur Klasse gehören. Auch wenn Methoden keine Werte speichern, besitzt jede Instanz ihren eigenen Satz an Methoden. Ändert eine Methode zum Beispiel ein privates Feld, so bezieht sich dies stets auf die Instanz, für die die Methode aufgerufen wird.

```
obFlugzeug.Steigen (Flughöhe:=30000)
```

6.5   Die Bedeutung von Me

Es ist wichtig zu verstehen, dass jede Instanz eine eigene Einheit im Arbeitsspeicher der CLR darstellt. Auch wenn die gleichen Eigenschaften und Methoden angesprochen werden, beziehen sie sich auf verschiedene Instanzen. Lediglich öffentliche und als gemeinsam deklarierte Felder werden von allen Instanzen einer Klasse benutzt. In einigen Fällen kann es erforderlich sein, innerhalb einer Klasse auf die aktuelle Instanz zuzugreifen. Normalerweise sind dazu keine speziellen Maßnahmen erforderlich, in seltenen Fällen kann es erforderlich sein, die aktuelle Instanz gezielt anzusprechen. Für diese Situation gibt es das Schlüsselwort *Me*. Es steht für die aktuelle Instanz der Klasse. *Me* wird zum Beispiel immer dann notwendig, wenn die Instanz an eine Prozedur übergeben werden soll.

Das folgende Beispiel zeigt eine Methode, die die aktuelle Instanz an eine andere Methode übergibt, die als Parameter einen Typ der Klasse, von der die Instanz abstammt, erwartet.

Buch-CD: vbnet0603.vb

*Listing 6-3:
Die Rolle von
Me beim Zu-
griff auf eine
Instanz*

```vbnet
' ------------------------------------------------
' Beispiel für das Schlüsselwort Me
' Jetzt lerne ich Visual Basic .NET
' ------------------------------------------------

Imports System

Class App

  Shared Sub Main()
    Dim obFlug1 As CFlugzeug = New CFlugzeug("LH 456")
    Dim obFlug2 As CFlugzeug = New CFlugzeug("DI /0/8")
    obFlug1.Starten()
    obFlug2.Starten()
      Console.ReadLine()
  End Sub

End Class

Class CFlugzeug
  Private stFlugNr As String

  Sub New(ByVal FlugNr As String)
    stFlugNr = FlugNr
  End Sub

  ReadOnly Property FlugNr() As String
    Get
      Return stFlugNr
    End Get
  End Property

  Sub Starten()
    If KontrollTower.StartErlaubnis(Me) = True Then
      Console.WriteLine("FlugNr {0} hat Starterlaubnis, roger", _
        Me.stFlugNr)
    Else
      Console.WriteLine("FlugNr {0} hat keine Starterlaubnis, roger", _
        Me.stFlugNr)
    End If
  End Sub
End Class

Class KontrollTower
  Public Shared Function StartErlaubnis(ByVal Flug _
    As CFlugzeug) As Boolean
```

```
Select Case Flug.FlugNr
    Case "LH 456"
        Return True
    Case "DI 7078"
        Return False
    Case Else
        Return False
End Select
End Function
End Class
```

Neben dem Schlüsselwort *Me* (das in der Hilfe nicht ganz einfach zu finden ist) gibt es noch die Schlüsselwörter *MyClass* und *MyBase*. Während sich *MyBase* auf die Klasse bezieht, von der die Klasse der aktuellen Instanz abgeleitet wurde (mehr dazu in Kapitel 11), steht *MyClass* wie *Me* zwar für die aktuelle Instanz, nur dass bei (eventuell) überschriebenen Mitgliedern die Originalmitglieder der Basisklasse aufgerufen werden. Wird eine Methode mit *Me* aufgerufen, wird, falls vorhanden, die in einer abgeleiteten Klasse überschriebene Methode aufgerufen. Wird eine Methode dagegen mit *MyClass* aufgerufen, wird auch dann die Originalmethode der Basisklasse aufgerufen, wenn diese in der abgeleiteten Klasse überschrieben wurde. Gibt es keine überschriebenen Mitglieder, sind *Me* und *MyClass* identisch. Mehr zu diesen hochinteressanten Themen in Kapitel 11.

6.6   Objekte zuweisen und vergleichen

Wird eine Klasse instanziert, ist das Ergebnis eine Instanz. Das sollte durch die letzten Beispiele deutlich geworden sein. Eine Instanz ist ein (meistens kleiner) Bereich im Arbeitsspeicher, der über eine Adresse (auch Referenz genannt) angesprochen wird. Die Adresse ist für den Programmierer in den allermeisten Fällen ohne Bedeutung. Er oder sie bekommt sie auch nicht zu sehen, da sie mit der Instanzierung in einer Variablen gespeichert wird. Da die Variable die Referenz auf ein Objekt enthält, heißt sie auch Objektvariable. Es ist wichtig zu verstehen, dass die Objektvariable nicht das Objekt selbst enthält, sondern lediglich die Referenz auf das Objekt, genauer gesagt, die Instanz. Dieser subtile Unterschied spielt zum Beispiel immer dann eine Rolle, wenn eine Objektvariable an eine Funktion übergeben wird oder einer anderen Variablen zugewiesen wird. Da nur die Referenz auf das Objekt, nicht aber das Objekt selbst übergeben wird, wirken sich die Änderungen an den Eigenschaften, die über die kopierte Referenz erledigt werden, auch auf das Original aus.

Die folgende Befehlsfolge erzeugt zunächst eine Instanz der Klasse *CFlugzeug* und eine zweite Objektvariable des gleichen Typs, die aber keine eigene Instanz erhält. Stattdessen wird ihr die zuvor für die erste Objektvariable erzeugte Instanz zugewiesen. Erhält über die erste Objektvariable die Eigenschaft *FlugNr* einen neuen Wert, wirkt sich das auch auf die zweite Objektvariable aus, da beide die gleiche Instanz ansprechen.

```
Dim obFlug1 As CFlugzeug = New CFlugzeug("LH 456")
Dim obFlug2 As CFlugzeug = obFlug1
obFlug1.FlugNr = "DI 7078"
Console.WriteLine("Flug-Nr: {0}", obFlug1.FlugNr)
Console.WriteLine("Flug-Nr: {0}", obFlug2.FlugNr)
```

6.6.1   Objekte vergleichen

Objekte lassen sich nicht so ohne Weiteres vergleichen, da es kein einfaches Kriterium gibt, mit dem sich eine »Gleichheit« feststellen ließe. Bei einfachen Objekte, etwa wenn ein Objekt für einen Eintrag in einer Adresskartei steht, könnte man noch jede Eigenschaft einzeln vergleichen. Wenn jedoch eine Eigenschaft für ein anderes Objekt steht, das vielleicht über Auflistungen mit einer beliebigen Anzahl an Objekten als Eigenschaft verfügt, wird ein solcher Vergleich praktisch unmöglich. Werden zwei Objektvariablen verglichen, wird daher lediglich geprüft, ob sie auf die gleiche Instanz verweisen. Ein solcher Vergleich wird zudem nicht über das Gleichheitszeichen, sondern über den *Is*-Operator durchgeführt.

Das folgende Beispiel prüft, ob zwei Objektvariablen die gleiche Instanz enthalten, was im ersten Fall zutrifft, im zweiten Fall dagegen nicht.

```
Dim obFlug1 As CFlugzeug = New CFlugzeug("LH 456")
Dim obFlug2 As CFlugzeug = obFlug1

If obFlug1 Is obFlug2 Then
  Console.WriteLine("Beide Objekte sind gleich")
Else
  Console.WriteLine("Beide Objekte sind nicht gleich")
End If

Dim obFlug3 As CFlugzeug = New CFlugzeug("AF 1002")
If obFlug1 Is obFlug3 Then
  Console.WriteLine("Beide Objekte sind gleich")
Else
  Console.WriteLine("Beide Objekte sind nicht gleich")
End If
```

Der *Is*-Operator dient dazu, zwei Objektvariablen zu vergleichen. Bei diesem Vergleich geht es aber nicht um die Frage, ob die Objekte die gleichen Werte besitzen. Der *Is*-Operator vergleicht, ob zwei Variablen die gleiche Referenz auf das gleiche Objekt enthalten.

157

Eine Alternative zum *Is*-Operator ist die *Equals*-Methode des *System.Object*-Objekts. Auch sie prüft, ob zwei Variablen die gleiche Referenz enthalten. Das Besondere an dieser Methode ist, dass das, was sie prüft, vom Typ des Objekts abhängt, auf das sie angewendet wird. Wird sie beispielsweise mit einem *String*-Objekt aufgerufen, prüft sie, ob beide Strings den gleichen Wert besitzen.

Das folgende Beispiel entspricht dem letzten Beispiel, nur dass dieses Mal für den Vergleich die *Equals*-Methode zum Einsatz kommt.

```
Dim obFlug1 As CFlugzeug = New CFlugzeug("LH 456")
Dim obFlug2 As CFlugzeug = obFlug1

If System.Object.Equals(obFlug1, obFlug2) Then
  Console.WriteLine("Beide Objekte sind gleich")
Else
  Console.WriteLine("Beide Objekte sind nicht gleich")
End If
```

6.6.2 Feststellen, ob eine Instanz von einer bestimmten Klasse abstammt

Möchte man lediglich wissen, zu welcher Klasse eine Instanz gehört (etwa, um im Rahmen einer späten Bindung zu erfahren, ob bestimmte Eigenschaften oder Methoden zur Verfügung stehen), muss der *TypeOf*-Operator zum Einsatz kommen.

```
Dim obFlug1 As CFlugzeug = New CFlugzeug("LH 456")
Dim obFlug2 As CFlugzeug = obFlug1
obFlug1.FlugNr = "DI 7078"
If TypeOf obFlug1 Is CFlugzeug Then
  Console.WriteLine("TypeOf sagt: Der Typ ist CFlugzeug")
Else
  Console.WriteLine("TypeOf sagt: Unbenannter Typ")
End If
```

Auch der *TypeOf*-Operator stammt aus der Vergangenheit von Visual Basic .NET. Auch wenn er einfach anzuwenden ist, offiziell erhält man die für einen Vergleich notwendigen Typeninformationen über die *GetType*-Methode. Sie gibt ein *Type*-Objekt zurück, das alle benötigten Typeninformationen zur Verfügung stellt. Der Name des Typs wird zum Beispiel über die *Name*-Eigenschaft geliefert.

```
Dim obFlug1 As CFlugzeug = New CFlugzeug("LH 456")
Dim obFlug2 As CFlugzeug = obFlug1
obFlug1.FlugNr = "DI 7078"
```

```
If obFlug1.GetType.Name = "CFlugzeug" Then
   Console.WriteLine("GetType sagt: Der Typ ist CFlugzeug")
Else
   Console.WriteLine("GetType sagt: Unbenannter Typ")
End If
```

6.7   Gemeinsam oder Instanz?

Jedes Mitglied einer Klasse kann über das Schlüsselwort *Shared* als »gemein-sam« deklariert werden[1]. Die Namensgebung hat einen tieferen Sinn, der aber sicherlich nicht sofort offensichtlich wird. Zum einen ist ein *Shared*-Mit-glied ein Mitglied, das benutzt werden kann, ohne dass die Klasse instanziert werden muss (das ist ein wichtiger Unterschied im Vergleich zu früheren Visual Basic-Versionen). Sehr viel wichtiger ist die zweite Bedeutung, denn wird ein Mitglied als *Shared* deklariert, teilen sich alle Instanzen dieses Feld (dadurch erklärt sich der Begriff »shared« für gemeinsam nutzbar).

Die deutschsprachige Dokumentation verwendet für shared den Begriff »freigegeben«.

Das folgende Beispiel zeigt, dass gemeinsame Felder verschiedener Instan-zen ein und derselben Klasse den gleichen Wert enthalten.

Buch-CD: vbnet0604.vb

Listing 6-4:
Eine Klasse mit
gemeinsamen
Feldern

```
' ----------------------------------------------
' Gemeinsame Felder mehrerer Instanzen
' Jetzt lerne ich Visual Basic .NET
' ----------------------------------------------

Imports System

Class App

  Shared Sub Main()
    Dim obF1 As CFlugzeug = New CFlugzeug()
    Dim obF2 As CFlugzeug = New CFlugzeug()
    obF1.AnzahlSitze = 340
    Console.WriteLine("Anzahl Sitze bei Flugzeug Nr. 2: {0}", obF2.AnzahlSitze)
```

---

1. Wer bereits vor etwa 15 Jahren mit Basic programmiert hat, wird sich vielleicht noch an den Shared-Befehl von QuickBasic erinnern, durch den Variablen in mehreren Programmen gemeinsam genutzt werden konnten.

```
      Console.ReadLine()
    End Sub

End Class

Class CFlugzeug
  Public Shared AnzahlSitze As Short
End Class
```

Gemeinsame Mitglieder spielen auch bei den .NET-Basisklassen eine wichtige Rolle. Handelt es sich um ein gemeinsames Mitglied, können Sie es benutzen, ohne die Klasse zuvor instanzieren zu müssen. Ein Beispiel von vielen ist die Eigenschaft *CurrentDirectory* der *Environment*-Klasse, die den aktuellen Verzeichnispfad zurückgibt, der für die Anwendung maßgeblich ist. Sie kann über *Environment.CurrentDirectory* direkt aufgerufen werden.

Die Klasse *CFlugzeug* enthält eine Methode *Typ*, die über *Shared* als gemeinsam und über *Public* zudem als öffentlich deklariert ist und daher aufgerufen werden kann, ohne dass die Klasse instanziert werden muss.

```
Public Shared Function Typ() As String
  If Flugzeugtyp = "" Then
    Return "Kein Flugzeugtyp festgelegt"
  Else
    Return Flugzeugtyp
  End If
End Function
```

Das Gegenstück zu einer gemeinsamen Methode ist übrigens eine Instanzenmethode. Sie kann nur über eine Instanz der Klasse aufgerufen werden.

Doch halten Sie einen Augenblick inne und sehen Sie sich die Funktion *Typ* in Ruhe an. Ergibt es denn überhaupt einen Sinn, eine Methode als gemeinsam zu deklarieren, die auf ein Feld zugreift, das nur in einer Instanz zur Verfügung steht? Sicher nicht und darum ist diese Konstruktion auch nicht erlaubt. Visual Studio .NET unterstreicht daher auch »Flugzeugtyp« mit einer hübschen, blau gewellten Linie und der Compiler gibt die Fehlermeldung »Von einer gemeinsamen Methode aus kann auf nicht gemeinsame Klassenmitglieder nicht zugriffen werden« aus. Alles klar? Damit es in dieser Konstellation funktioniert, muss *Flugzeugtyp* ebenfalls mit *Shared* als gemeinsam deklariert werden.

Damit Sie die einzelnen kleinen Erweiterungen der Klasse *CFlugzeug* besser nachvollziehen können, hier noch einmal die komplette Klasse auf dem aktuellen Stand.

Buch-CD: vbnet0605.vb

```
Class CFlugzeug
  Public Shared Flugzeugtyp As String
  Private shTreibstoff As Short
  Property Treibstoff() As Short
    Get
      Return shTreibstoff
    End Get
    Set(ByVal Value As Short)
      If Flugzeugtyp = "A300" And Value > 28 Then
        shTreibstoff = -1
        Console.WriteLine("Treibstoff bei A300 0-28t")
        Exit Property
      End If
      shTreibstoff = Value
    End Set
  End Property
  Sub Auftanken(ByVal Wert As Short)
    shTreibstoff += Wert
  End Sub

  Public Shared Function Typ() As String
    If Flugzeugtyp = "" Then
      Return "Kein Flugzeugtyp festgelegt"
    Else
      Return Flugzeugtyp
    End If
  End Function
End Class
```

Listing 6-5: Die »komplette« Klasse CFlugzeug als Zwischenstand

Dieses harmlose Beispiel soll dezent andeuten, dass Klassenprogrammierung nicht nur aus dem Eintippen von Feldern, Eigenschaften und Methoden besteht, sondern vor allem durchdacht umgesetzt werden muss. Objektprogrammierung ist kein Selbstzweck, sondern ein Weg, um das Design eines Programms zu verbessern. Das setzt Erfahrung und Planung voraus.

6.8   Objekt oder Klasse?

Bevor es mit der Klassenprogrammierung weitergeht, muss eine wichtige Frage geklärt werden. Was ist eigentlich der Unterschied zwischen einer Klasse und einem Objekt? Gleich vorweg, bei .NET gibt es keine klare Trennlinie. Eine Klasse ist zunächst nur eine Definition, die die Namen und vor allem die Datentypen ihrer Mitglieder (und die Datentypen eventuell vorhandener Parameter bei Methoden und Ereignissen) umfasst. Ein Klasse ist ein Typ, der noch nicht direkt im Programm benutzt werden kann (etwa, um einem Mit-

161

glied der Klasse einen Wert zuzuweisen). Durch das Instanzieren wird aus der Klasse ein Objekt, das über eine Variable angesprochen wird. Die offizielle Definition für ein Objekt lautet daher:

Ein Objekt ist eine Instanz einer Klasse.

Das Objekt (bzw. die Instanz) ist ein Speicherbereich in einem Bereich, der als *Heap* bezeichnet wird und von der CLR verwaltet wird (die CLR entscheidet unter anderem, wann dieser Bereich wieder freigegeben wird).

Bei .NET sind Klassen aber mehr als nur Schablonen, mit deren Hilfe beim Instanzieren Objekte »gestanzt« werden. Besitzen Klassen gemeinsame Mitglieder, lassen sich diese auch dann benutzen, wenn die Klasse noch nicht instanziert wurde. Dies trifft auch bei vielen .NET-Basisklassen zu, die nicht instanziert werden müssen, um sie benutzen zu können. Ob eine Methode einer .NET-Basisklasse als Instanzenmethode aufgerufen werden kann, erfahren Sie unter anderem aus der Hilfe des .NET-Framework SDK.

6.9   Die Rolle des Konstruktors

Häufig wäre es praktisch, wenn mit dem Instanzieren der Klasse ein oder mehrere Werte aufgerufen werden könnten, die zum Beispiel zur Belegung privater Felder der Instanz mit Werten genutzt werden. Diese Aufgabe übernimmt die Konstruktorprozedur oder kurz ein Konstruktor. Ein *Konstruktor* ist eine Prozedur, die mit dem Instanzieren der Klasse aufgerufen wird und der eine beliebige Anzahl an Argumenten übergeben werden können. Bei Visual Basic .NET lautet der Name des Konstruktors immer *New*. Durch Überladung der *New*-Funktion (mehr dazu in Kapitel 6.10) kann eine Klasse auch mehrere Konstruktorprozeduren besitzen, die sich durch die Datentypen und die Anzahl ihrer Argumente unterscheiden.

Besitzt eine Klasse keinen Konstruktor, erhält sie einen »unsichtbaren« Default-Konstruktor (mit anderen Worten: es gibt keine konstruktorlosen Klassen).

Das folgende Beispiel erweitert die Klasse *CFlugzeug* um den (in den meisten Fällen notwendigen) Konstruktor, über den das neu eingeführte (Instanzen-) Feld *shSitze* einen Initialisierungswert erhält:

```
Sub New (Anzahl As Short)
  shSitze = Anzahl
End If
```

Da es sich bei *Anzahl* nicht um einen optionalen Parameter handelt, muss beim Instanzieren der Klasse ein passender Wert übergeben werden:

```
obFlugzeug1 = New CFlugzeug(320)
```

Natürlich kann das Feld *Sitze* nach wie vor direkt einen Wert erhalten. Der Vorteil des Konstruktors ist, dass das Feld »in einem Rutsch« mit der Instanzierung seinen Wert erhält, dieses also nicht nachträglich zugewiesen werden muss. Werden einem Konstruktor mehrere Werte übergeben, vereinfacht dies ist die Programmierung deutlich.

6.10　Eigenschaften und Methoden überladen

Wir kommen jetzt zu einem etwas fortgeschritteneren Kapitel der Klassenprogrammierung. Es geht um die Möglichkeit, ein und dasselbe Mitglied mehrfach in einer Klasse aufführen zu können. Da aber identische Mitglieder einer Klasse nicht möglich sind, müssen sich die namensgleichen Mitglieder durch die Datentypen ihrer Parameter (auch *Signatur* genannt) oder durch deren Anzahl unterscheiden. Das mehrfache Aufführen eines Mitglieds unter dem gleichen Namen, aber mit unterschiedlichen Datentypen bei den Parametern wird *Überladen* genannt.

Das folgende Beispiel demonstriert eine häufig benutzte Technik, bei der der Konstruktor einer Klasse mehrfach überladen wird. Dadurch lässt sich die Klasse mit unterschiedlichen Parametern initialisieren, ohne dass optionale Parameter zum Einsatz kommen müssen.

```
Sub New ()
  stFlugzeugtyp = "A300"
  shSitze = 300
End Sub

Sub New (ByVal Typ As String)
  stFlugzeugtyp = Typ
End Sub

Sub New (ByVal Typ As String, ByVal Sitze As Short)
  stFlugzeugtyp = Typ
  shSitze = Sitze
End Sub
```

Ist ein Mitglied einer Klasse überladen, gibt es mehrere Varianten, um das Mitglied aufzurufen. Innerhalb der Visual Studio .NET-Entwicklungsumgebung wird dies sehr schön durch die Syntaxhilfe angezeigt, indem diese für jede Variante eine eigene Hilfe anbietet und Sie sich mit den Pfeiltasten durch die einzelnen Varianten bewegen können.

Abb. 6.1:
Die Syntaxhilfe
der Entwick-
lungsumge-
bung zeigt alle
zur Auswahl
stehenden
Varianten bei
überladenen
Methoden an

```
Shared Sub Main()
    Dim obFlugzeug1 As CFlugzeug = New CFlugzeug(
    obFlugzeug1.FlugzeugTyp = "A340"        ▲ 1 von 3 ▼  New (Typ As String, Sitze As Short, MaxGeschw As Single)
    WriteLine("Der Typ ist: {0}", obFlugzeug1.FlugzeugTyp)
    If 3 Mod 2 Then
        WriteLine("Zahl ist ungerade!")
    End If
    ReadLine()
End Sub
```

Um anzuzeigen, dass ein Mitglied überladen wird, gibt es das Schlüsselwort *Overloads*. Es ist aber nicht erforderlich, denn der Visual Basic .NET-Compiler erkennt diese Situation in der Regel automatisch.

Das Überladen von Mitgliedern ist eine Technik, die die Flexibilität bei der Programmierung erhöhen soll. Ohne diese Möglichkeit müssten die Mitglieder unterschiedliche Namen tragen oder es müssten optionale Parameter zum Einsatz kommen. Beides sind Programmiertechniken, die alles andere als optimal sind.

6.11 Klassen und der allgemeine Programmaufbau

Sie wissen nun, was Klassen sind, und dass jedes Visual Basic .NET aus mindestens einer, meistens jedoch mehreren Klassen besteht. Da es so wichtig ist, geht dieser Abschnitt noch einmal auf den allgemeinen Aufbau eines Visual Basic .NET-Programms und die Rolle der Klassen als logische Unterteilung eines Programms ein. Das einfachste denkbare Visual Basic .NET-Programm enthält lediglich eine kleine Klasse:

```
Class App
```

```
End Class
```

Sie können diese Klasse (allerdings als Modul, da es keinen Einsprungpunkt gibt) kompilieren. Außerhalb einer Klasse sind keine Befehle erlaubt. Das folgende Programm führt beim Kompilieren daher zu einem Fehler:

```
Dim s As Short
```

```
Class Test
```

```
End Class
```

Der *Dim*-Befehl ist an dieser Stelle nicht erlaubt, er muss Teil einer Klasse sein (auf die besondere Rolle der Module wurde bereits in Kapitel 3.9 hingewiesen, dieser Aspekt soll daher außer Acht gelassen werden). Erlaubt sind lediglich eine Reihe von »Spezialbefehlen«, wie *Imports*, *Namespace* oder *Option Strict On*, die außerhalb einer Klasse stehen müssen, sowie die Befehle zur bedingten Kompilierung, die in diesem Buch aber nicht behandelt werden.

Klassen definieren den Programmaufbau eines Moduls, das immer aus mindestens einer Klasse besteht. Der Befehl

```
Console.WriteLine("Hallo, wie geht's?")
```

den man früher (besser gesagt ganz früher) einfach einmal eingetippt und zur Ausführung gebracht hat, muss bei Visual Basic .NET stets Teil einer Prozedur (oder Funktion – allgemein einer Methode) sein, die wiederum Teil einer Klasse ist. Schauen Sie sich noch einmal das »Hallo, Welt«-Programm aus Kapitel 1 an. Es sollte unter diesem Aspekt eine etwas tiefere Bedeutung erhalten.

6.12 Klassen und wozu sie gut sind

Klassen sind bei Visual Basic .NET keine Option, sondern bilden das Grundgerüst jedes Programms. Diesen wichtigen Satz haben Sie bereits mehrfach über sich ergehen lassen müssen. Nicht ohne Grund natürlich, denn er ist das Mantra Nr. 2 für alle angehenden Visual Basic .NET-Programmierer, wobei sich auch jene Leserinnen und Leser angesprochen fühlen sollten, die Visual Basic bereits »ewig« kennen, aber nie die Zeit gefunden haben, um sich mit der Klassenprogrammierung zu beschäftigen. Doch es gibt eine weitere Ebene, auf der Klassen betrachtet werden müssen: als wiederverwendbare Programmelemente und als eine Möglichkeit, die Funktionen eines Programms so zu »portionieren«, dass sie sich möglichst vielseitig einsetzen lassen. Die .NET-Basisklassen liefern dafür das beste Beispiel. Sie stellen die komplette Funktionalität über Klassen zur Verfügung. Ein anderes Beispiel sind die Bibliotheken, die vom Visual Basic .NET-Compiler erstellt werden, wenn über die Option */t:Library* eine Klassenbibliothek (sie trägt die Erweiterung *.Dll*) kompiliert wird. Sie enthalten öffentliche Klassen, die von anderen Assemblies (also .NET-Programmen) angesprochen werden können. Benötigen Sie daher eine bestimmte Funktionalität in verschiedenen Projekten, programmieren Sie sie einmal als Klassenbibliothek und installieren Sie sie als gemeinsames Assembly im *Global Assembly Cache* (GAC). Sie können diese Funktionalität über die in der Bibliothek enthaltenen Klassen von nun an nutzen, ohne dass diese erneut eingefügt oder gar programmiert werden muss. In diesem Sinne sind Klassen die Grundlage für die (in der Softwareindustrie in der Vergangenheit viel beschworene) Wiederverwendbarkeit, die den Aufwand für die Programmierung größerer Projekte reduzieren soll.

6.13 Die .NET-Basisklassen

Kommt Ihnen die Klassenprogrammierung, so wie Sie sie bislang in diesem Kapitel kennen gelernt haben, unter Umständen ein wenig theoretisch und ohne unmittelbaren praktischen Nutzen vor? Das liegt zum einen daran, dass mit Objektorientierung in der Vergangenheit große Dinge versprochen wurden, die sich später nur ansatzweise einhalten ließen (nicht alleine die Methoden sind entscheidend für den Erfolg eines Softwareprojekts, sondern die Art und Weise wie sie angewendet werden). Das kann zum anderen daran liegen, dass Klassen bislang in erster Linie als ein Formalismus vorgestellt wurden, der beim Programmieren eingehalten werden muss. Das Zuweisen an ein paar Eigenschaften und der Aufruf einer Reihe von Funktionen ließen sich in anderen Programmiersprachen, in denen es keine Klassen gibt, ähnlich leicht lösen (vielleicht sogar ein wenig leichter). Doch es kann nicht oft genug betont werden, Visual Basic .NET und das .NET-Framework sind durch und durch objektorientiert. Dies betrifft daher nicht nur die Programmiersprache, sondern auch die überaus umfangreiche Klassenbibliothek, die weit über 7.000 Klassen umfasst. Dass es in diesem Buch kein eigenes Kapitel zu den Basisklassen gibt, hat zwei Gründe: 1. Ein Buch, das die Basisklassen auch nur ansatzweise beschreiben würde, hätte vermutlich den Umfang einer mittleren Enzyklopädie. 2. Da praktisch kein Programm ohne den Zugriff auf Basisklassen auskommt, haben Sie bereits einige Vertreter kennen gelernt und werden im weiteren Verlauf noch sehr viele mehr kennen lernen. Ein eigenes Kapitel wäre daher extrem redundant (sprich überflüssig). Das folgende Beispiel soll den grundsätzlichen Umgang mit den Basisklassen noch einmal veranschaulichen. (In Kapitel 11 werden Sie erfahren, dass Sie einzelne Basisklassen sogar in eigenen Klassen erweitern, sprich von den Basisklassen »erben« können. Mit anderen Worten, Sie nutzen einen Teil einer Basisklasse und ergänzen sie um neue Funktionalität.)

 So war es früher:

Ein Pendant zu den Basisklassen gab es bei früheren Visual Basic-Versionen nicht. Diese boten vielmehr eine möglichst große Anzahl spezieller »eingebauter« Funktionen an (diese werden bei Visual Basic .NET über die *Microsoft.VisualBasic*-Basisklasse zur Verfügung gestellt). Der Rest musste über API-Funktionen sowie verschiedene COM-Erweiterungen gelöst werden.

 Das folgende Beispiel legt mit Hilfe verschiedener Basisklassen und deren Methoden in *Eigene Dateien* im Benutzerprofil des Anwenders die Datei *Hallo.htm* an (sollte sie bereits vorhanden sein, wird sie zuvor gelöscht), schreibt ein paar HTML-Tags hinein und zeigt sie im Internet Explorer an. Da Visual Basic .NET dafür keine Befehle bereitstellt, wird diese Aufgabe über den Aufruf der Basisklassenmethoden gelöst. Die Programmierung wird dadurch kein bisschen komplizierter, die Basisklassen sind vielmehr eine natürliche Erweiterung der Programmiersprache.

Das Beispiel enthält den *With*-Befehl, der erst in Kapitel 10 offiziell vorgestellt wird.

Buch-CD: vbnet0606.vb

*Listing 6-6:
Ein Visual
Basic .NET-
Programm mit
.NET-Basis-
klassen*

```
' ----------------------------------------------------------
' Ein Visual Basic .NET-Programm mit "vielen" Basisklassen
' Jetzt lerne ich Visual Basic .NET
' ----------------------------------------------------------
Imports System.IO
Imports System
Imports Microsoft.VisualBasic

Class App
  Shared Sub Main()
    Dim stPfad As String = Environment. _
      ExpandEnvironmentVariables("%userprofile%") & _
      "\Eigene Dateien\Hallo.htm"
    If Directory.Exists(stPfad) = True Then
      Directory.Delete(stPfad)
    End If
    Dim obFile As FileStream = _
      New FileStream(stPfad, FileMode.Create)
    Dim obSt As StreamWriter = _
      New StreamWriter(obFile)
    With obSt
      .WriteLine("<HTML>")
      .WriteLine("<TITLE>Visual Basic .NET kann HTML</TITLE>")
      .WriteLine("<H1>Hallo, Welt! (dieses Mal in HTML)</H1>")
      .WriteLine("<HR>")
      .WriteLine("</HTML>")
      .Close()
    End With
    Shell("explorer " & stPfad, _
      AppWinStyle.NormalFocus, False)
  End Sub
End Class
```

Das kleine Beispiel »wimmelt« nur so von .NET-Basisklassen: *Environment*, *Directory*, *FileStream*, *StreamWriter* und *Interaction* (zu dieser Klasse gehört die *Shell*-Methode) sind keine Befehle, sondern .NET-Basisklassen, die, und das macht sie so sympathisch, allen Programmiersprachen vollkommen gleichberechtigt zur Verfügung gestellt werden und in der Hilfe zum .NET-Framework-SDK ausführlich beschrieben sind.

167

6.13.1 Die Rolle des Imports-Befehl

Die .NET-Basisklassen sind allgegenwärtig, sie müssen weder definiert, deklariert noch importiert werden. Es ist lediglich üblich, über einen *Imports*-Befehl einen *Namespace* festzulegen, so dass beim Zugriff auf eine Klasse nicht der komplette Namespace vorangestellt werden muss. Dazu am besten gleich ein Beispiel. Visual Basic .NET besitzt keinen *Print*-Befehl, der etwas in die Eingabeaufforderung (oder sonst wohin) ausgeben würde. Stattdessen gibt es die *WriteLine*-Methode in der *System.Console*-Klasse. Ihr Aufruf sieht wie folgt aus:

```
System.Console.WriteLine ("Das ist aber eine Überraschung")
```

Doch was ist *System.Console* genau? Es handelt sich um eine Kombination aus Namespace (*System*) und dem Namen einer Klasse (*Console*), in der die *WriteLine*-Methode enthalten ist. Nun wäre es auf die Dauer etwas unpraktisch, vor jedem Aufruf von *WriteLine* ein *System.Console* voranstellen zu müssen. Nun, lassen wir es einfach weg und schauen, was passiert:

```
WriteLine ("Das ist aber eine Überraschung")
```

Wird das Programm nun als Konsolenanwendung mit dem Kommandozeilencompiler *Vbc.exe* kompiliert, kann der Compiler auf einmal die *WriteLine*-Methode nicht mehr finden. (Bei Verwendung von Visual Studio .NET erscheint der Fehler dagegen nicht, da hier die Namespaces automatisch eingefügt werden – dafür erscheint ein anderer Fehler, weil der Compiler nun die gewünschte *WriteLine*-Methode mit der gleichnamigen Methode der *Microsoft.VisualBasic*-Klasse verwechselt.) Es gibt aber eine einfache Lösung, die es ermöglicht, trotzdem *WriteLine* ohne Angaben des Namespaces schreiben zu können. Über den *Imports*-Befehl wird zu Beginn des Programms der Namespace bekannt gemacht:

```
Imports System
```

Enthält ein Visual Basic .NET-Programm zu Beginn diesen Befehl (er muss am Anfang des Programms außerhalb der ersten Klassendefinition stehen), durchsucht der Compiler bei Auftreten eines zunächst unbekannten Namens diesen Namespace.

Das Motto der .NET-Basisklassen »eine für alle« ist vor allem für Visual Basic-Programmierer »revolutionär«, denn es war ein dickes Manko vergangener Versionen, dass die Win32-API in erster Linie für C++-Programmierer gemacht war und der Aufruf einer bestimmten Funktion oft daran scheiterte, dass keine Dokumentation zu finden war oder (was seltener vorkam) Visual Basic nicht über die erwarteten Datentypen verfügte. Kurzum, als Visual Basic-Programmierer kam man sich oft als »Programmierer 2. Klasse« vor – damit ist bei .NET definitiv Schluss.

6.14   Zusammenfassung

Klassen sind die »Moleküle«, die ein Visual Basic .NET-Programm zusammen-
halten. Jedes Visual Basic .NET-Programm besteht aus mindestens einer
Klasse, jeder Befehl in einem Visual Basic .NET-Programm ist daher immer
Teil einer Klasse. Das gilt auch dann, wenn die Klasse lediglich einen *Module*-
Befehl enthält, da in diesem Fall hinter den Kulissen eine Klasse angelegt
wird, in der alle Mitglieder als gemeinsam deklariert werden. Eine Klasse ist
eine Datenstruktur, die über Mitglieder verfügt (Felder, Eigenschaften, Methoden und Ereignisse, diese kommen aber erst in Kapitel 11 an die Reihe).
Visual Basic .NET hat im Umgang mit Klassen noch etwas mehr zu bieten.
Dazu gehört vor allem die Möglichkeit, bei der Definition einer neuen Klasse,
über den *Inherits*-Befehl eine so genannte Basisklasse angeben zu können,
deren Mitglieder auch in der abgeleiteten Klasse zur Verfügung stehen, und
einzelne Mitglieder durch »Überschreiben« neu zu implementieren. Um diese
etwas fortgeschritteneren Techniken der Objektprogrammierung wird es in
Kapitel 11 gehen.

6.15   F&A

Frage 6-1

Aus wie vielen Klassen besteht das folgende Visual Basic .NET-Programm?

```
Module basTest

  Class App

    Class SubApp

    End Class

  End Class

End Module
```

Frage 6-2

Unter welchen Umständen führt die folgende Befehlssequenz zu einer Ausnahme?

```
Dim obF1 As CFlugzeug
Console.WriteLine("Der Typ ist: {0}", obF1.Typ)
```

169

Frage 6-3

Erweitern Sie die Klasse *CFlugzeug* um eine Eigenschaft *MaxGeschwindigkeit*, die nur gelesen werden kann.

Frage 6-4

Erweitern Sie den Konstruktor der Klasse *CFlugzeug* so, dass der Wert für *MaxGeschwindigkeit* beim Instanzieren übergeben werden kann.

Frage 6-5

Welche Rolle spielt das Schlüsselwort *Me* innerhalb einer Klasse?

Frage 6-6

Implementieren Sie eine Klasse *Flugticket*, die über eine Eigenschaft *Flugzeug* verfügt, die vom Typ *CFlugzeug* ist. Bauen Sie das Beispiel so aus, dass Sie einem Objekt der Klasse *Flugticket* über die Eigenschaft *Flugzeug* ein bestimmtes (zuvor instanziertes) Objekt vom Typ *CFlugzeug* und damit auch einen Flugzeugtyp zuweisen und diesen über *WriteLine* ausgeben können.

(Alle Antworten und Lösungen finden Sie in Anhang D.)

KAPITEL 7

Zeichenketten (Strings)

Zeichenketten (auch Strings genannt) gehören neben den Zahlen zu den wichtigsten Datentypen und kommen in praktisch jedem Programm vor. Wie alles andere bei Visual Basic .NET sind auch Zeichenketten Objekte. Jede Zeichenkette ist ein Objekt der Klasse *String*. Das bedeutet, dass die Klasse *String* alle für den Umgang mit Zeichenketten benötigten Funktionen zur Verfügung stellt. In diesem Kapitel geht es um den Umgang mit Zeichenketten in einem Visual Basic .NET-Programm. Dieses Kapitel wurde absichtlich abgetrennt und nicht in die allgemeine Übersicht der Visual Basic .NET-Datentypen gepackt, da es sehr wichtig ist zu verstehen, dass hinter jedem String ein Objekt der Klasse *String* steht und die Möglichkeiten beim Umgang mit Strings durch die Eigenschaften und Methoden dieser Klasse vorgegeben werden. Nachdem das Thema Klassen und Objekte bereits behandelt wurde und auch die .NET-Basisklassen keine unbekannte Größe mehr sein dürften, sollte mit diesem Wissen die *String*-Klasse in einem etwas anderen Licht erscheinen. So besitzt die *String*-Klasse sowohl Instanzenmitglieder (sie werden stets zusammen mit einem konkreten String-Objekt benutzt) als auch gemeinsame Mitglieder. Letztere werden direkt über die *String*-Klasse aufgerufen und erhalten ein String-Objekt als Parameter. Sollte dies alles noch ein wenig kompliziert klingen, machen Sie sich deswegen bitte keine Sorgen. Auch wenn der Lernaufwand am Anfang ein wenig höher sein mag (insbesondere, wenn Sie bereits ältere Visual Basic-Versionen kennen), nach einer Weile werden Sie angetan sein von der Flexibilität, die sich dadurch ergibt. Das Schöne dabei ist, dass diese neue Art zu programmieren nicht nur für den Umgang mit Strings gilt, sondern sich wie ein roter Faden durch die gesamte .NET-Programmierung zieht (dieser Satz könnte daher jedes Kapitel in diesem Buch einleiten).

Es ist interessant, dass dieses Kapitel in einem Buch über die .NET-Programmiersprache C# nur geringfügig anders aussehen würde. (Denken Sie immer daran, Visual Basic .NET ist eine vollständige .NET-Programmiersprache und absolut gleichberechtigt mit C#.) Das liegt daran, dass beide Programmiersprachen (wie vermutlich jede .NET-Programmiersprache) keine eigene String-Verarbeitung mitbringen, sondern sich vollständig auf .NET und seine Klassen und Datentypen verlassen. Und diese sehen von jeder Programmiersprache aus gleich aus.

Und noch ein Hinweis vorweg: Bei einigen Beispielen kommen Feldvariablen vom Typ *Char* vor, in denen die einzelnen Zeichen einer Zeichenkette angelegt werden. Feldvariablen werden erst in Kapitel 8 erklärt.

Die Themen für dieses Kapitel:

- Die Definition einer *String*-Variablen

- Überblick über die *String*-Klasse

- String-Operationen in der Praxis

- Die *StringBuilder*-Klasse für den effektiveren Umgang mit Strings

- Spezialitäten beim Umgang mit der *String*-Klasse

So war es früher:

Die vertrauten String-Funktionen früherer Visual Basic-Versionen gibt es auch bei Visual Basic .NET. Sie werden über die *Microsoft.VisualBasic*-Kompatibilitätsklasse zur Verfügung gestellt (auch das $-Zeichen ist noch erlaubt). Es spricht nichts dagegen, sie weiterhin zu benutzen, zumal sie in einigen Fällen die Programmierung sogar vereinfachen. In diesem Kapitel werden ausschließlich die Methoden der *String*-Klasse vorgestellt.

7.1 Die Definition einer String-Variablen

String-Variablen sind dazu da, beliebig große Zeichenketten während der Programmausführung zwischenzuspeichern. Eine String-Variable wird wie jede andere Variable deklariert und wie jeder anderen Variablen kann ihr bereits mit der Deklaration ein Wert zugewiesen werden.

Der folgende Befehl deklariert eine String-Variable und weist ihr einen Wert zu.

```
Dim stErgebnis As String = "Der Parteivorsitzende konnte sich an die Namen
einiger Spender nicht mehr erinnern"
```

Dies ist bei weitem nicht die einzige Methode, einen String zu definieren (die restlichen Varianten lernen Sie in Kapitel 7.5 kennen), für die meisten Fälle ist diese einfache Variante vollkommen ausreichend.

7.2 Überblick über die String-Klasse

Hinter jeder String-Variablen steckt ein Objekt der Klasse *String*, die dessen Möglichkeiten definiert. Tabelle 7.1 gibt einen Überblick über die wichtigsten Mitglieder dieser Klasse. Wie *String*-Objekte definiert werden, erfuhren Sie bereits im letzten Abschnitt. Der folgende Befehl definiert ein weiteres *String*-Objekt:

```
Dim stZustand As String = "Sonne und Meer"
```

Auch wenn das Schlüsselwort *New* hier nicht im Spiel ist, wird ein neues *String*-Objekt angelegt. Da es so wichtig ist, hier noch einmal zur Wiederholung: Was bedeutet es, dass es eine *String*-Klasse gibt, deren Methoden die String-Verarbeitung übernehmen? Es bedeutet, dass es in der .NET-Klassenbibliothek eine Klasse mit dem Namen *String* gibt. Dass es sich bei *stZustand* tatsächlich um ein Objekt handelt, wird deutlich, wenn Sie im Editor der Visual Studio .NET-Entwicklungsumgebung auf den Namen einen Punkt folgen lassen. Es öffnet sich eine Auswahlliste, in der alle Mitglieder der *String*-Klasse enthalten sind. Tabelle 7.1 fasst die wichtigsten Mitglieder zusammen, wobei angegeben wird, wenn es sich um ein gemeinsames Mitglied (also eines, das direkt auf die *String*-Klasse angewendet werden kann) handelt.

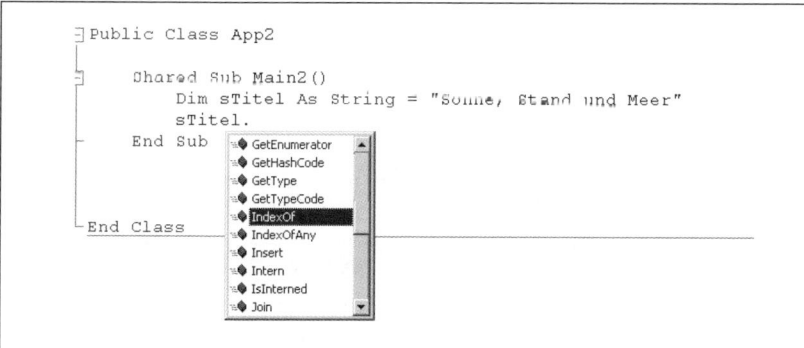

Abb. 7.1:
Folgt in der
Visual Studio
.NET-IDE auf
eine String-Va-
riable ein
Punkt, werden
alle Mitglieder
aufgelistet

Mitglied	Bedeutung
Chars-Eigenschaft	Ermöglicht über einen Index, der von 0 bis *Length*-1 gehen kann, einen Zugriff auf jedes einzelne Zeichen.
Compare	Vergleicht zwei Zeichenketten, wobei auf Wunsch auch länderspezifische Details (*CultureInfo*-Parameter) berücksichtigt werden.
CompareOriginal (gemeinsam)	Vergleicht zwei Zeichenketten, ohne dass länderspezifische Details berücksichtigt werden.
Concat (gemeinsam)	Fasst mehrere Zeichenketten zu einer zusammen.
Copy (gemeinsam)	Legt ein neues *String*-Objekt an, das den gleichen Inhalt besitzt.
Format (gemeinsam)	Wendet eine über eine Formatzeichenkette übergebene Formatierung auf eine ebenfalls übergebene Zeichenkette an.
IndexOf	Gibt die Position innerhalb der Zeichenkette zurück, an der ein übergebener String erscheint.
IndexOfAny	Gibt die Position innerhalb der Zeichenkette zurück, an der eines der Zeichen in einem übergebenen Array erscheint.
Insert	Fügt eine Zeichenkette in die Zeichenkette an der angegeben Position ein.
Join (gemeinsam)	Fügt mehrere Zeichenketten zu einer zusammenhängenden Zeichenkette zusammen, wobei zwischen die Zeichenketten ein übergebenes Trennzeichen eingefügt wird.
Length	Gibt die Länge einer Zeichenkette zurück.
PadLeft	Richtet die Zeichen der Zeichenkette rechtsbündig aus und füllt die freigewordenen Plätze am linken Rand mit einem übergebenen Zeichen.
PadRight	Richtet die Zeichen der Zeichenkette linksbündig aus und füllt die freigewordenen Plätze am rechten Rand mit einem übergebenen Zeichen.
Remove	Entfernt eine Anzahl an Zeichen an vorgegebener Position aus der Zeichenkette.
Replace	Tauscht alle enthaltenen Teilzeichenketten in der Zeichenkette durch eine andere Teilzeichenkette aus.
Split	Zerlegt eine Zeichenkette in Teilzeichenketten anhand eines übergebenen Trennzeichens und gibt ein Feld mit Teilzeichenketten zurück.
Substring	Extrahiert eine Teilzeichenkette, deren Position und Länge übergeben wird, aus der Zeichenkette.
ToCharArray	Kopiert die Zeichen der Zeichenkette in ein *Char*-Array.
ToLower	Wandelt die Großbuchstaben der Zeichenkette in Kleinbuchstaben um.

Mitglied	Bedeutung
ToUpper	Wandelt die Kleinbuchstaben der Zeichenkette in Großbuchstaben um.
Trim	Entfernt alle Zeichen, die einem (oder mehreren) vorgegebenen Zeichen entsprechen, sowohl am linken als auch am rechten Rand der Zeichenkette.
TrimEnd	Entfernt alle Zeichen, die einem (oder mehreren) vorgegebenen Zeichen entsprechen, am rechten Rand der Zeichenkette.
TrimStart	Entfernt alle Zeichen, die einem vorgegebenen Zeichen entsprechen, am linken Rand der Zeichenkette.

Tabelle 7.1:
Die wichtigsten
Mitglieder der
String-Klasse
(Forts.)

7.3   String-Operationen in der Praxis

In diesem Abschnitt werden an ein paar Beispielen typische String-Operationen für die Praxis vorgestellt. Allzu ausführlich müssen die Beschreibungen nicht sein, denn hat man das Prinzip der Strings erst einmal verstanden, ergibt sich vieles von alleine.

7.3.1   Strings zusammenfügen

Mehrere Strings lassen sich jederzeit zu einem neuen String zusammenfügen. Diese Aufgabe übernimmt bei Visual Basic .NET der &-Operator (alternativ kann auch der +-Operator verwendet werden).

```
Dim stZustand As String
Dim stS1 As String = "Sonne"
Dim stS2 As String = "Regen"
stZustand - stS1 & " und " & stS2
```

Diese Art und Weise, mit Strings umzugehen, ist simpel und bedarf normalerweise keiner weiteren Erläuterungen. Sie werden daher überrascht sein (hoffentlich positiv), wenn Sie in Kapitel 7.5 erfahren, dass hinter dem harmlosen &-Operator die *Concat*-Methode der *String*-Klasse steckt. Wann immer sich der Wert eines Strings ändert, wird intern ein neues *String*-Objekt angelegt, so dass es aus Performancegründen effektiver sein kann, Strings mit Hilfe der *StringBuilder*-Klasse zusammenzusetzen (mehr dazu in Kapitel 7.4).

7.3.2   Strings vergleichen

Eine überaus wichtige Operation ist der Vergleich zweier Strings. Es dürfte nicht überraschen, dass ein Computerprogramm anderer Meinung darüber sein kann, wann zwei Strings gleich sind, als ein Mensch, denn bei Strings gibt es einen gewissen Interpretationsspielraum. Insbesondere, wenn es um die

Frage geht, ob ein String kleiner oder größer ist als ein anderer String. Fangen wir ganz einfach an. Die einfachste Weise, zwei Strings zu vergleichen, geht mit dem bekannten =-Operator, der auch für Zahlenvergleiche benutzt wird.

Das folgende Beispiel führt einen Vergleich zweier Strings durch.

```
Dim s1 As String = "Sonne"
Dim s2 As String = "Sonne"
Console.WriteLine("Der Vergleich von {0} und {1} ergibt: {2}", _
  s1, s2, s1 = s2)
```

In diesem Fall ist es sonnenklar, beide Strings sind gleich. Daran kann auch der Computer nichts deuteln. Doch wie sieht es im folgenden Fall aus?

Dieses Beispiel führt einen Vergleich zweier Strings durch, die sich lediglich in ihrer Groß-/Kleinschreibung unterscheiden.

```
Dim s1 As String = "Sonne"
Dim s2 As String = "soNNe"
Console.WriteLine("Der Vergleich von {0} und {1} ergibt: {2}", _
  s1, s2, s1 = s2)
```

Beide Strings sind zunächst einmal ungleich, denn sie unterscheiden sich in einigen Buchstaben (intern besitzt ein Großbuchstabe einen anderen Zeichencode als ein Kleinbuchstabe). Wir können Visual Basic .NET allerdings die Order erteilen, alles nicht so kleinlich zu sehen und die unterschiedliche Groß-/Kleinschreibung zu ignorieren. Diese Order erteilt der Befehl

```
Option Compare Text
```

der zu Beginn des Programms (also noch vor etwaigen *Imports*-Befehlen) stehen muss.

Nun sind »Sonne« und »soNNE« wieder gleich. Der Befehl *Option Compare Text* sorgt dafür, dass bei einem String-Vergleich der Text und nicht der Zeichencode verglichen wird. Das Gegenstück ist *Option Compare Binary* und das ist die Standardeinstellung. *Option Compare Text* ist vor allem dann wichtig, wenn Zeichenketten Umlaute (oder andere landesspezifische Zeichen enthalten). Bei einem reinen Vergleich der Zeichencodes wäre zum Beispiel das Ä größer als das Z, da es sich relativ weit hinten in der Zeichencodetabelle befindet. Geht es aber, was meistens der Fall ist, um einen Textvergleich, bei dem das Ä kleiner sein soll als das Z, muss zuvor *Option Compare Text* gesetzt werden (arbeiten Sie mit der Visual Studio .NET-Entwicklungsumgebung ist dies nicht notwendig, da diese Einstellung bereits in den Projektoptionen getroffen wird).

Die Methoden Equals und CompareTo

Neben dem Gleichheitszeichenoperator, der für die meisten Fälle vollkommen ausreichend ist, bietet die *String*-Klasse die Methoden *Equals* und *Compare-*

To. Die *Equals*-Methode vergleicht ebenfalls zwei Strings und gibt *True* (Strings sind gleich) oder *False* (Strings sind ungleich) zurück. *Option Compare Text* hat hier aber keinen Einfluss.

Das folgende Beispiel führt einen Vergleich zweier Strings mittels der *Equals*-Methode durch.

```
Dim s1 As String = "Sonne"
Dim s2 As String = "Sonne"
Console.WriteLine("Der Vergleich von {0} und {1} ergibt: {2}", _
  s1, s2, s1.Equals(s2))
```

Die *Compare*-Methode ist etwas anders gestrickt. Zum einen ist es (auch) eine gemeinsame Methode, die auf die *String*-Klasse direkt angewendet wird. Zum anderen führt sie einen Größer/Kleiner-Vergleich durch und gibt 0 zurück, wenn beide Strings gleich sind, -1, wenn String1 kleiner als String2 und 1, wenn String1 größer als String2 ist. Auch bei *Compare* spielt *Option Compare* keine Rolle. Allerdings gibt es hier die Möglichkeit, über einen zusätzlichen Parameter entweder die Berücksichtigung länderspezifischer Besonderheiten zu erwirken oder festzulegen, dass die Groß-/Kleinschreibung keine Rolle spielen soll.

Das folgende Beispiel führt einen Vergleich zweier Strings mittels der *Compare*-Methode durch.

```
Dim s1 As String = "Sonne"
Dim s2 As String = "sonne"
Console.WriteLine("Der Vergleich von {0} und {1} ergibt: {2}", _
  s1, s2, String.Compare(s1, s2))
Console.WriteLine("Der Vergleich von {0} und {1} ergibt: {2}", _
  s1, s2, String.Compare(s1, s2, True))
```

Beim zweiten Aufruf von *Compare* wird über *True* festgelegt, dass die Groß-/Kleinschreibung keine Rolle spielen soll.

Sollen länderspezifische Unterschiede keine Rolle spielen, muss der String-Vergleich mit der *CompareOrdinal*-Methode durchgeführt werden.

7.3.3   Einen String in Elemente zerlegen

Die *Split*-Methode unterteilt einen String in mehrere Teilstrings in Abhängigkeit eines oder mehrerer Trennzeichen, die beim Aufruf übergeben werden. Der Rückgabewert ist daher ein Array (dieses wird in Kapitel 8 erklärt), das die abgetrennten String-Elemente enthält.

Das folgende Beispiel zerlegt eine Zeichenkette anhand eines Punkts als Trennzeichen und gibt die einzelnen Worte aus. Da ein Array zurückgegeben wird, wird sein Inhalt über eine Schleife ausgegeben.

```
stBewertung = "Pointiert.Witzig.Humorvoll.Inkompetent"
Dim aWorte As String() = stBewertung.Split(".")
For i = 0 To aWorte.GetUpperbound(0)
  Console.WriteLine(aWorte(i))
Next
```

7.3.4   Einen String durchsuchen

Häufig möchte man wissen, ob eine kleine Zeichenkette in einer größeren Zeichenkette enthalten ist. Ein Beispiel ist eine URL, bei der man sich dafür interessiert, ob ein Parameter übergeben wurde, der üblicherweise durch ein »?« abgetrennt wird, oder eine Benutzereingabe, bei der man feststellen möchte, ob der Benutzer ein bestimmtes Befehlswort oder eine Kommandozeilenoption eingegeben hat. Für das »Durchsuchen« einer Zeichenkette gibt es bei der *String*-Klasse die *IndexOf*-Methode. Sie gibt die Position (das erste Zeichen befindet sich stets an Position 0) zurück, an der die gesuchte Zeichenkette zum ersten Mal vorkommt.

```
Dim stS1 As String = "Sonne und Meer, was will man mehr?"
Console.WriteLine("Das Meer befindet sich an Position: {0}", _
    stS1.IndexOf("Meer"))
```

Bei allen Positionsangaben bei Strings in Zusammenhang mit den Methoden der *String*-Klasse besitzt das erste Zeichen die Position 0.

Als Alternative zur *IndexOf*- gibt es bei der *String*-Klasse noch die *IndexOf Any*-Methode. Hier wird statt einer Zeichenkette ein *Char*-Array übergeben, das eine Reihe von Zeichen enthält, nach deren Vorkommnis gesucht werden soll.

7.3.5   Elemente in einem String austauschen

Möchte man in einem String bestimmte Elemente gegen andere Elemente austauschen, kommt dafür die *Replace*-Methode zum Einsatz.

Das folgende Beispiel tauscht in einer Zeichenkette das Wort »grün« gegen »blau« aus.

```
Dim stS1 As String = "Es grünt so grün im Grünen"
Console.WriteLine(stS1.Replace("grün", "blau"))
```

Von dieser Operation bleibt der Inhalt von *stS1* aber unberührt. Die *Replace*-Methode gibt vielmehr einen neuen String zurück, der die ausgetauschten Elemente enthält.

7.3.6   Elemente zu einem String zusammenfügen

In Kapitel 7.3.1 haben Sie bereits den &-Operator kennen gelernt, der beliebige Strings zu einem neuen String zusammenfügt. Möchte man, dass zwischen den einzelnen Teilstrings ein bestimmtes Zeichen eingefügt wird, muss man die *Join*-Methode verwenden, der das Trennzeichen als Parameter übergeben wird.

```
Dim Cr As String = Environment.NewLine
Dim stSprachen() As String = {"Basic", "C", "C#", "Logo"}
Dim stS1 As String = String.Join(Cr, stSprachen)
```

Das Resultat ist ein String, bei dem auf jede Programmiersprache ein Zeilenumbruchzeichen folgt, welches von der Konstanten *NewLine* zur Verfügung gestellt wird.

7.3.7   Elemente aus einem String entfernen

Um aus einer Zeichenkette einzelne Teile zu entfernen, gibt es zwei Möglichkeiten: die *Split*-Methode oder die *Remove*-Methode. Die *Split*-Methode zerlegt eine Zeichenkette anhand eines Trennzeichens in Fragmente (siehe Kapitel 7.3.3). Die *Remove*-Methode entfernt ab einer vorgegebenen Position eine bestimmte Anzahl an Zeichen.

Das folgende Beispiel bezieht die *IndexOf*-Methode ein, um die Startposition einer Teilzeichenkette zu finden, die dann mit der *Remove*-Methode entfernt wird.

```
Dim Cr As String = Environment.NewLine
Dim stS1 As String = String.Join(Cr, new String() {"Basic", "C", "C#",
"Logo"})
Console.WriteLine("And the winners are:")
Console.Writeline(stS1)
stS1 = stS1.Remove(stS1.IndexOf("C#"), 4)
Console.WriteLine("And the winners are:")
Console.WriteLine(stS1)
```

Achten Sie einmal darauf, auf welche Weise die *Join*-Methode den String zusammensetzt. Sie erwartet als zweites Argument ein Array mit Strings (mehr dazu in Kapitel 8), das über das Schlüsselwort *New* direkt angelegt wird – das erspart nicht nur eine weitere Variable, sondern sieht auch besser aus[1].

---

1. Zeigen Sie das unbedingt einem Bekannten, der auf C# schwört und für den Visual Basic lediglich etwas ist, bei dem man mit der Maus herumklicken muss.

7.3.8 Elemente aus einem String zurückgegeben

Die *Remove*-Methode entfernt einen Teilstring. Soll dieser nur abgefragt werden, muss die *SubStr*-Methode zum Einsatz kommen. Sie gibt einen Teilstring zurück, dessen Position und Länge übergeben wurden.

Das folgende Beispiel gibt die ersten fünf Zeichen (bitte daran denken, die Nummerierung beginnt stets bei 0) der Zeichenkette *stS1* zurück.

```
Console.WriteLine(stS1.Substring(0, 5))
```

7.3.9 Feststellen, ob ein String mit einem bestimmten Teilstring beginnt oder endet

Um festzustellen, ob ein String mit einem bestimmten Teilstring beginnt oder endet, gibt es die Methoden *StartsWith* und *EndsWith*. Sie geben einen *True*-Wert zurück, falls eine Zeichenkette mit einer anderen Zeichenkette beginnt (*StartsWith*) oder endet (*EndsWith*).

Das folgende Beispiel prüft, ob der String *stS1* mit dem String »Basic« beginnt.

```
Dim stS1 As String = String.Join(Cr, new String() _
  {"Basic", "C", "C#", "Logo"})
Console.WriteLine(stS1.StartsWith("Basic"))
```

7.3.10 Strings mit Leerzeichen füllen

Um bei der Ausgabe mehrerer Zeichenketten untereinander einzelne Elemente bündig auszugeben (das heißt an der gleichen Position innerhalb einer Zeile), füllt man die von dem auszugebenden Element nicht belegten Plätze mit Leerzeichen aus, so dass stets ein Element mit der gleichen Breite ausgegeben wird. Dies übernehmen die Methoden *PadLeft* und *PadRight*. Während die *PadLeft*-Methode das auszugebende Element links anordnet und die verbleibenden Stellen mit Leerzeichen füllt, geht die *PadRight*-Methode genau anders herum vor. Das auszugebende Element wird rechtsbündig angeordnet, die bis zum linken Ende verbleibenden Stellen werden mit Leerzeichen aufgefüllt.

Ein Beispiel für die *PadLeft*-Methode enthält Listing 7-1 in Kapitel 7.3.14.

7.3.11 Strings »zurechtschneiden«

Mit dem Zurechtschneiden von Strings ist das Entfernen überflüssiger Zeichen entweder am linken oder rechten Ende oder auch mittendrin gemeint. Der häufigste Fall sind Leerzeichen, die zum Beispiel aus dem Umstand resultieren, dass zu viele Zeichen aus einem Feld kopiert oder vom Benutzer eingegeben wurden. Da diese Zeichen bei einem Vergleich oder allgemein bei der Weiterverarbeitung stören würden, müssen sie abgeschnitten werden. Diese Aufgabe übernehmen die Methoden *Trim*, *TrimLeft* und *TrimRight*. Sie unterscheiden sich lediglich in der Frage, ob die Zeichen am linken Rand (*Trim-Left*), am rechten Rand (*TrimRight*) oder an beiden Enden (*Trim*) entfernt werden. Die zu entfernenden Zeichen werden als ein Feld von Zeichen, das heißt als ein Argument vom Typ *Char*-Array, übergeben (was ein *Char*-Array ist, wird in Kapitel 8 erklärt). Die *Trim*-Methode kann auch ohne Argument aufgerufen werden. In diesem Fall werden die Leerzeichen am linken und rechten Ende entfernt.

Das folgende Beispiel entfernt alle Satzzeichen vom linken und rechten Ende einer Zeichenkette.

```
Dim stX As String = ",Gleich geht's weiter...?"
Console.WriteLine(stX.Trim(New Char() {".", ",", "?"}))
```

```
Gleich geht's weiter
```

7.3.12   Die Länge einer Zeichenkette feststellen

Das ist sicherlich die einfachste Übung, denn die Anzahl der Zeichen einer String-Variablen wird von der *Length*-Eigenschaft des *String*-Objekts zurückgegeben. Die *Length*-Eigenschaft ist zum Beispiel bei Programmschleifen erforderlich, die jedes Zeichen einzeln ansprechen sollen. Da eine Zeichenkette dynamisch wachsen und wieder schrumpfen kann, ändert sich auch der Wert der *Length*-Eigenschaft entsprechend.

Das folgende Beispiel zeigt, dass die *Length*-Eigenschaft bei String-Operationen benötigt wird, um die Länge der von der Operation betroffenen Zeichen auszurechnen, und sich auch auf Zeichenkettenkonstanten anwenden lässt.

```
Dim stS As String
stS = "Sonne und Meer"
Console.WriteLine(stS.Remove(stS.IndexOf("u"), "und Meer".Length))
```

7.3.13   Strings ohne Wert

Auch dieser Spezialfall ist wichtig und muss daher kurz angesprochen werden. Welchen Wert besitzt eigentlich ein *String*-Objekt, dem noch kein Wert zugewiesen wurde? Da ein String bei .NET ein Objekt ist und nicht initialisierte Objekte den Spezialwert *Nothing* besitzen, besitzt auch eine nicht initialisierte String-Variable den Wert *Nothing*. Eine Möglichkeit, festzustellen, ob eine String-Variable einen Wert besitzt oder nicht, ist der Vergleich mit einer leeren Zeichenkette. Eine andere Möglichkeit ist der direkte Vergleich mit *Nothing* über den *Is*-Operator.

Die folgenden beiden Vergleiche geben den Wert *True* zurück.

```
Dim stSO As String
Console.WriteLine("String-Variable initialisiert: {0}", _
  Not stSO Is Nothing)
Console.WriteLine("String-Variable initialisiert: {0}", _
  Not stSO = "")
```

Der *Is*-Operator ist für den Vergleich zweier Objekte zuständig, wobei nicht der Wert der Objekte, sondern ihre Adresse (auch Referenz genannt) verglichen wird. Er ergibt *True* als Ergebnis, wenn die beiden Objektreferenzen auf die gleiche Instanz eines Objekts »zeigen«. Oder, wie im obigen Beispiel, wenn eine Objektreferenz beim direkten Vergleich mit *Nothing* diesen Wert besitzt. Und es gibt noch eine dritte Möglichkeit festzustellen, ob eine Variable den Wert *Nothing* besitzt: ein Aufruf der *Equals*-Methode, über die jedes Objekt verfügt.

Der folgende Vergleich prüft, ob die Variable *stSO* den Wert *Nothing* besitzt.

```
Console.WriteLine(Object.Equals(stSO, Nothing))
```

> Mit nicht initialisierten String-Variablen können keine String-Operationen durchgeführt werden, da sie noch keinen Wert besitzen. Stattdessen ist eine Ausnahme die Folge.

7.3.14 Ein Beispiel für die wichtigsten String-Operationen

Zum Schluss ein Beispiel, das die wichtigsten String-Operationen zusammenfasst. Das Beispiel ist etwas umfangreicher, wobei sich die String-Operationen, um die es geht, in der Funktion *FlugdatenZerlegen* befinden. Nach dem Start müssen die Eckdaten eines Flugtickets (Name des Passagiers, Anrede, Flugnummer, Start und Ziel) angegeben werden. Das Besondere an der Eingabe ist, dass Flugnummer, Start und Ziel durch Kommata getrennt in einer Zeile eingegeben werden. Alle Daten werden den Eigenschaften einer Klasse zugewiesen (das wäre natürlich nicht notwendig und dient in erster Linie dazu, den Umgang mit Klassen noch einmal zu üben), wobei die Zeile mit Flugnummer, Start und Ziel zunächst über String-Operationen zerlegt werden muss.

Listing 7-1:
Ein Beispiel für
verschiedene
String-Opera-
tionen

Buch-CD: vbnet0701.vb

```
' ---------------------------------------------
' vbnet0702.vb - Ein Beispiel für String-Operationen
' Jetzt lerne ich Visual Basic .NET
' ---------------------------------------------
```

```
' Das muss einfach sein
Option Explicit On
' Das wäre nicht unbedingt notwendig, ist aber lehrreich
Option Strict On

' Die folgenden Namespaces werden benötigt
Imports System
Imports System.IO

' Die Klasse bildet den allgemeinen Programmrahmen
Class App

    ' Hier beginnt die Programmausführung
    Public Shared Sub Main()
        ' Ein neues Flugticket Objekt
        Dim Ticket As New Flugticket()
        Console.Write("Name des Passagiers: ")
        Ticket.Passagier = Console.ReadLine()
        Console.Write("Anrede [Mr/Mrs]: ")
        Ticket.Anrede = Console.ReadLine()
        Console.Write("Flugnummer, Flugstart, Flugziel (z.B. LH 456, _
          MUC, SFO):")
        ' Auf diese Zuweisung kommt es an
        Ticket.FlugDaten = Console.ReadLine()
        Console.WriteLine(Ticket.FlugdatenZusammensetzen)
        Console.ReadLine()
    End Sub
End Class

Public Class Flugticket
    Private stPassagier, stAnrede, stFlugNr As String
    Private stFlugZiel, stFlugStart, stFlugDaten As String
    Private Cr As String = Environment.NewLine

    Public Sub New()
        ' Klasse besitzt keinen Konstruktor
    End Sub

    Public Property Passagier() As String
        Get
            Return stPassagier
        End Get

        Set(ByVal Value As String)
            stPassagier = Value
        End Set
    End Property
```

```
Public Property Anrede() As String
    Get
        Return stAnrede
    End Get
    Set(ByVal Value As String)
        stAnrede = Value
    End Set
End Property

Public Property FlugDaten() As String
    Get
        Return stFlugDaten
    End Get
    Set(ByVal Value As String)
        stFlugDaten = Value
        FlugDaten_Zerlegen()
    End Set
End Property

Public Property FlugNr() As String
    Get
        Return stFlugNr
    End Get
    Set(ByVal Value As String)
        stFlugNr = Value
    End Set
End Property

Public Property FlugZiel() As String
    Get
        Return stFlugZiel
    End Get
    Set(ByVal Value As String)
        stFlugZiel = Value
    End Set
End Property

Public Property FlugStart() As String
    Get
        Return stFlugStart
    End Get
    Set(ByVal Value As String)
        stFlugStart = Value
    End Set
End Property
```

```
' Format: FlugNr, Start, Ziel
Private Sub FlugDaten_Zerlegen()
    Dim FlugNrIndex, FlugzielIndex As Integer
    ' Ausnahmen abfangen, falls kein Komma als Trennzeichen
    ' eingegeben wurde
    Try
        ' Position des ersten Komma feststellen und speichern
        FlugNrIndex = stFlugDaten.IndexOf(",")
        ' FlugNr-Feld als Char-Feld mit der Größe der Position
        ' des ersten Komma anlegen
        Dim FlugNrFeld(FlugNrIndex) As Char
        ' Stadt in FlugNr-Array kopieren
        stFlugDaten.CopyTo(0, FlugNrFeld, 0, FlugNrIndex)
        ' Position des Komma zwischen Ziel und Abflug festellen
        ' und in Variable speichern
        FlugzielIndex = stFlugDaten.LastIndexOf(",")
        ' Flugziel-Feld als Char-Feld mit der Differenz aus
        ' Gesamtlänge und Position des zweitem Komma anlegen
        Dim FlugzielFeld(stFlugDaten.Length - FlugzielIndex) As Char

        ' Ziel in FlugzielFeld kopieren
        stFlugDaten.CopyTo(FlugzielIndex, FlugzielFeld, 0, _
            FlugzielFeld.Length - 1)

        ' Flugstart-Feld als Char-Array anlegen
        Dim FlugstartFeld(FlugzielIndex - FlugNrIndex) As Char

        ' Flugstart aus dem String in Array kopieren
        stFlugDaten.CopyTo(FlugNrIndex, FlugstartFeld, 0, _
            FlugstartFeld.Length - 1)

        ' String-Variable aus dem Feld FlugNrFeld anlegen
        stFlugNr = New String(FlugNrFeld)

        ' Überflüssige Trennzeichen entfernen
        stFlugNr = stFlugNr.Trim(New Char() {" "c, ","c, ";"c, _
            "-"c, ":"c})

        ' String-Variable aus dem Feld FlugstartFeld anlegen
        stFlugStart = New String(FlugstartFeld)

        ' Überflüssige Trennzeichen entfernen
        stFlugStart = stFlugStart.Trim(New Char() {" "c, ","c, _
            ";"c, "-"c, ":"c})

        ' String-Variable aus dem Feld FlugzielFeld anlegen
        stFlugZiel = New String(FlugzielFeld)
```

185

```
                    ' Überflüssige Trennzeichen entfernen
                    stFlugZiel = stFlugZiel.Trim(New Char() {" "c, ","c, ";"c, _
                        "-"c, ":"c})

                    ' Wurde ein Komma vergessen, tritt eine Ausnahme auf

            Catch OverflowException As Exception
                    Console.WriteLine(Cr + Cr + "FlugNr, Start und Ziel müssen _
                        durch Kommata getrennt werden." + Cr + Cr)
            End Try
        End Sub

        Public Function FlugdatenZusammensetzen() As String
            Dim nl As String = Environment.NewLine
            ' Alles in Grossbuchstaben umwandeln
            stFlugNr = stFlugNr.ToUpper()
            ' Name, Flugnr und Reiseziel zusammenfassen
            Dim obFlugdaten As Text.StringBuilder = New Text.StringBuilder()
            With obFlugdaten
                .Append("Flugticketdaten" & nl)
                .Append("================" & nl)
                .Append("Passagier:".PadRight(12) & stPassagier & nl)
                .Append("FlugNr:".PadRight(12) & stFlugNr & nl)
                .Append("Von:".PadRight(12) & stFlugStart & nl)
                .Append("Nach:".PadRight(12) & stFlugZiel & nl)
            End With
            Return obFlugdaten.ToString
        End Function
    End Class
```

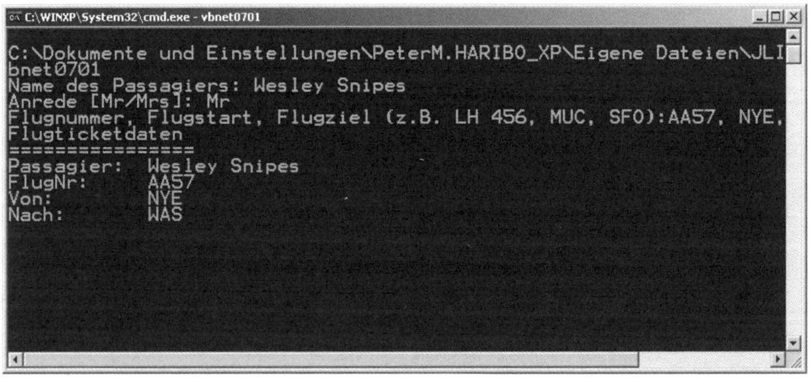

Abb. 7.2:
Beispielpro-
gramm 7.1
in Aktion

Das Beispielprogramm enthält zwei Sprachelemente von Visual Basic .NET, die noch nicht vorgestellt wurden: Arrays (Felder) und die Ausnahmebehandlung für den *Try*-Befehl. Letztere soll jenen Fall abfangen, dass zum Beispiel kein Komma als Trennzeichen verwendet wurde und die *IndexOf*-Methode zwangsläufig 0 zurückgibt, was im weiteren Verlauf zu einer Ausnahme führen würde.

7.4   Die StringBuilder-Klasse für den effektiven Umgang mit Strings

Wenn es eine Regel gibt, die man beim Erlernen von Visual Basic .NET als einer modernen und vor allem sehr populären Programmiersprache des 21. Jahrhunderts möglichst früh kennen sollte, dann ist es die, dass es (genau wie bei der ebenfalls sehr populären Programmiersprache Java) scheinbar keine klare Trennlinie zwischen den Befehlen und Funktionen der Programmiersprache und den Klassen der .NET-Klassenbibliothek gibt. Diese Regel trifft auch auf ein so (relativ) simples Programmelement wie String-Variablen zu. Bereits die *String*-Klasse, auf der jede Zeichenkette basiert, ist eine .NET-Klasse. Das ist auch konsequent, denn »alles« ist bei .NET ein Objekt. Mit zunehmender Erfahrung stellt sich heraus, dass es sogar eine sehr klare Trennlinie zwischen der Sprache und den .NET-Basisklassen gibt. Die Programmiersprache stellt Befehle, Operatoren, Datentypen und einen allgemeinen Programmrahmen zur Verfügung. Der »Rest« kommt von .NET. Visual Basic .NET tanzt ein wenig aus der Reihe, da sich Microsoft hier besonders viel Mühe gegeben hat, den alten Charakter der Sprache zu erhalten[1]. Aus diesem Grund erscheint es für erfahrene Visual Basic-Programmierer am Anfang so, als hätte sich wenig geändert, in Wirklichkeit sind alle vertrauten Funktionen Methoden der .NET-Basisklassen.

Wie üblich hat die Klassenbibliothek auch beim Umgang mit Strings noch etwas mehr zu bieten. Wirft man einen Blick in den zuständigen *Text*-Namespace, findet man dort zum Beispiel die *StringBuilder*-Klasse. Diese nützliche Klasse soll gleich mehrere Aufgaben erfüllen. Sie soll zum einen den Programmtext übersichtlicher gestalten helfen, da sie übermäßig lange String-Operationen vereinfacht. Gleichzeitig verhindert sie auch, dass ein häufiges Ändern einer String-Variablen die Programmausführung verlangsamt, da die .NET-Laufzeitumgebung dafür jedes Mal intern ein neues Objekt anlegt.

Der Umgang mit einem *StringBuilder*-Objekt ist sehr einfach. Beim Anlegen kann die Kapazität in Zeichen angegeben werden, was aber nicht zwingend erforderlich ist. Wird keine Kapazität angegeben, erhält die Kapazität, die über die *Capacity*-Eigenschaft gesetzt und abgefragt werden kann, den Wert 16. Sie muss aber nicht nachträglich hochgesetzt werden, da dies beim Hinzufügen von Zeichenketten über die *Append*-Methode automatisch geschieht

---

1. Was bei C# nicht notwendig war, da es hier keinen Vorgänger gab und man ohne Rücksicht nehmen zu müssen alles neu erfinden konnte.

(die maximale Kapazität beträgt 2.147.483.647 und entspricht der maximalen Länge eines Strings). Eine andere Möglichkeit Zeichenketten hinzufügen, bietet die *Insert*-Methode. Hier wird die Position, an der die Zeichenkette eingefügt werden soll, und gegebenenfalls auch die Anzahl an Zeichen übergeben. Eine Eigenschaft, die für den gesamten Textinhalt steht, gibt es offenbar nicht. Es genügt, das *StringBuilder*-Objekt als Ganzes auszugeben oder die *ToString*-Methode zu benutzen.

Das folgende Beispiel setzt eine große Zeichenfolge (am Beispiel der Verbindungszeichenfolge für den Datenbankzugriff über OLE DB) zusammen.

Listing 7-2:
Ein Beispiel
für die String-
Builder-Klasse

Buch-CD: vbnet0702.vb

```
' ----------------------------------------------
' vbnet0702.vb - Beispiel für die StringBuilder-Klasse
' Jetzt lerne ich Visual Basic .NET
' ----------------------------------------------
Option Explicit

Imports System

Class App
  Const DBPFAD = "C:\Eigene Dateien\Biblio.mdb"
  Shared Sub Main()
    Dim oSb As New Text.StringBuilder()
    oSb.Append("Provider=Microsoft.Jet.OLEDB.4.0;")
    oSb.Append("Data Source=")
    oSb.Append(DBPFAD)
    Console.WriteLine(oSb)
    oSb.Replace("Microsoft", "Oracle")
    Console.WriteLine(oSb)
    Console.ReadLine()
  End Sub
End Class
```

7.5   Spezialitäten beim Umgang mit der String-Klasse

Die Beispiele in den vergangenen Kapiteln waren absichtlich einfach gehalten. Die Vereinfachung ist oft wünschenswert, denn String-Operationen kommen in den meisten Programmen relativ häufig vor, so dass diese Vereinfachung auch den Programmaufbau einfach hält. In diesem Abschnitt lernen Sie die Strings etwas mehr aus der Perspektive von .NET kennen. Sie wissen bereits, dass es sich bei Strings um Objekte der *System.String*-Klasse handelt. In diesem Abschnitt lernen Sie, dass sie sich daher auch wie »normale« Objekte behandeln lassen. Die Programmierung wird dadurch nicht unbedingt effektiver, eher etwas »komplizierter«, doch dafür einheitlicher, bezogen auf den Rest von .NET. (Bei den Arrays, um die es in Kapitel 8 gehen wird, werden Sie ebenfalls die Erfahrung machen, dass Visual Basic .NET einen vereinfachten Umgang mit den Objekten der *Array*-Klasse präsentiert, der von den meisten Programmierern auch gerne angenommen wird.)

7.5.1 Strings anlegen einmal ganz anders

Zu Beginn des Kapitels wurde gezeigt, dass sich Strings wie jede andere Variable auch deklarieren und initialisieren lassen. Das ist aber nicht die einzige Möglichkeit. Da ein String ein Objekt ist, kann auch die Variante mit dem *New*-Schlüsselwort verwendet werden:

a) Variante 1

Bei dieser Variante wird der String mit einem einzelnen Zeichen, das eine vorgegebene Anzahl wiederholt wird, belegt.

```
Dim stString1 As String = _
  New String(CType("x", Char), 88)
Console.WriteLine(stString1)
```

b) Variante 2

Bei dieser Variante wird der String mit einem *Char*-Array initialisiert.

```
Dim stString2 As String = _
  New String(New Char() {"a", "b", "c", "d"})
Console.WriteLine(stString2)
```

c) Variante 3

Auch bei dieser Variante wird ein *Char*-Array zur Initialisierung benutzt, nur werden dieses Mal zusätzlich der Startindex und die Anzahl der Elemente aus diesem Feld angegeben. Es werden also nicht alle Elemente des Arrays zur Initialisierung verwendet.

```
Dim Buchstaben() As Char = {"a", "b", "c", "d","e","f"}
Dim stString3 As String = New String(Buchstaben, 2, 3)
Console.WriteLine(stString3)
```

Bitte sehen Sie diese Beispiele in erster Linie als Anschauungsunterricht zum Thema »So programmieren die Profis mit .NET«. In den allermeisten Fällen sind diese Varianten unnötig kompliziert und bringen keine Vorteile gegenüber der normalen Variante, die bereits zu Beginn des Kapitels vorgestellt wurde. Aber sie sind möglich und man sollte sie kennen, wenn man das wahre Wesen von .NET verstehen möchte.

Eine Anmerkung noch zu den letzten beiden Varianten, die mit dem *New*-Schlüsselwort zur Auswahl stehen. Beide erwarten als Argument ein Feld mit *Char*-Elementen. Die folgende Variante ist zwar naheliegend, aber nicht ganz korrekt:

```
Dim stString2 As String = _
  New String(New Char() { "a", "b", "c", "d"})
```

Was könnte an dieser Variante nicht korrekt sein? Nun, innerhalb der ersten Klammer wird als Erstes ein neues *Char*-Feld angelegt (mehr zum Thema Felder in Kapitel 8), allerdings ohne diesem einen Namen zu geben. Dieser wird, da das Feld lediglich zur Initialisierung des Strings benutzt wird, auch gar nicht benötigt. Das *Char*-Feld wird mit vier Buchstaben belegt. Doch welchen Datentyp besitzen diese Buchstaben? Auch wenn es sich hier um einzelne Zeichen handelt, besitzen diese den Datentyp *String*. Ist die strenge Typenüberprüfung über den Befehl *Option Strict On* (was für dieses Beispiel vorausgesetzt werden soll) aktiv, darf ein String nicht implizit in einen *Char* umgewandelt werden. Das muss vielmehr explizit über die *CType*-Funktion oder durch Anhängen des Typzeichens »c« an die Zeichenfolge erfolgen: statt »"a"«, also »"a"c«. Das Beispiel ist daher formal korrekt, aber auch ein wenig umständlich. Es gibt eine kürzere Variante, doch um auf diese zu kommen, bedarf es bereits ein wenig Erfahrung im Umgang mit .NET:

```
Dim stString3 As String = _
  New String("abcd".ToCharArray())
```

Hier sorgt die *ToCharArrays*-Methode der *String*-Klasse dafür, dass die Zeichenkette in ein *Char*-Feld umgewandelt wird.

7.5.2 Noch einmal Strings zusammensetzen

Für das Zusammensetzen von Strings gibt es im einfachsten Fall den &- und den +-Operator. Dahinter steckt die *Concat*-Methode der *String*-Klasse, die auch direkt aufgerufen werden kann.

Das folgende Beispiel zeigt, wie sich über die *Concat*-Methode ein String aus anderen Strings zusammensetzen lässt.

```
Dim stS1 As String = "Sonne"
Dim stS2 As String = "Meer"
Dim stS3 As String = ", was will man mehr?"
Dim stS4 As String = String.Concat(stS1, " und ", stS2, stS3)
Console.WriteLine(stS4)
```

7.5.3 Wie passt das alles zusammen?

Ein wenig ist .NET-Programmierung wie Latein. Es gibt viele Regeln und Formalismen, die nicht alle auf Anhieb einen Sinn ergeben. Anders als in vielen

Bereichen des täglichen Lebens besitzen diese Formalismen bei .NET einen klaren Auftrag: Sie sollen zu fehlerfreieren Programmen führen. Da Sie gerade erst im Begriff sind, .NET-Programmierung zu lernen, besitzen Sie auch die Freiheit, sich den Weg, der zum Ziel führt, auszusuchen. Falls Ihnen das letzte Beispiel als viel zu kompliziert erschien, trösten Sie sich (für den Moment jedenfalls) damit, dass die einfachste »Variante«, einen String zu definieren, auch bei Visual Basic .NET immer noch die folgende Schreibweise ist:

```
Dim stString As String = "abcd"
```

7.5.4　Weitere Fakten über Strings bei .NET

Hier noch weitere Fakten über Strings:

* Zeichenketten werden intern im Unicode-Format gespeichert, bei dem jedes Zeichen durch eine 16-Bit-Zahl repräsentiert wird. Dieser Umstand spielt für die Programmierpraxis normalerweise keine Rolle, kann aber ein Thema sein, wenn z.B. COM-Komponenten (etwa eine mit Visual Basic 6.0 programmierte ActiveX-DLL) eingebunden werden. Wird eine Zeichenkette in einer Datei gespeichert, kann das Format frei ausgewählt werden.

* Zeichenketten sind bei Visual Basic .NET »unveränderbar« (der englische Originalausdruck lautet »immutable«). Das heißt nicht, dass sie nicht geändert werden könnten. Es bedeutet vielmehr, dass bei einer Änderung intern ein neues Objekt angelegt wird. Ein häufiges Ändern einer String-Variablen kann möglicherweise die Programmausführung verlangsamen. Um das zu vermeiden, gibt es die *StringBuilder*-Klasse (siehe Kapitel 7.4), die noch einigen zusätzlichen Komfort zu bieten hat.

* *String*-Variablen sind (wie Arrays) Werttypen und werden im Heap-Speicher angelegt. Wie Arrays müssen sie nicht mit *New* instanziert werden und können mit dem =-Operator verglichen werden.

7.6　Zusammenfassung

Haben Sie es gemerkt? Die Überschrift für dieses Kapitel hätte auch »Programmierung mit den .NET-Basisklassen Teil 23« lauten können, denn beim Umgang mit Strings geht es fast ausschließlich um die Basisklasse *System.String* und ihre verschiedenen Methoden. Ein String ist bei .NET mehr als nur ein einfacher Datentyp. Wie bei allen anderen Datentypen handelt es sich um ein Objekt (allerdings um eine Struktur und damit um einen Werttyp). Die *String*-Klasse, zu der jedes *String*-Objekt gehört, definiert dabei die Möglichkeiten, die für die String-Verarbeitung von Anfang an allen .NET-Programmiersprachen zur Verfügung stehen. Über die Methoden der *String*-

Klasse werden Strings verglichen, zerlegt und neu zusammengesetzt. Visual Basic .NET bietet (in erster Linie aus Kompatibilitätsgründen, aber auch weil es eine Vereinfachung darstellt) eine Reihe von »Abkürzungen«, wie den &-Operator zum Zusammensetzen, den bekannten =-Operator zum Vergleich zweier Strings sowie eine große Auswahl an Methoden der Kompatibilitätsklasse *Microsoft.VisualBasic*, wie *Left*, *Right* oder *Instr*. Aber auch diese Methoden, die teilweise etwas einfacher zu handhaben sind (die Nummerierung einer Zeichenkette beginnt hier allerdings bei 1), basieren ebenfalls auf der *System.String*-Klasse.

7.7 F&A

Frage 7-1

Wie lautet der Befehl, der feststellt, ob es sich bei dem ersten Buchstaben des Strings *stTest* um ein »X« handelt?

Wie lässt sich der Vergleich so gestalten, dass es keine Rolle spielt, ob der Buchstabe klein oder groß geschrieben ist?

Frage 7-2

Wie lautet der Befehl, der in dem Satz »Mit COM wird alles besser« das Wort »COM« gegen ».NET« austauscht?

Frage 7-3

Ein Programmierer will eine kleine Auftragsbestätigung ausgeben, bei der ein Kunde zehn LCD-Displays zu 490 €, zwölf Digitalkameras zu 295 € und 24 drahtlose Mäuse zu 19,95 € bestellt hat.

Frage 7-4

Warum ist die folgende Befehlsfolge bezüglich der Performance unter Umständen etwas ungünstig?

```
Dim stS1 As String = "Alles klar im Mai"
stS1 += " und natürlich auch im Juni und im Juli"
stS1 += " aber nicht mehr im August!"
```

Wie könnte die gleiche Aufgabe etwas besser gelöst werden?

Frage 7-5

Überlegen Sie sich eine Befehlsfolge, die in dem String »Plötzliche vorübergehende ähnliche öffentliche Phänomene« die Umlaute gegen die entsprechenden Umschreibungen (also ae für ä, oe für ö usw.) austauscht.

Frage 7-6:

Programmieren Sie eine kleine Schleife, die alle Zeichen eines (beliebigen) Strings in umgekehrter Reihenfolge zusammensetzt. Bauen Sie die Schleife in eine Funktion mit dem Namen *Reverse* ein, der der umzudrehende String übergeben wird und die den umgedrehten String zurückgibt.

(Alle Antworten und Lösungen finden Sie in Anhang D.)

KAPITEL 8

Arrays (Felder)

Arrays (zu Deutsch Felder oder Feldvariablen) sind eines der wichtigsten Elemente in praktisch jeder Programmiersprache. Der Grund für ihre Nützlichkeit ist, dass sie beliebig viele Werte (des gleichen Typs) unter einem Namen zusammenfassen und so riesige »Datenbehälter« darstellen können, die sich bequem in einem Programm ansprechen lassen. Bei den Werten kann es sich nicht nur um Zahlen oder Zeichenketten, sondern auch um andere Arrays, Objekte, kurz um alles das, was sich auch in einer einfachen Variablen speichern lässt, handeln. Bei Visual Basic .NET sind Arrays weit mehr als nur ein erweiterter Datentyp. Hinter ihnen steckt die *Array*-Klasse der .NET-Basisklassen, die eine Menge Komfort bietet, von dem Programmierer früherer Visual Basic-Versionen entweder nur träumen konnten oder es selbst programmieren mussten. So ist es zum Beispiel mit nur einem Aufruf möglich, ein komplettes Array zu sortieren oder es nach einem Wert zu durchsuchen. Das macht Arrays zu einem sehr leistungsfähigen Sprachelement und dieses Kapitel damit zu einem Abschnitt, den Sie besonders aufmerksam durcharbeiten sollten.

Die Themen für dieses Kapitel:

- Einer für viele – Feldvariablen stellen sich vor
- Arrays initialisieren
- Feststellen der Anzahl an Elementen und der Obergrenze eines Feldes
- Die nächste Dimension – mehrdimensionale Felder
- Die *Array*-Klasse stellt sich vor

* Spezialitäten beim Umgang mit Arrays

* In den »Tiefen« der Basisklassen – die *ArrayList*-Klasse als Spezialist mit tollen Möglichkeiten

Wenn in diesem Buch von Feldvariablen (oder Feldern) die Rede ist, sind damit Arrays, genauer gesagt Variablen vom Typ *Array* gemeint. Die in anderen Programmiersprachen geläufigen Ausdrücke *Vektoren* oder *Matrizen* werden nicht verwendet.

8.1 Einer für viele – Feldvariablen stellen sich vor

Eine *Feldvariable* ist eine Variable, die beliebig viele Werte enthalten kann. Die Obergrenze wird bei Visual Basic .NET (wie schon bei den Vorgängerversionen) durch den zur Verfügung stehenden Arbeitsspeicher und den Umstand begrenzt, dass es sich bei dem für den Zugriff verwendeten Index um eine 32-Bit-Zahl handelt. Da eine Feldvariable mehrere Werte unter einem gemeinsamen Namen speichert, muss es eine Möglichkeit geben, einzelne Werte ansprechen zu können. Dies geschieht über den so genannten *Index*. Es handelt sich um eine Zahl zwischen 0 und der Anzahl der Feldelemente (ob belegt oder nicht, spielt keine Rolle) minus eins. Warum minus eins? Ganz einfach, weil der Index immer bei 0 anfängt. Feldvariablen können ein- oder mehrdimensional sein. Bei einer mehrdimensionalen Feldvariablen existiert für jede »Dimension« eine Reihe mit Feldern, wobei jede Reihe unterschiedlich viele Felder umfassen kann und jedes Feld über einen eigenen Index angesprochen wird (mehr zu den relativ selten benötigten mehrdimensionalen Feldern in Kapitel 8.2). Abbildung 8.1 zeigt das Prinzip der Feldvariablen am Beispiel einer eindimensionalen Variablen, in die bereits mehrere Werte eingetragen wurden. Lässt sich eine einfache Variable mit einer Schublade vergleichen, so stellt eine Feldvariable einen ganzen Schubladenschrank dar. (Eine mehrdimensionale Feldvariable entspricht demnach einem Ikea-Regal mit einem Schubladenschrank für jede Dimension.)

Eine Feldvariable wird wie jede andere Variable auch über die üblichen Befehle zur Variablendeklaration deklariert. Dass es sich um eine Feldvariable handelt, wird durch ein Paar Klammern angedeutet.

Der folgende Befehl definiert eine Feldvariable, die zehn Werte aufnehmen kann.

```
Dim aZahlen(9)
```

Moment, da hat sich wohl jemand verzählt. Sollten es nicht zehn Werte sein? Achten Sie auf einen kleinen Umstand, der schnell übersehen werden kann: Da die Nummerierung immer bei 0 beginnt, besitzt die Feldvariable *aZahlen* zehn Plätze. Der unterste Wert wird über den Index 0 angesprochen, der oberste Wert über den Index 9. (Wie Sie die Obergrenze einer Feldvariablen abfragen, erfahren Sie in Kapitel 8.1.4.)

Bei jedem Zugriff auf die Feldvariable muss der Index angegeben werden, dies gilt auch für eine Zuweisung.

```
aZahlen(2) = 77
```

Durch diese Zuweisung erhält das dritte Feld (die Nummerierung beginnt immer bei 0) den Wert 77.

Der große Vorteil von Feldvariablen ist, dass sich alle Werte über eine Nummer ansprechen lassen. So ist es kein Problem, die einzelnen Plätze in einer kleinen Schleife zu belegen.

Die *For*-Schleife trägt in insgesamt zehn Felder einen Wert ein.

```
For iNx = 0 To 9
  aZahlen(9) = iNx ^ 2
Next iNx
```

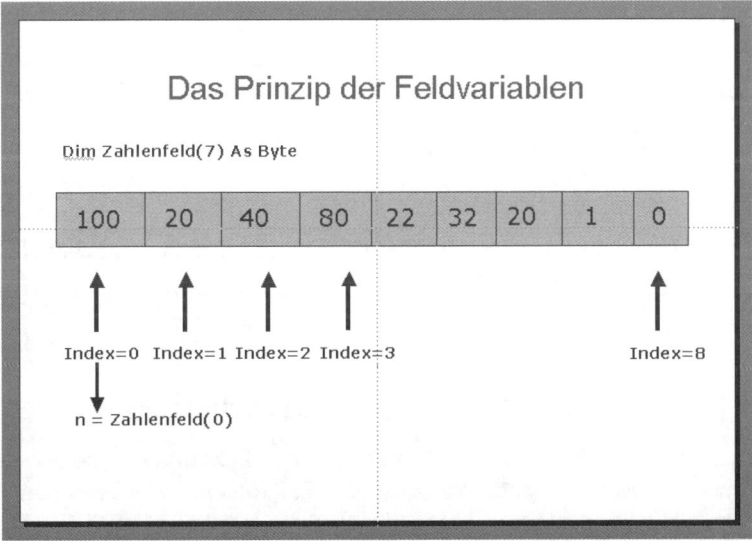

Abb. 8.1: Feldvariablen enthalten für jeden Wert einen Speicherplatz

8.1.1 Feldvariablen bei der Deklaration initialisieren

Auch Feldvariablen können bereits bei ihrer Deklaration initialisiert werden. Dies geschieht über ein Paar geschweifter Klammern, in denen alle Werte enthalten sind. Das funktioniert aber nur dann, wenn für die Feldvariable keine Obergrenze angegeben wird.

197

Der folgende Befehl deklariert eine Feldvariable vom Typ *Integer*, die mit drei Werten belegt wird. Dadurch wird gleichzeitig auch ihre Größe festgelegt, die aber jederzeit wieder geändert werden kann (mehr dazu gleich).

```
Dim aZahlen() As Integer = {111, 222, 333}
```

8.1.2 Wachsen oder Schrumpfen kein Problem – der ReDim-Befehl

Es wurde bereits erwähnt, dass eine Feldvariable jederzeit ihre Größe ändern kann. Dafür gibt es bei Visual Basic .NET den *ReDim*-Befehl.

Das folgende Beispiel vergrößert die bereits definierte Feldvariable *aZahlen*.

```
ReDim aZahlen(5)
```

Dieser Befehl vergrößert die Feldvariable, so dass sie nun insgesamt sechs Feldelemente vom Typ *Integer* aufnehmen kann – die Angabe des Datentyps ist nicht notwendig (bzw. gar nicht zulässig), da dieser bereits über den *Dim*-Befehl angegeben wurde. Auch kann der *ReDim*-Befehl (anders als in früheren Visual Basic-Versionen) nicht allein zur Deklaration einer Feldvariablen benutzt werden – er ist lediglich dazu da, die Größe einer dynamischen Feldvariablen zu ändern.

Soll das Feld nun größer werden, zum Beispiel weil sich während der Programmausführung herausgestellt hat, dass weitere Werte gespeichert werden müssen, wird der *ReDim*-Befehl einfach erneut ausgeführt.

```
ReDim Preserve aZahlen(15)
```

Ein Feld kann auch wieder schrumpfen, wobei der nicht mehr benötigte Speicher automatisch freigegeben wird.

```
ReDim Preserve aZahlen(2)
```

8.1.3 Bitte nichts anfassen – das Schlüsselwort Preserve

Sollen beim Vergrößern oder Verkleinern einer Feldvariablen die bereits vorhandenen Werte erhalten bleiben, muss der *ReDim*-Befehl zusammen mit dem Schlüsselwort *Preserve* aufgeführt werden (wie in den letzten beiden Beispielen). Ohne dieses Schlüsselwort würden alle Feldelemente auf ihren Initialisierungswert zurückgesetzt, der Feldinhalt wäre verloren. *ReDim* ohne *Preserve* aufzuführen, ist daher ein einfacher Weg, ein komplettes Feld zu löschen.

Die Befehle *Dim* und *ReDim* verkörpern den typischen »Basic-Stil«, der auch bei Visual Basic .NET erhalten wurde, zum einen aus Kompatibilitätsgründen, zum anderen weil sich die Programmierung dadurch ein wenig vereinfacht. Als Alternative zum Anlegen einer Feldvariablen über den *Dim*-Befehl werden Sie in Kapitel 8.3 die *CreateInstance*-Methode der *Array*-Klasse kennen lernen, mit der unter .NET ebenfalls eine Feldvariable (allerdings zur Laufzeit) angelegt wird. Sie kann beliebig oft aufgerufen werden und damit eine Feldvariable beliebig vergrößern und verkleinern[1]. Auch wenn im Allgemeinen der .NET-Stil gegenüber dem Basic-Stil bevorzugt werden sollte, da es der modernere Stil ist, den auch die meisten anderen .NET-Programmiersprachen verwenden dürften, gibt es Ausnahmen, wo der Komfort im Vordergrund steht. Das Anlegen von Feldvariablen über den *Dim*- und den *ReDim*-Befehl ist eine dieser Ausnahmen.

8.1.4 Feststellen der Anzahl der Elemente

Möchte man wissen, wie viele Elemente ein Array enthält, muss man lediglich die *Length*-Eigenschaft abfragen.

Der folgende Befehl gibt die Anzahl der Elemente des Feldes *Feld1* aus.

```
Console.WriteLine("Länge: " & Feld1.Length)
```

Die Anzahl der Elemente ist vor allem bei Feldern interessant, die ohne Angabe einer Anzahl deklariert und erst später indirekt gefüllt wurden.

Das folgende Beispiel legt ein Feld *Feld1* mit vier Elementen und ein leeres Feld *Feld2* an und kopiert den Inhalt von *Feld1* in *Feld2*. Anschließend wird die neue Größe von *Feld2* ausgegeben:

```
Dim Feld1() As Byte = {10, 20, 30, 40}
Dim Feld2() As Byte
Feld2 = Feld1
Console.WriteLine("Länge: " & Feld2.Length)
```

Wie die Ausgabe beweist, besitzt *Feld2* nun nicht nur die Größe von *Feld1*, sondern auch dessen Inhalte. Doch was wurde wirklich kopiert? Da, wie Sie später noch erfahren werden, hinter einer Feldvariablen ein *Array*-Objekt steht, wurde lediglich die Referenz auf dieses *Array*-Objekt kopiert. *Feld1* und *Feld2* stehen nun für das gleiche *Array*-Objekt. Es wurde also nicht der Inhalt kopiert, sondern lediglich die Referenz auf dieses Objekt. Erhält etwa das zweite Element von *Feld2* einen neuen Wert, betrifft dies automatisch auch das zweite Element von *Feld1*, das nun den gleichen Wert aufweist. Das

---

1. Die Möglichkeit, den Inhalt der Feldvariablen zu erhalten, scheint es, anders als beim ReDim-Befehl, offenbar nicht zu geben.

ist keine Zauberei, sondern liegt einfach daran, dass es sich um ein und dasselbe Feld handelt.

Möchte man ein Feld richtig kopieren, muss dazu die (gemeinsame) *Copy*-Methode der *Array*-Klasse zum Einsatz kommen.

8.1.5   Feststellen der Obergrenze eines Feldes

Da die Untergrenze eines Feldes bei Visual Basic .NET im Allgemeinen 0 ist (mehr zu einer Ausnahme in Kapitel 8.4.6), ergibt sich die Anzahl der Elemente auch aus der Obergrenze des Feldes + 1. Das Feststellen der Obergrenze einer Feldvariablen, die der Anzahl der Feldplätze entspricht, übernimmt entweder die *Length*-Eigenschaft oder die *GetUpperBound*-Methode der *Array*-Klasse. Dieser wird als Argument die Dimension übergeben, deren Obergrenze geprüft werden soll (0 für eindimensionale Variablen). Hier kommt zum ersten Mal die *Array*-Klasse direkt ins Spiel, die eine Vielzahl nützlicher »Servicefunktionen« für den Umgang mit Feldvariablen zur Verfügung stellt. Sie wird in Kapitel 8.3 ausführlicher vorgestellt.

```
If i <= aZahlen.GetUpperBound(0) Then
  Wert = aZahlen(i)
Else
  Console.WriteLine("Der Index ist zu groß für das Feld")
End If
```

Dieses Beispiel macht einmal mehr den »objektorientierten« Programmierstil bei Visual Basic .NET deutlich. Anstatt die alte *LBound*-Funktion (die im Namespace *Microsoft.VisualBasic* nach wie vor zur Verfügung steht) zu benutzen, wird eine Methode aufgerufen.

Auch wenn Feldvariablen bei Visual Basic .NET offiziell immer 0 als Untergrenze besitzen, muss die Untergrenze nicht immer bei 0 beginnen. Mehr darüber erfahren Sie in Kapitel 8.4.6, wenn es um die Spezialitäten beim Umgang mit Feldvariablen geht.

8.2   Die nächste Dimension – mehrdimensionale Felder

Mit der Dimension ist das bei Menschen so eine Sache. Sich mehr als drei Dimensionen vorzustellen, überfordert in der Regel die Vorstellungskraft. Mathematiker sind in dieser Beziehung etwas abgebrühter, sie rechnen meistens in multiplen oder unendlichen Dimensionen. Auch Feldvariablen haben mit der vierten Dimension keine Berührungsängste. Feldvariablen mit mehr als einer Dimension heißen mehrdimensionale Feldvariablen. Eine Feldvariable kann in Visual Basic .NET sogar (wie bereits bei ihren Vorgängerversionen) bis zu 60 Dimensionen umfassen[1]. Das braucht vermutlich kein Mensch, aber möglich ist es.

Der folgende Befehl definiert eine fünfdimensionale Variable:

```
Dim FünferLoop (10,10,10,10,2) As Byte
```

Das folgende Beispiel zeigt, dass auch der Umgang mit einer fünfdimensionalen Variablen alles andere als kompliziert ist:

```
Sub Main ()
  Dim FünferLoop (10,10,10,10,2) As Byte
  Dim i As Integer
  FünferLoop (1,1,1,1,0) = 100
  FünferLoop (1,1,1,1,1) = 200
  FünferLoop (1,1,1,1,2) = 255
  For i = 0 To FünferLoop.GetUpperbound(4)
    Console.WriteLine (FünferLoop(1,1,1,1,i))
  Next i
End Sub
```

Über die bereits vorgestellte *GetUpperbound*-Methode der *Array*-Klasse erhält man die Obergrenze einer Dimension, wobei die Dimension in Klammern (die Zählung beginnt bei 0) angegeben werden muss.

> Die Anzahl der Dimensionen einer Variablen wird über die *Rank*-Eigenschaft zurückgegeben (entsprechend heißt diese Anzahl manchmal auch der Rang der Variablen).

Der Befehl gibt die Anzahl der Dimensionen über die Rank-Eigenschaft aus.

```
Console.WriteLine("Anzahl der Dimensionen: {0}", FünferLoop.Rank)
```

Das Beispiel sollte natürlich lediglich beweisen, dass Visual Basic .NET auch in dieser Beziehung sehr flexibel ist – für die Praxis hat es keine Bedeutung. Felder mit mehr als zwei Dimensionen (und selbst diese sind relativ selten) kommen im Programmieralltag nicht vor.

Das folgende Beispiel stellt eine (einfache) Umsetzung des bekannten Evolutionsspiels »Game of Life« von Conway dar, einem Klassiker aus den 70er Jahren, das schon in unzähligen Büchern erschienen sein dürfte und das weltweit eine große Fangemeinde besitzt (oder besaß). Ausgangspunkt ist eine Population von Lebewesen, von denen jedes ein Feld eines zweidimensiona-

---

1. Solche künstliche Limitierungen entstehen meistens aus dem Umstand, dass irgendwo Schluss sein muss und sich die Zahl 60 vermutlich mehr per Zufall ergeben hat.

len Lebensraums bewohnt (hier kommt natürlich die Feldvariable ins Spiel). Nun kommt der entscheidende Punkt: Ein Lebewesen überlebt nur dann bis zur nächsten Generation, wenn es zwei oder drei Nachbarn besitzt. Ansonsten stirbt es. Ein neues Lebewesen entsteht, wenn ein leeres Feld genau drei Nachbarn besitzt. Das Faszinierende an dem Spiel ist, wie sich aufgrund dieser supereinfachen Regeln dennoch faszinierende Abläufe entwickeln und auf einem großen Spielfeld ein richtiger Lebensraum entsteht, bei dem kleine Strukturen in größere übergehen, sich irgendwann wieder teilen, über das Spielfeld wandern oder, was besonders faszinierend ist, nach vielen Generationen ein neues Lebewesen »gebären«, in dem sie es ausstoßen und dieses sich über das Spielfeld davon bewegt. Im Folgenden soll es nur um den Umgang mit einem zweidimensionalen Feld gehen, das den Lebensraum darstellt. Es handelt sich um ein 11x11-Feld, das aber im Prinzip beliebig groß sein könnte. Die Anfangsgeneration muss ein wenig umständlich in der Prozedur *FeldBelegen* festgelegt werden. Mit Hilfe der Dateizugriffsklassen, die in Kapitel 9 vorgestellt werden, dürfte es jedoch relativ einfach sein, die Anfangsformation über eine Textdatei festzulegen, die mit Notepad bearbeitet und direkt in die Feldvariable eingelesen wurde.

Listing 8-1:
Game of Life
mit einem
zweidimensio-
nalen Feld

Buch-CD: vbnet0801.vb

```
' -----------------------------------------------
' vbnet0801.vb - Mehrdimensionale Arrays
' Game of Life von Conway - einfache Umsetzung
' Letzte Änderung: 15/1/2002
' Jetzt lerne ich Visual Basic .NET
' -----------------------------------------------

Imports System

Class App
  Const ANZAHL_ZEILEN As Byte = 10
  Const ANZAHL_SPALTEN As Byte = 10
  Shared Dim Spielfeld(ANZAHL_ZEILEN, ANZAHL_SPALTEN) _
    As Byte

  ' -----------------------------------------------
  ' Programmstart
  ' -----------------------------------------------
  Shared Sub Main()
    Dim Generationen As Short = 30, Jahre As Short
    FeldBelegen()
    FeldAusgeben()
    For Jahre = 1 To Generationen
        If NächsteGeneration() = 0 Then
            Exit For
        End If
```

```
      FeldAusgeben(Jahre)
      Console.ReadLine()
   Next
End Sub


' ------------------------------------------------
' Sub FeldBelegen()
' Belegt ein Feld mit der Anfangsformation
' ------------------------------------------------
Shared Sub FeldBelegen()
   Spielfeld(4, 4) = 1
   Spielfeld(4, 5) = 1
   Spielfeld(4, 6) = 1
   Spielfeld(5, 4) = 1
   Spielfeld(5, 5) = 1
   Spielfeld(5, 6) = 1
   Spielfeld(5, 7) = 1
End Sub


' ------------------------------------------------
' Function NächsteGeneration() As Short
' Ermittelt die nächste Generation
' ------------------------------------------------
Shared Function NächsteGeneration() As Short
   Dim Zeile, Spalte, Nachbarn As Byte, _
     Individuen As Short
   Dim TempFeld(ANZAHL_ZEILEN, ANZAHL_SPALTEN) As Byte
   TempFeld = AnzahlNachbarn(Spielfeld)
   For Zeile = 0 To ANZAHL_ZEILEN
     For Spalte = 0 To ANZAHL_SPALTEN
       Nachbarn = TempFeld(Zeile, Spalte)
       Individuen += Nachbarn
       If Spielfeld(Zeile, Spalte) = 1 And _
         (Nachbarn < 2 Or Nachbarn > 3) Then
        Spielfeld(Zeile, Spalte) = 0
       End If
       If Spielfeld(Zeile, Spalte) = 0 And _
         Nachbarn = 3 Then
        Spielfeld(Zeile, Spalte) = 1
       End If
     Next Spalte
   Next Zeile
   Return (Individuen)
End Function


' ------------------------------------------------
' Sub FeldAusgeben(Optional ByVal Jahr As Short = 0)
' Gibt die nächste Generation aus
' ------------------------------------------------
```

203

```
Shared Sub FeldAusgeben(Optional ByVal Jahr As _
   Short = 0)
  Dim Zeile, Spalte As Byte
  Console.WriteLine("---------------------")
  Console.WriteLine("Generation Nr. {0}", Jahr)
  For Zeile = 0 To ANZAHL_ZEILEN
    For Spalte = 0 To ANZAHL_SPALTEN
      If Spielfeld(Zeile, Spalte) = 1 Then
         Console.Write("x")
      Else
         Console.Write(" ")
      End If
    Next
    Console.WriteLine()
  Next
  Console.WriteLine("---------------------")
End Sub


' ------------------------------------------------
' Function AnzahlNachbarn(ByVal Spielfeld(,) _
   As Byte) As Byte(,)
' Bestimmt die Anzahl an Nachbarn pro Zelle
' ------------------------------------------------
Shared Function AnzahlNachbarn(ByVal Spielfeld(,) _
   As Byte) As Byte(,)
  Dim NachbarFeld(ANZAHL_ZEILEN, ANZAHL_SPALTEN) _
   As Byte
  Dim Spalte, Zeile As Byte
  Dim Nachbarn As Byte
  For Zeile = 0 To ANZAHL_ZEILEN
    For Spalte = 0 To ANZAHL_SPALTEN
       Nachbarn = 0
       If Zeile - 1 >= 0 Then
         Nachbarn += Spielfeld(Zeile - 1, Spalte)
         If Spalte - 1 >= 0 Then
          Nachbarn += Spielfeld(Zeile - 1, Spalte - 1)
         End If
         If Spalte + 1 <= ANZAHL_SPALTEN Then
           Nachbarn += Spielfeld(Zeile - 1, Spalte + 1
         End If
       End If
       If Zeile + 1 <= ANZAHL_ZEILEN Then
         Nachbarn += Spielfeld(Zeile + 1, Spalte)
         If Spalte - 1 >= 0 Then
           Nachbarn += Spielfeld(Zeile + 1, Spalte - 1)
         End If
         If Spalte + 1 <= ANZAHL_SPALTEN Then
           Nachbarn += Spielfeld(Zeile + 1, Spalte + 1)
         End If
```

```
         End If
         If Spalte - 1 >= 0 Then
            Nachbarn += Spielfeld(Zeile, Spalte - 1)
         End If
         If Spalte + 1 <= ANZAHL_SPALTEN Then
            Nachbarn += Spielfeld(Zeile, Spalte + 1)
         End If
         NachbarFeld(Zeile, Spalte) = Nachbarn
       Next
      Next
      Return NachbarFeld
  End Function

End Class
```

Achten Sie auch auf die Funktion *AnzahlNachbarn*, denn sie ist in zweierlei Hinsicht bemerkenswert. Zum einen wird ihr ein zweidimensionales Feld übergeben, zum anderen gibt sie ein zweidimensionales Feld zurück:

```
Function AnzahlNachbarn (ByVal Spielfeld(,) As Byte) As Byte(,)
```

In beiden Fällen wird dies durch ein Klammernpaar angegeben, das ein einsames Komma enthält. Auch wenn die Schreibweise ein wenig eigentümlich erscheinen mag, ist dies der offizielle Weg. Ohne das Komma würde Visual Basic .NET von einer eindimensionalen Feldvariablen ausgehen und es käme bei der Kompilierung zu einem Fehler.

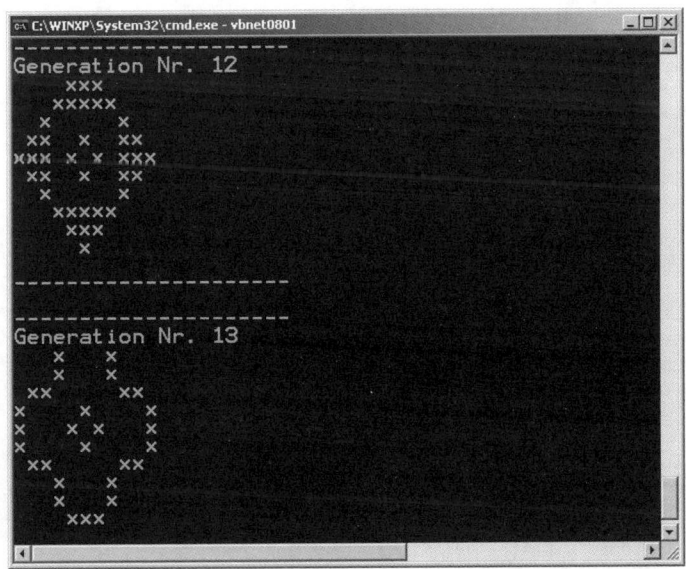

Abb. 8.2:
Evolution in
der Eingabe-
aufforderung –
das Game of
Life in Aktion

Das folgende Beispielprogramm ist eine weitere (und optisch sehr einfach gehaltene) Umsetzung des beliebten »Wie findet ein Roboter aus einem Labyrinth?«-Problem. Das Labyrinth ist dabei eine zweidimensionale Feldvariable
vom Typ *Boolean*, wo jede Mauer (oder jedes Hindernis) durch einen *False*-
Wert dargestellt wird. Der Roboter ist eine Klasse, die über eine *Move*-Metho-
de verfügt, die eine Bewegung in eine von vier Richtungen durchführt, aber
sich nicht über den Rand des Feldes hinaus führen kann. Außerdem merkt es
sich jede Bewegung, so dass diese später ausgegeben werden kann. Die
Aufgabe ist es, von einer zufälligen Anfangsposition das Ziel in Gestalt eines
Feldelements in der obersten Zeile zu erreichen. Damit ist das Beispiel zwar
übersimplifiziert, aber es geht in erster Linie um den Einsatz von zweidimensionalen Feldvariablen.

Listing 8-2:
Robotor
durchsucht ein
Labyrinth

Buch-CD: vbnet0802.vb

```
' -------------------------------------------------
' vbnet0802.vb - Kleine Simulation mit einem Roboter
' einer zweidimensionalen Feldvariablen als Labyrinth
' Jetzt lerne ich Visual Basic .NET
' Letzte Änderung: 12/1/2001
' -------------------------------------------------

Imports System
' Imports Microsoft.VisualBasic

Class App
  Private Shared Labyrinth(10, 16) As Integer

    ' ------------------------------------
    ' Sub Main ()
    ' ------------------------------------
    Shared Sub Main()
      Dim iNx As Integer
      LabyrinthBelegen()
      Dim Robbil As New CRobot(Labyrinth, 1, 4, 5)
      LabyrinthAusgeben()
      Console.ReadLine()
      For iNx = 1 To 10
        Console.WriteLine("Der {0}.te Durchlauf", iNx)
        Console.WriteLine("********************")
        Robbil.Move()
        LabyrinthAusgeben()
        Console.ReadLine()
      Next iNx
      Console.WriteLine("Alles klar!")
    End Sub
```

```
' ------------------------------------
' Sub LabyrinthBelegen ()
' ------------------------------------
Shared Sub LabyrinthBelegen()
  Dim Spalte, Zeile As Byte
  Dim oZ As New Random()
  For Zeile = 0 To Labyrinth.GetUpperbound(0)
   For Spalte = 0 To Labyrinth.GetUpperbound(1)
    Labyrinth(Zeile, Spalte) = _
     CBool(oZ.NextDouble > 0.8)
    Next Spalte
  Next Zeile
End Sub


' ------------------------------------
' Sub LabyrinthAusgeben ()
' ------------------------------------
Shared Sub LabyrinthAusgeben()
  Dim Spalte, Zeile As Byte
  Console.WriteLine("--------------------")
  For Zeile = 0 To Labyrinth.GetUpperbound(0)
    Console.Write("|")
    For Spalte = 0 To Labyrinth.GetUpperbound(1)
      If Labyrinth(Zeile, Spalte) > 0 Then
        Console.Write(Labyrinth(Zeile, Spalte))
      ElseIf Labyrinth(Zeile, Spalte) = True Then
        Console.Write("x")
      Else
        Console.Write(" ")
      End If
    Next Spalte
    Console.Write("|")
    Console.Writeline()
  Next Zeile
  Console.WriteLine("--------------------")
End Sub

End Class ' ***********************************


' ------------------------------------
' Klasse CRobot
' ------------------------------------

Class CRobot
  Private m_bZeile As Byte
  Private m_bSpalte As Byte
  Private m_bKennNr As Byte
  Private m_abSpielfeld As Integer(,)
```

```
' -------------------------------------
' New-Konstruktor der Klasse CRobot
' -------------------------------------
Sub New(ByVal Feld As Integer(,), ByVal ID As Byte, _
 Optional ByVal Spalte As Byte = 0, _
 Optional ByVal Zeile As Byte = 0)
  m_abSpielfeld = Feld
  m_bKennNr = ID
  m_bZeile = Spalte
  m_bSpalte = Zeile
  m_abSpielfeld(m_bZeile, m_bSpalte) = m_bKennNr
End Sub

ReadOnly Property KennNr() As Byte
  Get
    Return m_bKennNr
  End Get
End Property

ReadOnly Property Zeile() As Byte
  Get
    Return m_bZeile
  End Get
End Property

ReadOnly Property Spalte() As Byte
  Get
    Return m_bSpalte
  End Get
End Property

' Bewegt den Roboter um eine Position
Sub Move()
 Dim r As New Random()
 Dim b As Boolean = False
 m_abSpielfeld(m_bZeile, m_bSpalte) = 0
 Do
   ' Next liefert nie die obere Grenze,
   ' daher statt der Grenze von 4 die 5!!!
   Select Case r.Next(1, 5)
     Case 1  ' nach links
       If m_bSpalte <> 0 Then
         If m_abSpielfeld(m_bZeile, m_bSpalte - 1) _
         = False Then
           b = True
           m_bSpalte -= 1
         End If
       End If
     End If
```

```
    Case 2  ' nach rechts
      If m_bSpalte <> _
      m_abSpielfeld.GetUpperBound(0) Then
       If m_abSpielfeld(m_bZeile, m_bSpalte + 1) _
        = False Then
           b = True
           m_bSpalte += 1
       End If
      End If
    Case 3  ' nach oben
      If m_bZeile <> 0 Then
       If m_abSpielfeld(m_bZeile - 1, m_bSpalte) _
        = False Then
           b = True
           m_bZeile -= 1
       End If
      End If
      Case 4  ' nach unten
       If m_bZeile <> _
         m_abSpielfeld.GetUpperBound(0) Then
         If m_abSpielfeld(m_bZeile + 1, m_bSpalte) _
          = False Then
           b = True
           m_bZeile += 1
         End If
       End If
     End Select
   Loop Until b
   m_abSpielfeld(m_bZeile, m_bSpalte) = m_bKennNr
 End Sub
End Class ' ************************************
```

Abb. 8.3:
Wo sind die
Roboter? – Die
kleine 1 ist der
Roboter, der
per Zufallszahl
bewegt wird

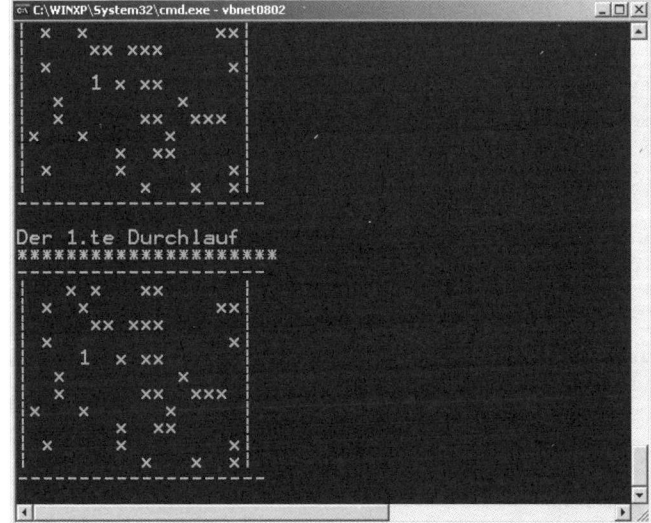

Abb. 8.3:
Wo sind die
Roboter? – Die
kleine 1 ist der
Roboter, der
per Zufallszahl
bewegt wird

8.3   Die Array-Klasse stellt sich vor

Jede Feldvariable leitet sich von der *Array*-Klasse ab. Oder umgekehrt, bei jeder Feldvariablen handelt es sich um eine Instanz der *Array*-Klasse. Dass die
Beispiele in diesem Kapitel zum Thema Umgang mit Arrays bislang relativ
simpel und unspektakulär waren, hatte einen einfachen Grund. Die *Array*-
Klasse steht beim Umgang mit Arrays nicht automatisch im Vordergrund. Wie
bei der Stringverarbeitung vereinfacht Visual Basic .NET die Programmierung
ein wenig, indem zum Beispiel Arrays als abstrakte Basisklassen nicht per
New angelegt werden können (wie bei Strings handelt es sich auch bei Arrays
um Referenztypen) und sich die Größe eines Arrays sehr einfach mit dem
ReDim-Befehl ändern lässt, ohne dass das Array dazu neu angelegt und sein
Inhalt gegebenenfalls zuvor in ein temporäres Array kopiert werden muss. In
diesem Abschnitt steht die Array-Klasse im Vordergrund, durch deren gemeinsame Methoden (die wichtigsten sind in Tabelle 8.1 zusammengestellt),
aber auch durch deren Instanzmitglieder (siehe Tabelle 8.2) der Umgang mit
Arrays erst richtig interessant wird. Eine der bemerkenswerten Highlights ist
dabei die *Sort*-Methode, durch die sich ein beliebiges Array mit Zahlen oder
Zeichenketten durch einen einfachen Aufruf sortieren lässt. Ebenfalls erwähnenswert ist die *BinarySearch*-Methode, die ein eindimensionales Feld nach
einem Wert durchsucht.

Es ist wichtig zu verstehen, dass die *Array*-Klasse eine Reihe freigegebener
Methoden besitzt, wie z.B. *Sort*. Das bedeutet, dass eine Methode sowohl auf
die Instanz des *Array*-Objekts (also auf die Feldvariable) als auch direkt auf die
Array-Klasse angewendet werden kann.

210

Die folgenden beiden Aufrufe sortieren beide das Feld *aZahlen* in aufsteigender Reihenfolge:

```
Array.Sort(aZahlen)
```

```
aZahlen.Sort(aZahlen)
```

Beide Befehle rufen ein und dieselbe gemeinsame Methode auf, nur dass im ersten Fall die Klasse selbst verwendet wird und im zweiten Fall ein Objekt der Klasse.

Methode	Was hat sie zu bedeuten?
BinarySearch	Führt eine Suche in einem sortierten eindimensionalen Array oder einem Teil davon nach dem Binärsuchprinzip durch und gibt den Index des gefundenen Elements zurück. Wird kein Element gefunden, ist der Rückgabewert das Zweierkomplement des Indizes des Feldes mit dem nächst größeren Wert.
Clear	Setzt das komplette Array oder nur einen Teil davon auf die Initialisierungswerte (0 oder *Nothing*) zurück.
Copy	Kopiert das komplette Array oder einen Teil davon in ein anderes Array, wobei automatisch eine Typenkonvertierung vorgenommen wird.
CreateInstance	Legt eine neue Instanz eines Arrays an, wobei der Typ und die Anzahl der Elemente übergeben werden. Anders als bei den anderen Basisklassen gibt es keinen *New*-Konstruktor, um eine späte Bindung zur Laufzeit zu ermöglichen.
IndexOf	Durchsucht das Array nach einem übergebenen Wert und gibt dessen Index zurück. Ansonsten wird die untere Feldgrenze minus 1 zurückgegeben. Im Unterschied zu *BinarySearch* muss das Array nicht sortiert vorliegen.
LastIndexOf	Durchsucht das Array und gibt den Index des letzten Elements aus, das mit dem Wert übereinstimmt, der beim Aufruf übergeben wird.
Reverse	Kehrt die Reihenfolge in einem eindimensionalen Feld oder einem Teil davon um.
Sort	Sortiert ein eindimensionales Feld. Entweder in aufsteigender Reihenfolge (dies ist die einfachste Variante) oder mit Hilfe eines oder mehrerer Schlüssel, die über ein separates Array übergeben werden oder über ein Objekt, das die *IComparable*-Schnittstelle implementiert.

Tabelle 8.1:
Die gemeinsamen Methoden der Array-Klasse

Das folgende Beispiel produziert eine Serie von sechs Lottozahlen, die in das Feld *aLotto* aufgenommen und anschließend sortiert ausgegeben werden (das Problem der doppelt enthaltenen Zahlen wird hier noch nicht gelöst).

Listing 8-3:
Lottozahlen
mit Array

Buch-CD: vbnet0803.vb

```
' -------------------------------------------------
' vbnet0803.vb - Array mit Zufallszahlen füllen
' Jetzt lerne ich Visual Basic .NET
' -------------------------------------------------
Imports System

Class App

 Shared Sub Main ()
  Dim aLotto(6) As Byte
  Dim oZ As New Random()
  Dim i As Short
  For i = 0 To aLotto.GetUpperbound(0)
     aLotto(i) = oZ.Next(1, 50)
  Next i
  Console.WriteLine ("Zunächst unsortiert...")
  For i = 0 To aLotto.GetUpperbound(0)
     Console.Write (aLotto(i) & " ")
  Next i
  Console.WriteLine ()
  Console.WriteLine ("Und nun sortiert...")
  Array.Sort (aLotto)
  For i = 0 To aLotto.GetUpperbound(0)
     Console.Write (aLotto(i) & " ")
  Next i
 End Sub

End Class
```

Auch wenn die Obergrenze des Arrays feststeht, wird die *GetUpperBound-*
Methode aufgerufen, um sie zu bestimmen. Das fällt in die Kategorie *defen-*
sives Programmieren, nach dessen Regeln ein Programmierer möglichst
wenige Annahmen macht, die aus irgendeinem Grund später nicht mehr erfüllt sein könnten. Man beschließt vielleicht spontan, statt sechs Zahlen sieben
oder mehr zu erzeugen, vergisst aber, die neue Obergrenze in den Schleifen
und Abfragen anzupassen, und wundert sich, warum das Programm nicht
mehr funktioniert.

Das Problem der mehrfach vorkommenden Zahlen lässt sich auf verschiedene
Weisen lösen. Zum einen klassisch, in dem abgefragt wird, ob eine Zahl bereits in der Feldvariablen vorhanden ist. (Eine elegante Alternative besteht darin, ein Feld mit genau 49 Elementen von Typ *Boolean* anzulegen, so dass
nach dem Ziehen einer Zahl durch eine einzelne Abfrage festgestellt werden
kann, ob das Feld bereits belegt und die Zahl gezogen wurde.) Oder modern
mit Hilfe der .NET-Basisklassen, die komfortable Datentypen wie *Collections*

oder *Dictionaries* zur Verfügung stellen, bei denen diese Dinge bereits fest eingebaut sind. Mehr zu diesen wichtigen Datenstrukturen in Kapitel 10.

8.3.1 Instanzenmethoden und Eigenschaften der Array-Klasse

Neben den bereits vorgestellten und teilweise recht beeindruckenden gemeinsamen Methoden verfügt die *Array*-Klasse über eine relativ große Anzahl an Instanzenmethoden und Eigenschaften, die in Tabelle 8.2 zusammengestellt sind[1].

Mitglied	Was hat es zu bedeuten?
IsFixedSize-Eigenschaft	Gibt an, dass es sich um ein Array fester Größe handelt.
IsReadOnly-Eigenschaft	Gibt an, dass es sich um ein Nur-Lese-Array handelt.
Length-Eigenschaft	Anzahl der Elemente.
Rank-Eigenschaft	Anzahl der Dimensionen.
Clone-Methode	Legt eine Kopie des Arrays an.
CopyTo-Methode	Kopiert alle angegebenen Elemente in das angegebene eindimensionale Feld.
GetUpperBound-Methode	Gibt die Obergrenze des Feldes zurück.
GetLowerBound-Methode	Gibt die Untergrenze des Feldes zurück (ist in der Regel 0).
GetValue-Methode	Gibt den Wert des Feldelements mit dem angegebenen Index zurück.
Initialize-Methode	Initialisiert jedes Feldelement durch den Aufruf des Defaultkonstruktors für das Feldelement.
SetValue-Methode	Setzt ein Feldelement auf einen angegebenen Wert.

Tabelle 8.2: Die wichtigsten Instanzenmethoden und Eigenschaften der Array-Klasse

8.4 Spezialitäten beim Umgang mit Arrays

In diesem Abschnitt geht es um ein paar wichtige Spezialitäten beim Umgang mit Arrays, die für die vorangegangenen Kapitel etwas zu speziell gewesen wären.

---

1. Auch wenn sich alle diese Dinge in der umfangreichen Hilfe nachlesen lassen, halte ich eine Übersicht für wichtig, da sie eine Art Vorauswahl darstellt und die Orientierung erleichtern soll.

8.4.1 Die Suche in einem Array

Möchte man herausfinden, ob ein Array einen bestimmten Wert enthält, muss man dafür keine Schleife programmieren, die alle Feldelemente der Reihe nach durchgeht. Dafür gibt es die *BinarySearch*-Methode der *Array*-Klasse, die das in einem Aufruf erledigt.

Das folgende Beispielprogramm löst das bereits angesprochene »Lottozahlen-Problem«, bei dem dafür gesorgt werden soll, das gezogene Zahlen nur einfach vorkommen, über die *BinarySearch*-Methode, die nach jeder Ziehung prüft, ob die Zahl bereits vorhanden ist.

Listing 8-4:
Lottozahlen
ohne Doppelte

Buch-CD: vbnet0804.vb

```
' ----------------------------------------------
' vbnet0804.vb - BinarySearch-Methode bei Arrays
' Jetzt lerne ich Visual Basic .NET
' ----------------------------------------------

Imports System

Class App

  Shared Sub Main()
    Dim Lottozahlen(5), z As Byte
    Dim i, j As Short
    For j = 1 To 10
     For i = 0 To Lottozahlen.GetUpperBound(0)
      Do
       z = New Random().Next(1, 50)
      Loop Until Array.BinarySearch(Lottozahlen, z) < 0
      Lottozahlen(0) = z
      Array.Sort(Lottozahlen)
     Next i
     Console.WriteLine("Die {0}.te Ziehung", j)
     For i = 0 To Lottozahlen.GetUpperBound(0)
       Console.Write(" {0} ", _
         Lottozahlen(i).ToString.PadRight(3))
     Next
     Console.WriteLine()
    Next j
    Console.ReadLine()
  End Sub

End Class
```

Ganz so einfach, wie es sich vielleicht zunächst angehört haben mag, ist die *BinarySearch*-Methode leider nicht. Die *Do*-Schleife soll so lange wiederholen, bis eine Zahl gezogen wird, für die die Methode einen Wert kleiner 0 zurückgibt. Voraussetzung ist aber, dass das Feld sortiert vorliegt. Das erledigt zwar die *Sort*-Methode mit einem Aufruf, doch an welche Stelle soll die neu gezogene Zufallszahl in das Feld eingefügt werden? Die Antwort lautet: an Position 0, denn so lange das Feld nicht voll ist, steht hier noch keine gezogene Zahl.

Das Beispiel mit der *BinarySearch*-Methode aus dem letzten Abschnitt war zwar ganz nett, doch eigentlich ein wenig umständlich. Geht es nicht doch ein wenig einfacher? Nun, es geht. Man muss sich lediglich etwas ausführlicher mit der *Array*-Klasse und ihren Methoden beschäftigen. Dann stößt man unweigerlich auf die *IndexOf*-Methode, die ebenfalls ein Array nach dem ersten Vorkommen eines Werts durchsucht, nur dass das Array dieses Mal nicht sortiert vorliegen muss (es wird allerdings am Ende einmal sortiert).

Buch-CD: vbnet0805.vb

Listing 8-5: Lottozahlen ohne Doppelte mit IndexOf

```
' ------------------------------------------------
' vbnet0805.vb - IndexOf-Methode bei Arrays
' Jetzt lerne ich Visual Basic .NET
' ------------------------------------------------
Imports System

Class App

  Shared Sub Main ()
    Dim Lottozahlen(5), z As Byte
    Dim i As Short
    For i = 0 To Lottozahlen.GetUpperbound(0)
       Do
          z = new Random().Next(1, 50)
       Loop Until Array.IndexOf(Lottozahlen, z) < 0
       Lottozahlen(i) - z
    Next i
    Array.Sort(Lottozahlen)
    For i = 0 To Lottozahlen.GetUpperbound(0)
      Console.Write(" {0} ", Lottozahlen(i))
    Next
  End Sub

End Class
```

8.4.2 Arrays gegenseitig zuweisen

Eine Feldvariable *A* kann einer Feldvariablen *B* zugewiesen werden, wenn sie Elemente des gleichen Datentyps besitzen.

Das folgende Beispiel weist der Feldvariablen *Feld2* den Inhalt der Feldvariablen *Feld1* zu.

```
Dim Feld1() As Byte = {10, 20, 30, 40}
Dim Feld2() As Byte
Dim i As Short
Feld2 = Feld1
For i = 0 To Feld2.Length-1
  Console.Write(" {0} ", Feld2(i))
Next
```

Durch die Zuweisung wird allerdings nicht der Inhalt des Feldes *Feld1* in das *Feld2* kopiert. *Feld2* erhält lediglich die Referenz auf jenes Array-Objekt, dessen Referenz bereits *Feld1* enthält. Das Feld gibt es nur einmal, aber es gibt zwei Variablen, die darauf eine Referenz enthalten.

Die Copy-Methode der Array-Klasse

Soll nicht nur die Referenz auf ein Array-Objekt, sondern der Inhalt eines Feldes in ein neues Array-Objekt kopiert werden, muss die *Copy*-Methode der *Array*-Klasse zum Einsatz kommen. Hier besteht zudem die Möglichkeit, die Anzahl der zu kopierenden Elemente und auf Wunsch auch den zu kopierenden Bereich festzulegen.

Das folgende Beispiel kopiert zwei Elemente ab der zweiten Position aus der Feldvariablen *Feld1* in *Feld3*.

```
Dim Feld3(1) As Byte
Array.Copy (Feld2, 1, Feld3, 0, 2)
For i = 0 To Feld3.GetUpperbound(Feld3.Rank-1)
  Console.Write(" {0} ", Feld3(i))
Next
```

8.4.3   Felder löschen

Es gibt bei Visual Basic .NET mehrere Möglichkeiten, eine Feldvariable zu löschen. Der *ReDim*-Befehl ohne *Preserve* ist eine, ein erneuter Aufruf von *CreateInstance* eine andere und der Aufruf der *Clear*-Methode eine dritte. Letztere bietet die Möglichkeit, anstelle des kompletten Feldes einen bestimmten Bereich zu löschen.

Das folgende Beispiel löscht zwei Elemente ab der zweite Position.

```
Array.Clear (Feld3, 1, 2)
```

8.4.4   Arrays nach anderen Kriterien sortieren

Für das Sortieren eines Arrays gibt es die *Sort*-Methode der *Array*-Klasse. Sie sortiert Zahlen oder Namen in aufsteigender Reihenfolge. Für viele Fälle ist das auch vollkommen ausreichend, wie das folgende kleine Beispiel zeigt, das ein Array mit String sortiert.

Listing 8-6: Array nach verschiedenen Kriterien sortieren

```
' ----------------------------------------------
' vbnet0806.vb - Die Sort-Methode der Array-Klasse
' Jetzt lerne ich Visual Basic .NET
' ----------------------------------------------

Imports System

Class App
 Private Shared Wochentage() As String _
   = {"Sonntag", "Montag", "Dienstag", "Mittwoch", "Donnerstag", _
   "Freitag", "Samstag"}

 Shared Sub Main ()
  Dim i As Short
  Array.Sort (Wochentage)
  For i = 0 To Wochentage.GetUpperBound(0)
   Console.WriteLine("Am {0} habe ich keine Zeit", Wochentage(i))
  Next i
  Console.WriteLine ("Alles klar mit .NET!")
  Console.Readline()
 End Sub

End Class
```

Doch wie sieht es aus, wenn ein Array mit Objekten sortiert werden soll, für die es keine eindeutige Sortierreihenfolge geben kann? In diesem Fall zeigen die .NET-Basisklassen ein wenig von ihren wirklich beeindruckenden Möglichkeiten und stellen unter Beweis, dass sie nicht nur den Grundbedarf abdecken, sondern eine erstaunliche Tiefe besitzen. So ist die *Sort*-Methode (wie viele andere auch) mehrfach überladen. In einer Variante kann ihr ein Objekt übergeben werden, das die *IComparable*-Schnittstelle implementiert haben muss (mehr zur Programmierung mit Schnittstellen in Kapitel 11). Dies bedeutet, dass bei jedem Vergleich, der im Laufe der Sortierung des Arrays durchgeführt wird, die *Compare*-Funktion der Schnittstelle aufgerufen wird. Und hier kann der Programmierer festlegen, auf welche Weise festgestellt werden soll, ob Objekt A größer als Objekt B ist.

8.4.5　Arrays als Rückgabewerte von Funktionen

Da Arrays in fast allen Beziehungen normalen Variablen entsprechen (wie bereits mehrfach erwähnt wurde, gehen alle Datentypen auf die gemeinsame Abstammung *System.Object* zurück), ist es auch kein Problem, sie sowohl einer Funktion zu übergeben (die Übergabe erfolgt dabei stets als Referenz, so dass Änderungen am Prozedurparameter auch das übergebene Array betreffen) als auch sie als Rückgabewert einer Funktion festzulegen. Eine Funktion mit einem Array als Rückgabewert gibt keinen einzelnen Wert, sondern ein ganzes Array zurück.

Die folgende Funktion (sie wurde in diesem Kapitel bereits vorgestellt) gibt ein *Byte*-Array zurück.

```
Function AnzahlNachbarn (ByVal Spielfeld(,) As Byte) As Byte()
```

Auch wenn es grundsätzlich möglich ist, den Funktionsnamen als lokale Variable zu benutzen und ihm direkt einen Wert zuzuweisen, kommt dies für Arrays nicht in Frage. Es ist daher notwendig, in der Funktion eine lokale Variable vom gleichen Typ zu deklarieren und diese am Ende über den *Return*-Befehl zurückzugeben:

```
Dim tmpFeld() As Byte
' Befehle
Return tmpFeld
```

Auf die gleiche Weise wird auch eine mehrdimensionale Feldvariable zurückgegeben, mit dem Unterschied, dass im Funktionskopf für jede weitere Dimension ein Komma eingetragen werden muss. Daran erkennt der Compiler die Anzahl der Dimensionen (ein Beispiel finden Sie in Listing 8-1).

8.4.6 Arrays mit einer anderen Untergrenze als 0

Auch wenn eine Feldvariable bei Visual Basic .NET offiziell immer bei 0 beginnt (bei früheren Visual Basic-Versionen war dies variabel bzw. Feldvariablen konnten über den Befehl *Option Base* grundsätzlich bei 1 beginnen), ist die *Array*-Klasse flexibel genug, einen kleinen Ausweg zu bieten[1].

Listing 8-7: Arrays mit Untergrenze ungleich 0 anlegen

Buch-CD: vbnet0807.vb

```
' --------------------------------------------
' vbnet0807.vb - Arrays mit einem unteren Index
' Jetzt lerne ich Visual Basic .NET
' --------------------------------------------
Imports System

Class App

  Shared Sub Main ()
    Dim Jahr As Integer
```

---

1. Warum diese Möglichkeit nicht grundsätzlich über Dim bzw. ReDim zur Verfügung steht, entzieht sich meiner Kenntnis.

```
  Dim Sportler As Array
  Dim UGrenze() As Integer = {1999}
  Dim ALänge() As Integer = {3}
  Sportler = Array.CreateInstance(GetType(String), _
   ALänge, UGrenze)
  Sportler(1999) = "Oliver Kran"
  Sportler(2000)= "Niels Armstrong"
  Sportler(2001)= "Mike Eisen"
  For Jahr = 1999 To 2001
    Console.WriteLine("Der Topsportler ist: {0}", Sportler(Jahr))
  Next
  Console.WriteLine("Alles klar mit .NET")
  Console.Readline()
 End Sub
End Class
```

Im Mittelpunkt steht die *CreateInstance*-Methode, mit der zur Laufzeit *Array*-Objekte angelegt werden. Die Methode ist mehrfach überladen. In einer Variante können, neben dem obligatorischen Typ, die Länge und eine beliebige Untergrenze übergeben werden. Bei beiden muss es sich allerdings um eindimensionale Arrays handeln.

Das Beispiel zeigt sehr schön, dass stets »zwei Seelen in der Brust« von Visual Basic .NET leben. Auf der einen Seite versuchte Microsoft, sowohl möglichst viel von dem alten »Basic-Stil« zu erhalten als auch, was weniger erfreulich ist, die typischen »Gängeleien« im Stile von »Visual Basic-Programmierer sollen dies nicht und das nicht« zu erhalten. Auf der anderen Seite steht es jedem Visual Basic-Programmierer frei, dies zu ignorieren und mit dem .NET-Stil so zu programmieren, wie es von .NET vorgesehen und (im Prinzip) mit jeder .NET-Programmiersprache möglich ist.

8.5   In den »Tiefen« der Basisklassen – die *ArrayList*-Klasse als Spezialist mit mehr Möglichkeiten

Zum Abschluss dieses Grundlagenkapitels folgt ein bereits etwas anspruchsvolleres Thema. Es geht um spezielle Klassen der .NET-Basisklassen, mit denen noch sehr viel mehr möglich ist als mit der relativ simpel gestrickten *Array*-Klasse. Dazu gehören zum einen die sehr leistungsfähigen Datentypen der *Collections*-Klasse, die in Kapitel 11 an der Reihe sind, und zum anderen die *ArrayList*-Klasse, die in diesem Abschnitt vorgestellt wird. Wie es der Name bereits vermuten lässt, handelt es sich um ein Array, allerdings mit ein »paar« zusätzlichen Möglichkeiten.

219

Ein *ArrayList*-Objekt ähnelt einem Array in der Beziehung, dass es eine beliebige Anzahl an Objekten aufnehmen kann. *ArrayList*-Objekte werden in erster Linie zur Abspeicherung von Objekten verwendet. Das geht zwar auch in einem normalen Array, doch bietet die *ArrayList*-Klasse für den Zugriff auf einzelne Objekte zusätzliche Möglichkeiten. Anders als bei einem Array werden die Objekte nicht nur über ihren Index eingefügt, sondern über die *Add*-Methode hinzugefügt. Diese fügt das neue Element am Ende der Liste an. Tabelle 8.3 enthält eine Übersicht über die wichtigsten Instanzenmitglieder der *ArrayList*-Klasse (gemeinsame Mitglieder spielen nur eine untergeordnete Rolle).

Das folgende Beispiel soll den grundsätzlichen Umgang mit der *ArrayList*-Klasse demonstrieren. Der Hauptvorteil gegenüber einem Array ist die etwas unkomplizierte Handhabung und der direkte Zugriff auf einzelne Objekte. Ein sehr viel anspruchsvolleres Beispiel erfolgt in Kapitel 13. Dort wird auch die spannende Frage beantwortet, wie sich die Objekte in einem *ArrayList*-Objekt nach beliebigen Kriterien sortieren lassen.

Listing 8-8:
Beispiel für
die ArrayList-
Klasse

Buch-CD: vbnet0808.vb

```
' ------------------------------------------------
' vbnet0808.vb - Ein Beispiel für die ArrayList-Klasse
' Jetzt lerne ich Visual Basic .NET
' ------------------------------------------------

Imports System
Imports System.Collections

Class App

  Shared Sub Main()
    Dim obAListe As ArrayList = New ArrayList(10)
    Dim obF As Cflugzeug
    Dim obF1 As CFlugzeug = New CFlugzeug("A300")
    Dim obF2 As CFlugzeug = New CFlugzeug("B747-400")
    Dim obF3 As CFlugzeug = New CFlugzeug("MD80/2")
    obAListe.Add(obF1)
    obAListe.Add(obF2)
    obAListe.Add(obF3)
    Console.WriteLine("Anzahl Elemente: {0}", obAListe.Count)
    For Each obF In obAListe
      Console.WriteLine("Der Typ ist: {0}", obF.Typ)
    Next
    Console.ReadLine()
  End Sub

End Class
```

```
Class CFlugzeug
  Private stTyp As String
  ReadOnly Property Typ() As String
    Get
        Return stTyp
    End Get
  End Property

  Sub New(ByVal Name As String)
      stTyp = Name
  End Sub
End Class
```

Das Beispielprogramm besteht aus einer Klasse *CFlugzeug*, von der drei Instanzen zu einem *ArrayList*-Objekt hinzugefügt werden. Anschließend wird die *Typ*-Eigenschaft der drei Objekte im Rahmen einer *For Each*-Schleife (diese wird in Kapitel 10 vorgestellt) ausgegeben.

Mitglied	Bedeutung
Add-Methode	Fügt ein Objekt zur Liste hinzu.
AddRange-Methode	Fügt alle Mitglieder eines Collection-Objekts zur Liste hinzu.
BinarySearch-Methode	Führt eine Suche nach einem Objekt durch.
Capacity-Eigenschaft	Setzt die Anzahl der Elemente, die das Objekt aufnehmen kann, oder fragt sie ab.
Clear-Methode	Löscht die komplette Liste.
Contains-Methode	Prüft, ob ein Objekt in der Liste enthalten ist und gibt entsprechend einen *True/False*-Wert zurück.
CopyTo-Methode	Kopiert die komplette Liste in ein eindimensionales Feld.
Count-Eigenschaft	Gibt die Anzahl der Elemente zurück.
Insert-Methode	Fügt ein Element an einer vorgegebenen Position ein.
Item-Eigenschaft	Ermöglicht den Zugriff auf ein einzelnes Element über den Index.
IndexOf-Methode	Gibt den Index des ersten Elements in der Liste zurück, das mit dem Suchobjekt übereinstimmt.
LastIndexOf-Methode	Gibt den Index des letzten Elements in der Liste zurück, das mit dem Suchobjekt übereinstimmt.
Remove-Methode	Entfernt jenes Objekt aus der Liste, das beim Aufruf übergeben wird.
RemoveAt-Methode	Entfernt ein Objekt aus der Liste an der angegebenen Position.

Tabelle 8.3: Die wichtigsten Instanzenmitglieder der ArrayListe-Klasse

221

	Mitglied	Bedeutung
Tabelle 8.3:	*Sort*-Methode	Sortiert die Liste nach einem Kriterium, das in den enthaltenen Objekten über deren Implementierung der *IComparable*-Schnittstelle bestimmt wird.
Die wichtigsten Instanzenmitglieder der ArrayListe-Klasse (Forts.)	*ToArray*-Methode	Wandelt die Liste in ein eindimensionales Array um.

8.6   F&A

Frage 8-1

Wie viele Elemente kann das folgende Array maximal aufnehmen?

```
Dim aZahlen(5) As Byte
```

Frage 8-2

Ein Array wird wie folgt definiert:

```
Dim aZahlen () = {11, 22, 33, 44, 55, 66}
```

Programmieren Sie eine kleine Schleife, die alle Elemente des Feldes ausgibt.

Was hat der Programmierer bei der Deklaration der Feldvariablen vergessen?

Frage 8-3

Programmieren Sie eine kleine Schleife, die die Quadratwurzeln der Zahlen 2 bis 20 in einer Feldvariablen ablegt und anschließend wieder ausgibt.

Frage 8-4

Programmieren Sie eine Funktion, der eine Jahreszahl und eine Nummer für einen Monat (1 bis 12) übergeben wird und die die Sonntage in diesem Monat in einem Array zurückgibt.

Hinweis: Um diese Aufgabe lösen zu können, müssen Sie sich anhand der Dokumentation des .NET Framework-SDK ein wenig mit den Mitgliedern der *DateTime*-Klasse beschäftigen.

Frage 8-5

Programmieren Sie eine kleine »Adressverwaltung«, bei der der Benutzer neue Einträge (bestehend aus Name und E-Mail-Adresse) eingeben, Einträge löschen (das ist bereits relativ »kompliziert«), nach Einträgen suchen und alle Einträge ausgeben kann. Dazu wird eine kleine *Do Loop*-Schleife benötigt, die das Menü mit allen Optionen anzeigt und die Nummer für den gewünschten Menüpunkt (einen Ende-Befehl muss es auch geben) entgegennimmt. Ein Adresseintrag soll über eine kleine Klasse realisiert werden – das Feld speichert daher für jeden Adresseintrag ein Objekt.

Nehmen Sie sich für diese Aufgabe etwas mehr Zeit (vielleicht ein Wochenende), da sie bereits etwas umfangreicher ist und am Ende ein bereits relativ
großes Programm herauskommt.

Frage 8-6

Programmieren Sie die Adressverwaltung aus Frage 8-5 unter Verwendung
einer *ArrayList*-Klasse.

(Alle Antworten und Lösungen finden Sie in Anhang D.)

KAPITEL 9

Dateizugriffe und Ausnahmen

Sobald ein Programm das (inoffizielle) Stadium des Übungsprogramms verlässt, kommt das dauerhafte Speichern von Daten über das Programmende hinaus ins Spiel. Niemand möchte die mühsam eingegebenen Daten bei jedem Programmstart erneut eintippen, so dass sie »irgendwo« abgespeichert werden müssen. Auch .NET macht in diesem Punkt keine allzu große Ausnahme, wenngleich im Rahmen der Basisklassen Möglichkeiten zur Verfügung stehen, über die Objekte ihren Inhalt speichern können (Stichwort: Persistenz), ohne sich über das genaue Wie und Wo Gedanken machen zu müssen (auf diesen Aspekt wird in diesem Buch allerdings nicht eingegangen). In diesem Kapitel wird als wichtigster Vertreter für das eben erwähnte »Irgendwo« die Datei vorgestellt, die immer noch das mit Abstand wichtigste Medium ist, um Daten dauerhaft zu speichern. In diesem etwas fortgeschritteneren Stadium des Buchs dürfte es niemanden mehr verwundern, dass Visual Basic .NET auch für das Abspeichern und Einlesen von Daten in und aus Dateien keine Befehle zur Verfügung stellt (von den »Befehlen« der Kompatibilitätsklasse einmal abgesehen, die in diesem Buch aber keine Rolle spielen), sondern sich stattdessen auf die Basisklassen verlässt. Hier spielt der Begriff des *Streams* eine wichtige Rolle, der am Anfang vielleicht etwas kompliziert erscheinen mag, der aber zu einer enorm flexiblen Programmierung führt.

Dieses Kapitel bietet die Gelegenheit, die Ausnahmebehandlung von .NET vorzustellen. Eine Ausnahme ist eine Situation, bei der die Programmausführung angehalten werden muss, da eine Operation nicht fehlerfrei durchgeführt werden konnte. Bei Dateizugriffen treten Ausnahmen verstärkt auf, da hier im Prinzip jederzeit unvorhergesehene Ereignisse auftreten können (eine

Datei ist nicht mehr vorhanden, das Netzwerklaufwerk existiert nicht mehr, die Zugriffsrechte reichen nicht aus usw.).

Die Themen für dieses Kapitel:

- Ein erstes Beispiel für einen Dateizugriff

- Die Rolle der Streams

- Textdateien schreiben und lesen

- Text oder binär – gibt es einen Unterschied?

- Überblick über den *System.IO*-Namespace

- Zugriffe auf das Dateisystem

- Ausnahmen und wie sie abgefangen werden

- Arrays in einer Datei speichern und wieder auslesen

9.1 Ein erstes Beispiel für einen Dateizugriff

Bevor es an die, am Anfang vielleicht nicht ganz so leichte, Theorie geht, ein kleines Beispiel vorweg, das den grundsätzlichen Umgang mit Dateizugriffen im Allgemeinen und mit den allgegenwärtigen Streams (mehr dazu im nächsten Abschnitt) veranschaulichen soll.

Die Klassen für den Dateizugriff befinden sich im Namespace *System.IO*. Die Beispiele importieren den Namespace daher, wenngleich dies wie üblich nicht zwingend notwendig ist.

Das folgende Beispiel liest den Inhalt der Konfigurationsdatei *Msdos.sys* ein und zeigt ihn in der Konsole an. Anstelle von *Msdos.sys* können Sie natürlich den Pfad jeder beliebigen Textdatei einsetzen (sie sollte nur nicht allzu groß sein).

Listing 9-1:
Auslesen einer
Textdatei

Buch-CD: vbnet0901.vb

```
' ---------------------------------------------
' vbnet0901.vb - Lesen einer Textdatei
' Jetzt lerne ich Visual Basic .NET
' ---------------------------------------------
Option Explicit
Imports System.IO
Imports System
```

```
Class App

  Shared Sub Main ()
     Dim oSt As New StreamReader("C:\Msdos.sys")
     Console.WriteLine(oSt.ReadToEnd())
     oSt.Close()
     Console.WriteLine("Alles klar mit .NET!")
     Console.ReadLine()
  End Sub

End Class
```

Das Auslesen der Textdatei findet in zwei Befehlszeilen statt und ist damit sehr kurz:

```
Dim oSt As New StreamReader("C:\Msdos.sys")
Console.WriteLine(oSt.ReadToEnd())
```

Als Erstes wird die *StreamReader*-Klasse mit dem Namen der zu öffnenden Datei instanziert. Anschließend liest die *ReadToEnd*-Methode alle Zeichen ein, so dass die *WriteLine*-Methode sie ausgeben kann.

Wie üblich geht es noch ein wenig kürzer, wobei diese »Kurzschreibweise« stets zu Lasten der Lesbarkeit geht und daher gerade am Anfang nicht empfohlen wird.

Der folgende Befehl öffnet eine Datei über ein *StreamReader*-Objekt und gibt ihren Inhalt gleichzeitig aus.

```
Console.WriteLine(New StreamReader("C:\Msdos.sys").ReadToEnd())
```

Auch wenn diese Kompaktheit durchaus ihren Reiz hat, besitzt sie auch Nachteile. Neben der erschwerten Lesbarkeit wird in diesem Fall keine Variable für das *StreamReader*-Objekt angelegt, über die es sich wieder schließen ließe. Nachfolgende Zugriffe auf die Datei führen daher zu einer Ausnahme, weil die Datei bereits von einem Prozess verwendet wird und daher nicht (nochmals) geöffnet werden kann.

Wenn das Einlesen einer Datei so prima geklappt hat, wird auch das Speichern in einer Textdatei nicht viel anders sein. Das folgende Beispiel nimmt Namen entgegen, die in einer Datei gespeichert werden, bis der Anwender nichts mehr eingibt. Dann wird der komplette Dateiinhalt wieder ausgegeben.

Buch-CD: vbnet0902.vb

```
' ---------------------------------------------------
' vbnet0902.vb - Speichern in eine Textdatei
' Jetzt lerne ich Visual Basic .NET
' ---------------------------------------------------
```

Listing 9-2:
Speichern in
einer Textdatei

```
Option Explicit On
Imports System.IO
Imports System

Class App

  Shared Sub Main()
    Dim stEingabe As String
    Dim i As Integer
    Dim obFi As FileStream = New _
      FileStream("Namen.dat", FileMode.Create)
    Dim obStw As StreamWriter = New StreamWriter(obFi)
    Do
      Console.Write("Name? ")
      stEingabe = Console.ReadLine()
      If stEingabe = "" Then Exit Do
        obStw.WriteLine(stEingabe)
        i += 1
    Loop
    obStw.Close()
    Console.WriteLine("{0} Namen gespeichert!", i)
    i = 0
    obFi = New FileStream("Namen.dat", FileMode.Open)
    Dim obStr As StreamReader = New StreamReader(obFi)
    Do until obStr.Peek() = -1
      Console.WriteLine(obStr.ReadLine)
      i += 1
    Loop
    obStr.Close()
    Console.WriteLine("{0} Namen gelesen!", i)
  End Sub

End Class
```

9.1.1 Das Prinzip der Arbeitsteilung

Ist Ihnen in Listing 9-2 das Prinzip der Arbeitsteilung aufgefallen? Zuerst wird ein *FileStream*-Objekt angelegt. Dieses wird dazu benutzt, jeweils ein *StreamWriter*- und ein *StreamReader*-Objekt anzulegen. Auch wenn man das *FileStream*-Objekt direkt für den Dateizugriff benutzen kann, ist dies die etwas flexiblere und damit häufiger anzutreffende Variante. Das Prinzip der Arbeitsteilung besteht darin, dass sich das *FileStream*-Objekt um den Zugriff auf die Datei kümmert und zum Beispiel die Zugriffsmodalitäten festlegt. Das, was geschrieben oder gelesen werden soll, erhält es über ein *StreamWriter*- oder *StreamReader*-Objekt.

228

Hier noch einmal die wichtigsten »Erkenntnisse«, die Sie aus Listing 9-2 ziehen sollten:

▪ Das *FileStream*-Objekt steht zunächst lediglich für den Zugriff auf eine Datei. Beim Anlegen werden der Dateiname sowie ein Zugriffsmodus (Öffnen, Anlegen usw.) angegeben. Eine Übersicht über die zur Auswahl stehenden Modi gibt Tabelle 9.1.

▪ Wird kein Verzeichnispfad angegeben, muss sich die Datei im gleichen Verzeichnis wie das Programm befinden (bei Visual Studio .NET wäre dies das *bin*-Unterverzeichnis im Projektverzeichnis).

▪ Das eigentliche Speichern bzw. Lesen geschieht über ein *Stream*-Objekt, das vom Dateizugriff vollkommen unabhängig ist. Es ist das *StreamReader*-Objekt (*Lesen*) und das *StreamWriter*-Objekt (Schreiben).

▪ Um beim Einlesen festzustellen, ob noch Zeichen vorhanden sind, wird die *Peek*-Methode verwendet. Diese gibt das nächste zu lesende Zeichen zurück, ohne es aber tatsächlich zu lesen (es wird also nur geprüft, ob noch ein Zeichen gelesen werden könnte). Gibt *Peek* -1 zurück, ist kein Zeichen mehr da.

▪ Am Ende muss das *FileStream*-Objekt wieder geschlossen werden.

Damit wissen Sie bereits (fast) alles über das Thema Dateizugriffe. Wenn Sie die beiden kleinen Beispiele dieses Abschnitts als Grundgerüst verwenden, sollten Sie die meisten einfachen Aufgaben relativ problemlos lösen können.

Modi (Konstante)	Bedeutung
FileMode.Append	Es sollen Daten an die Datei angehängt werden. Existiert die Datei nicht, wird sie angelegt.
FileMode.Create	Die Datei wird in jedem Fall neu angelegt. Existiert die Datei bereits, wird sie überschrieben.
FileMode.CreateNew	Die Datei wird neu angelegt. Existiert die Datei bereits, wird eine Ausnahme ausgelöst.
FileMode.Open	Die Datei wird geöffnet (setzt voraus, dass die Datei bereits existiert und dass der Benutzer die Leseberechtigung besitzt). Existiert die Datei nicht, wird eine Ausnahme ausgelöst.
FileMode.OpenOrCreate	Zuerst wird versucht, die Datei zu öffnen. Existiert sie noch nicht, wird sie angelegt.
FileMode.Truncate	Legt fest, dass eine bereits vorhandene Datei geöffnet werden soll, die dann aber auf 0 Byte Größe gekürzt (engl. »to truncate«) wird. Setzt die Schreibberechtigung des Benutzers voraus.

Tabelle 9.1: Die verschiedenen Möglichkeiten, eine Datei zu öffnen

9.2   Die Rolle der Streams

Bei allen Dateizugriffen unter .NET steht eine Einrichtung direkt oder indirekt im Mittelpunkt, die als *Stream* (zu Deutsch »Strom«) bezeichnet wird. Ein Stream ist ein Strom von Daten, also eine Folge von Bytes oder Zeichen, die von einer Quelle stammen und an ein Ziel transportiert werden. Der Grund, warum bei .NET Streams im Vordergrund stehen, heißt Flexibilität. Ein Stream steht lediglich für eine Folge von Zeichen, die im Arbeitsspeicher gehalten werden. Wie der Stream weiterverarbeitet wird geht den Stream nichts an. Er kann in eine Datei geschrieben, auf einem beliebigen Ausgabegerät ausgegeben oder, und das ist besonders flexibel, einem anderen Objekt zugeführt werden, das den Stream weiterverarbeitet. Ein Beispiel wäre die Umwandlung eines kompletten Streams in ein anderes Zeichenformat. Soll ein Stream in einem anderen Zeichenformat gespeichert werden, wird er vor dem Abspeichern einem anderen Objekt zugeführt, das den Stream umwandelt, so dass er anschließend in einem anderen Format gespeichert werden kann. Da die Streams in einem allgemeinen Format vorliegen, ist es für Programmierer (und das betrifft bei .NET auch oder sogar vor allem Visual Basic-Programmierer) kein Problem, einen weiteren Filter zu programmieren, der einen Stream auf eine ganz andere Weise weiterverarbeitet.

Ein Stream ist ganz allgemein ein Strom, d.h. eine Aneinanderreihung von Zeichen, die im Arbeitsspeicher gehalten werden. Viele .NET-Klassen arbeiten direkt mit Streams, indem sie sie zum Beispiel in eine Datei schreiben oder in ein anderes Format umwandeln.

In Kapitel 12, wenn es um das Thema XML geht, werden Streams ebenfalls eine zentrale Rolle spielen.

9.2.1   Die IO.Stream-Klasse

Wir kommen nun zu einem bereits etwas fortgeschritteneren Thema. Hinter allen Stream-Klassen steht die Klasse *IO.Stream*, d.h. eine Klasse mit dem Namen *Stream* im Namespace *IO* (das IO steht für Input/Output). Na wunderbar, dann instanzieren wir doch diese Klasse und kommen so vermutlich auf dem kürzesten Weg an den Inhalt einer Datei. Nun, das geht leider nicht. Auch wenn es sich bei Stream um eine reguläre Klasse handelt, kann sie nicht direkt instanziert werden.

Der Befehl

```
Dim obSt As Stream = New Stream()
```

führt zu einer Fehlermeldung. Es liegt daran, dass es sich bei der *Stream*-Klasse um eine *abstrakte Basisklasse* handelt. Dies sind Klassen, die lediglich die Namen von Mitgliedern enthalten (diese werden unter dem Begriff Schnittstelle zusammengefasst), aber keine Befehle. Sie besitzt das Attribut *MustInherit*, was besagt, dass diese Klasse nur in einer anderen Klasse implementiert werden kann. Die Idee dahinter ist eine Vereinheitlichung. Der Programmierer kann sich auf der Grundlage der *Stream*-Klasse seine eigenen Klassen programmieren, die ein beliebiges Ausgabemedium auf beliebige Weise ansprechen. Doch da die neue Klasse die *Stream*-Klasse implementiert hat, ist sie kompatibel zu allen Objekten, deren Eigenschaften oder Methoden ein Objekt vom Typ *Stream* erwarten. Das alles ist bereits fortgeschrittenere .NET-Programmierung, die bereits recht viel Erfahrung voraussetzt (zumindest das Prinzip der abstrakten Basisklassen wird in Kapitel 11 behandelt). Es wurde aber bereits an dieser Stelle vorweggenommen, damit klar ist, warum sich eine so wichtige Klasse wie *Stream* nicht direkt benutzen lässt. Übrigens müssen Sie sich die Mühe, *Streams* in einer Klasse zu implementieren, nur in Ausnahmefällen machen, denn genau dies ist bereits in den von der *Stream*-Klasse abgeleiteten Klassen *FileStream*, *MemoryStream*, *CryptoStream* usw. bereits geschehen.

9.3　Textdateien schreiben und lesen

Am häufigsten werden Dateizugriffe für das Schreiben und Lesen von Texten benötigt, da für umfangreichere Mengen an binären Daten eine Datenbank in vielen Fällen die besser geeignete Variante ist. (Im Namespace *System.Data* bieten die .NET-Basisklassen zahlreiche Klassen für den Datenbankzugriff, die in diesem Buch aber nicht behandelt werden.)

Der Zugriff auf eine Textdatei erfolgt in der Regel in folgender Reihenfolge:

1. Anlegen eines *FileStream*-Objekts.

2. Anlegen eines *TextReader*- oder *TextWriter*-Objekts.

3. Lesen und Schreiben von Textdaten über einen Stream.

4. Schließen des *FileStream*-Objekts.

Da das Prinzip des Zugriffs bereits in Kapitel 9.1 an kleinen Beispielen gezeigt wurde, geht es in diesem Abschnitt um die Details.

9.3.1   Die FileStream-Klasse

Das FileStream bietet den direkten Zugang zu einer Datei.

Tabelle 9.2:
Die wichtigsten
Mitglieder der
FileStream-
Klasse

Mitglied	Bedeutung
Length-Eigenschaft	Länge des Streams in Byte.
Position-Eigenschaft	Aktuelle Position des Lese-/Schreibzeigers.
Close-Methode	Schließt den Stream.
Flush-Methode	Bewirkt, dass alle noch im Arbeitsspeicher befindlichen Daten in das Gerät geschrieben werden.
Read-Methode	Liest einen Datenblock der angegebenen Größe aus dem Strom und überträgt die Zeichen in ein Byte-Array.
ReadByte-Methode	Liest ein einzelnes Byte aus dem Strom.
Write-Methode	Schreibt einen Datenblock aus einem Byte-Array in den Strom.
WriteByte-Methode	Schreibt ein einzelnes Byte in den Strom.

9.3.2   Die StreamReader-Klasse

Die Aufgabe der *StreamReader*-Klasse ist es, Bytes mit einer bestimmten Kodierung (standardmäßig UTF-8-Zeichensatz) aus einem Stream in eine Datei zu übertragen. Die *StreamReader*-Klasse erweitert die *TextReader*-Klasse. Tabelle 9.3 enthält die wichtigsten Mitglieder der *StreamReader*-Klasse.

Tabelle 9.3:
Die wichtigsten
Mitglieder der
StreamReader-
Klasse

Mitglied	Bedeutung
BaseStream-Eigenschaft	Gibt das zugrunde liegende *Stream*-Objekt zurück.
Close-Methode	Schließt das Objekt und gibt alle damit verbundenen Ressourcen frei.
Peek-Methode	Gibt das nächste zu lesende Zeichen zurück, ohne es tatsächlich zu lesen.
ReadBlock-Methode	Liest eine vorgegebene Anzahl an Zeichen ein.
ReadLine-Methode	Liest genau eine Zeile, d.h. alle Zeichen bis zum nächsten Zeilenumbruch/Neue Zeile-Zeichenpaar ein.
Read-Methode	Liest die nächsten Zeichen aus dem Strom.
ReadToEnd-Methode	Liest alle noch verbleibenden Zeichen in einem Rutsch.

9.3.3   Die StreamWriter-Klasse

Die *StreamWriter*-Klasse ist das Pendant zur *StreamReader*-Klasse. Sie schreibt die Zeichen eines *Stream*-Objekts entweder zeichen- oder zeilenweise in die darunter liegende Datei. Tabelle 9.4 enthält die wichtigsten Mitglieder der *StreamWriter*-Klasse.

Mitglied	Bedeutung
BaseStream-Eigenschaft	Gibt das zugrunde liegende *Stream*-Objekt zurück.
Encoding-Eigenschaft	Ermöglicht den Zugriff auf das zuständige *Encoding*-Objekt, über das eine Konvertierung von einem Zeichensatz in einen anderen durchgeführt werden kann (zur Auswahl stehen ASCII, Unicode, UTF-7 und UTF-8).
NewLine-Eigenschaft	Gibt den Zeichencode für das Zeichen zurück, mit dem eine Zeile beendet wird, oder legt es fest.
Close-Methode	Schließt das *StreamWriter*-Objekt und damit auch den darunter liegenden Stream.
Flush-Methode	Überträgt alle noch im Zwischenspeicher befindlichen Zeichen in den darunter liegenden Stream (und damit in die Datei).
Write-Methode	Schreibt einen einzelnen Wert oder ein Array in den Stream.
WriteLine-Methode	Schreibt Zeichen in den Stream und schließt sie mit einem Zeilenende-Zeichen ab.

Tabelle 9.4:
Die wichtigsten
Mitglieder der
StreamWriter-
Klasse

9.4   Text oder binär – wo liegt der Unterschied?

Programmieranfänger tun sich erfahrungsgemäß ein wenig schwer damit, den Unterschied zwischen einer Textdatei und einer Binärdatei zu verstehen. Dazu muss man wissen, dass dies keine Unterscheidung ist, die auf der Ebene des Dateisystems getroffen wird. Man sieht einer Datei nicht an, ob es sich um eine Textdatei oder eine Binärdatei handelt. Die Unterscheidung wird einzig und allein in dem Programm getroffen, das auf den Dateiinhalt zugreifen möchte. Es muss sich entscheiden, ob es den Inhalt der Datei als eine Aneinanderreihung von Textzeichen betrachtet und Spezialzeichen, wie z.B. das Paar Wagenrücklauf (13)/Neue Zeile (10) gesondert behandelt, wie es bei einer Textdatei der Fall ist, oder ob alle Bytes gleich sind und sie keine spezielle Bedeutung erhalten. Dies wäre eine Binärdatei.

Die .NET-Basisklassen halten für das Schreiben im Textmodus die *TextWriter*-, für das Schreiben im Binärmodus die *BinaryWriter*-Klasse bereit. Es spricht nichts dagegen, auch Texte im Binärmodus zu speichern, nur dass dann zum Beispiel nicht automatisch ein Wagenrücklauf/Neue Zeile-Zeichenpaar angehängt wird.

Hier ein einfaches Beispiel. Ein Programm soll die Zahl 1234 speichern. Wird sie als Textdatei gespeichert, werden durch den folgenden Befehl insgesamt 6 Byte gespeichert:

```
Dim oFi As New FileStream("Zahlen.txt", FileMode.OpenOrCreate)
Dim oSt = New StreamWriter(oFi)
oSt.WriteLine ("1234")
oSt.Close()
```

Pro Ziffer wird ein Byte gespeichert (auch wenn die interne Darstellung der Zeichen in Unicode erfolgt, wo jedes Zeichen zwei Byte umfasst), außerdem wird durch *WriteLine* an das Ende ein Wagenrücklauf (13)/Neue Zeile (10)-Paar gehängt, so dass insgesamt 6 Byte gespeichert werden. Würde man stattdessen *Write* verwenden, würden nur 4 Byte gespeichert werden, da hier kein Zeilenende geschrieben wird.

Wird die Zahl dagegen über ein *BinaryWriter*-Objekt binär gespeichert, wird sie als eine 16-Bit-Zahl gespeichert (dazu muss der Typ aber explizit angegeben werden) und belegt somit nur 2 Byte in der Datei:

```
oFi = New FileStream ("Zahlen.dat", FileMode.OpenOrCreate)
Dim oStB As New BinaryWriter(oFi)
oStB.Write (CType(1234, System.Int16))
oStB.Close
```

Das folgende Beispiel fasst die unterschiedlichen Arten, Daten in ein und dieselbe Datei zu schreiben, noch einmal zusammen. Sein »Lerneffekt« besteht darin, dass es im Anschluss an das Schreiben einmal über *StreamWriter* und einmal über *BinaryWriter* die Größe des geschriebenen Streams in Byte anzeigt.

Listing 9-3 :
Binär- und
Textdateien
im direkten
Vergleich

Buch-CD: vbnet0903.vb

```
' ---------------------------------------------
' vbnet0903.vb - Binärer Zugriff und Textzugriff
' Jetzt lerne ich Visual Basic .NET
' ---------------------------------------------
Option Explicit On
Option Strict On
Imports System
Imports System.IO

Class App
  Shared Sub Main()
    Dim obFi As New FileStream("Zahlen.txt", _
      FileMode.OpenOrCreate)
    Dim obSt As New StreamWriter(obFi)
    obSt.WriteLine("1234")
```

```
    Console.WriteLine("Dateigröße: {0}", obFi.Length)
    obSt.Close()
    obFi = New FileStream("Zahlen.dat", _
      FileMode.OpenOrCreate)
    Dim oStB As New BinaryWriter(obFi)
    oStB.Write(CType(1234, System.Int16))
    Console.WriteLine("Dateigröße: {0}", obFi.Length)
    oStB.Close()
    Console.ReadLine()
  End Sub
End Class
```

9.5   Überblick über den *System.IO*-Namespace

Hinter allen Dateizugriffen stehen die Klassen im *System.IO*-Namespace, die in diesem Abschnitt kurz vorgestellt werden. Tabelle 9.5 fasst die wichtigsten Klassen in diesem Namespace zusammen.

Klasse	Bedeutung
BinaryReader	Liest binäre Daten aus einem Stream.
BinaryWriter	Schreibt binäre Daten in einen Stream. Durch Überschreiben einzelner Methoden kann für Zeichenketten ein individuelles Format festgelegt werden.
Directory	Steht für ein beliebiges Verzeichnis und stellt gemeinsame Methoden zur Verfügung, mit denen das Verzeichnis bearbeitet werden kann.
DirectoryInfo	Stellt zusätzliche Informationen über einen Ordner zur Verfügung und ermöglicht den Zugriff auf mehrere Verzeichnisse (etwa alle Unterverzeichnisse in einem Verzeichnis).
File	Steht für eine beliebige Datei auf der Ebene des Dateisystems und stellt gemeinsame Methoden zur Verfügung, mit denen die Datei bearbeitet werden kann; enthält außerdem Methoden (*CreateText* und *OpenText*), mit denen sich ein *FileStream*-Objekt anlegen lässt.
FileInfo	Stellt zusätzliche Informationen über eine Datei zur Verfügung und ermöglicht den Zugriff auf mehrere Dateien (etwa alle Dateien in einem Verzeichnis).
FileStream	Stellt ein *Stream*-Objekt für den Dateizugriff zur Verfügung, der sowohl synchron (dies ist der Default) als auch asynchron erfolgen kann.
FileSystemInfo	Stellt die Basisklasse für *FileInfo* und *DirectoryInfo* dar.

Tabelle 9.5: Die wichtigsten Klassen im System.IO-Namespace im Überblick

235

Tabelle 9.5:
Die wichtigsten
Klassen im
System.IO-
Namespace im
Überblick
(Forts.)

Klasse	Bedeutung
FileSystemInfo	Stellt die Basisklasse für *FileInfo* und *DirectoryInfo* dar.
FileSystemWatcher	Ermöglicht das Überwachen von Verzeichnissen, so dass z.B. das Anlegen einer neuen Datei ein Ereignis auslöst.
Stream	Allgemeine Klasse für den Zugriff auf Daten, die als eine Folge von Bytes betrachtet werden.
StreamReader	Implementiert eine *TextReader*-Klasse, die den byteweisen Lesezugriff auf einen Stream unter Berücksichtigung einer bestimmten Dekodierung ermöglicht.
StreamWriter	Implementiert eine *TextWriter*-Klasse, die den byteweisen Schreibzugriff auf einen Stream unter Berücksichtigung einer bestimmten Kodierung ermöglicht.
StringReader	Implementiert eine *TextReader*-Klasse, um die Zeichen aus einem (normalen) String zu lesen.
StringWriter	Implementiert eine *TextWriter*-Klasse, um die Zeichen eines Strings (in einem StringBuilder-Objekt) zu speichern.
TextReader	Ermöglicht den Lesezugriff auf einen Stream mit Textzeichen.
TextWriter	Ermöglicht den Schreibzugriff auf einen Stream, um Textzeichen zu speichern.

9.6   Zugriffe auf das Dateisystem

Neben dem Anlegen und Öffnen von Dateien, in denen ein Programm Daten speichert, möchte man auf andere *Dateien* und *Verzeichnisse* zugreifen, die mit dem eigenen Programm nichts zu tun haben. Dazu gehört auch das Anlegen von Verzeichnissen und einiges mehr. Auch für diese Aufgaben stellen die Basisklassen mit *Directory* und *File* die passenden Klassen zur Verfügung.

Die Möglichkeiten der Klassen *File* und *Directory* ähneln jenen, die über das *FileSystemObject*-Objekt der COM-Komponente Scripting Runtime (*Scrrun.dll*) zur Verfügung gestellt wurden.

Das folgende Beispiel veranschaulicht ein paar der Möglichkeiten, die über die Klassen *File* und *Directory* zur Verfügung stehen. Es legt zunächst ein neues Verzeichnis an (wobei ein eventuell vorhandener Ordner, ohne eine Bestätigung einzuholen, gelöscht wird – dafür, dass auch ein Verzeichnis mit Inhalt gelöscht wird, sorgt der zweite Parameter *True* – Vorsicht daher beim Aufruf dieser Methode) und legt in diesem Verzeichnis 255 Dateien an, deren Namen anschließend ausgegeben werden.

Buch-CD: vbnet0904.vb

Listing 9-4:
File- und Direc-
tory-Klasse an
einem Beispiel

```vbnet
Option Explicit On
Option Strict On

Imports System
Imports System.IO

Class App
  Shared Sub Main()
    Dim stPfad As String = "C:\OneTime"
    If Directory.Exists(stPfad) = True Then
        Directory.Delete(stPfad, True)
    End If
    Directory.CreateDirectory(stPfad)
    Console.WriteLine("Verzeichnis um {0} neu angelegt!", _
     Directory.GetCreationTime(stPfad))
    Console.ReadLine()
    Dim i As Integer
    For i = 1 To 255
      File.Create(stPfad & "\Datei" & _
        i.ToString("000") & ".dat")
    Next
    Dim aDateien() As String = _
     Directory.GetFiles(stPfad, "*.dat")
    For i = 0 To aDateien.Length - 1
        Console.WriteLine(aDateien(i))
    Next
    Console.ReadLine()
  End Sub
End Class
```

Mitglied	Bedeutung
AppendText-Methode	Legt ein *StreamWriter*-Objekt für die angegebene Datei an und fügt den angegebenen Text hinzu.
CreateText-Methode	Legt ein *StreamWriter*-Objekt für die angegebene Datei an und trägt den angegebenen Text ein.
Delete-Methode	Löscht eine Datei.
Exists-Methode	Prüft, ob die angegebene Datei existiert.
GetAttributes-Methode	Gibt die Attribute der angegebenen Datei zurück.
Move-Methode	Verschiebt die Datei in das angegebene Verzeichnis.
Open-Methode	Öffnet die Datei über ein *FileStream*-Objekt.
OpenText-Methode	Öffnet die Datei über ein *StreamReader*-Objekt.
SetAttributes-Methode	Setzt einzelne Dateiattribute.
SetLastAccessTime-Methode	Setzt den Zeitpunkt für den letzten Zugriff auf die Datei.

Tabelle 9.6:
Wichtige
gemeinsame
Mitglieder der
File-Klasse

237

Tabelle 9.7:
Einige wichtige
gemeinsame
Mitglieder der
Directory-
Klasse

Mitglied	Bedeutung
CreateDirectory-Methode	Legt ein neues Verzeichnis an.
Delete-Methode	Löscht ein Verzeichnis (auf Wunsch auch mitsamt allen seinen Dateien und Unterverzeichnissen).
Exists-Methode	Prüft, ob das angegebene Verzeichnis existiert.
GetCurrentDirectory-Methode	Gibt den Pfad des aktuellen Verzeichnisses zurück.
GetFiles-Methode	Gibt die Namen aller Dateien in einem Verzeichnis als String-Array zurück.
Move-Methode	Verschiebt das Verzeichnis mitsamt seinem Inhalt in ein anderes Verzeichnis.

9.7 Arrays in einer Datei speichern und wieder auslesen

Zum Abschluss dieses Kapitels soll gezeigt werden, dass auch das Abspeichern von kompletten Arrays problemlos möglich ist. Die *Array*-Klasse bietet dafür allerdings keine Vorrichtung (etwa in Form einer Save-Methode), denn diese Dinge werden bei .NET über die zuständigen Klassen .NET-konform geregelt.

Da alles, was zum Abspeichern und erneuten Laden eines Array an Befehlen notwendig ist, bereits vorgestellt wurde, soll es in diesem Abschnitt keine weiteren Erläuterungen geben. Stattdessen soll das Beispiel in Listing 9-5 alle Fragen beantworten.

Listing 9-5:
Abspeichern
und Laden
eines kom-
pletten Arrays

```
' -------------------------------------------------
' vbnet0905.vb - Abspeichern und Einlesen eines Array
' Jetzt lerne ich Visual Basic .NET
' -------------------------------------------------
Option Explicit On
Option Strict On

Imports System
Imports System.IO

Class App

  Shared Sub Main()
    Dim aZahlen As Byte() = {11, 22, 33, 44, 55}
    Dim obFi As New FileStream("C:\Zahlen.dat", _
      FileMode.OpenOrCreate)
    Dim obStW As New BinaryWriter(obFi)
    obStW.Write(aZahlen)
```

```
Console.WriteLine("Array komplett geschrieben - {0} Byte", _
  obStW.BaseStream.Length)
obStW.Close()
obFi.Close()
Console.ReadLine()
' Das Array komplett löschen
Array.Clear(aZahlen, 0, aZahlen.Length)
' Datei erneut öffnen
obFi = New FileStream("C:\Zahlen.dat", _
  FileMode.Open)
Dim obStR As New BinaryReader(obFi)
' 5 Bytes in das Array einlesen
aZahlen = obStR.ReadBytes(5)
Dim i As Integer
' Array komplett wieder ausgeben
For i = 0 To aZahlen.Length - 1
  Console.Write(" {0} ", aZahlen(i))
Next
obStR.Close()
obFi.Close()
Console.ReadLine()
End Sub

End Class
```

9.7.1   Sind Sie noch bei mir? – Kurze Pause zum Ausruhen und Reflektieren

Gestandene Visual Basic-Programmierer, die ihr Basic vielleicht noch aus den guten alten Tagen von QuickBasic, GW-Basic und BasComp[1] kennen und sich gerade mit Visual Basic .NET und damit wieder mit einer völlig neuen Programmierwelt vertraut machen, bekommen spätestens jetzt unter Umständen ein Problem und möchten vielleicht sogar laut schreiend aus dem Raum laufen[2]. Muss denn alles so kompliziert sein – warum dieser Aufwand mit Klasse über Klasse, nur um ein paar Bytes aus einer Datei zu lesen? Sieht so die Zukunft der Programmierung aus? Keine Panik, es ist alles mindestens halb so brisant. Zum einen ist das Konzept der verschachtelten Streams sehr flexibel und elegant (Sie werden es noch schätzen lernen). Zum anderen geht es natürlich auch einfacher, denn wie immer hält Visual Basic .NET etwas Passendes im guten, alten Basic-Stil für Sie bereit. Auch wenn die alten Dateizugriffsbefehle, die bei .NET über die *Microsoft.VisualBasic*-Kompatibilitätsklasse in Gestalt von Methoden zur Verfügung gestellt werden, in diesem

---

1. Allzu viel weiter möchte ich nun wirklich nicht in der Zeit zurückgehen. Mit BusinessBasic wird doch hoffentlich niemand mehr programmiert haben.

2. Um noch eine etwas harmlosere und sozial halbwegs kompatible Reaktionsweise zu beschreiben.

239

Buch nicht behandelt werden, zeigt das folgende kleine Beispiel, wie der Dateizugriff mit ihrer Mitwirkung aussehen würde.

Das folgende Beispiel schreibt ein paar Zahlen in die Datei *Probefeld.dat*, um sie anschließend wieder auszulesen. Dieses Mal aber mit unter Umständen etwas besser vertrauten Mitteln, nämlich mit den Methoden der Kompatibilitätsklasse.

Listing 9-6:
Array abspei-
chern und
einlesen per
Kompatibi-
litätsklasse

Buch-CD: vbnet0906.vb

```
' --------------------------------------------------
' vbnet0906.vb - Abspeichern und Einlesen eines Array
' Jetzt lerne ich Visual Basic .NET
' --------------------------------------------------

Option Explicit On
Option Strict Off

Imports System
Imports Microsoft.VisualBasic

Module App

  Sub Main()
    Dim Probefeld As Byte() = {11, 22, 33, 44, 55}
    Dim i As Integer
    FileOpen(1, "C:\Zahlen.dat", OpenMode.Binary)
    FilePut(1, Probefeld)
    FileClose(1)
    Array.Clear(Probefeld, 0, Probefeld.Length)
    FileOpen(1, "C:\Zahlen.dat", OpenMode.Binary)
    FileGet(1, Probefeld)
    FileClose(1)
    For i = 0 To Probefeld.GetUpperBound(0)
      Console.WriteLine(" {0} ", Probefeld(i))
    Next i
    Console.ReadLine()
  End Sub
End Module
```

Das sieht doch schon gleich viel sympathischer und vertrauter aus und es kommt garantiert kein wie auch immer geartetes *Stream*-Objekt vor (zumindest tritt keines direkt in Erscheinung). Auch wenn die Syntax ein wenig modernisiert wurde (wie bereits mehrfach erwähnt, stecken dahinter die Methoden der *Microsoft.VisualBasic*-Kompatibilitätsklasse von .NET), ist das im Wesentlichen (es wurde auch absichtlich auf die Klasse verzichtet) die gute alte Basic-Programmierung, wie sie im Prinzip auch schon vor 20 Jahren unter DOS möglich war. Falls Sie diese Zeilen per Editor eintippen und den Compiler bitten, sie zu übersetzen, erhalten Sie vermutlich mehr Fehlermeldungen als Bill Gates Bankkonto Nullen (vor dem Komma) aufweist. Das liegt einfach daran, dass sich alle diese »Befehle« in einem anderen Namespace der .NET-Klassenbibliothek befinden. Um sie ohne Voranstellen des kompletten Namespacepfads ansprechen zu können, muss dem Programm am Anfang der Befehl

```
Imports Microsoft.VisualBasic
```

vorausgehen. Und damit wären wir wieder beim Thema »Alte Schule gegen neue Schule«, das in diesem Buch an einigen Stellen zur Sprache kommt. Auch wenn es durchaus in Ordnung ist, mit den Hilfsmitteln der Kompatibilitätsklasse zu programmieren, langfristig verbauen Sie sich, sofern Sie den neuen Stil nicht gleichzeitig erlernen, wichtige Möglichkeiten.

Das obige Beispiel funktioniert nur bei ausgeschalteter strenger Typenüberprüfung. Ansonsten meckert der Compiler, weil eine implizite Umwandlung eines *Byte()*-Typs in einen *System.Array*-Typ nicht erlaubt ist. Abhilfe schafft ein weiteres Array, das explizit vom Typ *Array* deklariert wird und als Zwischenstation beim späteren Einlesen dient:

```
Dim ax As Array

FileOpen(1, "C:\Zahlen.dat", OpenMode.Binary)
ax = CType(Probefeld, Array)
FileGet(1, ax)
FileClose(1)
Probefeld = CType(ax, Byte())
For i = 0 To Probefeld.GetUpperBound(0)
```

Man kann es drehen und wenden, wie man möchte, am Ende bestimmt auch hier .NET die Spielregeln.

9.8 Ausnahmen und wie sie abgefangen werden

Ausnahmen sind ein Thema, das vom Bereich Dateizugriffe völlig unabhängig ist. Beide Themen wurden lediglich in einem Kapitel zusammengefasst, da Ausnahmen am häufigsten beim Dateizugriff eine Rolle spielen. Eine Ausnahme tritt immer dann auf, wenn die CLR nicht in der Lage ist, einen Befehl auszuführen. Beispiele dafür gibt es viele. Eine Division durch 0 löst genauso eine Ausnahme aus wie ein Index, der größer ist als die Obergrenze eines Feldes, ein nicht initialisiertes Objekt, das von einem Befehl angesprochen wird, oder ein Dateiname, der nicht existiert. Bei einer Ausnahme sagt die CLR: »Sorry, Leute, aber ich komme hier nicht weiter.« Hinter einer Ausnahme (engl. »exception«) steckt ein eigenes Objekt, das in Kürze vorgestellt wird. Zunächst ein kleines Beispiel für eine solche Ausnahme.

Das folgende Beispiel führt eine Division durch Null durch und liefert damit eine von vielen Situationen, in denen während der Programmausführung eine Ausnahme auftreten kann.

Listing 9-7:
Ein kleines
Programm, das
eine Ausnahme
hervorruft

Buch-CD: vbnet0907.vb

```
' -----------------------------------------------
' vbnet0907.vb - Beispiel für eine Ausnahme
' Jetzt lerne ich Visual Basic .NET
' -----------------------------------------------
Option Explicit On
Option Strict Off

Imports System

Class App

  Shared Sub Main()
   Dim i, j As Integer
   i = j / 0
   Console.WriteLine("Das Ergebnis ist: {0}", i)
   Console.ReadLine()
  End Sub

End Class
```

Wenn Sie das Beispiel kompilieren und ausführen, werden Sie folgendes Phänomen erleben: Zunächst passiert scheinbar nichts, dann rumpelt die Festplatte ein wenig und dann erscheint die Dialogbox aus Abbildung 9.1. Die CLR zeigt Ihnen damit an, dass eine Ausnahme aufgetreten ist, und bietet Ihnen nun an, den Debugger des .NET Framework-SDK oder von Visual Studio .NET (sofern vorhanden) zu benutzen. Ein Debugger ist ein Hilfsprogramm, mit dessen Hilfe sich die Befehle des Programms schrittweise ausführen lassen und der dazu dient, den Grund für die Ausnahme ausfindig zu machen oder zumindest näher einzukreisen. Diese Dialogbox werden Sie sicherlich schon einmal gesehen haben, denn Ausnahmen können theoretisch in jedem Programm auftreten.

Wann immer eine Ausnahme zur Anzeige der Dialogbox führt, starten Sie nicht den Debugger (es sei denn, Sie wollen ihn aufrufen oder sind einfach nur neugierig), da dieser bereits gute Kenntnisse der Programmierung voraussetzt und gerade bei den kleinen Programmen nicht viel bringt. Klicken Sie stattdessen auf »Nein«. Das Programm wird dadurch beendet und die Fehlermeldung, die zur Ausnahme geführt hat, wird noch einmal sichtbar.

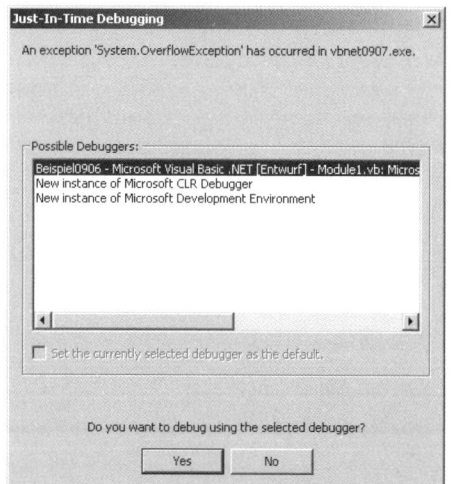

Abb. 9.1: Diese Dialogbox erscheint, wenn ein Programm eine Ausnahme erzeugt, die nicht abgefangen wird

Bezogen auf Listing 9-7 ist der Grund für die Ausnahme natürlich klar. Die Division durch 0 ist nicht erlaubt. Dementsprechend handelt es sich auch um eine Ausnahme vom Typ *System.OverflowException*, also eine durch einen Überlauf verursachte Ausnahme. Macht Sie die Schreibweise nicht etwas stutzig? Sollte es sich hier auch um eine …? Richtig, es ist eine .NET-Basisklasse. *System.OverflowException* ist eine Klasse, die für einen speziellen Typ von Ausnahme steht und die sich von der allgemeinen Klasse *System.Exception* ableitet.

9.8.1   Ausnahmen abfangen

Was ist denn so schlecht an einer Ausnahme, das Programm muss doch in einem solchen Fall ohnehin beendet werden? Nun, nicht unbedingt. Gerade in großen Programmen ist es eher lästig (und für den normalen Anwender völlig unakzeptabel), das Programm beenden und erneut starten zu müssen. Alle bereits eingegebenen Daten sind unter Umständen verloren. Ausnahmen müssen daher abgefangen werden. Das Abfangen einer Ausnahme bedeutet, dass die Ausnahme nicht zum Programmabbruch führt. Stattdessen wird ein bestimmter Programmteil angesprungen, der genau für diesen Zweck in das Programm eingebaut wurde. Der große Vorteil dieser Varianten ist, dass das Programm nicht abbricht, sondern sich selbst um das Verarbeiten der Ausnahme kümmert. Das Verarbeiten einer Ausnahme übernehmen bei Visual Basic .NET die Befehle *Try*, *Catch* und *End Try*.

Das folgende Beispiel entspricht dem letzten Beispiel, nur dass die durch die Division durch 0 verursachte Überlaufausnahme durch einen *Try*-Befehl abgefangen wird.

Listing 9-8:
Dieses Mal
wird die
Ausnahme
abgefangen

Buch-CD: vbnet0908.vb

```
' ---------------------------------------------
' vbnet0908.vb - Abfangen einer Ausnahme
' Jetzt lerne ich Visual Basic .NET
' ---------------------------------------------
Option Explicit On
Option Strict Off

Imports System

Class App

  Shared Sub Main()
   Dim i, j As Integer
   Try
    i = j / 0
    Console.WriteLine("Das Ergebnis ist: {0}", i)
   Catch
    Console.WriteLine("Division durch 0 geht natürlich nicht!")
   End Try
   Console.ReadLine()
  End Sub
End Class
```

Wenn Sie das Programm kompilieren und ausführen, wird zwar immer noch eine Division durch 0 durchgeführt, doch sie führt nicht mehr zur Anzeige der Dialogbox, bei der anschließend nur noch zwischen zwei kleineren Übeln gewählt werden kann (Start des Debuggers oder Programmabbruch). Stattdessen erscheint eine kleine Meldung, die auf die fehlerhafte Operation hinweist, aber das Programm läuft weiter. Natürlich kann nicht jede Ausnahme auf diese Weise übergangen werden, aber zumindest kann der Programmierer entscheiden, wie sich das Programm verhalten soll.

9.8.2 Der Try Catch-Befehl

Jeder Befehl oder jeder Befehlsblock, der eine Ausnahme verursachen könnte, muss in einen *Try Catch End Try*-Befehlsblock eingerahmt werden, wenn die Ausnahme abgefangen werden soll.

Der *Try Catch End Try*-Befehlsblock besitzt folgenden allgemeinen Rahmen:

```
Try
 ' Befehle, die eine Ausnahme versuchen können
Catch
 ' Befehle, die nur beim Auftreten einer Ausnahme ausgeführt werden
End Try
```

Eingeleitet wird der Block durch den *Try*-Befehl. Alle folgenden Befehle sollen »probiert« werden. Löst einer der Befehle eine Ausnahme aus, wird die normale Programmausführung abgebrochen. Stattdessen werden nun jene Befehle ausgeführt, die auf den *Catch*-Befehl folgen (ein *Try*-Block kann auch mehrere *Catch*-Befehl enthalten – mehr dazu gleich). Dieser Teil »fängt« die Ausnahme ab. Nachdem der *Catch*-Teil abgearbeitet wurde, wird die Programmausführung bei jenem Befehl fortgesetzt, der auf den Befehl *End Try* folgt.

Das ist das Prinzip, nach dem Ausnahmen in Visual Basic .NET abgefangen werden. Der *Try Catch End Try*-Befehlsblock bezieht sich nicht auf das gesamte Programm und nicht auf eine gesamte Klasse. Er bezieht sich nur auf einen Befehlsblock, wobei es keine Rolle spielt, wie groß dieser Befehlsblock ist.

So war es früher:

Ausnahmen wurden unter früheren Visual Basic-Versionen *Laufzeitfehler* genannt. Der für das Abfangen von Laufzeitfehlern zuständige *On Error Goto*-Befehl steht unverändert auch unter Visual Basic .NET für das Abfangen von Ausnahmen zur Verfügung (diese Variante wird in der Hilfe als »unstrukturierte Ausnahmebehandlung« bezeichnet). Der Befehl basiert auf der strukturierten Ausnahmebehandlung der CLR und sollte, auch wenn er manchmal etwas einfacher zu handhaben und letztlich nicht weniger leistungsfähig ist, bei neuen Projekten nicht mehr eingesetzt werden. Allerdings ist es kein Problem, während einer strukturierten Ausnahmebehandlung über das *Err*-Objekt die aktuelle Fehlernummer abzufragen.

9.8.3 Informationen über eine Ausnahme erhalten

Am Anfang ist es schon toll, wenn eine Ausnahme nicht mehr zu einem Programmabbruch führt. Doch man kommt sehr schnell an den Punkt, an dem man nicht nur wissen möchte, dass eine Ausnahme aufgetreten ist. Man möchte vor allem wissen, was die Ursache für die Ausnahme war. In diesem Fall muss unmittelbar auf den *Catch*-Befehl folgend eine Variable vom Typ der Ausnahme deklariert werden. Diese Variable wird mit dem Auftreten der Ausnahme mit dem zuständigen *Exception*-Objekt belegt, über das unter anderem die Informationen über die Ausnahme (Name des Verursachers, Fehlertext usw.) zur Verfügung stehen. Die wichtigsten Eigenschaften der *Exception*-Klasse, die während einer Ausnahmebehandlung abgefragt werden können, sind in Tabelle 9.9 (weiter hinten in diesem Kapitel) zusammengefasst.

Das folgende Beispiel schreibt für den Fall, dass eine Aufnahme auftrat, die genaue Fehlermeldung zusammen mit dem Zeitpunkt in eine Log-Datei.

*Listing 9-9:
Exception-
Objekt bei ei-
ner Ausnahme
auswerten*

Buch-CD: vbnet0909.vb

```vbnet
' --------------------------------------------------------
' VBNET0909.vb - Auswerten eines Exception-Objekts
' Jetzt lerne ich Visual Basic .NET 2004
' --------------------------------------------------------
Option Strict On
Imports System
Imports System.Object
Imports System.IO

Class App
  Private Shared Kartei(4) As Person

  Shared Sub Main()
    Dim sLogDatei As String = "C:\ErrorLog.log"
    Kartei(0) = New Person("Harry")
    Kartei(1) = New Person("Gustl")
    Kartei(2) = New Person("Sepl")
    For i As Integer = 0 To Kartei.Length
      Try
        Console.WriteLine("Name: {0}", Kartei(i).Name)
      Catch ex As Exception
        Dim Sw As StreamWriter = _
          File.AppendText(sLogDatei)
        Sw.WriteLine("Um {0} trat die Ausnahme {1} auf", _
          DateTime.Now, ex.Message)
        Sw.Close()
      End Try
    Next
    ' Und nun den Inhalt der Log-Datei anzeigen
    Dim P As New Process
    Dim PI As New ProcessStartInfo("Explorer.exe")
    PI.Arguments = sLogDatei
    PI.WindowStyle = ProcessWindowStyle.Normal
    P.StartInfo = PI
    P.Start()
  End Sub

  Class Person
    Private mName As String
      Sub New(ByVal Name As String)
        mName = Name
      End Sub
      ReadOnly Property Name() As String
      Get
        Return mName
      End Get
```

```
      End Property
    End Class
End Class
```

Wo tritt bei diesem unscheinbaren Programm eine Ausnahme auf und wie wird sie abgefangen? Wie so oft springt einem der Grund für die Ausnahme nicht gerade ins Gesicht. Dennoch ist er relativ leicht ausfindig zu machen. Das Problem liegt natürlich bei der Schleife, die von 0 bis 4 läuft, also fünf Durchläufe macht. In dem Feld *Kartei* sind aber nur die ersten drei Plätze mit Objekten belegt, die übrigen zwei Plätze sind leer, d.h., sie besitzen den Wert *Nothing*. Nun kommt es, wie es kommen muss: Sobald das Programm versucht, die *Name*-Eigenschaft des nicht vorhandenen Objekts vom Typ *Person* anzusprechen, ist eine Ausnahme die Folge. Und genau diese Ausnahme wird über den *Catch*-Befehl abgefangen. Und was passiert dann? Dann läuft das Programm normal weiter und führt einen weiteren Schleifendurchlauf aus. Auch dieses Mal ist eine Ausnahme die Folge, denn auch auf Feld Nr. 4 gibt es kein Objekt. Doch Moment, das Array besitzt doch nur vier Plätze, einen Nr. 4 kann es doch daher gar nicht geben (zur Erinnerung, die Nummerierung beginnt stets bei 0 – der höchste wäre daher Platz Nr. 3). Gibt es auch nicht, der Zugriff auf den Platz Nr. 4 löst daher gleich zwei Ausnahmen aus: eine für das nicht vorhandene Objekt und eine für die überschrittene Indexgrenze. Alles das wird sehr schön durch die Log-Datei deutlich, die in Abbildung 9.2 zu sehen ist.

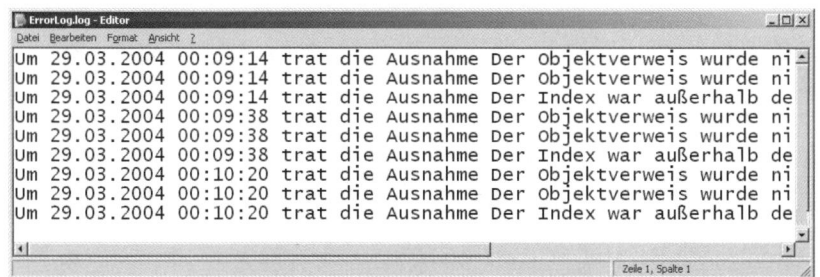

Abb. 9.2:
Die Log-Datei zeigt alle aufgetretenen Ausnahmen an

9.8.4   Die Rolle der SystemException-Klasse

Bereits das letzte Beispiel hat deutlich gemacht, dass es mehrere Typen von Ausnahmen gibt (es gibt sogar relativ viele, die natürlich alle in der Hilfe zum .NET Framework-SDK beschrieben werden). Daher kommt es auch darauf an, mit welcher Klasse jene Variable deklariert wird, die unmittelbar auf den *Catch*-Befehl folgt. Im obigen Beispiel war es *Exception* bzw. *SystemException*, also der allgemeine Typ einer Ausnahme. Mit dieser Wahl liegen Sie immer richtig, denn jede Ausnahme besitzt diesen Typ. Oft ist sie aber zu unspezifisch. Möchten Sie, bezogen auf das obige Beispiel, auf den Indexüberlauf anders reagieren als auf ein nicht vorhandenes Objekt, müssen Sie etwas differenzierter vorgehen und der Variablen einen spezielleren Typ verleihen.

.NET kennt zwei Typen von Ausnahmen. Ausnahmen, die vom System (also der CLR) verursacht werden, und Ausnahmen, die gezielt von der Anwendung ausgelöst werden und in der Anwendung definiert sind. Die Ausnahmen der ersten Kategorie leiten sich von der Klasse *SystemException* ab. Insgesamt gibt es mehrere Dutzend verschiedener Klassen, von denen einige in Tabelle 9.8 zusammengestellt sind. Schauen Sie sich die komplette Liste unbedingt in der Hilfe zum .NET Framework-SDK an, denn es ist sehr wichtig, zu verstehen, wie ein Visual Basic .NET-Programm am besten auf die verschiedenen Ausnahmen reagieren kann.

Tabelle 9.8: Die wichtigsten Klassen, die sich von System- Exception ableiten

Klasse (Ausnahme)	Wann tritt sie auf?
ArithmeticException	Bei Rechenoperationen und Typumwandlungen.
IndexOutOfRangeException	Wenn ein Index den erlaubten Bereich überschreitet.
IOException	Wenn ein allgemeiner E/A-Fehler (etwa bei einem Dateizugriff) auftrat.
LicenseException	Wenn ein Programmteil (im Zusammenspiel mit der *LicenseManager*-Klasse) keinen gültigen Lizenzschlüssel erbringen kann (auch das gibt es in der .NET-Welt).
NullReferenceException	Wenn ein nicht initialisiertes Objekt (enthält den Wert *Nothing*) angesprochen wird.
OutOfMemoryException	Wenn aus irgendeinem Grund nicht genügend Arbeitsspeicher zur Verfügung steht.
FileNotFoundException	Wenn eine Datei nicht gefunden werden konnte.

Das folgende Beispiel zeigt die Ausnahmebehandlung aus dem letzten Beispiel, nur dass dieses Mal zwischen den einzelnen Ausnahmetypen unterschieden wird.

```
Try
  Console.WriteLine("Name: {0}", Kartei(i).Name)
Catch ex1 As IndexOutOfRangeException
  Dim obFi As StreamWriter = _
  File.AppendText("C:\MyErrorlog.log")
  obFi.WriteLine("Um {0} trat eine IndexOutofRangeException auf", _
    DateTime.Now)
  obFi.Close()
```

```
Catch ex2 As NullReferenceException
  Dim obFi As StreamWriter = _
   File.AppendText("C:\MyErrorlog.log")
  obFi.WriteLine("Um {0} trat eine NullReferenceException auf", _
    DateTime.Now)
  obFi.Close()
End Try
```

In diesem Beispiel werden die Ausnahmen *NullReferenceException* und *IndexOutofRangeException* gesondert behandelt. Ein *Try*-Befehl kann daher auch mehrere *Catch*-Zweige enthalten. Tritt eine Ausnahme auf, deren Typ nicht vorkommt, ist wieder ein Programmabbruch die Folge. In diesem Fall reagiert das Programm so, als gäbe es keine Ausnahmebehandlung.

Mitglied	Was hat es zu bedeuten?
GetBaseException-Methode	Steht für das *Exception*-Objekt an der Spitze, von der alle weiteren Ausnahmen sich ableiten.
HelpLink-Eigenschaft	Verweist über eine URL auf den Bereich einer Hilfedatei, in der weitere Informationen über die Fehlerursache enthalten sind.
InnerException-Eigenschaft	Steht für das *Exception*-Objekt, das die aktuelle Ausnahme ausgelöst hat.
Message-Eigenschaft	Enthält den Text der Fehlermeldung.
Source-Eigenschaft	Enthält den Namen der Anwendung, die die Ausnahme verursacht hat.
StackTrace-Eigenschaft	Enthält die Namen der bereits aufgerufenen Prozeduren, die zum Aufruf der aktuellen Prozedur führten. Diese Informationen stammen vom Stapelspeicher (Stack), auf dem jede Prozedur unter anderem ihre Rücksprungadresse hinterlegt.
TargetSite	Steht für die Methode als *MethodBase*-Objekt, in der die Ausnahme ausgelöst wurde. Auf diese Weise lässt sich der Name der Methode feststellen.

Tabelle 9.9: Wichtige Mitglieder der Exception-Klasse

9.8.5 Ein allgemeiner Rahmen für eine Ausnahmebehandlung

Auch wenn sich ein so komplexes Thema wie die Ausnahmebehandlung nicht beliebig verallgemeinern lässt, wird in diesem Abschnitt ein allgemeiner Rahmen vorgestellt, der gerade am Anfang bei kleineren Übungsaufgaben verwendet werden kann.

```
Try

Catch ex As <Spezielle Exception-Klasse>
```

249

```
Catch ex As <Spezielle Exception-Klasse>

Catch ex As Exception

Finally
' Optionaler Zweig

End Try
```

Der Rahmen macht auch deutlich, dass die Reihenfolge der *Catch*-Befehle eine Rolle spielt. So folgt der allgemeine *Catch*-Befehl, der alle »übrig gebliebenen« Ausnahmen abfängt, die nicht von den spezielleren *Catch*-Befehlen abgefangen werden, erst am Ende. Stünde er am Anfang, würden die übrigen *Catch*-Befehle nicht mehr ausgeführt werden.

9.8.6   Erweiterung mit dem When-Schlüsselwort

Visual Basic .NET besitzt eine kleine Spezialität, die es nicht bei C# gibt. Über das *When*-Schlüsselwort kann der *Catch*-Befehl um eine (beliebige) Bedingung erweitert werden, die erfüllt sein muss, damit die Ausnahme abgefangen wird.

Das folgende Beispiel führt eine Ausnahmebehandlung für einen Index, der außerhalb des gültigen Bereichs liegt, nur dann durch, wenn das Programm an einem Montag ausgeführt wird[1]:

```
Catch ex1 As IndexOutOfRangeException When Now.DayOfWeek =
DayOfWeek.Monday
```

9.8.7   Gemeinsamer Ausgang für die Ausnahmebehandlung

Damit sowohl für den Fall, dass eine Ausnahme auftrat, als auch für den Fall, dass keine auftrat, immer bestimmte Befehle ausgeführt werden, muss der *Try End Try*-Block einen *Finally*-Befehl enthalten. Alle hier aufgeführten Befehle werden auch dann ausgeführt, wenn der *Try*-Bereich aufgrund einer Ausnahme nicht mehr abgearbeitet werden kann.

```
Try
   EtwasSchwierigeProzedur
Catch
   NunMachMalWas
Finally
   Console.WriteLine("Alles wieder im grünen Bereich…")
End Try
```

---

1. In der Praxis wird man sich etwas realitätsbezogenere Kriterien überlegen.

Egal, was passiert, die Befehle, die auf den *Finally*-Befehl folgen, werden immer vor dem *End Try*-Befehl noch ausgeführt (ein etwas substanzielleres Beispiel finden Sie in Listing 9-10).

9.8.8 Ausnahmebehandlung bei verschachtelten Prozeduren

Was passiert, wenn eine Prozedur eine Ausnahme auslöst, aber keine Ausnahmebehandlung enthält? In diesem Fall durchsucht die CLR den so genannten *Callstack*, der unter anderem die Adressen (und Namen) aller jener Prozeduren enthält, die bereits aufgerufen wurden, und deren Aufruf zum Aufruf der aktuellen Prozedur führte. Enthält eine dieser Prozeduren eine Ausnahmebehandlung, wird diese aktiviert. Enthält dagegen keine Prozedur eine Ausnahmebehandlung, tritt die Standardbehandlung der CLR in Aktion mit dem bekannten Resultat.

Das folgende Beispiel zeigt eine Prozedur *P2*, die von einer anderen Prozedur *P1* aufgerufen wird. *P2* verursacht eine Ausnahme, enthält aber keine Ausnahmebehandlung. Daher wird die Ausnahmebehandlung der Prozedur *P1* aktiviert.

Buch-CD: vbnet0910.vb

```
' -----------------------------------------------
' vbnet0910.vb - Verschachtelte Ausnahmebehandlung
' Jetzt lerne ich Visual Basic .NET
' -----------------------------------------------
Option Explicit On
Option Strict On

Imports System
Imports System.IO

Class App

  Shared Sub Main()
    P1()
  End Sub

  Shared Sub P1()
    Try
      P2()
    Catch ex As FileNotFoundException
      Console.WriteLine("Datei gibt es wohl nicht!")
      Console.WriteLine("***Und nun der StackTrace***")
```

Listing 9-10: Verschachtelte Ausnahmebehandlung

251

```
      Console.WriteLine("Fehler kommt von {0}", ex.StackTrace)
      Console.ReadLine()
    Finally
      If File.Exists("C:\gibtesnicht.de") = True Then
        File.Delete("C:\gibtesnicht.de")
      End If
    End Try
  End Sub

  Shared Sub P2()
    Dim obFi As StreamReader = _
      File.OpenText("C:\gibtesnicht.de")
    obFi.Close()
  End Sub
End Class
```

Prozedur *P2* versucht, eine Datei zu öffnen, die es nicht gibt (das hätte sie sich bereits anhand des Dateinamens denken können) – eine Ausnahme ist die Folge. Doch da *P2* keine eigene Ausnahmebehandlung besitzt, wird diese an die Prozedur *P1* weitergereicht. Hier gibt es eine Ausnahmebehandlung, die auch sogleich in Aktion tritt und neben einer allgemein gehaltenen Fehlermeldung auch den so genannten *Stacktrace* ausgibt. Dieser umfasst die Namen aller Funktionen (auch jene aus den .NET-Basisklassen), die zum Aufruf der die Ausnahme verursachenden Prozedur *P2* führten. Der Stacktrace ergibt, dass der Konstruktor des *FileStream*-Objekts die Ausnahme ausgelöst hat.

Abb. 9.3:
In manchen
Fällen hilft nur
noch ein Stack-
trace – hier
findet man die
Namen der
bereits aufge-
rufenen Metho-
den und Pro-
zeduren

9.8.9 Ausnahmen gezielt auslösen

In einigen Fällen kann es notwendig sein, eine Ausnahme an die nächst höhere Ebene des Programms weiterzureichen. Ein solcher Fall liegt immer dann vor, wenn eine Ausnahme in einer Prozedur nicht behandelt werden kann und sich die aufrufende Prozedur darum kümmern soll. Da die Ausnahme bereits in der aktuellen Prozedur behandelt wurde, wird sie nicht automatisch weitergereicht. Dies muss vielmehr über den *Throw*-Befehl geschehen (man sagt daher auch, dass Ausnahmen »geworfen« werden). Auf den *Throw*-Befehl muss eine Variable vom Typ *Exception* folgen, die aber auch mit dem Aufruf neu angelegt werden kann.

```
Throw New Exception("Hier ist doch etwas oberfaul")
```

Der Befehl macht es sich leicht, indem er lediglich eine einfache Ausnahme mit einer eher allgemein gehaltenen Meldung weitergibt. Als weiteren Parameter könnte das aktuelle *Exception*-Objekt übergeben werden, so dass die nächst höhere Programmebene etwas über die Ursache dieser Ausnahme erfahren kann.

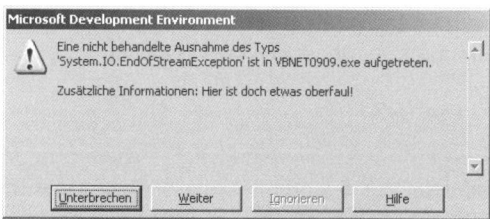

Abb. 9.4:
So wird die hausgemachte Ausnahme in der Visual Studio .NET-IDE gemeldet

9.9   Zusammenfassung

In diesem Kapitel ging es mit den Dateizugriffen und den Ausnahmen um zwei zwar unterschiedliche (und voneinander unabhängige) Bereiche der Visual Basic .NET-Programmierung. Diese sind jedoch eng miteinander verbunden, da es gerade bei Dateizugriffen aufgrund einer Reihe von externen Faktoren, auf die der Programmierer keinen direkten Einfluss hat, häufig zu Situationen kommt, in denen ein Befehl nicht wie vorgesehen ausgeführt werden kann. Beim Dateizugriff dreht sich alles um die Streams. Ein Stream ist nichts anderes als eine Folge von Zeichen (also von Bytes), die im Arbeitsspeicher aufbewahrt wird. Möchte man eine Reihe von Zahlen in einer Datei speichern, legt man zuerst einen Stream an, schreibt die Zeichen in diesen Stream und übergibt den gesamten Stream an ein *FileStream*-Objekt, das für eine geöffnete Datei steht und in der Lage ist, einen kompletten Stream entgegenzunehmen, um ihn abzuspeichern. Das Einlesen funktioniert nach dem gleichen Schema. Was sich zunächst als unnötig umständlich anhören mag, bedeutet für die Programmierung sehr viel mehr Flexibilität, da sich ein Stream nicht nur an eine Datei, sondern an ein *Encoding*-Objekt (zur Umwandlung in ein anderes Zeichenformat) oder auch über ein Paar von *HttpRequest-/HttpResponse*-Objekten über eine HTTP-Verbindung schicken lässt.

Ausnahmen sind bei .NET ein anderer Name für Laufzeitfehler, also Fehlersituationen, die während der Programmausführung auftreten können. Damit sie nicht zu einem Programmabbruch führen, müssen sie über einen *Try*-Befehl abgefangen werden. Über den *Catch*-Befehl wird festgelegt, was im Falle eines Laufzeitfehlers passieren soll. Über den *Finally*-Befehl kann erreicht werden, dass zum Abschluss stets die gleiche Befehlsfolge ausgeführt wird. Alternativ stehen bei Visual Basic .NET auch die bekannten *On Error*-Befehle älterer Visual Basic-Versionen zur Verfügung, die auf der strukturierten Ausnahmebehandlung aufbauen.

9.10   F&A

Frage 9-1

Programmieren Sie ein kleines Programm, das einen Satz über die Tastatur annimmt und in einer Datei speichert.

Frage 9-2

Programmieren Sie ein kleines Programm, das den Namen einer Vb-Quelltextdatei entgegennimmt, diese einliest und prüft, ob der Befehl *Option Explicit On* enthalten ist.

Frage 9-3

Erweitern Sie das Beispiel aus der letzten Übung so, dass es für den Fall, dass keine *Option Explicit On* enthalten ist, diesen Befehl in die erste Zeile einfügt.

Frage 9-4

Das folgende kleine Programm enthält (mindestens) drei Fehler. Welche sind es?

```
Try
  Dim obWriter = File.Opentext("C:\Test.dat")
  obWriter.WriteLine("Take that!")
Catch
  Msgbox "Upps, da ging wohl das schief!"
Finally
obWriter.Close()
End Try
```

Frage 9-5

Welche Rolle spielt der *Finally*-Befehl bei der strukturierten Ausnahmebehandlung?

Frage 9-6

Programmieren Sie ein kleines »Rechenprogramm«, das nur mit *Byte*-Werten die vier Grundrechenarten durchführt (sowohl die Auswahl der Rechenart als auch die der beiden Operanden sollen über ein Menü und die Eingabeaufforderung erfolgen) und die zwangsläufig resultierenden Ausnahmen (etwa bei Eingabe einer negativen Zahl oder einem Überlauf bei einer Addition) abfängt und stattdessen lediglich Hinweismeldungen ausgibt.

(Alle Antworten und Lösungen finden Sie in Anhang D.)

KAPITEL 10

Fortgeschrittenere Programmelemente in Visual Basic .NET

Herzlichen Glückwunsch! Wenn Sie das Buch bis zu dieser Seite durchgearbeitet haben, sind Sie mit den wichtigsten Grundlagen sowohl der Visual Basic .NET- als auch der .NET-Programmierung vertraut. Sie dürfen sich jetzt als Visual Basic .NET-Programmier(in) bezeichnen. In diesem Kapitel geht es um jene Themen, die für die vorangegangenen Kapitel etwas zu speziell oder noch zu anspruchsvoll gewesen wären. Dennoch finden Sie hier keine »Restposten«, die im Grunde niemanden so recht interessieren und nur aus reinem Pflichtbewusstsein des Autors ihren Platz gefunden haben. Im Gegenteil, es sind durchweg hochinteressante Themen, die für das erste Kennenlernen von Visual Basic .NET aber ein wenig, nun, Sie wissen es bereits, zu speziell sind. Zu den empfehlenswerten Highlights gehört der Abschnitt über die *Collection*-Klassen. Dahinter stecken leistungsfähige Datenstrukturen der .NET-Basisklassen, mit denen sich Einiges anstellen lässt. Nicht weniger interessant sind die vielen kleinen Details, wie die Konvertierung von Typen, das Erzeugen von Zufallszahlen oder der Umgang mit dem Timer. Lesen Sie auch, warum ein Visual Basic .NET-Befehl bereits vor mehr als 30 Jahren einen prominenten Kritiker auf den Plan gerufen hat.

Die Themen für dieses Kapitel:

- Klein und praktisch: Der *With*-Befehl

- Der Gültigkeitsbereich von Variablen

- Typenkonvertierungen

- Zufallszahlen

- Sprünge im Programm – der *GoTo*-Befehl

- Sammeln für einen guten Zweck – die *Collection*-Klassen

- Spezialist für Auflistungen – die *For Each*-Schleife

- Zugriff auf die Kommandozeilenargumente

- Die *Environment*-Klasse

- Voller Durchblick zur Laufzeit – die *Reflection*-Klasse

- Systeminformationen abfragen

- Was sind eigentlich (noch einmal) Namespaces?

10.1   Klein und praktisch: der With-Befehl

Der *With*-Befehl ist ein kleiner, aber sehr praktischer Befehl, der Programmierern etwas Arbeit spart[1]. Er ist immer dann sinnvoll, wenn ein und derselbe Typ (also Klasse, Objekt, Struktur) mehrfach nacheinander angesprochen werden soll. Anstatt den Namen des Typs jedes Mal voranzustellen, folgt er einmal auf den *With*-Befehl. Anschließend genügt die Eingabe eines Punkts, um den Typ anzusprechen. Beendet wird dieser Block, der beliebig verschachtelt werden kann, durch einen *End With*-Befehl.

Das folgende Beispiel stellt zunächst eine kleine Klasse mit drei Feldern vor. Anschließend werden die Felder einer Instanz dieser Klasse über den *With*-Befehl angesprochen.

```
Class Person
   Public Name As String
   Public Alter As Byte
   Public Email As String
End Class

Dim oP As New Person()
With oP
   .Name = "Hugo"
   .Alter = 65
   .Email = "hugo@morespam.de"
End With
```

Wie dieses kleine Beispiel deutlich macht, vereinfacht der *With*-Befehl lediglich die Programmierung, er ändert aber nichts an der Art und Weise wie das Programm später ausgeführt wird.

---

1. Und den es bei C# nicht gibt. Das muss auch einmal erwähnt werden.

10.2 Der Gültigkeitsbereich von Variablen

Der Gültigkeitsbereich von Variablen war bereits in Kapitel 3 ein Thema, als es um das Einmaleins der Programmierung ging. In diesem Abschnitt wird der Gültigkeitsbereich etwas ausführlicher besprochen. Vor allem sind Sie inzwischen mit dem Aufbau eines Visual Basic .NET-Programms bestens vertraut, so dass Sie sich sehr viel besser vorstellen können, in welchem Programmteil etwa eine private Variable gültig ist, das heißt angesprochen werden kann.

In der Visual Basic-Hilfe wird der Gültigkeitsbereich auch mit dem (unschönen) Begriff Zugreifbarkeit (engl. »accessibility«) umschrieben. Er ist nicht nur auf Variablen beschränkt, sondern gilt generell für alle Typen (also etwa auch für Klassen).

10.2.1 Variablen in einem Befehlsblock

Der Befehlsblock ist der kleinste Bereich für den Gültigkeitsbereich einer Variablen. Ein Befehlsblock ist der Bereich zwischen einem *If*- und einem *Else*-Befehl oder zwischen einem *Do*- und einem *Loop*-Befehl, also generell in einem Bereich, der vom Compiler als Einheit betrachtet wird. Wird eine Variable innerhalb eines Befehlsblocks definiert, ist sie nur in diesem Bereich gültig.

```
Do
  Dim shWert As Short
  shWert = 456
  Console.WriteLine("Der Wert ist: {0}", _
    shWert)
Loop Until True
shWert = 123
Console.WriteLine("Der Wert ist: {0}", shWert)
```

Warum lässt sich dieser Block nicht fehlerfrei kompilieren? Weil die Variable *shWert* nach dem *Loop*-Befehl nicht mehr gültig ist, ihr Gültigkeitsbereich beschränkt sich auf den Befehlsblock. Es ist allerdings nicht möglich, die Variable außerhalb des Befehlsblocks erneut zu definieren.

Die Einschränkung des Gültigkeitsbereichs gilt auch für die strukturierte Ausnahmebehandlung. Eine Variable, die in einem *Try*-Block deklariert wird, ist außerhalb des Blocks nicht ansprechbar. Aber man kann die Variable ja zunächst deklarieren und später instanzieren.

10.2.2 Variablen in einer Funktion (oder Prozedur)

Variablen, die innerhalb einer Prozedur oder Funktion definiert werden, sind nur innerhalb der Prozedur oder Funktion gültig. Man spricht auch von *lokalen Variablen* (sie werden auf dem Stapelspeicher angelegt, der für die Prozedur beim Aufruf angelegt wird), wenngleich diese etwas veraltete Bezeichnung bei .NET nicht mehr offiziell verwendet wird.

```
Sub P1 ()
  Dim shWert As Short
  shWert = 123
End Sub

Sub P2 ()
  Console.WriteLine("Der Wert ist: {0}", shWert)
End Sub
```

Die Variable *shWert* kann in der Prozedur *P2* nicht angesprochen werden, da sie nur in der Prozedur *P1* gültig ist.

10.2.3 Variablen in einer Klasse – privat, öffentlich oder was?

Wird eine Variable außerhalb einer Prozedur oder Funktion definiert, muss sie zwangsläufig innerhalb einer Klasse definiert werden. Außerhalb einer Klasse ist eine Variablendeklaration nicht zulässig (wie schon mehrfach erwähnt, ist ein Modul keine Ausnahme, da hinter einem Modul auch eine Klasse steht). Sie ist damit innerhalb aller Prozeduren und Funktionen der Klasse gültig. Besteht ein Projekt aus mehreren Modulen gibt es die Möglichkeit, die Variablen in allen Modulen gültig zu machen. Darüber hinaus kann die Variable auch außerhalb des Projekts gültig sein. Für die Definition der Variablen gibt es daher eine regelrechte Auswahl an Schlüsselwörtern, die, damit es etwas übersichtlicher wird, in Tabelle 10.1 zusammengestellt sind und die sich auch kombinieren lassen.

Bei Schlüsselwörtern, wie *Private* oder *Public*, handelt es sich zwar nicht um Befehle, sie können aber wie Befehle betrachtet werden, da der *Dim*-Befehl immer dann entfallen kann, wenn der Gültigkeitsbereich über ein Schlüsselwort explizit angegeben wird. (Sie werden feststellen, dass der Befehl beim Arbeiten mit Visual Studio .NET blitzschnell nach der Eingabe verschwindet.) Die Deklarationen *Private Dim Zahl* und *Private Zahl* sind daher gleichbedeutend.

Tabelle 10.1:
Die Schlüssel-
wörter für den
Gültigkeits-
bereich

Schlüsselwort/ Kombination	Bedeutung
Private	Die Variable ist nur in der Klasse ansprechbar.
Public	Die Variable ist »überall«, also auch außerhalb des Projekts ansprechbar.
Friend	Die Variable ist außerhalb der Klasse und in allen (Datei-)Modulen des Projekts, aber nicht außerhalb des Projekts ansprechbar.
Protected	Die Variable ist nur in der Klasse und in allen davon (über den *Inherits*-Befehl) abgeleiteten Klassen ansprechbar.
Protected Friend	Die Variable ist außerhalb der Klasse, aber außerhalb des Projekts nur in abgeleiteten Klassen ansprechbar.

Das folgende Beispiel umfasst zwei Klassen, in denen mit *shWert* ein und dieselbe Variable angesprochen wird.

```
Class App
  Private shWert As Short
  Sub P1()
    shWert = 123
  End Sub
End Class

Class Test
  Sub P2()
    shWert = 456
  End Sub
End Class
```

Die Variable *shWert* kann nur innerhalb der Klasse *App* angesprochen werden, nicht aber innerhalb der Klasse *Test*.

```
Class App
  Public Shared shWert As Short
  Sub P1()
    shWert = 123
  End Sub
End Class

Class Test
  Sub P2()
    App.shWert = 456
  End Sub
End Class
```

261

Jetzt kann die Variable *shWert* auch von anderen Klassen angesprochen werden, denn sie wurde mit *Public* deklariert. Der Zusatz *Shared* wäre nicht notwendig gewesen. Er bewirkt in diesem Fall, dass die Variable über den Klassennamen angesprochen werden kann. Ansonsten hätte die Klasse zunächst instanziert werden müssen.

10.2.4 Variablen in einem Assembly

Das Assembly ist die logische Struktur, die ein .NET-Programm umgibt. Wann immer Sie eine Vb-Datei in eine Exe-Datei kompilieren, erstellen Sie damit ein Assembly. Bislang bestanden unsere Assemblies stets aus einem einzigen Modul. Ein Assembly kann jedoch beliebig viele Module enthalten, die sich noch nicht einmal auf demselben Rechner befinden müssen. Darum soll es in diesem Abschnitt aber nicht gehen. Zunächst soll die Frage geklärt werden, wie sich ein und dieselbe Variable von mehreren Modulen eines Assembly ansprechen lässt. Dann wird gezeigt, welche Voraussetzungen geschaffen werden müssen, damit eine Variable auch von anderen Assemblies angesprochen werden kann.

Die folgende Übung soll das Prinzip des Zugriffs auf eine Variable demonstrieren, die sich in einem anderen Modul befindet.

Schritt 1 Legen Sie mit Notepad eine neue Datei ein und geben Sie die Befehle aus Listing 10-1 ein:

Listing 10-1:
Dieses Programm wird in ein Modul kompiliert
```
Class App2
   Public Wert As Long
   Sub New (Wert As Integer)
     Me.Wert = Wert
   End Sub
End Class
```

Schritt 2 Speichern Sie die Datei unter dem Namen *Module2.vb*.

Schritt 3 Kompilieren Sie die Datei in ein Modul:

```
vbc module2.vb /t:module
```

Das Ergebnis ist eine Datei mit dem Namen *Module2.netmodule*. Sie ist alleine noch nicht ausführbar (es handelt sich nicht um ein Assembly).

Schritt 4 Legen Sie mit Notepad eine weitere Datei ein und geben Sie die Befehle aus Listing 10-2 ein:

```
Imports System

Class App1

  Shared Sub Main ()
    Dim oTest As New App2(123)
    Console.WriteLine("Der Wert ist: {0}", oTest.Wert)
    Console.ReadLine()
  End Sub
End Class
```

*Listing 10-2:
Dieses Pro-
gramm wird
auf das kompi-
lierte Modul
zugreifen*

Achten Sie darauf, dass dieses Programm mit *App2* einen Typ anspricht, der nicht in dem Programm definiert wurde.

Speichern Sie die Datei unter dem Namen *Module1.vb*.   *Schritt 5*

Kompilieren Sie die zweite Datei in eine Exe-Datei, wobei aber das erste Mo- *Schritt 6*
dul über die Compileroption */addmodule* einbezogen wird:

```
vbc module1.vb /addmodule:module2.netmodule
```

Das Ergebnis ist eine Datei mit dem Namen *Module1.exe* (dies ist ein Assembly).

Führen Sie die Datei *Module1.exe* aus. Was passiert? Der Wert 123 wird aus- *Schritt 7*
gegeben. Das ist nicht besonders spektakulär, aber dennoch ein wichtiges Beispiel, denn *Wert* in *Module2.vb* ist eine Variable, die von einem anderen Modul aus angesprochen wird. Ihr Gültigkeitsbereich geht über eine Modulgrenze
hinweg.

10.2.5 Nur für Freunde – die Deklaration mit Friends

Die etwas einfache Unterteilung in private und öffentliche Variablen ist für
größere Programme oft nicht ausreichend. Aus diesem Grund haben sich die
Entwickler bei Visual Basic eine weitere Variante einfallen lassen: die Deklaration mit *Friend*. Eine Variable, die mit *Friend* deklariert ist, ist sozusagen
»halböffentlich«. Sie steht zwar für alle Klassen (und Module) in dem gleichen
Assembly zur Verfügung, kann aber nicht von anderen Assemblies aus angesprochen werden. Dies ist oft die beste Variante, da nur wenige Mitglieder von
anderen Assemblies angesprochen werden sollen. (Dies stellt insofern ein gewisses Risiko dar, als ein unbedarfter Aufruf zu negativen Konsequenzen führen kann, wenn etwa das Mitglied nicht vollständig ausprogrammiert wurde
oder eine bestimmte Reihenfolge beim Aufruf mehrerer Methoden eingehalten werden muss.)

Die Klasse besitzt mit *Zahl* eine Variable, die in allen Klassen des Projekts (das
betrifft auch Module, die über die Compileroption */addmodule* eingebunden
wurden), jedoch nicht außerhalb des Assembly ansprechbar ist.

```
Class Spezial
  Friend Zahl As Integer
```

10.3   Typenkonvertierungen

Bei der .NET-Programmierung dreht sich alles um Typen. Ein Klasse bildet einen eigenen Typ, ebenso eine Struktur, selbst ein komplettes Assembly stellt einen eigenen Typ dar. Normalerweise legt die CLR großen Wert darauf, dass die Typen in einem Befehl übereinstimmen. Doch natürlich muss es Ausnahmen geben. Zum einen passen die Typen nicht immer zusammen, zum anderen sind Programmierer von Natur aus etwas bequem (oder unwissend oder beides) und würfeln die Typen schon einmal durcheinander. Dies gilt besonders für Visual Basic .NET., das von Haus aus nicht »typenstreng« ist und nichts dagegen hat, wenn ein Programmierer einen *Byte*-Wert mit einem *Long*-Wert kombiniert oder einen String stillschweigend in eine Zahl umwandelt, indem er mit dem String einfach rechnet. Da sich über *Option Strict On* dieses laxe Verhalten jedoch abstellen lässt und es die Lesbarkeit des Programmcodes generell fördert, gibt es die Möglichkeit, Typen ineinander umzuwandeln. Das bedeutet konkret, dass ein Typ X (natürlich nur, wenn dieser »kompatibel« ist) vorübergehend als Typ Y durchgeht, so dass auch ein auf typenstreng umgeschaltetes Visual Basic .NET zufrieden ist. Diese Typenkonvertierungen sind in der Regel optional, in einigen Fällen (insbesondere, wenn *Option Strict On* gilt) aber zwingend.

10.3.1   Option Strict On

Wird ein (Datei-)Modul mit dem Befehl *Option Strict On* eingeleitet, sind jene impliziten Typenumwandlungen nicht mehr erlaubt, die zu einem Verlust an Genauigkeit führen würden. Mit anderen Worten, die Umwandlung einer *Single*-Variablen in eine *Double*-Variable ist noch zulässig, nicht aber umgekehrt, da hier Nachkommastellen gestrichen werden müssten. Die Umwandlung zwischen einem *String* und einem numerischen Datentyp oder zwischen unterschiedlichen Klassen, die nicht typenkompatibel sind, ist generell untersagt.

Visual Basic .NET-Programme, die mit dieser Einstellung umgesetzt werden, erfordern etwas mehr Arbeit und Sorgfalt beim Programmieren (der Compiler zeigt allerdings alle Verstöße gegen die Regeln »gnadenlos« an, so dass man weiß, wo etwas geändert werden muss), sind aber typensicher und damit sehr viel weniger fehleranfällig. Ob sich der Aufwand lohnt, muss von Fall zu Fall entschieden werden und sollte jedem Programmierer überlassen bleiben.

Dass der Default *Option Strict Off* ist, ist vermutlich eine Konzession an die vielen Programmierer, die ältere Versionen von Visual Basic kennen, bei denen die Typenkonvertierung nur selten ein Thema war. Würde ein solches Programm nach Visual Basic .NET mit *Option Strict On* konvertiert werden, wären Dutzende von Fehlern die Folge, was natürlich nicht sehr einladend wirkt. Es ist aber kein schlechterer Programmierstil, auf strenge Typenprüfung zu verzichten, auch wenn sie zu einem etwas gründlicheren Programmierstil erzieht.

Wenn Sie mit Visual Studio .NET arbeiten, werden Sie den Befehl *Option Strict* vermutlich noch nicht zu Gesicht bekommen haben. Er wird hier, wie die anderen beiden *Option*-Befehle, in den Projektoptionen eingestellt, die wiederum als Compilerschalter übergeben werden.

10.3.2 Die CType-Funktion

Im Mittelpunkt aller Typenkonvertierungen steht die *CType*-Funktion, die einen Typ X in einen Typ Y umwandelt. Der Funktion werden zwei Parameter übergeben: das Objekt, das einen neuen Typ erhalten soll, und den Typ, den dieses Objekt erhalten soll. Der Rückgabewert ist ein Objekt, das den gewünschten Typ besitzt (in anderen Programmiersprachen wird diese Typkonvertierung auch als »Casting« bezeichnet).

In dem folgenden Beispiel findet eine implizite Typenumwandlung statt:

```
Dim inZahl As Integer
inZahl = "123"
Console.WriteLine("Der Wert ist: {0}", inZahl)
```

Wird über *Option Strict On* die strenge Typenprüfung aktiviert, ist die implizite Umwandlung eines Strings in einen Integer nicht erlaubt. In diesem Fall muss die *CType*-Funktion zum Einsatz kommen:

```
Dim inZahl As Integer
inZahl = CType("123", Integer)
Console.WriteLine("Der Wert ist: {0}", inZahl)
```

Die *CType*-Funktion konvertiert allerdings keine Inhalte, sondern nur Typen. Würde sich der Wert des Strings nicht als Zahl darstellen lassen, wäre auch keine Konvertierung möglich.

Mehr der Vollständigkeit halber sei die .NET-Basisklasse *System.Convert* erwähnt, die ebenfalls einen vollständigen Satz an Konvertierungsmethoden zur Verfügung stellt. Auch hier gilt, dass dem Resultat nur der angegebene Typ verliehen wird, es findet keine richtige Konvertierung statt (es ist damit zum Beispiel nicht möglich, ein aus zwei Zahlen bestehendes *Byte*-Array in einen *Integer* umzuwandeln).

265

*Abb. 10.1:
Die Typenhier-
archie von
.NET im Über-
blick – sie be-
einflusst auch
den Gültig-
keitsbereich
von Variablen*

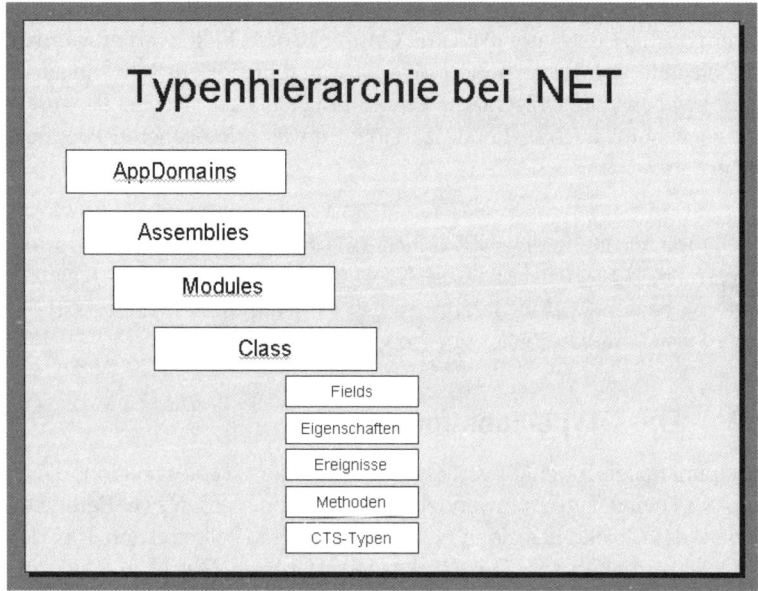

10.3.3 Ein Wort zur Konvertierung von Datumsangaben

Das Thema Typenkonvertierung wird in der Hilfe ausführlich besprochen und mit vielen kleinen Beispielen unterlegt, so dass an dieser Stelle nicht allzu viele Worte darüber verloren werden sollen. Erwähnenswert ist jedoch der Umgang mit Datumsangaben, da .NET hier extrem flexibel zu sein scheint.

```
Dim stDatum As String
stDatum = "#Oktober, 25, 1961#"
Console.WriteLine("Der Wochentag ist: {0}", _
  CDate(stDatum).DayOfWeek)
```

Die in dem Beispiel verwendete Datumsangabe wird genauso akzeptiert, wie die ansonsten eher üblichen Angaben »25.10.61« oder »25/10/61«. Auch die englische Schreibweise für den Monatsnamen ist .NET genehm. Ist eine Konvertierung nicht möglich, löst die *CDate*-Funktion eine Ausnahme aus.

10.3.4 Die »vielen« C<Type>-Funktionen

Neben der universellen *CType*-Funktion kennt Visual Basic .NET noch eine Vielzahl von *C<Type>*-Funktionen. Was ist damit gemeint? Damit sind Funktionen wie *CByte*, *CChar*, *CDecimal* usw. gemeint, die einen beliebigen Typ in einen bestimmten Datentyp konvertieren, etwa in Byte wie bei der *CByte*-Funktion. Diese Funktionen (*<Type>* steht für einen der in Frage kommenden Datentypen) stehen in erster Linie aus Kompatibilitätsgründen zu älteren

Visual Basic-Versionen zur Verfügung, können aber problemlos als Alternative zur *CType*-Funktion benutzt werden.[1]

10.3.5 Direkter Zugriff auf einen Typ – die GetType-Methode

.NET ist ein sehr auskunftsfreudiges System. Überall wimmelt es von Objekten, die alle eines gemeinsam haben: Sie gehören zu einem Typ. Definieren Sie eine Klasse *Capp*, stellt diese einen weiteren Typ dar. Definieren Sie eine Variable mit *New* und unter Angabe dieses Typs erhalten Sie eine Instanz dieses Typs, ein Objekt. Diese ist, wie alle anderen Instanzen, nur allzu gerne bereit, Ihnen ihren Typ und viele andere Details zu verraten. Dazu besitzt jede Instanz eine *GetType*-Methode, die diese Metadaten in einem *Type*-Objekt zusammenfasst.

Das folgende Beispiel gibt den Namen des Typs zurück, von dem die Variable *obA* abgeleitet wurde.

```
Class CApp
  Public F1 As Integer
  Public F2 As Integer
  Public F3 As Integer
End Class

Dim obA As New CApp()
Console.WriteLine("Der Typ heisst: {0}", obA.GetType)
```

Die Möglichkeiten der *Reflection*-Klasse, die praktisch sämtliche Metadaten eines .NET-Programms zur Verfügung stellt, gehen noch sehr viel weiter. Die folgende kleine Schleife gibt die Namen und Typen aller Felder in der Klasse *CApp* aus:

```
For Each obF In obA.GetType.GetFields()
  Console.WriteLine("Name: {0} Typ: {1}", _
    obF.Name, obF.FieldType.FullName)
Next
```

Die *GetFields*-Methode der *Type*-Klasse (der Namespace heißt *System.Reflection*) gibt alle Felder der angegebenen Klasse als Objekte vom Typ *FieldInfo* zurück. Über die *Name*-Eigenschaft erhält man zum Beispiel den Namen des Feldes.

Warum soll man sich mit diesen Details beschäftigen? Am Anfang gibt es dafür keinen zwingenden Grund. Die *Reflection*-Klasse ist aber sehr faszinierend, da sich mit ihrer Hilfe nicht nur detaillierte Informationen über das As-

---

1. Laut Hilfe sind sie sogar ein wenig schneller, da kein echter Prozeduraufruf durchgeführt wird. Die Konvertierung wird vielmehr an der Stelle, wo die Funktion auftaucht, eingesetzt.

sembly abfragen lassen, sondern auch Typen anlegen und erweitern lassen. Über eine Technik, die als »Emitieren« bezeichnet wird, lassen sich praktisch komplette .NET-Module zur Laufzeit anlegen und natürlich auch ausführen.

10.4   Zufallszahlen

Zufallszahlen und wie sie gemacht werden, ist in jeder Programmiersprache ein angenehmes Thema, denn Zufallszahlen verleihen einem Programm einen Hauch von Unberechenbarkeit und sogar »Intelligenz«. Für Zufallszahlen ist bei .NET die *Random*-Klasse zuständig.

So war es früher:

Sowohl die *Rnd*-Funktion als auch der *Randomize*-Befehl aus guten alten Visual Basic-Tagen werden über die *Microsoft.VisualBasic*-Kompatibilitätsklasse zur Verfügung gestellt.

Um eine Zufallszahl zu erzeugen, muss die *Random*-Klasse instanziert werden (dabei kann ein optionaler Startwert für die Zufallszahlengenerierung übergeben werden). Anschließend erhält man eine Zufallszahl über die *Next*- oder *NextDouble*-Methode des instanzierten Objekts.

Dieser Befehl erzeugt eine Zufallszahl im Bereich von 1 bis 4:

```
Dim oZ = New Random()
z = oZ.Next(1,4)
```

Tatsächlich liefert die Next-Methode nur Zahlen im Bereich von 1 bis 3, wie das folgende Listing beweist:

```
Dim z As Integer
Dim oZ As New Random()
Do
  z = oZ.Next(1, 4)
  Console.WriteLine(z)
Loop Until z = 4
```

Das Programm gibt am laufenden Band Zufallszahlen aus, doch die 4 ist nie dabei. Aus diesem Grund wird die Schleife auch nie abgebrochen.

Wie es bei .NET allgemein üblich ist, kann der Befehl etwas vereinfacht werden. Die Variable wird nicht unbedingt benötigt:

```
Dim z As Integer = New Random().Next(1,4)
```

Auf diesen Umstand kann bei Visual Basic .NET gar nicht oft genug hingewiesen werden: Objekte können mit ihrer Instanzierung mit einem Wert belegt werden.

Möchte man lediglich einen Wert zwischen 0 und 1, muss die *NextDouble*-Methode zum Einsatz kommen:

```
z = oZ.NextDouble ()
```

Soll die Zahl im Bereich von 1 bis 4 liegen, müsste sie lediglich multipliziert werden:

```
z = Int(oZ.NextDouble() * 4) + 1
```

Doch so umständlich muss bei Visual Basic .NET niemand mehr programmieren, denn dafür gibt es die bereits vorgestellte *Next*-Methode.

Schließlich gibt es noch über die *GetBytes*-Methode die Möglichkeit, gleich einen ganzen Satz von Zufallszahlen zu erhalten, allerdings nur vom Typ *Byte*.

Das folgende Beispiel erzeugt zehn Zufallszahlen im Bereich von 0 bis 255:

```
Dim oRnd = New Random()
Dim bZahlen(10) As Byte
Console.WriteLine(oRnd.NextDouble)
Dim iNr As Integer
oRnd.NextBytes(bZahlen)
For iNr = 0 To bZahlen.GetUpperBound(0)
  Console.WriteLine(bZahlen(iNr))
Next
```

10.5 Sprünge im Programm – der GoTo-Befehl

Wenn es einen Befehl gibt, der das Prädikat »nicht unumstritten« verdient, dann ist es der *GoTo*-Befehl. Seine Aufgabe besteht darin, die Programmausführung an einer anderen Stelle im Programm (bei Visual Basic .NET an einer anderen Stelle innerhalb der Prozedur) fortzusetzen. Auf die Hintergründe der Kontroverse soll an dieser Stelle nicht eingegangen werden, nur so viel: Sie geht auf das Jahr 1968 zurück[1]. In einem Satz zusammengefasst, werfen Kritiker dem Befehl vor, dass er zu unstrukturiertem Programmaufbau und zu einem schlechten Programmierstil führt, wenn er zu häufig oder gar ausschließlich verwendet wird. Bei Visual Basic .NET besteht diese Gefahr nicht, denn wenn er überhaupt zum Einsatz kommt, beschränkt sich seine Reichweite auf die Prozedur. Es ist also nicht möglich, von einem Modul in ein anderes Modul zu springen. Das Ziel des *GoTo*-Befehls muss eine Sprungmarke sein, die irgendwo in der Prozedur definiert wurde. Zu den wenigen Ausnahmen, in de-

---

1. Keine Sorge, dahinter stecken keine 68er, die nach dem Motto »erst kritisieren, dann kassieren« jetzt dicke Jobs in der Softwareindustrie innehaben, sondern ein renommierter Informatiker. Wenn Sie neugierig geworden sind, suchen Sie einfach einmal mit *www.google.de.*

nen die Verwendung des *GoTo*-Befehls sehr praktisch sein kann, gehört der Fall, dass eine tiefverschachtelte Schleife verlassen werden soll.

Das folgende Beispiel zeigt, wie sich eine mehrfach verschachtelte Schleife mit einem entschlossenen Sprung per *GoTo* verlassen lässt.

```
Do
  Do
    Do
      If AllesGoesWrong = True Then
        GoTo Finito
      End If
    Loop
  Loop
Loop

Finito:
' Hier geht es weiter
```

10.6 Sammeln für einen guten Zweck – die Collection-Klassen

Eine *Collection* (zu Deutsch *Auflistung*) ist ein Datentyp, der etwas mehr Komfort bietet als ein Array (der bei Visual Basic .NET bereits relativ viele Funktionen bietet). Collections werden immer dann eingesetzt, wenn Werte nicht nur abgelegt, sondern auch schnell wieder gefunden werden sollen. Dies ermöglicht ein Schlüssel (eine Zeichenkette, die nur einmal vorkommen kann), die beim Ablegen des Wertes in der Collection angegeben wird.

So war es früher:

Der *Collection*-Datentyp von Visual Basic 6.0 steht über die *Microsoft. VisualBasic*-Kompatibilitätsklasse zur Verfügung. Er sollte für neue Projekte aber nicht mehr verwendet werden, da er im Vergleich zu den richtigen *Collection*-Klassen praktisch »unbrauchbar« ist.

Visual Basic .NET kennt keinen einfachen *Collection*-Datentyp und besitzt auch keine Befehle für das Anlegen einer solchen Auflistung. Stattdessen stellen die .NET-Basisklassen über den *System.Collections*-Namespace gleich über ein halbes Dutzend unterschiedlicher Klassen zur Verfügung, mit denen sich allgemeine, aber auch spezialisierte *Collection*-Objekte realisieren lassen. Tabelle 10.2 enthält eine Übersicht über diese Klassen. Im Grunde müsste diesen Klassen ein eigenes Kapitel gewidmet werden, doch so viel Platz steht im Rahmen einer Einführung leider nicht zur Verfügung. Dieser Abschnitt stellt daher die Klassen *NameValue*, *CollectionBase* und *HashTable* an kleinen Beispielen vor. Der Umgang mit diesen Datenstrukturen ist relativ einfach. Hat man also erst einmal das Prinzip verstanden, ergeben sich die Anwendungen fast von allein.

Klasse	Was lässt sich damit anstellen?
ArrayList	Ein Array mit besonderem Komfort, das über die *Add*-Methode (fügt ein Element hinzu) wächst und über die *Remove*-Methode (entfernt ein Element) wieder schrumpft.
BitArray	Damit lassen sich einzelne Bits (dargestellt durch *True/False*-Werte) in einer Auflistung zusammenfassen und einzelne Bits abfragen und setzen. Dies ist eine sehr interessante Klasse, die vor allem jene Programmierer begeistern dürfte, die Befehle zur direkten Bitmanipulation bei Visual Basic bislang immer vermisst haben.
CollectionBase	Der Grundtyp einer Auflistung, bei der über die *Add*-Methode einzelne Werte hinzugefügt werden und die über eine *For Each*-Schleife durchlaufen werden kann. Es handelt sich hier um eine abstrakte Basisklasse, deren abstrakte Mitglieder *Add*, *Item* und *Remove* in einer anderen Klasse implementiert werden müssen, wobei diese Mitglieder von der *IList*-Schnittstelle stammen.
DictionaryBase	Entspricht der *CollectionBase*-Klasse, nur dass hier bei der *Add*-Methode zusätzlich ein Schlüssel übergeben wird. Muss als abstrakte Basisklasse ebenfalls implementiert werden, wobei die Mitglieder über die *IDictionary*-Schnittstelle zur Verfügung gestellt werden.
Hashtable	Entspricht der *CollectionBase*-Klasse, nur dass hier bei der *Add*-Methode (wie bei *DictionaryBase*) zusätzlich ein Schlüssel übergeben wird, der in eine Hash-Nummer umgerechnet wird, die den Zugriff beschleunigt.
Queue	Spezielle Auflistung, bei der der Zugriff (vergleichbar mit einer Warteschlange) erfolgt. Statt einer *Add*-Methode gibt es hier eine *Enqueue*-Methode für das Hinzufügen neuer Elemente.
Stack	Klassische Datenstruktur, bei der der Zugriff nach dem First In/First Out-Prinzip erfolgt. Das bedeutet konkret, dass ein über die *Push*-Methode auf dem Stack abgelegtes Element jenes ist, das über die *Pop*-Methode wieder vom Stack geholt wird. Beim Instanzieren eines Stack-Objekts kann dem Konstruktor entweder die Kapazität oder ein Objekt übergeben werden, das die *IDictionary*-Schnittstelle implementiert hat (z.B. ein von *DictionaryBase* abgeleitetes Objekt – das *Stack*-Objekt enthält in diesem Fall eine Reihe von *DictionaryEntry*-Objekten).

Tabelle 10.2:
Die Klassen
im System.
Collections-
Namespace im
Überblick

Dieser Abschnitt stellt die interessantesten Collections lediglich im Schnelldurchgang vor und zeigt an kleinen Beispielen, wie sie sich von einem gewöhnlichen Array unterscheiden. Mit der *ArrayList*-Klasse haben Sie ein Mitglied im *System.Collections*-Namespace bereits in Kapitel 8 kennen gelernt.

10.6.1 Die NameValueCollection-Klasse im Namespace System.Collections.Specialized

Tabelle 10.2 war noch nicht alles. Im Namespace *System.Collections.Specialized* stehen weitere *Collection*-Klassen zur Verfügung, die weniger speziell als sehr praktisch sind. Ein Beispiel ist die *NameValueCollection*-Klasse. Sie kommt dem »klassischen« Collection-Objekt (so wie es auch unter Visual Basic 6.0 zur Verfügung stand) am nächsten. Mit dem wichtigen Unterschied allerdings, dass sie (absichtlich) nur Strings aufnimmt. Ihr werden (String-)Mitglieder über die *Add*-Methode hinzugefügt, der Zugriff erfolgt wahlweise über einen Index (eine Zahl, die von 0 bis zur Anzahl, d.h. dem Wert der *Count*-Eigenschaft minus 1 läuft) oder über einen optionalen Schlüssel, der beim Aufruf der *Add*-Methode übergeben wurde.

Die *NameValueCollection*-Klasse ist Teil des *System.Collections.Specialized*-Namespaces. Konsolenprogramme sollten daher den Befehl

```
Imports System.Collections.Specialized
```

enthalten.

Das folgende Beispiel fügt zu einem *NameValueCollection*-Objekt eine Reihe von Strings, die anschließend in einer *For*-Schleife über ihren Index wieder ausgegeben werden. Der wichtigste Vorteil gegenüber einem Array besteht darin, dass der Zugriff alternativ über einen Schlüssel möglich ist (von dieser Möglichkeit wird in dem Beispiel aber kein Gebrauch gemacht).

Listing 10-3: Ein Beispiel für die Name-ValueCollec-tion-Klasse

Buch-CD: vbnet1003.vb

```
' -----------------------------------------------------
' vbnet1003.vb - Beispiel für NameValueCollection-Klasse
' Jetzt lerne ich fröhlich Visual Basic .NET
' beim Kompilieren mit vbc.exe /r:system.dll einbinden
' -----------------------------------------------------
Imports System.Collections.Specialized
Imports System.Collections
Imports System

Class Test
  Shared Sub Main()
    Dim stName As String
    Dim obCol As New NameValueCollection()
    Dim oP1 As New Person("Harry", "harry@email.de")
    Dim oP2 As New Person("Franz", "franz@email.de")
    Dim oP3 As New Person("Xaver", "xaver@email.de")
    With obCol
```

```
      .Add(oP1.EMail, oP1.Name)
      .Add(oP2.EMail, oP2.Name)
      .Add(oP3.EMail, oP3.Name)
    End With
    Dim i As Integer
    With obCol
      For i = 0 To .Count - 1
        Console.WriteLine("{0} hat als E-Mail {1}", _
          .Item(i), obCol.Keys().Item(i))
      Next
    End With
    Console.ReadLine()
  End Sub
End Class

Class Person
  Public Alter As Byte
  Public Name As String
  Public EMail As String
  Sub New(ByVal Name As String, ByVal Mail As String)
    Me.Name = Name
    Me.EMail = Mail
  End Sub
End Class
```

Da sich diese Klassen in der Systembibliothek *System.dll* befinden, muss diese beim Kompilieren in der Eingabeaufforderung mit */r:System.dll* angegeben werden.

Es ist wichtig zu verstehen, was die Collection enthält und wie auf diesen Inhalt zugegriffen wird. Die Collection *obCol* enthält die Namen der Personen, als Schlüssel wurde ihr (fiktiver) E-Mail-Name benutzt (der eindeutig sein muss). Möchte man die Auflistung mit der *For Each*-Schleife durchlaufen, kann man sich aussuchen, ob man die Werte (dies wären die Namen) oder die Schlüssel (dies wären die E-Mail-Namen) durchlaufen möchte.

Das folgende Beispiel durchläuft die Schlüssel, um über diese dann den Namen zu erhalten:

```
For Each stName In obCol.Keys
  Console.WriteLine("{0} hat als E-Mail {1}", _
  obCol.Item(stName), stName)
Next
```

Ein Blick hinter die Kulissen

Wie bei vielen Dingen, die Visual Basic .NET seinen Programmierern anbietet und die das Leben etwas einfacher machen sollen, steckt hinter der hübschen Fassade noch sehr viel mehr. Oft (vielleicht sogar grundsätzlich) arbeitet im Hintergrund eine .NET-Technik, die erfahrene Programmierer auch direkt benutzen können. Ob es etwas bringt, ist eine Frage. Zu wissen, wie es geht, ist in den meisten Fällen keine schlechte Idee. Hinter der Möglichkeit, eine Auflistung per *For Each*-Befehl durchlaufen zu können, steckt bei .NET eine Schnittstelle mit dem Namen *IEnumerable*, die ein Objekt implementieren muss, damit es enumeriert werden kann (mehr zu Schnittstellen in Kapitel 11). Diese Schnittstelle besitzt nur eine einzige Methode mit dem Namen *GetEnumerator*, die das eigentliche Auflistungsobjekt zurückgibt, das wiederum die Schnittstelle *IEnumerator* implementiert, mit dessen drei Methoden *Current* (Zugriff auf das aktuelle Element der Auflistung), *MoveNext* (gehe zum nächsten Element der Auflistung) und *Reset* (setze den internen Zeiger zurück) die Auflistung durchlaufen werden kann. Was dabei durchlaufen wird, hängt aber von der Auflistung ab, die *IEnumerator* implementiert hat. Man muss lediglich wissen, dass unmittelbar nach dem Aufruf von *GetEnumerator* der interne Zeiger noch auf die Position vor dem erstem Element zeigt und daher zuerst ein Aufruf von *MoveNext* erforderlich ist (das Gleiche gilt für die Situation nach dem Aufruf von *Reset*). Diese Methode gibt *False* zurück, falls die Auflistung kein Element mehr enthält.

Das folgende Beispiel durchläuft die Auflistung *obCol* aus dem letzten Beispiel und gibt dabei die Namen der Schlüssel aus.

```
Dim oEnum As IEnumerator
oEnum = obCol.GetEnumerator()

Do While oEnum.MoveNext() = True
  Console.WriteLine(oEnum.Current)
Loop
```

Da der Umgang mit *IEnumerator* und *IEnumerable* etwas umständlich ist, gibt es den *For Each*-Befehl (wobei dieser auch mit Auflistungen funktioniert, die nicht *IEnumerable* implementieren, sondern dafür *GetEnumerator* auf eigene Art zur Verfügung stellen). An diesem Beispiel soll deutlich werden, wie Visual Basic .NET die .NET-Programmierung vereinfacht (und in diesem Fall sogar gleichzeitig kompatibel zu den Vorgängerversionen bleibt).

10.6.2 Die HashTable-Klasse – ein Klassiker im modernen Gewand

Angehende Informatiker lernen bereits sehr früh die Klassiker der Algorithmenhitparade kennen. Darunter ist auch der Hash-Algorithmus (ausgesprochen wie »häsch«), der das schnelle Auffinden von Elementen in einer Liste ermöglicht. Seinen Namen verdankt der Algorithmus dem Umstand, dass jedem Element eine (über interne Regeln auf der Basis des übergebenen Schlüsselnamens gebildete) Zahl zugewiesen wird, *Hash-Nummer* genannt, über die später der Zugriff so erfolgt, dass das Element mit möglichst wenigen internen Vergleichen lokalisiert werden kann. Dadurch wird ein Zugriff auf Elemente einer Liste möglich, ohne dass jedes einzelne Element der Liste der Reihe nach abgefragt werden muss.

Über die *HashTable*-Klasse stellen die .NET-Basisklassen die Hash-Funktionalität zur Verfügung (die *HashTable*-Klasse ist mit dem *Dictionary*-Objekt vergleichbar, was bei Visual Basic 6.0 über die Scripting Runtime zur Verfügung gestellt wurde). Im Unterschied zur *CollectionBase*-Klasse (mehr dazu in Kapitel 10.6.3) muss beim Aufruf der *Add*-Methode ein eindeutiger Name, der Schlüssel, übergeben werden, auf dessen Grundlage die so genannte *Hash-Nummer* gebildet wird (die es bei .NET grundsätzlich bei jedem Objekt gibt und die sich über die *GetHashCode*-Methode auch abfragen lässt). Der Vorteil einer *HashTable*-Auflistung ist daher der direkte Zugriff auf einzelne Elemente über einen Schlüssel, was bei großen Auflistungen mit mehreren Tausenden Elementen einen spürbaren Geschwindigkeitsvorteil ergeben sollte.

Eine Besonderheit muss beim Konstruktor beachtet werden. Neben der Anfangsgröße (*Capacity*-Parameter) und einem speziellen Hashcode-Provider (einem Programmteil, der eine eigene Generierung von Hashnummern durchführt – ist .NET nicht faszinierend?) gibt es noch den so genannten *Loadfaktor*. Hier kann ein Wert zwischen 0.1 und 1 angegeben werden, der für den größten Wert steht, den das Verhältnis zwischen Elementen und den so genannten *Buckets* (dies ist eine spezielle Unterteilung der Hashtable, in der jedes einzelne Element entsprechend seinem Hashcode abgelegt wird, und die zum schnellen Auffinden eines einzelnen Elements dienen) annehmen kann. Durch Reduzieren des Loadfaktors ließe sich die Zugriffsgeschwindigkeit erhöhen, da es mehr Buckets gibt und ein Element schneller in einem Bucket lokalisiert werden kann, was aber den Speicherbedarf für die Hashtable erhöht. Das beste Verhältnis aus Zugriffsgeschwindigkeit und Speicherbedarf erzielt man (laut Beschreibung in der Hilfe) bei einem (voreingestellten) Faktor von 1.0.

Buch-CD: vbnet1004.vb

Listing 10-4: Ein Beispiel für die HashTable-Klasse

```
' ----------------------------------------------
' vbnet1004.vb - Beispiel für HashTable-Klasse
' Jetzt lerne ich ernsthaft Visual Basic .NET
' ----------------------------------------------
Imports System
Imports System.Collections
```

```
Class Test

  Shared Sub Main()
    Dim obHash As New Hashtable()
    Dim oP1 As New Person("edmundS", _
      "edmunds@nomail.de")
    Dim oP2 As New Person("gerhardS", _
      "gerhards@nomail.de")
    Dim oP3 As New Person("franzjosefS", _
      "fjs@nomail.de")
    With obHash
      .Add(oP1.EMail, oP1)
      .Add(oP2.EMail, oP2)
      .Add(oP3.EMail, oP3)
    End With
    Dim oP As Person
    For Each oP In obHash.Values
      Console.WriteLine("Der {0} hat als Email {1}", _
        oP.Name, oP.EMail)
    Next
    Console.WriteLine("Noch ein paar Infos zur Hashtable:")
    Console.WriteLine("Anzahl Elemente: {0}", obHash.Count)
    Console.WriteLine("Ist {0} per Schlüssel enthalten? {1}", _
      oP1.Name, obHash.Contains(oP1.EMail))
    Console.WriteLine("Ist {0} per Wert enthalten? {1}", _
      oP2.Name, obHash.ContainsValue(oP2))
    Console.ReadLine()
  End Sub
End Class

Class Person
  Public Alter As Byte
  Public Name As String
  Public EMail As String
  Sub New(ByVal Name As String, ByVal Mail As String)
    Me.Name = Name
    Me.EMail = Mail
  End Sub
End Class
```

Tabelle 10.3:
Die wichtigsten
Mitglieder der
HashTable-
Klasse

Mitglied	Bedeutung
Add-Methode	Fügt ein neues Wert-/Schlüsselpaar zur Auflistung hinzu.
Clear-Methode	Entfernt alle Elemente aus der Auflistung.
ConstainsKey-Methode	Gibt über einen *True-/False*-Wert an, ob ein Schlüssel-wert in der Auflistung enthalten ist.

Mitglied	Bedeutung
CopyTo-Methode	Kopiert alle Werte der Auflistung in ein eindimensionales Array ab der angegebenen Position.
Count-Eigenschaft	Gibt die Anzahl der Elemente zurück.
Item-Eigenschaft	(Standardeigenschaft) Erlaubt den Zugriff auf ein einzelnes Element der Auflistung.
Keys-Eigenschaft	Gibt eine Auflistung der vorhandenen Schlüssel zurück, die mit der *For Each*-Schleife durchlaufen werden kann.
Remove-Methode	Entfernt das Element aus der Auflistung, dessen Schlüssel übergeben wurde.

Tabelle 10.3: Die wichtigsten Mitglieder der HashTable-Klasse (Forts.)

10.6.3 Die CollectionBase-Klasse – ohne Vererbung geht es nicht

Zum Schluss ein kleiner Ausblick auf die (noch etwas) fortgeschritteneren Bereiche der .NET-Programmierung. Neben »normalen« Klassen, die direkt benutzt werden können, stellt die .NET-Klassenbibliothek auch *abstrakte Basisklassen* zur Verfügung. Diese Klassen besitzen eine Besonderheit: Ihre Mitglieder müssen in einer anderen Klasse zunächst implementiert werden, damit die Klasse benutzt werden kann. Die *CollectionBase*-Klasse ist ein Beispiel für eine solche *abstrakte Basisklasse*. Abstrakt bedeutet in diesem Zusammenhang, dass einige ihrer Mitglieder noch nicht implementiert sind, sondern lediglich ihre Definitionen vorliegen[1]. Es bedeutet auch, dass die Klasse, um benutzt werden zu können, in einer anderen Klasse über den *Inherits*-Befehl implementiert werden muss. Die andere Klasse erbt damit alle Mitglieder, von denen die abstrakten Mitglieder nun in der Klasse nach den Vorstellungen des Programmierers mit Inhalten gefüllt werden. Implementiert werden muss dabei vor allem die *Add*-Methode, wobei hier immer ein Datentyp angegeben wird. Anders als das allgemeine *Collection*-Objekt früherer Visual Basic-Versionen können einem Objekt, das sich von der *Collection-Base*-Klasse ableitet, nur Elemente eines bestimmten Datentyps übergeben werden. Das macht diese Klasse noch etwas wertvoller.

Das folgende Beispielprogramm zeigt die *CollectionBase*-Klasse an einem simplen Beispiel. Es wird eine Collection mit Städtenamen angelegt und per Zufallszahl die »schönste« Stadt gekürt. Von der Möglichkeit, einen Schlüssel vergeben zu können, wird noch nicht Gebrauch gemacht.

---

1. In Visual Basic .NET ist jede abstrakte Methode automatisch eine virtuelle Methode. Mehr dazu in Kapitel 11.

277

Listing 10-5:
Die Collection-
Base-Klasse an
einem Beispiel

Buch-CD: vbnet1005.vb

```vbnet
' ----------------------------------------------
' vbnet1005.vb - Collections ganz einfach
' Jetzt lerne ich beschwingt Visual Basic .NET
' ----------------------------------------------
Imports System
Imports System.Collections

Module basTest

  Class CStadt
   Private m_sName As String
   Sub New (ByVal Stadt As String)
     m_sName = Stadt
   End Sub

   ReadOnly Property Name
     Get
        Name = m_sName
     End Get
   End Property

  End Class

  Sub Main ()
    Dim oC As New Ccol
    With oC
    .Add (New CStadt("Herne"))
    .Add (New CStadt("Wanne-Eickel"))
    .Add (New CStadt("Bottrop"))
    .Add (New CStadt("Gelsenkirchen"))
    .Add (New CStadt("Rio de Janeiro"))
    .Add (New CStadt("Sidney"))
    End With
    Dim z As Byte = New Random().Next(0, oC.Count)
    Console.WriteLine("Die schönste Stadt ist: {0}", _
     oC.Item(z).Name)
    Dim oStadt As CStadt
    Console.WriteLine("Folgende Städte standen zur Auswahl:")
    Console.WriteLine("-----------------------------------")
    For Each oStadt In oC
       Console.WriteLine(oStadt.Name)
    Next
    Console.WriteLine("Alles klar mit .NET")
    Console.Readline()
  End Sub
```

278

```
Class CCol
  Inherits CollectionBase
  Public Sub Add(ByVal Stadt As CStadt)
    List.Add(Stadt)
  End Sub

  Default Public ReadOnly Property Item _
    (ByVal Index As Integer) As CStadt
    Get
      Return CTypc(List.Item(Index), CStadt)
    End Get
  End Property
End Class
End Module
```

Achten Sie darauf, auf welche Weise die Klasse *CCol* die *CollectionBase*-Klasse implementiert. In diesem Beispiel werden die Methoden *Add* und *Item* überschrieben, wobei die *List*-Eigenschaft bedingt durch die Vererbung zur Verfügung steht. Eine *Remove*-Methode zum Entfernen eines Elements aus der Collection gibt es in diesem Fall nicht – es müsste zunächst implementiert werden.

Die *CollectionBase*-Klasse ist enorm flexibel, auch wenn die Notwendigkeit, sie zunächst erben zu müssen, ein wenig umständlich erscheinen mag. Hinter der Klasse steckt die elementare *IList*-Schnittstelle, die auch im Hintergrund der *ArrayList*-Klasse im *Collections*-Namespace wirkt (siehe Kapitel 8). Das bedeutet z.B., dass beide Klassen die gleichen Basismitglieder (wie *Add* und *Remove*) besitzen. Es bedeutet auch, dass es (anders als bei den Vorgängerversionen) kein Problem ist, eine Collection in eine *ArrayList* umzuwandeln.

Das folgende Beispiel weist die Collection *oC* (bezogen auf das letzte Beispiel) einer Feldvariablen vom Typ *ArrayList* zu:

```
Dim aStaedte As ArrayList
aStaedte = oC.StaedteFeld
Dim i As Short
For i = 0 To aStaedte.Count-1
  Console.WriteLine(aStaedte(i).Name)
Next
```

Neu hinzugekommen ist die Eigenschaft *StaedteFeld*. Sie wurde in der Klasse *CCol* wie folgt definiert:

```
Public ReadOnly Property StaedteFeld As Ilist
  Get
    Return InnerList
  End Get
End Property
```

279

InnerList ist eine geschützte Instanzeneigenschaft (kann also nur in abgeleiteten Klassen angesprochen werden) der *CollectionBase*-Klasse vom Typ *ArrayList*. Sie gibt die Elemente der Collection in Gestalt eines Arrays zurück, so dass die Zuweisung an eine Variable vom Typ *ArrayList* kein Problem ist.

Da die *CollectionBase*-Klasse sowohl die Schnittstellen *IEnumerable* als auch *IList* implementiert, können die Mitglieder sowohl über eine *For Each*-Schleife als auch über einen Index angesprochen werden.

Das folgende Beispiel listet die Mitglieder der Collection *oC* über ihren Index auf.

```
Dim i As Short
For i = 0 To oC.Count -1
  Console.WriteLine(oC.Item(i).Name)
Next
```

Das alles sind bereits etwas fortgeschrittenere Themen der .NET-Programmierung (das wurde durch die Überschrift zu diesem Kapitel bereits »angedroht«). Es sind aber jene Themen, die die Visual Basic .NET-Programmierung wirklich ausmachen. In diesem Abschnitt mussten mit den Schnittstellen und der Vererbung zwei wichtige Themen vorweg genommen werden, die in Kapitel 11 detailliert erklärt werden.

10.7 Spezialist für Auflistungen – die *For Each*-Schleife

In diesem Abschnitt lernen Sie einen der wenigen noch verbleibenden Visual Basic .NET-Befehle kennen, die noch nicht offiziell vorgestellt wurden. Es ist der *For Each*-*Befehl*, mit dem sich Auflistungen, aber auch Arrays etwas bequemer durchlaufen lassen, als es per Zugriff über einen Index möglich wäre. Die Funktion des Befehls ist schnell beschrieben. Er führt für jedes Element der Auflistung oder des Arrays einen Durchlauf durch, wobei das aktuelle Element über die Schleifenvariable angesprochen werden kann. Hier eine kleine Verständnisfrage: Wenn eine Auflistung vier Elemente enthält, wie viele Schleifendurchläufe führt der *For Each*-Befehl dann durch? Und die Auflösung: Wenn Sie nicht innerhalb von weniger als einer Nanosekunde an die Zahl 4 gedacht haben, ist es entweder noch zu früh am Morgen (oder zu spät am Nachmittag, je nachdem) oder Sie müssen noch einmal bei Kapitel 1 beginnen und dieses Mal alles sehr gründlich lesen.

Das folgende Beispiel greift auf eine Xml-Datei mit dem Namen *Startrek.xml* zu, die sich im Verzeichnis *C:\Eigene Dateien* befinden sollte. (Sie finden diese Datei auf der Buch-CD im Verzeichnis *\Quellen*.) Auch wenn damit bereits auf Kapitel 12 vorgegriffen wird, in dem es um das Thema XML geht, sollte es einfach zu verstehen sein. Nachdem das XML-Dokument geladen wurde, durchläuft eine *For Each*-Schleife die einzelnen Knoten und gibt den Inhalt des ersten Kindknotens eines jeden Knotens aus.

Buch-CD: vbnet1006.vb

Listing 10-6: Ein Beispiel für den For Each-Befehl

```
' --------------------------------------------
' vbnet1006.vb - Beispiel für die For Each-Schleife
' Jetzt lerne ich endlich Visual Basic .NET
' --------------------------------------------
Imports System
Imports System.Xml

Class Test
   Shared Sub Main()
      Dim obXmlDoc As New XmlDocument()
      Dim obXmlNode As XmlNode
      Dim stPfad = "C:\Eigene Dateien\Startrek.xml"
      obXmlDoc.Load(stPfad)
      Dim obXmlRoot As XmlElement = _
         obXmlDoc.DocumentElement
      For Each obXmlNode In obXmlRoot.ChildNodes
         Console.WriteLine(obXmlNode.ChildNodes(0).InnerText)
      Next
      Console.ReadLine()
   End Sub

End Class
```

Wenn Sie das Programm starten, werden die Namen ausgegeben, die sich innerhalb der Markierung *<titel>* befinden, die den ersten Kindknoten in jedem XML-Knoten darstellt.

Beim Kompilieren der Anwendung in der Kommandozeile muss über die Option */r:* die Systembibliothek *System.xml.dll* eingebunden werden.

10.8 Zugriff auf die Kommandozeilen-argumente

Die *Kommandozeile* ist jener Teil, der beim Aufruf eines Programms zusammen mit dem Namen der Exe-Datei eingegeben wird. Besitzt ein Programm eine Fensteroberfläche, spielt die Kommandozeile nur selten eine Rolle, da hier alle Einstellungen über Dialogboxen vorgenommen werden. Handelt es sich um eine Konsolenanwendung stellt die Kommandozeile den einzigen Weg dar, um dem Programm mit dem Start ein paar (beliebige) Werte mit auf den Weg zu geben. In diesem Abschnitt erfahren Sie, wie Sie die Kommandozeile auswerten. Im Mittelpunkt steht dabei die _Environment_-Klasse (mehr dazu in Kapitel 10.9), die über die Eigenschaft _CommandLine_ die gesamte Kommandozeile und über die Methode _GetCommandLineArgs_ einzelne Elemente, die über einen Index (beginnend bei 0) angesprochen werden, zur Verfügung stellt.

Das folgende Beispiel wertet die Kommandozeilenparameter aus, die beim Aufruf von _vbnet1007.exe_ übergeben werden. Beim Aufruf sollen zwei Monatsnamen übergeben werden.

Listing 10-7:
Zugriff auf die
Kommandozei-
lenparameter

Buch-CD: vbnet1007.vb

```
' ------------------------------------------------
' vbnet1007.vb - Zugriff auf die Kommandozeile
' Jetzt lerne ich eifrig Visual Basic .NET
' ------------------------------------------------
Imports System.Environment
Imports System

Class App
  Shared Sub Main()
    Dim stStartMonat, stEndMonat As String
    Console.WriteLine("Die gesamte Kommandozeile:")
    Console.WriteLine(CommandLine)
    Dim stCmd As String
    Console.WriteLine("Anzahl der Elemente: {0}", _
      GetCommandLineArgs.Length)
    Console.WriteLine("Die Bestandteile der Kommandozeile:")
    For Each stCmd In GetCommandLineArgs
      Console.WriteLine(stCmd)
    Next
    Console.WriteLine("Sie erhalten Urlaub von {0} bis {1}", _
      GetCommandLineArgs(1), GetCommandLineArgs(2))
    Console.ReadLine()
  End Sub
End Class
```

10.8.1 Spezialität der Konsolenanwendungen

Konsolenanwendungen besitzen eine kleine Spezialität, die leicht übersehen wird. Wird die Prozedur _Main_ wie folgt deklariert:

```
Sub Main(ByVal Args() As String)
```

stehen über die Variable _Args_, bei der es sich um ein String-Array handelt, die übergebenen Parameter zur Verfügung.

10.9   Die Environment-Klasse

In diesem Abschnitt geht es weniger um einzelne Programmiertechniken. Stattdessen wird die *Environment*-Klasse vorgestellt, die viele nützliche Mitglieder enthält (die nützlichsten unter ihnen sind in Tabelle 10.4 zusammengestellt).

Mitglied	Warum es so nützlich ist
CommandLine-Eigenschaft	Enthält die komplette Kommandozeile (inkl. des Programmnamens).
CurrentDirectory-Eigenschaft	Steht für den Verzeichnisnamen des aktuellen Verzeichnisses.
Exit-Methode	Beendet die aktuelle Anwendung.
ExitCode-Eigenschaft	Legt eine Zahl fest, die vom Betriebssystem (oder einer Stapeldatei, die das Programm aufgerufen hat) abgefragt werden kann.
ExpandEnvironmentVariables-Methode	Erlaubt einen Zugriff auf die verschiedenen Umgebungsvariablen, die das Betriebssystem verwaltet.
GetCommandLineArgs-Methode	Ermöglicht einen Zugriff auf einzelne Elemente der Kommandozeile.
GetEnvironmentVariables-Methode	Gibt alle Umgebungsvariablen und ihre aktuellen Werte als *IDictionary*-Auflistung zurück.
GetEnvironmentVariable-Methode	Gibt den Wert einer einzelnen Umgebungsvariablen, deren Name beim Aufruf übergeben wurde, zurück.
GetFolderPath-Methode	Gibt den Verzeichnispfad eines Spezialordners zurück, der beim Aufruf über eine Konstante ausgewählt wird.
GetLogicalDrives-Methode	Gibt die Namen der aktuellen Laufwerke als String-Array zurück.
MachineName-Eigenschaft	Enthält den NetBIOS-Namen des Computers.
OSVersion-Eigenschaft	Enthält den Namen des Betriebssystems und die aktuelle Versionsnummer (z.B. Microsoft Windows NT 5.1.2600.0 für Windows XP).
SystemDirectory-Eigenschaft	Enthält den Verzeichnispfad des Systemverzeichnisses (im Unterverzeichnis *Assembly\Gac* befindet sich z.B. der globale Assembly Cache).

Tabelle 10.4: Nützliche Mitglieder der Environment-Klasse

	Mitglied	Warum es so nützlich ist
Tabelle 10.4:	*TickCount*-Eigenschaft	Enthält die Anzahl an Millisekunden, die seit dem Systemstart vergangen sind.
Nützliche		
Mitglieder der		
Environment-	*UserName*-Eigenschaft	Enthält den Namen des Benutzers, der den aktuellen Thread gestartet hat.
Klasse		
(Forts.)	*Version*-Eigenschaft	Enthält die Haupt-, Neben-, Build- und Revisionsnummer der CLR.

10.10 Systeminformationen abfragen

Programmierer lieben es bekanntlich, jedes Detail über das System abzufragen, auf dem ihr Programm läuft. Auch wenn es letztendlich niemanden wirklich interessiert, muss in der Infobox des Programms nicht nur der Name der CPU, deren Taktfrequenz, sondern auch die Temperatur des Lüfters auf zwei Stellen nach dem Komma angezeigt werden. Natürlich gibt es auch echte Notwendigkeiten bestimmte Dinge, wie den aktuellen Verzeichnispfad, den Programmpfad, die Version des Betriebssystems und natürlich die aktuelle Version der .NET-Laufzeitumgebung zu erfahren. Zwei Dinge müssen bei diesem Thema berücksichtigt werden:

- Die CLR ist von ihrer Idee her unabhängig von einem bestimmten Prozessortyp oder einer Betriebssystemversion. Sie »virtualisiert« zudem den Arbeitsspeicher (und verwaltet ihn selbst), so dass Prozessortyp oder die Menge des freien Arbeitsspeichers nur indirekt eine Rolle spielen. Diese Informationen werden daher auch nur indirekt zur Verfügung gestellt.

- Es gibt keine Klasse, die sämtliche Daten zur Verfügung stellt. Der beste Ausgangspunkt für die Suche nach Systeminformationen ist die *Environment*-Klasse, die bereits in Kapitel 10.9 nahezu erschöpfend behandelt wurde.

Wer frühere Visual Basic-Versionen kennt und partout an Informationen wie freier Arbeitsspeicher, CPU-Typ oder die Taktfrequenz (ist in der Registry enthalten) herankommen möchte, muss entweder direkt auf die Registry zugreifen (dafür gibt es bei .NET eine eigene Klasse) oder wie früher auf API-Funktionen zugreifen, die auch unter Visual Basic .NET praktisch ohne Einschränkungen aufgerufen werden können. Auch wenn weder der Zugriff auf die Registry noch der Aufruf von API-Funktionen ein Thema in diesem Buch ist (im Vordergrund steht Visual Basic .NET und weniger seine Umgebung), soll zu beiden Themen zumindestens ein Beispiel folgen.

10.10.1   Der Zugriff auf die Registry

Die Registry ist jener Teil des Betriebssystems, in dem die Konfigurationsdaten gespeichert werden. Die *Registry* ist hierarchisch aufgebaut. An der Spitze stehen eine Reihe von Hauptschlüsseln (z.B. *Local_Machine*), die aus einer Vielzahl von Unterschlüsseln bestehen. Jeder dieser Unterschlüssel kann wiederum eine Reihe von Unterschlüsseln besitzen usw. Ein Unterschlüssel besitzt eine Reihe von Einträgen, jeder Eintrag hat genau einen Wert. Das ist – in wenigen Sätzen zusammengefasst – das Prinzip der Registry. Der Zugriff auf die Registry ist immer dann notwendig, wenn ein Programm Konfigurationsdaten abfragen (oder ändern) möchte oder die Registry als Ablage für Konfigurationsdaten benutzt. Für den Zugriff auf die Registry stellt Windows eine Reihe von API-Funktionen zur Verfügung, die von .NET in einer Klasse gekapselt werden und über den Namespace *Microsoft.Win32* zur Verfügung gestellt werden. Der Umgang mit der Registry ist, hat man erst einmal das allgemeine Prinzip verstanden, relativ geradlinig und simpel. Im Allgemeinen möchte man einen Wert lediglich lesen oder ändern, wobei beim Schreiben eines Eintrags der angegebene Schlüssel samt Eintrag angelegt wird, wenn dieser noch nicht existieren sollte. (Man muss einen Schlüssel also nicht anlegen, um anschließend einen Eintrag anlegen oder ändern zu können.) Der Zugriff auf einen Wert geschieht damit in drei einfachen Schritten:

1. Öffnen des Hauptschlüssels (meistens *Local_Machine*).

2. Öffnen des Unterschlüssels.

3. Zugriff auf einen Wert über den Namen des Eintrags.

Das folgende Beispiel führt einen Zugriff auf die Registry durch, indem es die dort abgelegte Taktfrequenz des Prozessors (nicht unter Windows 9x) ausliest und anzeigt.

Buch-CD: vbnet01008.vb

Listing 10-8: Zugriff auf die Registry

```
' --------------------------------------------
' vbnet1008.vb - Zugriff auf die Registry
' Jetzt lerne ich akurat Visual Basic .NET
' --------------------------------------------
Imports Microsoft.Win32
Imports System

Class App
  Shared Sub Main()
    Dim obReg As RegistryKey = Registry.LocalMachine
    Dim obRegSubKey As RegistryKey
    Try
```

```
        obRegSubKey = obReg.OpenSubKey _
        ("Hardware\Description\System\CentralProcessor\0", True)
        Console.WriteLine("Die Taktfrequenz ist: {0}", _
        obRegSubKey.GetValue("~MHz"))
        Catch
          Console.WriteLine("Irgendetwas ging wohl schief... (schnief)")
      End Try
    End Sub
End Class
```

10.10.2 Der Aufruf von API-Funktionen

API-Funktionen sind Funktionen des Betriebssystems, die Abkürzung API steht für *Application Programming Interface*. API-Funktionen stellen eine Art »Servicefunktion« dar, die jedes Programm nutzen kann, wenn es etwas erledigen möchte, was sich mit den Befehlen und Funktionen der Programmiersprache nicht erledigen lässt. Auch wenn die umfangreichen .NET-Basisklassen API-Funktionen weitestgehend überflüssig machen, ganz ohne geht es auch bei .NET nicht. Der Zugriff auf Ini-Dateien und die Abfrage von Systeminformationen sind zwei Bereiche, in denen API-Funktionen auch in einem Visual Basic .NET-Programm nützlich sind. Eine API-Funktion ist eine Funktion in einer DLL (z.B. Kernel32.dll). Anders als bei den .NET-Dlls handelt es sich um unverwalteten Code, der nicht unter der Regie der CLR ausgeführt wird. Damit eine DLL-Funktion in einem Visual Basic .NET-Programm aufrufbar wird, muss sie über ein so genanntes Attribut, *<DllImport>*, bekannt gemacht werden. Anschließend kann sie wie eine normale API-Funktion aufgerufen werden.

So war es früher:

Der *Declare*-Befehl früherer Visual Basic-Versionen steht auch unter Visual Basic .NET zur Verfügung. Beim Aufruf von API-Funktionen gibt es aber drei Dinge zu beachten: 1. Der Datentyp *Long* muss gegen *Integer* ausgetauscht werden. 2. Die Deklaration mit *As Any* ist nicht mehr möglich, stattdessen muss ein Datentyp angegeben werden (und die Funktion mit einem unterschiedlichen Alias unter Umständen mehrfach deklariert werden). 3. Bei Callback-Funktionen muss ein so genanntes Delegate eingesetzt werden (ist in der Hilfe mit einem Beispiel beschrieben).

Das folgende Beispiel ruft die API-Funktion *GlobalMemoryStatus* auf, um ein paar Daten über den Arbeitsspeicher abzufragen.

```
' --------------------------------------------
' vbnet1009.vb - Aufruf einer API-Funktion
```

```vb
' Jetzt lerne ich entnervt Visual Basic .NET
' ----------------------------------------------
Imports System.Runtime.InteropServices
Imports System
Imports Microsoft.VisualBasic

Class App
  <DllImport("Kernel32.dll")> Shared Function GlobalMemoryStatus(ByRef
  memstat As MEMORYSTATUS) As System.Int32
   ' Hier passiert nichts

  End Function

  Structure MEMORYSTATUS
    Public dwLength As System.Int32
    Public dwMemoryLoad As System.Int32
    Public dwTotalPhys As System.Int32
    Public dwAvailPhys As System.Int32
    Public dwTotalPageFile As System.Int32
    Public dwAvailPageFile As System.Int32
    Public dwTotalVirtual As System.Int32
    Public dwAvailVirtual As System.Int32
  End Structure

  Shared Sub Main()
    Dim MemStat As MEMORYSTATUS
    MemStat.dwLength = Len(MemStat)
    Dim ret As System.Int32 = GlobalMemoryStatus(MemStat)
    With MemStat
      Console.WriteLine("Physikal. Speicher gesamt: {0:0,0}", _
        .dwTotalPhys)
      Console.WriteLine("Physikal. Speicher verfügbar: {0:0,0}",
.dwAvailPhys)
      Console.WriteLine("Virtueller Speicher gesamt: {0:0,0}", _
        .dwTotalVirtual)
      Console.WriteLine("Virtueller Speicher verfügbar: {0:0,0}", _
        .dwAvailVirtual)
      Console.WriteLine("Speicherauslastung: {0}%", _
        .dwMemoryLoad)
    End With
    Console.ReadLine()
  End Sub
End Class
```

287

10.11 Was sind eigentlich (noch einmal) Namespaces?

Zum Abschluss soll es um ein Thema gehen, das bislang praktisch in jedem einzelnen Beispielprogramm gegenwärtig war, aber noch nicht formell vorgestellt wurde. Es geht um die Namespaces. Ein Hinweis gleich vorweg: hinter einem *Namespace* steckt ein sehr einfaches Konzept. Ein Namespace definiert einen Bereich, in dem ein bestimmter Name gültig ist, d.h. angesprochen werden kann. Namespaces treten in Zusammenhang mit den .NET-Basisklassen auf. Hinter den .NET-Basisklassen stecken eine Vielzahl von DLLs (Assemblies), die wiederum Typen (Klassen, Strukturen, Schnittstellen) sowie Funktionen (Methoden einzelner Klassen) enthalten. Um die Übersichtlichkeit zu erhöhen, präsentiert .NET die Klassen in einer Hierarchie, die aber nicht in Wirklichkeit existiert. Der Eindruck der Hierarchie entsteht vielmehr durch die hierarchische Struktur der Namespaces. An der Spitze steht der *System*-Namespace, von dem sich alle weiteren Namespaces ableiten. Nehmen wir als Beispiel den Namespace *System.IO*. In diesem Namespace ist unter anderem die *FileStream*-Klasse enthalten, über die man auf den Inhalt einer Datei zugreifen kann. Die offizielle Schreibweise der Klasse lautet daher:

```
Dim oFi As System.IO.FileStream
```

Ohne den kompletten Namespace ist Visual Basic .NET nicht in der Lage, den Namen *FileStream* zuzuordnen. Da dies auf die Dauer aber sehr umständlich wäre, gibt es eine Möglichkeit, einen Namespace im Programm bekannt zu machen, so dass er als bekannt vorausgesetzt werden kann. Diese Möglichkeit schafft der *Imports*-Befehl.

10.11.1 Der Imports-Befehl

Anders, als man es vielleicht vermuten könnte, importiert der *Imports*-Befehl nichts. Er teilt dem Programm lediglich einen Namespace mit, der immer dann durchsucht wird, wenn ein Typname vorkommt, der in dem Modul nicht definiert ist. Enthält ein Modul am Anfang den Befehl

```
Imports System
```

sind alle Typen des Namespaces *System* im Modul bekannt, ohne dass dies noch einmal explizit erwähnt werden muss. Besonders praktisch ist der *Imports*-Befehl in der Visual Studio .NET-IDE, denn nach Eingabe des Leerzeichens werden alle in Frage kommenden Namespaces aufgelistet. Welche dies sind, hängt davon ab, welche Verweise (auf DLL-Assemblies) bereits in das Projekt eingebunden wurden. Sollte ein Namespace daher zunächst nicht erscheinen (etwa *System.Management*), muss über den Projektmappen-

Explorer ein Verweis auf die DLL eingebunden werden, in der der Namespace (etwa *System.Management.dll* – der Name des Namespaces muss nicht mit dem Namen der DLL übereinstimmen) enthalten ist.

Da *System.dll* (hier befinden sich viele wichtige Basisklassen, aber nicht alle) immer automatisch eingebunden ist, wird dieser Name immer angeboten. Nun heißt das aber nicht, dass alle Klassen im Namespace *System* in der Datei *System.dll* zu finden sind. Das wäre zwar naheliegend, doch wäre dies a) zu unflexibel und b) zu simpel für .NET. Ein Namespace kann sich vielmehr aus dem Inhalt beliebiger DLLs zusammensetzen. Welche Namespaces in einer DLL enthalten sind, erfahren Sie zum Beispiel über den Objektbrowser in der Visual Studio .NET-IDE. Ein weiterer Kandidat, der viele Klassen im *System*-Namespace enthält, ist die DLL *Mscorlib.dll*.

Der *Imports*-Befehl weist bei Visual Basic .NET eine kleine Besonderheit auf, die es am Anfang etwas schwer macht, zwischen Namespaces und Klassen zu unterscheiden. Vermutlich um den Visual Basic-Programmierer ein wenig an die Hand zu nehmen, erlaubt der *Imports*-Befehl nicht nur die Bekanntmachung von Namespaces, sondern auch von Kombinationen aus Namespace und Klassen. Das »klassische« Beispiel ist der Befehl

```
Imports System.Console
```

der praktisch in jeder Konsolenanwendung enthalten ist. Bei *System* handelt es sich um den Namespace, bei *Console* dagegen um die Klasse[1]. Wenn Sie wissen möchten, was ein Namespace und was eine Klasse ist, achten Sie in Visual Studio .NET auf die kleinen Symbole, die jedem Namen vorausgehen – vor einem Namespace steht ein Paar geschweifter Klammern. (Ansonsten müssen Sie die Hilfe zum .NET-Framework-SDK studieren, in der die Namespacehierarchie auch separat besprochen wird).

Abbildung 10.2 zeigt den *System*-Namespace mit seinen wichtigsten Unternamespaces. Auch wenn die Hierarchie beliebig tief verschachtelt sein könnte, besitzt ein Namespace selten mehr als zwei oder drei Unternamespaces. Denken Sie daran, dass die nach Eingabe von *System* und dem Punkt angebotenen Namespaces stets davon abhängen, welche Assemblies bereits eingebunden wurden.

---

1. Diesen Komfort bietet C# in der Visual Studio .NET nicht. Nach Eingabe von *Using*, dem Pendant zum *Imports*-Befehl, erscheinen nur die Namespaces und keine Klassen. Daher muss es in einem C#-Programm auch *Console.WriteLine* heißen.

Abb. 10.2:
Die wichtigsten
Namespaces in
der System-
Namespace-
hierarchie

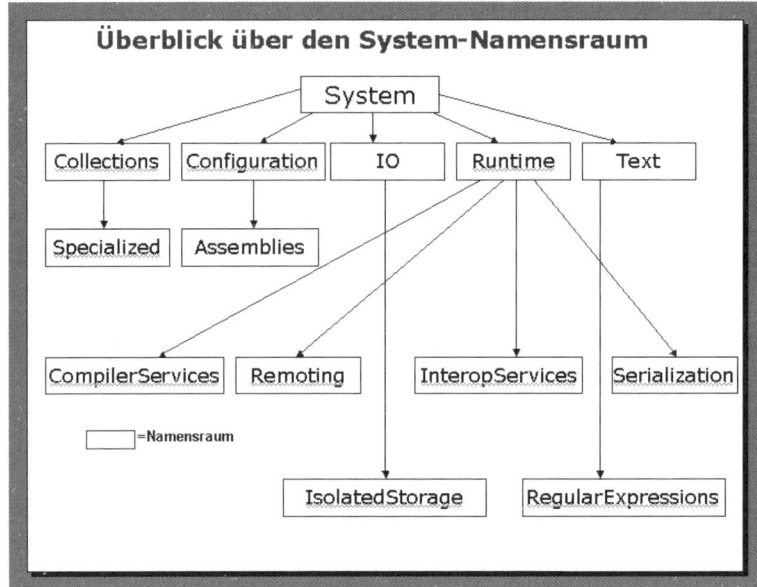

Wird ein Visual Basic .NET-Programm mit einem Editor erstellt, gibt es natürlich keine Möglichkeit, Referenzen auf Assemblies bereits zur Entwurfszeit einzubinden. Nach Eingabe des *Imports*-Befehls öffnet sich in Notepad auch keine Auswahlliste. Dennoch gilt hier das gleiche Prinzip. Der *Imports*-Befehl lädt aber nicht die Bibliothek mit den Elementen, die über den Namespace angesprochen werden. Dies muss beim Aufruf des Kommandozeilencompilers gegebenenfalls über die Option /r veranlasst werden (die Kernbibliotheken von .NET werden aber automatisch eingebunden – nur in Ausnahmefällen muss *System.dll* explizit eingebunden werden).

Dass Sie in einem Visual Basic .NET-Programm, das in der IDE bearbeitet wird, nur selten *Imports*-Befehle sehen, liegt ganz einfach daran, dass diese Einstellung in den Projekteigenschaften vorgenommen werden kann und ein Projekt bereits die wichtigsten *Imports*-Einstellungen enthält.

Das Definieren eines Namespaces hat beim Arbeiten mit der Visual Studio .NET den kleinen »Nachteil«, dass man die in Frage kommenden Namen eingeben muss und sie nicht mehr aus der Auswahlliste auswählen kann. Um nicht nur für das Anzeigen der Auswahlliste jedes Mal trotzdem den kompletten Pfad eingeben zu müssen, gibt es die Möglichkeit, über den *Imports*-Befehl dem Pfad einen kurzen Aliasnamen zuzuordnen, der anstelle des kompletten Pfads eingegeben werden kann. Der Befehl

```
Imports cc = System.Console
```

definiert *cc* als Abkürzung für die Kombination aus Namespace und Klassenname *System.Console*. Es genügt die Eingabe von *cc*, um eine Auswahlliste mit allen Mitgliedern des Namespaces zu erhalten.

10.11.2 Eigene Namespaces definieren

Es wird zwar am Anfang nur selten erforderlich sein, aber es ist möglich, eigene Namespaces zu definieren. Dies geschieht über den *Namespace*-Befehl, der einen neuen Namespace einleitet, der durch den *End Namespace*-Befehl wieder beendet wird. Der Vorteil: Wenn ein Projekt aus mehreren Modulen besteht, die Klassen oder Mitglieder enthalten, muss der Modulname nicht vorangestellt werden, wenn das Modul in einen Namespace eingerahmt wird, der in den anderen Modulen über den *Imports*-Befehl bekannt gemacht wird. Außerdem können Namen in unterschiedlichen Namespaces mehrfach vorkommen, was bei größeren Projekten sehr praktisch sein kann.

Das folgende Beispiel soll den grundsätzlichen Umgang mit eigenen Namespaces veranschaulichen, wenngleich es natürlich zu klein ist, als dass sich hier die Notwendigkeit eigener Namespaces rechtfertigen lässt.

```
' ---------------------------------------------
' vbnet1010.vb - Beispiel für eigene Namespaces
' Jetzt lerne ich beschwingt Visual Basic .NET
' ---------------------------------------------
Imports Test.App1
' Imports Test

Imports System

Namespace Test
  Module M1
    Class App1
      Shared Sub SagHallo()
        Console.WriteLine("Hallo, Du Welt da draußen!")
      End Sub
    End Class
```

```
    Class App2
      Shared Sub SagGruezie()
        Console.WriteLine("Gruezie, Du Welt da draußen!")
      End Sub
    End Class
  End Module
End Namespace

Class App
  Shared Sub Main()
    SagHallo()
    Test.M1.App2.SagGruezie()
    Console.ReadLine()
  End Sub
End Class
```

Das Programm definiert einen Namespace mit dem Namen *Test*, der die Typen (Klassen) *App1* und *App2* enthält, die Teil des Moduls *M1* sind (das Modul wurde lediglich eingeführt, um eine »künstliche« Trennung zu schaffen, durch die der Namespace erst möglich wird). Von der Klasse *App* wird nun auf die Prozedur *SagHallo* zugegriffen. Auch wenn die Prozedur in der Klasse *App1* des Moduls *M1* definiert ist, muss der Pfad nicht vorangestellt werden, da der Namespace *Test* zu Beginn importiert wurde. Die Prozedur *SagGruezie* kann erst dann auf die gleiche Weise angesprochen werden, wenn auch ihr Namespace importiert wurde.

Namespaces können sich über beliebige Module eines Projekts erstrecken. Besteht ein Projekt aus einem Dutzend Modulen, in denen Klassen definiert werden, werden alle diese Klassen Teil des gleichen Namespaces, wenn in jedem Modul ein *Namespace*-Befehl ein und denselben Namespace festlegt.

Die Visual Studio .NET-IDE definiert für jedes Assembly automatisch einen Namespace, der dem Namen des Assembly entspricht (dies kann in den Projektoptionen geändert werden). Über den Kommandozeilencompiler lässt sich dieser Rootnamespace über die Option */rootnamespace:* setzen.

10.12 F&A

Frage 10-1

Die folgende kleine Schleife greift auf alle Elemente eines Feldes über eine *For Next*-Schleife zu:

```
Class Person
  Public Name As String
  Public Alter As Short
  Sub New(ByVal Name As String)
    Me.Name = Name
    Me.Alter = Alter
  End Sub
End Class

Class App
  Shared Sub Main()
  Dim obP1 As New Person("Bill", 42)
  Dim obP2 As New Person("Bob", 55)
  Dim obP3 As New Person("Brad", 66)
  Dim obFeld(2) As Person
  obFeld(0) = obP1
  obFeld(1) = obP2
  obFeld(2) = obP3
  Dim j As Short
  For j = 0 To obFeld.Length – 1
    Console.WriteLine("Name: {0}", obFeld(j).Name)
    Console.WriteLine("Alter: {0}", obFeld(j).Alter)
  Next
  Console.ReadLine()
End Class
```

Ersetzen Sie diese Schleife durch eine *For Each*-Schleife und verwenden Sie den *With*-Befehl, um den Zugriff auf das Objekt etwas abzukürzen.

Frage 10-2

Warum »moniert« der Compiler (bereits zur Entwurfszeit) im folgenden Beispiel, dass die Variable *j* nicht deklariert ist?

```
Dim i As Short
For i = 1 To 3
  Dim j As Single
  j = Math.Sqrt(i)
Next
Console.WriteLine("Das letzte Resultat: {0}", j)
```

293

Frage 10-3

Warum ist die folgende Zuweisung bei *Option Strict On* nicht erlaubt und wie lässt sie sich dennoch durchführen?

```
Dim stZahl As String
Dim lnErgebnis As Long
stZahl = "1234"
lnErgebnis = stZahl ^ 2
```

Frage 10-4

Wie heißt die Funktion, mit der man alle (Typ-)Informationen über einen Typ erhält?

Frage 10-5

Ein Visual Basic .NET-Programm mit dem Namen *VbFileCopy.exe* wird über die Kommandozeile wie folgt aufgerufen:

```
VbFileCopy A:\Dings.dat C:\Bums.dat
```

Wie lassen sich die beiden Parameter a) in zwei getrennte Variablen und b) in ein Feld übertragen? Was passiert, wenn die Parameter durch ein Komma getrennt werden, und wie lassen sie sich dann am einfachsten wieder trennen?

Frage 10-6

Was ist ein Namespace und welche Vorteile bringt er in einem Visual Basic .NET-Programm?

(Alle Antworten und Lösungen finden Sie in Anhang D.)

KAPITEL 11

OOP für (etwas) Fortgeschrittene

Klassen sind bei Visual Basic .NET keine Option, sondern ein fester Bestandteil eines jeden Programms. Ein Visual Basic .NET-Programm besteht aus mindestens einer Klasse, in der Regel sind es jedoch mehr. Klassen bilden nicht nur den Programmrahmen. Sie stellen auch modulare Programmelemente dar, die man sich als kleine »Legobausteine« vorstellen kann, welche sich im Idealfall beliebig neu zusammenstecken lassen. Nachdem die Klassen bereits in Kapitel 6 vorgestellt wurden, geht es in diesem Kapitel um die etwas fortgeschritteneren Themen der objektorientierten Programmierung, kurz OOP. Sie werden lernen, dass sich eine Klasse von einer anderen Klasse ableiten lässt und es in diesem Fall möglich ist, einzelne Mitglieder zu überschreiben. Außerdem geht es um abstrakte Basisklassen und Schnittstellen, die beide ein wichtiges Element der objektorientierten Programmierung sind.

Die Themen für dieses Kapitel:

- Die Basisklasse als Vorbild: Vererbung

- Spezialitäten beim Umgang mit Klassen

- Überschreiben von Mitgliedern

- Polymorphie (garantiert ungefährlich)

- Abstrakte Basisklassen

- Völlig unspektakulär: Delegates und Ereignisse

- Schnittstellen

11.1 Die Basisklasse als Vorbild: Vererbung

Eines der wichtigsten Versprechen der objektorientierten Programmierung ist das der wiederverwendbaren Bausteine. Im Idealfall stellt sich ein Programmierer sein Programm aus bereits vorhandenen Programmbausteinen zusammen. Das vereinfacht nicht nur die Programmierung, sondern führt im Idealfall auch zu fehlerfreieren Programmen, da ein Baustein (theoretisch) einmal getestet wird und anschließend beliebig oft eingesetzt werden kann. Damit sich dieses Versprechen mit Hilfe von Klassen einlösen lässt, muss es möglich sein, dass eine neue Klasse die Mitglieder einer bereits vorhandenen Klasse übernimmt. Diese Möglichkeit wird *Vererbung* genannt und ist eine der wichtigsten Fähigkeiten, die die CLR allen .NET-Programmiersprachen zur Verfügung stellt. Beim Vererben (oder Ableiten, wie es offiziell heißt) wird bei der Definition einer neuen Klasse über den *Inherits*-Befehl eine so genannte *Basisklasse* angegeben, deren öffentliche Mitglieder (sofern dies in der Basisklasse nicht verhindert wird) auch in der abgeleiteten Klasse zur Verfügung stehen, so dass sie dort nicht mehr implementiert werden müssen. Damit eine Klasse die Rolle der Basisklasse spielen kann, sind keine besonderen Vorkehrungen erforderlich. Jede Klasse kann eine Basisklasse sein (es ist allerdings möglich, über das *NotInheritable*-Schlüsselwort zu verhindern, dass von einer Klasse geerbt werden kann). Vererbung ist kein »Modetrend«, der nun endlich auch Visual Basic erreicht hat. Es ist ein fundamentaler Aspekt praktisch jeder modernen Programmiersprache. Auch oder besser vor allem die .NET-Klassenbibliothek macht von Vererbung Gebrauch, indem sich viele .NET-Klassen von anderen Klassen ableiten.

Visual Basic .NET unterstützt (genau wie C# und Java) lediglich eine einfache Vererbung, das heißt, eine Klasse kann nur genau eine Basisklassen ableiten. Eine Klasse kann dagegen beliebig viele Schnittstellen implementieren.

11.1.1 Vererbung Schritt für Schritt kennen lernen

Da die Vererbung ein etwas anspruchsvolleres Konzept ist, mit dem Sie sich ausführlich beschäftigen sollten, wird es im Folgenden anhand einfacher Beispiele ganz behutsam vorgeführt.

Wir beginnen mit einem hoffentlich vertrauten Programmgerüst, das aus zwei Klassen besteht. Interessant ist dabei die Klasse *BasicMath*, die vier Methoden umfasst, welche die vier Grundrechenarten durchführen. Vererbung ist hier noch nicht im Spiel.

Buch-CD: vbnet1101.vb

Listing 11-1: Ein kleines Programm mit zwei Klassen, aber ohne Vererbung

```
' -----------------------------------------------
' vbnet1101.vb - Ein kleines Visual Basic .NET-Programm
' mit zwei Klassen, aber ohne Vererbung
' Jetzt lerne ich Visual Basic .NET
' -----------------------------------------------


Imports System
Imports Microsoft.VisualBasic

Class App
  Shared Sub Main()
    Dim oRechner1 As New BasicMath()
    Console.WriteLine("4+5= {0}", oRechner1.Addieren(4, 5))
    Console.ReadLine()
  End Sub
End Class

Class BasicMath
  Private snErgebnis As Single

  Public Function Subtrahieren(ByVal Op1 As Single, _
   ByVal Op2 As Single) As Single
    Console.WriteLine("Subtraktion durch BasicMath...")
    snErgebnis = Op1 - Op2
    Return snErgebnis
  End Function

  Public Overridable Function Addieren(ByVal Op1 As _
   Single, ByVal Op2 As Single) As Single
    Console.WriteLine("Addition durch BasicMath...")
    snErgebnis = Op1 + Op2
    Return snErgebnis
  End Function

  Public Function Multiplizieren(ByVal Op1 As Single, _
   ByVal Op2 As Single) As Single
    Console.WriteLine("Multiplikation durch BasicMath...")
    snErgebnis = Op1 * Op2
    Return snErgebnis
  End Function
```

297

```
  Public Function Dividieren(ByVal Op1 As Single, _
   ByVal Op2 As Single) As Single
    Console.WriteLine("Multiplikation durch BasicMath...")
    snErgebnis = Op1 / Op2
    Return snErgebnis
  End Function
End Class
```

Das kleine Beispiel ist völlig unspektakulär. Nach dem Start wird lediglich das Ergebnis einer kleinen Addition ausgegeben.

Im nächsten Schritt wird das Programm um eine Klasse mit dem Namen *ExtendedMath* erweitert. Das Besondere an dieser Klasse ist, über den *Inherits*-Befehl erbt sie von der Klasse *BasicMath*.

Aus Platzgründen und weil sich gegenüber Listing 11-2 in diesem Punkt nichts geändert hat, werden im Folgenden nur die Prozedur *Main* und die neue Klasse *ExtendedMath* gezeigt.

Listing 11-2: Die Klasse ExtendedMath erbt von der Klasse BasicMath

Buch-CD: vbnet1102.vb

```
Class App
  Shared Sub Main()
    Dim oRechner2 As New ExtendedMath()
    Console.WriteLine("4+5= {0}", oRechner2.Addieren(4, 5))
    Console.ReadLine()
  End Sub
End Class


Class ExtendedMath
  Inherits BasicMath
End Class
```

Achten Sie darauf, dass dieses Mal die Klasse *ExtendedMath* instanziert wird und nicht die Klasse *BasicMath*. (Letztere wird automatisch instanziert, was auch daran zu erkennen ist, dass der Konstruktor, der in diesem Beispiel aber keine Rolle spielt, aufgerufen wird.) Da *ExtendedMath* die Methode *Addieren* nur »durchreicht«, ändert sich gegenüber dem letzten Beispiel unterm Strich nichts. Es ist zwar Vererbung im Spiel, doch wird diese nicht für irgendetwas benutzt.

Wenn Sie mit Visual Studio .NET arbeiten, wird nach der Eingabe eines Punkts auf *oRechner2* folgend eine Auswahlliste mit den öffentlichen Mitgliedern der Basisklasse angezeigt. Diese sind gleichberechtigt zu jenen, die in der abgeleiteten Klasse implementiert werden. Das Feld *snErgebnis* wird dagegen nicht angezeigt, da es als privat deklariert wurde.

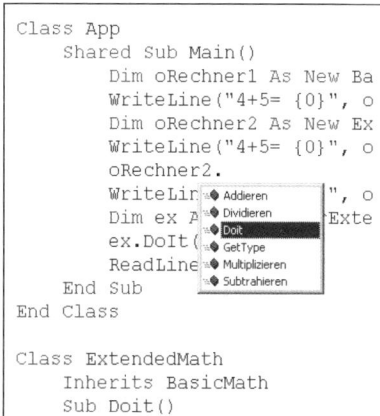

```
Class App
    Shared Sub Main()
        Dim oRechner1 As New Ba
        WriteLine("4+5= {0}", o
        Dim oRechner2 As New Ex
        WriteLine("4+5= {0}", o
        oRechner2.
        WriteLin   ⋅Addieren        ", o
        Dim ex A   ⋅Dividieren     Exte
        ex.DoIt(   ⋅Doit
        ReadLine   ⋅GetType
    End Sub        ⋅Multiplizieren
End Class          ⋅Subtrahieren


Class ExtendedMath
    Inherits BasicMath
    Sub Doit()
```

Abb. 11.1:
Die Klasse
ExtendedMath
bietet alle
öffentlichen
Mitglieder
ihrer Basis-
klasse an

11.1.2 Noch einmal das Protected-Schlüsselwort

Da es so schön passt, folgt in diesem Abschnitt ein kurzer Ausflug zum Schlüsselwort *Protected*. Es ist ein so genannter Gültigkeitsbezeichner (ein langes Wort, aber wichtig), der nur in Zusammenhang mit abgeleiteten Klassen ins Spiel kommt. Wenn Sie erreichen möchten, dass ein Mitglied nur in (allen) abgeleiteten Klassen, nicht aber in allen übrigen Klassen angesprochen werden kann, muss es anstatt mit *Private* oder *Public* mit *Protected* deklariert werden. Im obigen Beispiel würde es bewirken, dass *snErgebnis* nur in *ExtendedMath*, nicht aber in allen übrigen Klassen benutzt werden kann.

11.1.3 Mehrfache Verberbung kein Problem

Visual Basic .NET unterstützt, wie alle .NET-Sprachen, nur eine einfache Vererbung (engl. »single inheritance«). Es ist jedoch kein Problem, dass eine abgeleitete Klasse gleichzeitig die Rolle einer Basisklasse spielt und eine weitere Klasse von der abgeleiteten Klasse erbt. In diesem Fall stehen in der neuen abgeleiteten Klasse sowohl die Mitglieder der direkten Basisklasse als auch jene der abgeleiteten Basisklasse zur Verfügung. Dies gilt auch für als *Protected* deklarierte Mitglieder. Sie stehen in allen weiteren abgeleiteten Klassen auf die gleiche Weise zur Verfügung. Das Schlüsselwort *MyBase* (mehr dazu in Kapitel 11.1.6) bezieht sich jedoch nur auf die »letzte« Basisklasse. Es ist nicht möglich, über eine Art »MyBase.MyBase« an die Basisklassen einer Basisklasse heranzukommen (dazu müsste die zweite Basisklasse eine direkte Referenz auf die erste Basisklasse als Feld enthalten, was aber recht umständlich wäre).

Das folgende kleine Beispiel soll das Prinzip der »Mehrfachvererbung« lediglich andeuten. Es führt eine weitere Klasse *SuperExtendedMath* ein, die von der Klasse *ExtendedMath* erbt.

```
Class SuperExtendedMath
  Inherits ExtendedMath
  Sub DoIt()
    MsgBox(MyBase.snErgebnis)
  End Sub
End Class
```

Es ist bemerkenswert, dass das mit *Protected* deklarierte Mitglied *snErgebnis* der *Math*-Klasse auch in dieser Klasse zur Verfügung steht.

11.1.4   Die abgeleitete Klasse erweitern

Vererbung wird erst dann interessant, wenn die abgeleitete Klasse ihre eigenen Mitglieder, das heißt ihre eigene Schnittstelle, besitzt. In diesem Fall stehen diese gleichberechtigt neben den (öffentlichen) Mitgliedern der Basisklasse zur Verfügung.

Das folgende Beispiel erweitert die Klasse *ExtendedMath* aus Listing 11-2 um eine Methode, die eine Potenzfunktion darstellt.

Wie im letzten Listing wird auch in diesem Fall nur der Teil gezeigt, der sich geändert hat. Dies ist die Klasse *ExtendedMath*, die nun über eine eigene Methode verfügt.

Listing 11-3:
Die abgeleitete
Klasse erhält
ein eigenes
Mitglied

Buch-CD: vbnet1103.vb

```
Class ExtendedMath
  Inherits BasicMath
  Private snErgebnis As Single

  Public Function Potenzieren (ByVal Op1 As Single, _
   ByVal Op2 As Single) As Single
    snErgebnis = Op1 ^ Op2
    Return snErgebnis
  End Function

End Class
```

Dass auch *ExtendedMath* ein privates Mitglied mit dem Namen *snErgebnis* besitzt, ist natürlich kein Problem, denn es ist ja privat. Sehr viel wichtiger ist der Umstand, dass die Schnittstelle von *ExtendedMath* sowohl die öffentlichen Mitglieder von *BasicMath* als auch jene der eigenen Klasse umfasst.

11.1.5   Überschreiben von Mitgliedern

Nicht immer sollen alle Mitglieder einer Basisklasse 1:1 übernommen werden. Es ist denkbar, dass in einer abgeleiteten Klasse zwar der Name eines

Mitglieds und dessen Signatur (Anzahl und Datentypen der Parameter) übernommen wird, nicht jedoch der dahinter stehende Programmcode. Es macht die Vererbung erst richtig interessant, wenn die abgeleitete Klasse nur einen Teil der Funktionalität der Basisklasse übernimmt, den Rest ersetzt, aber trotzdem nach außen die gleiche Schnittstelle wie die Basisklasse zur Verfügung stellt. Das Ersetzen eines Mitglieds durch ein gleichnamiges Mitglied mit der gleichen Signatur, aber einer anderen Funktionalität wird als *Überschreiben* (engl. »overwriting«) bezeichnet. Voraussetzung ist, dass das Mitglied in der Basisklasse mit dem Schlüsselwort *Overridable* gekennzeichnet wurde. Es wird dadurch überschreibbar. Das überschreibende Mitglied der abgeleiteten Klasse muss dagegen mit dem Schlüsselwort *Overrides* deklariert werden.

Verwechseln Sie das Überschreiben eines Mitglieds nicht mit dem Überladen eines Mitglieds. Beim Überladen erhält eine Klasse mehrere Mitglieder mit dem gleichen Namen, die sich in ihrer Signatur unterscheiden.

Das folgende Beispiel überschreibt die Methode *Multiplizieren* in der abgeleiteten Klasse *ExtendedMath*. Sie wird um eine Ausnahmebehandlung erweitert, die einen Überlauf abfangen soll. Wird Overrides weggelassen, verwendet der Compiler ein Shadowing, was bei abgeleiteten Klassen kleinere Unterschiede mit sich bringt.

Buch-CD: vbnet1104.vb

Die Klasse *ExtendedMath* wird um die folgende Methode erweitert:

```
Public Overrides Function Multiplizieren _
  (ByVal Op1 As Single, ByVal Op2 As Single) As Single
  Try
    snErgebnis = Op1 * Op2
  Catch
    snErgebnis = -1
  End Try
  Console.WriteLine("Multiplikation durch ExtendedMath...")
  Return snErgebnis
End Function
```

*Listing 11-4:
Die Methode
Multiplizieren
wird in
ExtendedMath
überschrieben*

Außerdem muss die Methode *Multiplizieren* in der Basisklasse *BasicMath* mit dem Schlüsselwort *Overridable* versehen werden.

Damit eine Methode in einer abgeleiteten Klasse eine Methode der Basisklasse überschreiben kann, muss die Signatur (Datentypen der Parameter und Datentyp des Rückgabewerts) übereinstimmen.

Um zu vermeiden, dass eine Methode überschrieben werden kann, muss sie nicht unbedingt mit *NotOverridable* deklariert werden, denn dies ist der Default. Es ist aber empfehlenswert, da so die Absicht des Programmierers deutlicher wird.

11.1.6   Die Rolle von MyBase

Ist es denn möglich, nach wie vor auf das »Original« einer überschriebenen Methode zuzugreifen? Mit anderen Worten, steht in der abgeleiteten Klasse auch die überschriebene Methode der Basisklasse zur Verfügung? Selbstverständlich. Welche Methode aufgerufen wird, wird durch Voranstellen des Schlüsselworts *MyBase* unterschieden. *MyBase* stellt die Verbindung zur Basisklasse her. Auch wenn es sich bei *MyBase* nicht um ein Objekt, sondern eher um eine Art »Verbindungsstück« handelt, öffnet sich in der Visual Studio .NET-IDE nach Eingabe von *MyBase* eine Liste mit allen (öffentlichen) Mitgliedern der Basisklasse.

Das folgende Beispiel zeigt erneut die Klasse *ExtendedMath* aus Listing 11-4, nur dass dieses Mal die Multiplikation nicht direkt, sondern durch den Aufruf der gleichnamigen Methode der Basisklasse durchgeführt wird.

```
Public Overrides Function Multiplizieren _
  (ByVal Op1 As Single, ByVal Op2 As Single) As Single
    Try
      snErgebnis = _
      MyBase.Multiplizieren(Op1, Op2)
    Catch
      snErgebnis = -1
    End Try
    Console.WriteLine("Multiplikation durch ExtendedMath...")
    Return snErgebnis
End Function
```

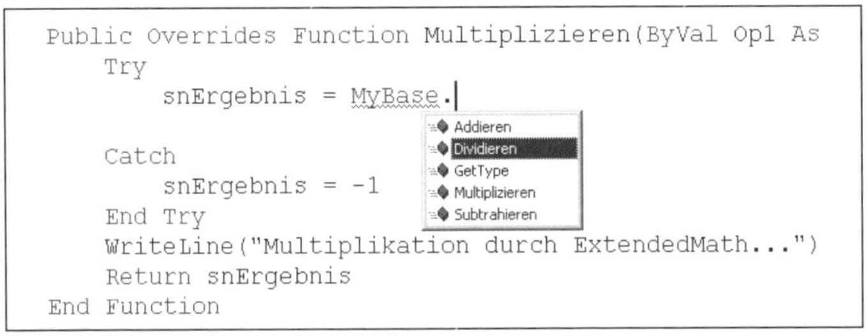

Abb. 11.2: Über MyBase stehen die Mitglieder der Basisklasse auch in der abgeleiteten Klasse zur Verfügung

```
Public Overrides Function Multiplizieren(ByVal Op1 As
    Try
        snErgebnis = MyBase.|
                            ┌─────────────────┐
                            │≡♦ Addieren       │
    Catch                   │♦ Dividieren      │
        snErgebnis = -1     │≡♦ GetType        │
    End Try                 │♦ Multiplizieren  │
    WriteLine("Multiplikat  │≡♦ Subtrahieren   │  ExtendedMath...")
    Return snErgebnis       └─────────────────┘
End Function
```

Und da wäre auch noch MyClass

Neben dem *MyBase*-Schlüsselwort kennt Visual Basic .NET noch ein *My-Class*-Schlüsselwort. Beide klingen zwar recht ähnlich, besitzen aber (natürlich) eine unterschiedliche Bedeutung. *MyClass* ist keine Alternative zum *MyBase*-, sondern zum *Me*-Schlüsselwort. Es bezieht sich ebenfalls auf die aktuelle Klasse, stellt aber sicher, dass bei einer überschreibbaren Methode stets das Original und nicht die eventuell überschriebene Methode aufgerufen wird.

Im folgenden Beispiel wird die Basisklasse *BasicMath* (also nicht die abgeleitete Klasse) um zwei Methoden erweitert, die lediglich dazu dienen, den Unterschied zwischen *Me* und *MyClass* zu veranschaulichen:

```
Function DoIt1()
  Return Me.Multiplizieren(4, 5)
End Function

Function DoIt2()
  Return MyClass.Multiplizieren(4, 5)
End Function
```

Der Aufruf der beiden Methoden erfolgt in der Prozedur *Main*:

```
Shared Sub Main()
  Dim oRechner2 As New ExtendedMath()
  oRechner2.DoIt1()
  oRechner2.DoIt2()
  Console.ReadLine()
End Sub
```

Während der Aufruf von *DoIt1* dank der Verwendung von *Me*, das eine Referenz auf die Instanz der abgeleiteten Klasse liefert, die überschriebene Methode *Multiplizieren* in der abgeleiteten Klasse aufruft, ruft der Aufruf von *DoIt2* die ursprüngliche Methode in der Basisklasse auf. *MyBase* würde hier nicht funktionieren, da die *DoIt1*- und *DoIt2* Methoden ja bereits in der Basisklasse definiert sind, wo *MyBase* keine Bedeutung hat.

11.1.7 Der Konstruktor der Basisklasse

Besitzt die Basisklasse einen Konstruktor, muss dieser auch von der abgeleiteten Klasse aufgerufen werden.

Das folgende Beispiel zeigt eine Basisklasse, die einen Konstruktor besitzt, und eine abgeleitete Klasse, die ihren eigenen Konstruktor besitzt, der den Konstruktor der Basisklasse aber einmal aufrufen muss.

```
' --------------------------------
' Vererbung mit Konstruktor
' --------------------------------

Imports System

Class Robot
  Public RobotTyp As String
  Public ID As Byte
  Sub New(ByVal Typ As String, ByVal ID As Byte)
    Me.RobotTyp = Typ
    Me.ID = ID
  End Sub
End Class

Class SpezialRobot : Inherits Robot
  Public SpezialTyp As String
  Sub New(ByVal SpezialTyp As String)
    MyBase.New(SpezialTyp, 100)
    Me.SpezialTyp = SpezialTyp
  End Sub
End Class

Class App
  Shared Sub Main()
  Dim oRobot As New SpezialRobot("Putzrobi")
  With oRobot
    Console.WriteLine("Roboter mit der ID {0} ist vom Typ {1}", _
      .ID, .SpezialTyp)
  End With
  Console.ReadLine()
  End Sub
End Class
```

Auch Konstruktoren können sowohl überladen als auch überschrieben werden, so dass sich vielfältige Kombinationsmöglichkeiten ergeben, auf die aus Platzgründen und weil es im Prinzip nichts Neues ist, in diesem Buch aber nicht eingegangen wird.

Wenn eine Basisklasse einen Konstruktor mit Parameter(n) besitzt, müssen abgeleitete Klassen entweder diesen Konstruktor über *MyBase.<Konstruktor>* aufrufen oder die Basisklasse muss einen expliziten Default-Konstruktor ohne Parameter besitzen.

11.1.8   Polymorphie (garantiert ungefährlich)

Die Basisklasse und die davon abgeleiteten Klassen besitzen eine wichtige verwandtschaftliche Beziehung, die das Prinzip der Vererbung für die Programmierung erst so richtig interessant macht: Die Basisklasse und alle davon abgeleiteten Klassen werden vom Visual Basic .NET-Compiler als typenkompatibel behandelt. Dazu ein kleines Beispiel: Erwartet eine Prozedur einen Parameter vom Typ der Basisklasse, können alternativ auch Parameter vom Typ einer abgeleiteten Klasse übergeben werden. Das bedeutet eine enorme Flexibilität, ohne dass das wichtige Prinzip der strengen Typenprüfung zur Laufzeit aufgehoben werden muss.

Das folgende Beispiel ist etwas umfangreicher, indem es eine Basisklasse (*Passagier*) und zwei davon abgeleitete Klassen (*Ticket* und *BonusKarte*) definiert. Entscheidend ist die Prozedur *Ausgabe*, die einen Parameter vom Typ *Passagier* erwartet, für den aber sowohl Parameter vom Typ *Ticket* als auch vom Typ *BonusKarte* übergeben werden dürfen.

Buch-CD: vbnet1105.vb

Listing 11-5: Polymorphie an einem einfachen Beispiel

```
' ----------------------------------------------
' vbnet1105.vb - Polymorphie an einem einfachen Beispiel
' Jetzt lerne ich Visual Basic .NET
' ----------------------------------------------


Imports System

Class App
  Shared Sub Main()
    Dim oTicket As New Ticket("Jürgen Grabowksi", 55, _
    "LH 123")
    Dim oKarte As New ClubKarte("Bernd Hölzenbein", _
      59, 10009000)
    Ausgabe (oTicket)
    Ausgabe (oKarte)
    Console.ReadLine()
  End Sub

  Shared Sub Ausgabe(Daten As Passagier)
    With Daten
      Console.WriteLine("Name des Passagiers: {0}", Daten.Name)
      Console.WriteLine("Alter des Passagiers: {0}", Daten.Alter)
    End With
  End Sub
End Class
```

```
Class Passagier
  Public Name As String
  Public Alter As Byte

  Sub New (Name As String, Alter As Byte)
    Me.Name = Name
    Me.Alter = Alter
  End Sub
End Class

Class Ticket : Inherits Passagier
  Public FlugNr As String
  Sub New (Name As String, Alter As Byte, _
     FlugNr As String)
    MyBase.New(Name, Alter)
    Me.FlugNr = FlugNr
  End Sub
End Class

Class ClubKarte : Inherits Passagier
  Public KartenNr As Long
  Sub New (Name As String, Alter As Byte, _
     KartenNr As Long)
    MyBase.New(Name, Alter)
    Me.KartenNr = KartenNr
  End Sub
End Class
```

Wo ist denn nun die Polymorphie? (Dahinter steckt übrigens eine relativ ein-
fache Bedeutung: Polymorphie bedeutet im übertragenen Sinne mehrere
Formen und rührt von dem Umstand her, dass ein und dieselbe Objektvariable
mehrere Formen, sprich Typen, annehmen kann.) Nun, schauen Sie sich die
Prozedur *Ausgabe* einmal genau an. Sie erwartet zwar einen Parameter vom
Typ *Passagier*, doch ihr dürft auch Variablen vom Typ *Ticket* bzw. vom Typ
ClubKarte übergeben werden. Dies ist möglich, da beide Klassen von *Passa-
gier* erben und damit typenkompatibel sind.

Allerdings ist eine kleine Einschränkung zu beachten: Auch wenn alle Klassen
typenkompatibel sind, sie sind nicht identisch und besitzen unterschiedliche
Schnittstellen. Die Klassen *Ticket* und *ClubKarte* wurden um jeweils ein Feld
erweitert. Es ist daher nicht so ohne Weiteres möglich, das Feld *FlugNr* in der
Prozedur *Ausgabe* anzusprechen, da dieses Feld nicht Teil von *Passagier* ist.
Möchte man dies tun (und im Allgemeinen ist das der Fall), muss eine weitere
Variable eingeführt werden und geprüft werden, welchen Typ der übergebene
Parameter besitzt.

306

Die folgende Befehlsfolge ist eine Erweiterung der Prozedur *Ausgabe*. Es wird über den *TypeOf*-Operator geprüft, ob der übergebene Parameter *Daten* entweder vom Typ *Ticket* oder vom Typ *ClubKarte* ist. Sollte dies der Fall sein, wird die Variable in eine typenkompatible Variable übertragen, die aber vom Typ der jeweiligen Klasse ist und daher auch die erweiterte Schnittstelle unterstützt:

```
Dim oTicket As Ticket
If TypeOf Daten Is Ticket Then
  oTicket = Daten
  Console.WriteLine("FlugNr: {0}", oTicket.FlugNr)
End If
Dim oKarte As Clubkarte
If TypeOf Daten Is ClubKarte Then
  oKarte = Daten
  Console.WriteLine("KartenNr: {0}", oKarte.KartenNr)
End If
```

11.1.9 Gründe für Vererbung

Wie im richtigen Leben auch will in der Programmierung das Vererben wohl überlegt sein, damit niemand ins Verderben gestürzt wird. Zum Abschluss dieses hoffentlich sehr lehrreichen Abschnitts daher ein wenig Theorie. Die Möglichkeit, bei der Definition einer neuen Klasse eine bereits vorhandene Klasse zu verwenden (die sich übrigens nicht in dem gleichen Assembly, sondern in einem beliebigen Assembly befinden und auch in einer beliebigen .NET-Programmiersprache programmiert sein kann), ist ein wichtiges und mächtiges Merkmal der Programmiersprache. Wichtig, weil Vererbung ein fester Bestandteil der .NET-Basisklassen ist, und mächtig, weil sich damit komplexe Programmstrukturen implementieren lassen. Es ist daher wesentlich, zu verstehen, dass Vererbung nichts ist, was die Leistungsfähigkeit eines Programms mal eben auf die Schnelle und vor allem mit minimalem Aufwand steigert. Im Gegenteil, Vererbung falsch, unbedacht oder zu häufig angewendet, kann das Programm unübersichtlicher und damit fehleranfälliger und sogar langsamer machen. Gerade wenn weniger erfahrene Programmierer Vererbung für jede Kleinigkeit benutzen, besteht die Gefahr, dass der Programmierer nach kurzer Zeit sein Programm nicht mehr versteht.

Vererbung wird in der Programmierung daher zu passenden Anlässen und aus drei Gründen eingesetzt:

1. Um abstrakte .NET-Basisklassen zu implementieren.

2. Um spezielle Algorithmen umsetzen zu können, bei denen sich Vererbung vorteilhaft auswirkt.

3. Um eine Wiederverwendbarkeit einer bestimmten Programmfunktionalität zu erzielen (dies entspricht bezogen auf .NET Punkt 1).

Es gibt natürlich noch einen weiteren Grund. Einige Programmierer benutzen Vererbung, weil sie der Meinung sind, dass dies aus irgendeinem Grund so sein muss oder weil sie vielleicht ihre Kollegen (oder ihre Eltern) beeindrucken wollen. Es muss nicht erwähnt werden, dass dies die falsche Einstellung ist.

11.2   Spezialitäten beim Umgang mit Klassen

In diesem Abschnitt werden ein paar Kleinigkeiten vorgestellt, die beim Umgang mit Klassen nützlich sind, aber nicht unbedingt zu den Kernthemen der objektorientierten Programmierung gehören.

11.2.1   Klassen vor Vererbung schützen

Soll eine Klasse nicht ableitbar sein, muss dem *Class*-Befehl das Schlüsselwort *NotInheritable* vorausgehen (eine solche Klasse wird auch als »sealed« für versiegelt bezeichnet). Doch warum sollte man sich diese interessante Möglichkeit freiwillig verbauen? Zum Beispiel, weil die Klasse nicht von anderen Programmierern in andere Klassen eingebaut werden soll und die Funktionalität der Klasse damit auf eine Weise genutzt wird, wie sie für das Programm nicht vorgesehen ist. Dies darf nicht als eine Art »Kopierschutz« missverstanden werden, sondern als eine Festlegung, die die Nutzung der Klasse absichtlich im Sinne der Anwendung einschränkt. Ein (zugegeben etwas an den Haaren herbeigezogenes) Beispiel wäre eine Klasse, die eine »FormatDriveC«-Methode anbietet. Wäre eine solche Klasse beliebig vererbbar, würde diese nicht ganz unproblematische Methode in beliebigen Klassen zur Verfügung zu stehen, was gewiss nicht im Sinne des Erfinders sein dürfte.

Die folgende Klasse kann nicht in anderen Klassen abgeleitet werden, da sie als nicht vererbbar deklariert wird.

```
NonInheritable Class NoWay
```

Jeder Versuch, sie zu beerben, hat eine Fehlermeldung bei der Kompilierung zur Folge.

11.2.2   Schützen von Mitgliedern

Wird ein Mitglied über das Schlüsselwort *Protected* als geschützt deklariert, kann es nur in abgeleiteten Klassen angesprochen werden. Auf ein Beispiel wird an dieser Stelle verzichtet, Sie finden ein passendes Beispiel in 11.1.2.

11.2.3 Verdecken von Variablen mit Shadows

In einem größeren Programm ist es üblich, dass zwei oder mehr Variablen den gleichen Namen erhalten. Dies ist immer dann kein Problem, wenn sich die Variablen in verschiedenen Gültigkeitsbereichen befinden.

Das folgende Beispiel zeigt eine Klasse, in der zweimal die Variable *Zahl* vorkommt, allerdings in unterschiedlichen Gültigkeitsbereichen.

```
Class App
  Private Zahl As Integer

  Sub P1 ()
    Dim Zahl As Long
  End Sub

End Class
```

Sobald die Prozedur *P1* aufgerufen wird, wird die lokale Variable *Zahl* gültig. Da auf der Ebene der Klasse bereits eine gleichnamige Variable existiert, wird diese Variable durch die lokale Variable überdeckt. Dieses Prinzip wird daher auch als »shadowing« bezeichnet (*shadow*, engl. *Schatten*). Enthalten eine Basisklasse und eine abgeleitete Klasse namensgleiche Mitglieder, die sich im gleichen Gültigkeitsbereich befinden, muss das Mitglied in der abgeleiteten Klasse über das Schlüsselwort *Shadows* explizit verdeckt werden.

Das folgende Beispiel zeigt eine Anwendung für das Schlüsselwort *Shadows*. Es ist notwendig, da die Mitglieder *InErgebnis* und *DoIt* sowohl in der Basisklasse als auch in einer davon abgeleiteten Klasse vorkommen.

Buch-CD: vbnet1106.vb

Listing 11-6:
Ein Beispiel für
das Shadows-
Schlüsselwort

```
' -----------------------------------------------
' vbnet1106.vb - Ein Beispiel für Shadows
' Jetzt lerne ich Visual Basic .NET
' -----------------------------------------------

Imports System

Class App
  Shared Sub Main()
    Dim oM1 As BasicMath = New BasicMath()
    Dim oM2 As ExtendedMath = New ExtendedMath()
    oM1.DoIt()
    oM2.DoIt()
    Console.ReadLine()
  End Sub
End Class
```

```
Class BasicMath
  Public snErgebnis As Long
    Sub DoIt ()
    snErgebnis = 4+5
    Console.WriteLine("BasicMath meldet: {0}", snErgebnis)
  End Sub
End Class

Class ExtendedMath : Inherits BasicMath
  Public Shadows snErgebnis As Long
  Shadows Sub DoIt ()
    snErgebnis = 4*5
    Console.WriteLine("ExtendedMath meldet: {0}", snErgebnis)
  End Sub
End Class

Class SuperExtendedMath : Inherits ExtendedMath
  Sub New ()
    DoIt()
    MyBase.DoIt()
  End Sub
End Class

Class ExtendedMath : Inherits BasicMath
  Public Shadows snErgebnis As Long
  Shadows Sub DoIt ()
    snErgebnis = 4*5
    Console.WriteLine("ExtendedMath meldet: {0}", snErgebnis)
  End Sub
End Class
```

11.2.4 Festlegen einer Standardeigenschaft

Eine Standardeigenschaft ist jene Eigenschaft, die nicht namentlich aufgeführt werden muss, wenn das Objekt in einem Ausdruck verwendet wird. Eine Standardeigenschaft wird über das Schlüsselwort *Default* definiert. Allerdings gibt es eine »kleine« Besonderheit zu beachten: die *Property*-Prozedur, die die Standardeigenschaft implementiert, muss mindestens einen Parameter erhalten, sonst geht es nicht.

Das folgende Beispiel zeigt eine kleine Klasse, die die Standardeigenschaft *P1* enthält, die einen Parameter erwartet. Da sie mit *Default* deklariert wurde, muss sie später nicht angegeben werden.

```
Imports System
Class App
```

```
Shared Sub Main()
  Dim ob As New Test()
  Console.WriteLine("Der Wert ist: {0}", ob.P1(0))
  Console.WriteLine("Der Wert ist: {0}", ob(1))
  Console.ReadLine()
End Sub

End Class

Class Test
  Private a_byZahlenfeld As Byte() = {11, 22, 33}
  Default ReadOnly Property P1(ByVal Wert As Byte) _
   As Integer
    Get
      Return a_byZahlenfeld(Wert)
    End Get
  End Property
End Class
```

Standardeigenschaften stellen zwar scheinbar eine gewisse Vereinfachung dar, sollten aber nicht mehr benutzt werden, da sie die Lesbarkeit des Quelltextes nicht gerade erhöhen.

11.3　Abstrakte Basisklassen

Wir nähern uns langsam den höheren Weihen der objektorientierten Programmierung. Auch wenn sich der Begriff abstrakte Basisklassen sehr imposant und ein wenig nach theoretischer Informatik anhören mag[1], steckt auch dahinter ein relativ einfaches Konzept. Eine abstrakte Basisklasse ist eine Klasse, die nicht direkt instanziert, sondern nur über den *Inherits*-Befehl abgeleitet werden kann. Ferner dürfen alle mit *MustOverride* deklarierten Mitglieder keine Befehle enthalten, sie müssen vielmehr in der abgeleiteten Klasse implementiert werden. Daher leitet sich auch der Begriff abstrakte Basisklasse ab.

Eine abstrakte Basisklasse wird wie eine normale Klasse definiert, mit folgenden wichtigen Unterschieden:

1. Dem *Class*-Befehl muss das Schlüsselwort *MustInherit* vorausgehen. Damit wird aus einer Klasse eine abstrakte Klasse.

2. Eine Klasse, die mit *MustInherit* deklariert wurde, kann keinen Konstruktor enthalten.

---

1. Und sich gestandene Visual Basic-Programmierer unter Umständen besorgt fragen, was aus ihrer Sprache geworden ist.

311

3. Alle Methoden, denen das *MustOverride*-Schlüsselwort vorausgeht, dürfen keine ausführbaren Befehle enthalten. Diese Methoden müssen in der abgeleiteten Klasse implementiert werden. Und das ist eine weitere Besonderheit: Sie bestehen nur aus dem Prozedur- bzw. Funktionskopf und nicht aus der kompletten Prozedur bzw. Funktion. Konkret: Es gibt weder einen *End Sub*- noch einen *End Function*-Befehl.

Auch wenn eine Klasse, die mit *MustInherit* deklariert wurde, nicht instanziert werden kann, kann sie sowohl gemeinsame als auch Instanzen-Felder, -Eigenschaften und -Methoden enthalten.

Bevor es zu theoretisch wird, soll ein einfaches Beispiel deutlich machen, dass auch hinter den abstrakten Basisklassen normale Klassen stehen.

Listing 11-7:
Ein Beispiel für
eine abstrakte
Basisklasse

Buch-CD: vbnet1107.vb

```
' ------------------------------------------------
' vbnet1107.vb - Ein Beispiel für eine abstrakte
' Basisklasse
' Jetzt lerne ich Visual Basic .NET
' ------------------------------------------------

Imports System

Class App
   Shared Sub Main()
      Dim ob As New Test(123)
      ob.Wert = 456
      ob.Ausgabe1()
      ob.Ausgabe2()
      Console.ReadLine()
   End Sub
End Class


' ----------------------------------------
' Diese Klasse implementiert die
' abstrakte Basisklasse
' ----------------------------------------
Class Test : Inherits Abstrakt
   Private shWert As Short
   Sub New(ByVal Wert As Short)
      shWert = Wert
   End Sub
   Overrides Sub Ausgabe2()
      Console.WriteLine("Der Wert ist: {0}", shWert)
   End Sub
End Class
```

```
' -------------------------------------
' Dies ist die abstrakte Basisklasse
' -------------------------------------
MustInherit Class Abstrakt
  Public Shared Wert As Short
  Public Shared Sub Ausgabe1()
     Console.WriteLine("Der Wert ist: {0}", Wert)
  End Sub

  Public MustOverride Sub Ausgabe2()
End Class
```

Nach dem Start werden nacheinander die Zahlen 456 und 123 ausgegeben. Das allein ist zwar noch nicht so spektakulär, um nach den Valiumtabletten greifen zu müssen, aber dennoch bedeutend. Die erste Zahl resultiert aus dem Aufruf der Methode *Ausgabe1*. Dies ist eine gemeinsame Methode der abstrakten Klasse *Abstrakt* und soll lediglich veranschaulichen, dass auch abstrakte Klassen normale Methoden enthalten können. Der eigentliche »Höhepunkt« ist der Aufruf der Methode *Ausgabe2*. Dies ist eine abstrakte Methode (achten Sie darauf, dass sie in der Klasse *Abstrakt* ohne einen *End Sub*-Befehl definiert wurde), die in der Klasse *Test* neu implementiert wurde und jenen Wert ausgibt, der dem Konstruktor übergeben wurde.

Für die Ausgabe zweier Zahlen hätte man natürlich nicht diesen Aufwand betreiben müssen. Auch das neu Implementieren einer geerbten Methode lässt sich mit einem simplen Überschreiben erreichen. Hinter den abstrakten Basisklassen steckt ein allgemeines und sehr leistungsfähiges Konzept, in dem eine Klasse lediglich einen »Bauplan« vorgibt und die Nutzer der Klasse (das sind bei größeren Projekten andere Programmierer) »gezwungen« werden, einzelne Mitglieder der Klasse zu implementieren, ohne aber die Signatur des Mitglieds ändern zu dürfen. Der Vorteil dieser Technik ist eine Vereinheitlichung beim Design. Stellen Sie sich dazu den Bau eines Hauses vor. Wer sich eine kleine Hütte für den Schrebergarten bauen möchte, legt einfach los und kommt irgendwann zu einem mehr oder weniger zufriedenstellenden Ergebnis. Hier geht es darum, überhaupt zum Ziel zu kommen und einen gewissen Mindeststandard einzuhalten. Kaum jemand würde auf die Idee kommen, einen Bauplan anzufertigen oder gar zuerst allgemeine Richtlinien für die Umsetzung zu entwerfen. Wer dagegen ein mehrstöckiges Haus bauen will, kommt ohne diese Formalitäten nicht aus und ist, da Wirtschaftlichkeit und Sicherheit immer im Vordergrund stehen, sogar auf effektive formale Methoden geradezu angewiesen. Ähnlich verhält es sich bei der Programmierung. Übersteigt ein Projekt eine gewisse Komplexität, ergibt sich die Notwendigkeit für abstrakte Basisklassen, Schnittstellen und andere Dinge fast von allein.

313

11.3.1 Abstrakt oder virtuell?

In Zusammenhang mit abstrakten Basisklassen und deren abstrakten Methoden ist ab und zu auch von *virtuellen Methoden* die Rede. Daher ganz kurz eine Unterscheidung: Eine abstrakte Methode ist eine Methode, die zwar deklariert, aber nicht implementiert ist. Eine virtuelle Methode ist eine Methode, die implementiert wurde und überschrieben werden kann. In Visual Basic .NET ist jede abstrakte Methode automatisch auch eine virtuelle Methode.

11.4 Völlig unspektakulär: Ereignisse und Delegates

Drei von vier Sorten von Mitgliedern, die jede Klasse besitzen kann, wurden bereits vorgestellt: Felder, Eigenschaften und Methoden. Es gibt jedoch noch eine vierte Kategorie, um die es in diesem Abschnitt gehen soll: die *Ereignisse*. Der Grund, dass sie bislang verschwiegen wurden, ist einfach der, dass Ereignisse relativ speziell sind und in Konsolenanwendungen (anders als in Windows- und Webanwendungen) praktisch keine Rolle spielen. Dennoch sind Ereignisse ein wichtiges Thema, zumal sie auf *Delegate*-Objekten basieren, die zu den Kernelementen im .NET-Framework gehören. Sie lernen im Folgenden daher zunächst die universellen *Delegate*-Objekte kennen und erfahren im Anschluss daran, wie Visual Basic dem Programmierer über .NET *Delegate*-Objekte die Möglichkeit bietet, in einer Klasse Ereignisse zu definieren (und das auf die exakt gleiche Weise wie unter früheren Visual Basic-Versionen).

11.4.1 Ein Delegate stellt sich vor

Gestatten, ich bin ein Delegate-Objekt. Meine Aufgabe ist es, den indirekten Aufruf einer Methode zu ermöglichen. Wenn ich deklariert werde (das kann übrigens auch außerhalb einer Klasse geschehen), erhalte ich einen Namen und eine Signatur (also ein Set von Datentypen). Werde ich instanziert, erwarte ich über den *AddressOf*-Operator die Adresse einer Methode, die genau diese Signatur besitzt. Damit bin ich einsatzbereit. Wann immer die Methode, für die ich stehe, aufgerufen werden soll, genügt ein Aufruf meiner *Invoke*-Methode. Als Delegierter bin ich es gewohnt, weit zu reisen, und kann zum Beispiel über Prozess- und Netzwerkgrenzen hinweg als Parameter einer Prozedur übergeben werden. Ich stelle überall dort, wo lediglich die Adresse einer Methode zur Verfügung steht, sicher, dass die Methode nur mit den Parametern aufgerufen werden kann, die sie erwartet. Ich arbeite bei Visual Basic .NET auch unsichtbar hinter den Kulissen, etwa, wenn es um Ereignisse oder um Callback-Funktionen geht. (Man kann mich sogar bei der Deklaration einer API-Funktion benutzen – das wurde in Kapitel 10.10 bereits an einem Beispiel gezeigt.)

11.4.2   Der Delegate-Befehl

Diese kleine Einleitung hat die Rolle eines *Delegate*-Objekts hoffentlich ein wenig anschaulich beschrieben. Alles dürfte dadurch zwar noch nicht klar geworden sein, aber es wurde hoffentlich deutlich, dass ein *Delegate*-Objekt zum Aufruf von beliebigen Methoden benutzt werden kann und seine Daseinsberechtigung darin besteht, dass nur jene Methoden aufgerufen werden, die die bei der Deklaration des *Delegate*-Objekts festgelegte Signatur besitzen. Trotz dieser universellen Rolle lässt sich die *System.Delegate*-Klasse in einem Visual Basic .NET-Programm nicht direkt instanzieren. (Wie nennt man eine solche Klasse wohl? Richtig, es handelt sich um eine abstrakte Basisklasse, die intern mit *MustInherit* deklariert wurde.) Jede Programmiersprache stellt daher Delegates auf ihre Weise zur Verfügung. Bei Visual Basic .NET ist es der *Delegate*-Befehl, durch den ein *Delegate*-Objekt deklariert wird. Es sei noch einmal darauf hingewiesen, dass dieser Befehl in vielen Situationen direkt gar nicht in Erscheinung tritt, da Visual Basic .NET das Delegate hinter den Kulissen anlegt.

11.4.3   Ein Delegate-Objekt deklarieren

Im Folgenden soll ein kleines Beispiel aufgebaut werden, das in Listing 11-8 komplett vorgestellt wird. Es soll den grundsätzlichen Umgang mit Delegates deutlich machen.

Als Erstes wird ein *Delegate*-Objekt über den *Delegate*-Befehl definiert.   *Schritt 1*

```
Public Delegate Function D(ByVal Wert As Long) _
 As Integer
```

Dieser Befehl definiert ein *Delegate*-Objekt mit dem Namen *D* als Funktion. Wichtig ist dabei die Signatur (der Name des Parameters spielt allerdings keine Rolle), da über das Delegate später nur jene Methoden aufgerufen werden können, die genau diese Signatur besitzen. Da die Deklaration außerhalb einer Klasse erfolgt, steht das *Delegate*-Objekt in allen Klassen des (Datei-)Moduls zur Verfügung.

Im nächsten Schritt wird eine beliebige Funktion definiert, die nur eine Vor-   *Schritt 2*
aussetzung erfüllen muss: Sie muss jene Signatur besitzen, die bei der Deklaration des Delegate *D* angegeben wurde. Im Folgenden wird eine kleine Funktion definiert, die die Quersumme einer Zahl errechnet:

```
Shared Function Quersumme(ByVal Zahl As Long) As Integer
  Dim j, z, q As Short
  Do
    For j = Math.Floor(Math.Log10(Zahl)) To 0 Step -1
      z = Zahl \ 10 ^ j
      q += z
      Zahl -= z * 10 ^ j
    Next
```

315

```
     If q < 10 Then Exit Do
       Zahl = q
       q = 0
   Loop
   Return q
End Function
```

Schritt 3 Nun kann das *Delegate*-Objekt endlich in Aktion treten. Da es bislang nur deklariert wurde, muss es zunächst für die Deklaration einer Variablen vom Typ des Delegate benutzt werden:

```
Dim TestDel As New D(AddressOf Quersumme)
```

Dieser Befehl definiert die Variable *TestDel*, der über den *AddressOf*-Operator mitgeteilt wird, welche Prozedur oder Funktion sie später einmal aufrufen soll.

Schritt 4 Nun kommt der große Augenblick, die Delegate-Variable ruft die Funktion auf:

```
Dim Zahl As Short = 12345
Console.WriteLine("Die Quersumme von {0} ist {1}", Zahl, _
  TestDel.Invoke(Zahl))
```

Tata! Über die *Invoke*-Funktion wird die Funktion *Quersumme* aufgerufen. Die *Invoke*-Methode kann übrigens auch entfallen:

```
Console.WriteLine("Die Quersumme von {0} ist {1}", Zahl, _
  TestDel(Zahl))
```

Sie haben natürlich Recht, das hätte man auch ein wenig einfacher haben können. Betrachten Sie dieses Beispiel daher lediglich als Anschauungsunterricht für den Umgang mit *Delegate*-Objekten in Visual Basic .NET. Delegates sind eine der »Hauptzutaten« der .NET-Programmierung. Sie kommen immer dann ins Spiel, wenn eine Funktion indirekt aufgerufen werden muss.

Listing 11-8:
Der Umgang
mit Delegate-
Objekten an
einem Beispiel

Buch-CD: vbnet1108.vb

```
' -----------------------------------------------
' vbnet1108.vb - Der Umgang mit Delegate-Objekten
' an einem Beispiel
' Jetzt lerne ich Visual Basic .NET
' -----------------------------------------------

Imports System.Delegate
Imports System
Imports System.Math

Public Delegate Function D(ByVal Wert As Long) As Integer
```

```
Class App

  Shared Sub Main()
    Dim TestDel As New D(AddressOf Quersumme)
    Dim Zahl As Short = 12345
    Console.WriteLine("Die Quersumme von {0} ist {1}", _
    Zahl, TestDel.Invoke(Zahl))
    Console.ReadLine()
  End Sub

  Shared Function Quersumme(ByVal Zahl As Long) _
    As Integer
    Dim j, z, q As Short
    Do
      For j = Floor(Log10(Zahl)) To 0 Step -1
        z = Zahl \ 10 ^ j
        q += z
        Zahl -= z * 10 ^ j
      Next
      If q < 10 Then Exit Do
        Zahl = q
        q = 0
    Loop
    Return q
  End Function

End Class
```

11.4.4   Und nun zu den Ereignissen

Angehenden Programmierern ein Ereignis zu erklären, wird durch einen recht trivialen Umstand erschwert. Der Begriff Ereignis ist im täglichen Leben so allgegenwärtig, dass es schwierig ist, ihn in einem neuen Kontext zu verstehen, ohne nicht an irgendeine Parallele aus dem Alltag denken zu müssen. Dabei ist alles ganz einfach. Hier zunächst die offizielle Definition: Ein *Ereignis* ist ein Mechanismus, durch den eine Klasse eine »Meldung« an alle Klassen verschickt, in denen die Klasse instanziert wurde. Ein Ereignis ist daher eine Meldung an das Programm, die Laufzeitumgebung oder das Betriebssystem, die an ein Programm weitergereicht wird und dort zum Aufruf einer Prozedur führt. Im Leben einer Konsolenanwendung gibt es praktisch keine Ereignisse, ganz anders natürlich bei den Windows-Anwendungen, die mit Formularen arbeiten. Hier kann der Benutzer der Anwendung Fenster verschieben, Buttons anklicken, Eingaben in Textfelder durchführen, Regler verstellen, Fenster schließen und vieles mehr. Alle diese Dinge haben Ereignisse zur Folge. .NET ist, was das Weiterreichen von Ereignismeldungen an das Programm angeht, sehr flexibel. Der Programmierer kann festlegen, welche Prozedur aufgerufen werden soll, wenn beispielsweise Ereignis »xyz« eintritt.

317

Das Bindeglied zwischen dem Ereignismechanismus der .NET-Laufzeitumgebung, die letztendlich für die Verarbeitung der Ereignisse zuständig ist, und dem Visual Basic .NET-Programm erfolgt über die *Delegate*-Objekte, die bereits in Kapitel 11.4.1 vorgestellt wurden.

11.4.5   Ein Ereignis über ein Delegate-Objekt definieren

Nachdem Sie das *Delegate*-Objekt kennen gelernt und hoffentlich auch verdaut haben, geht es in diesem Abschnitt um den Aufruf von Ereignissen. Ein Ereignis ist eine Nachricht, die eine Klasse A an eine Klasse B schickt, in Klasse A instanziert wird und zum Aufruf einer Funktion in Klasse B führt. Wie schon mehrfach erwähnt, spielen Ereignisse in Konsolenanwendungen höchstens eine Nebenrolle, so dass es in diesem Zusammenhang nur um das Prinzip gehen kann. In Windows- und Webanwendungen sind Ereignisse jedoch sehr wichtig.

Wie in einigen anderen Bereichen bietet Visual Basic .NET auch für den Umgang mit Ereignissen eine Vereinfachung an, die aus den Befehlen *Event* (Ereignis definieren), *RaiseEvent* (Ereignis aufrufen) und dem Schlüsselwort *WithEvents* (eine Objektvariable für den Aufruf von Ereignisprozeduren »präparieren«) besteht und die zudem kompatibel zu den Vorgängerversionen von Visual Basic ist. Alles basiert zwar auf Delegates, doch der Programmierer muss sich nicht die Mühe machen und *Delegate*-Objekte definieren sowie Ereignishandler über *AddHandler* hinzufügen. Ein kleiner Nachteil dieser Vereinfachung ist, dass sich keine Multicast-Delegates definieren lassen, wo ein Ereignis zum Aufruf mehrerer, unterschiedlicher Funktionen führen würde.

11.4.6   Ein Ereignis definieren

Ereignisse werden in einer Klasse über den *Event*-Befehl definiert. Dabei werden der Name und die Signatur des Ereignisses angegeben:

Der folgende Befehl definiert in der Klasse *Test* das Ereignis *Negativ*:

```
Class Test
  Event Negativ(ByVal Zahl As Long)
```

11.4.7   Ein Ereignis auslösen

Ein Ereignis wird über den *RaiseEvent*-Befehl aufgelöst. Auf den Befehl folgen der Ereignisname sowie unter Umständen erwartete Parameter.

Das folgende Beispiel stammt aus Listing 11-9. Ist der Wert der Variablen *z* kleiner 0, wird das Ereignis *Negativ* ausgelöst:

```
If z < 0 Then
  RaiseEvent Negativ(z)
End If
```

11.4.8   Eine Ereignisprozedur definieren

Damit das Auslösen eines Ereignisses auch eine Folge hat, muss eine Ereignisprozedur vorhanden sein. Eine Ereignisprozedur ist eine normale Prozedur, allerdings muss sie als »Ereignishandler« registriert werden. Dies kann auf mehrere Weisen geschehen:

1. Über das Schlüsselwort *Handles* bei der Prozedurdefinition.

2. Über den Befehl *AddHandler*.

Das folgende Beispiel macht die Prozedur *EreignisProzedur* zu einem »Eventhandler«, das heißt zu einer Prozedur, die durch das Ereignis *Negativ* aufgerufen wird:

```
Shared Sub EreignisAntwort(ByVal Wert As Long) _
   Handles obT.Negativ
```

Mehr gibt es über den Umgang mit Ereignissen nicht zu berichten. Die in den letzten Abschnitten vorgestellten Befehle werden in Listing 11-9 noch einmal zusammengefasst.

Buch-CD: vbnet1109.vb

Listing 11-9: Definition und Auslösen eines Ereignisses in einer Klasse

```
' -----------------------------------------------
' vbnet1109.vb - Definition und Auslösen eines
' Ereignisse in einer Klasse
' Jetzt lerne ich Visual Basic .NET
' -----------------------------------------------

Imports System

Class App
  Shared WithEvents obT As New Test()

  Shared Sub Main()
    obT.ZahlenTest()
    Console.ReadLine()
  End Sub

  Shared Sub EreignisAntwort(ByVal Wert As Long) _
    Handles obT.Negativ
    Console.WriteLine("Die Zahl {0} ist negativ!", Wert)
  End Sub

End Class
```

```
Class Test
  Event Negativ(ByVal Zahl As Long)
  Dim oZ As New Random()
  Sub ZahlenTest()
    Dim j As Short, z As Long
    For j = 1 To 100
      z = oZ.Next(-10, 100)
      If z < 0 Then
        RaiseEvent Negativ(z)
      End If
    Next
  End Sub
End Class
```

11.4.9 Der AddHandler-Befehl

Zum Abschluss dieses hoffentlich hochinteressanten Abschnitts soll auch der *AddHandler*-Befehl vorgestellt werden. Er besitzt eine Besonderheit: Er ist vielen Fällen gar nicht notwendig, da es das Schlüsselwort *Handles* gibt.

Der folgende Befehl bezieht sich auf Listing 11-9 und verbindet die Prozedur *EreignisAntwort* mit dem Ereignis *Negativ*:

```
AddHandler obT.Negativ, AddressOf EreignisAntwort
```

Bei Verwendung von *AddHandler* darf die Prozedur *EreignisAntwort* nicht mit dem *Handles*-Schlüsselwort versehen werden. Das Pendant zum *AddHandler*-Befehl ist der *RemoveHandler*-Befehl, der die Verbindung zwischen einem Ereignis und einer Prozedur wieder löst.

11.4.10 Ein Wort zu MultiCast-Delegates

Wenn aus den vergangenen Kapiteln eines deutlich geworden sein sollte, dann, dass bei .NET die Flexibilität im Vordergrund steht. So ist es kein Problem, ein Ereignis gleich mit einer ganzen Palette von Ereignisprozeduren zu verknüpfen. Dazu muss lediglich der *AddHandler*-Befehl für jede zusätzliche Ereignisprozedur ein weiteres Mal aufgerufen werden. Das Ergebnis ist ein so genannter *MultiCast-Eventhandler*, bei dem alle verknüpften Prozeduren der Reihe nach aufgerufen werden, wenn das Ereignis ausgelöst wird.

Das folgende Beispiel bezieht sich auf Listing 11-9. Es definiert eine weitere Prozedur mit dem Namen *EreignisAntwort2*, die ebenfalls über *AddHandler* mit dem *Negativ*-Ereignis verknüpft wird:

```
Shared obT As New Test()
Shared Sub Main()
  AddHandler obT.Negativ, AddressOf EreignisAntwort
  AddHandler obT.Negativ, AddressOf EreignisAntwort2
```

```
  obT.ZahlenTest()
  Console.ReadLine()
End Sub

Shared Sub EreignisAntwort(ByVal Wert As Long)
  Console.WriteLine("Die Zahl {0} ist negativ!", Wert)
End Sub

Shared Sub EreignisAntwort2(ByVal Wert As Long)
  Console.WriteLine("Die Zahl {0} ist kleiner Null!", Wert)
End Sub
```

11.5   Schnittstellen

Wenn die abstrakten Basisklassen die Vorstufe zu den höheren Weihen der objektorientierten Programmierung waren, so stellen die Schnittstellen den (vorläufigen) Gipfel dar[1]. Dieser Abschnitt setzt daher voraus, dass Sie sich bereits mit dem Konzept der Klassen auskennen. Schnittstellen erweitern das Klassenkonzept um die Trennung zwischen der Definition der Klasse, also ihrer Schnittstelle, und der Implementierung der Klasse. Indem man zuerst eine Schnittstelle definiert und diese in verschiedenen Klassen implementiert, versieht man die Klassen mit einer einheitlichen Schnittstelle, so dass sie sich nur funktional, nicht aber formell unterscheiden. Wie bereits bei den abstrakten Basisklassen ist dies eine wichtige Voraussetzung für ein flexibles und erweiterbares Programmdesign. Auch die .NET-Basisklassen umfassen eine Reihe von Schnittstellen, die entweder in anderen Basisklassen oder in den Klassen eines Programms implementiert werden. Wie bei der objektorientierten Programmierung bietet Visual Basic .NET in diesem wichtigen Punkt die gleichen Möglichkeiten wie die übrigen .NET-Programmiersprachen.

So war es früher

Schnittstellen gab es auch schon bei früheren Visual Basic-Versionen, allerdings besaßen sie weniger Möglichkeiten und es gab keinen eigenen Befehl zur Definition einer Schnittstelle. Sie wurden vielmehr als Klassenmodule ohne »Inhalt« definiert, was nur von wenigen Programmierern genutzt (und auch verstanden) wurde.

---

1. Die Entwicklung geht auch in diesem Bereich weiter. Mit »Visual Basic 2.0« wird es die so genannten »Generics« geben. Damit wird es unter anderem möglich, typenstrenge Klassen zu definieren, bei denen der Typ erst mit der Instanzierung der Klasse übergeben wird. Dieses im Grunde recht einfache Konzept kombiniert Typenstrenge mit Flexibilität beim Programmieren.

11.5.1 Schnittstellen definieren

Eine Schnittstelle wird durch den Befehl *Interface* definiert. Die Definition wird durch den Befehl *End Interface* wieder beendet. Zur Definition der Schnittstelle gehören eine beliebige Anzahl an Feldern, Eigenschaften (*Property*-Befehl) und Methoden (*Function*- oder *Sub*-Befehl). Die wichtigste Regel für alle Schnittstellen lautet: keine Befehle, nur Definitionen. Mit anderen Worten, eine Schnittstelle darf nur die Definition einer Eigenschaft oder Methode umfassen, aber keinen Befehl, der beim Aufruf der Eigenschaft oder Methode ausgeführt würde. Das gilt auch für private Mitglieder und Felder, die ebenfalls nicht erlaubt sind. Diese Restriktionen sind deswegen so wichtig, weil es eine klare Trennung zwischen einer Schnittstelle und einer Klasse geben muss (sonst wären Schnittstellen witz- und bedeutungslos). Falls Sie feststellen, dass Ihnen diese (gewollt) auferlegten Einschränkungen zu restriktiv sind, dann verwenden Sie eine Klasse (in diesem Fall sollten Sie aber dieses Kapitel noch einmal sehr genau lesen, denn es erklärt, weswegen diese Einschränkungen sinnvoll sind) oder eine abstrakte Basisklasse, in der auch normale Mitglieder zugelassen sind.

Die Definition einer Schnittstelle beginnt mit dem Befehl *Interface* und endet mit dem Befehl *End Interface*. Die Definition der Schnittstelle darf nur die Definition von Eigenschaften und Methoden, aber keine ausführbaren Befehle umfassen.

In dem folgenden Beispiel wird eines der einfachsten denkbaren Beispiele für eine Schnittstellendefinition gezeigt. Die Schnittstelle *IBuch* umfasst zwei Mitglieder: *Titel* und *KennNr*. Die Schnittstelle wird anschließend in einer Klasse implementiert.

Schritt 1 Die Schnittstelle wird über einen *Interface*-Befehl definiert:

```
Interface IBuch
  Property Titel As String
  Property KennNr As Long
End Interface
```

Auch wenn es natürlich keine Pflicht ist, ist es üblich, dass der Name einer Schnittstelle mit dem Buchstaben »I« beginnt.

Schritt 2 Eine Klasse implementiert die Schnittstelle:

```
' -----------------------------------
' Class CBuch
' -----------------------------------
  Class CBuch : Implements IBuch
    Private m_sTitel As String
    Private m_nKennNr As Long
```

```
  Property Titel As String Implements IBuch.Titel
    Get
      Return m_sTitel
    End Get
    Set
      m_sTitel = Value
    End Set
  End Property

  Property KennNr As Long Implements IBuch.KennNr
    Get
      Return m_nKennNr
    End Get
    Set
      m_nKennNr = Value
    End Set
  End Property
End Class
```

Zwei Dinge sind für das Implementieren der Schnittstelle wichtig: 1. Es müssen stets sämtliche Mitglieder der Schnittstelle implementiert werden. 2. Über das Schlüsselwort *Implements* wird das zu implementierende Mitglied ausgewählt. Der über die Schnittstellendefinition vorgegebene Name muss nicht übernommen werden.

Die Klasse wird benutzt:

Schritt 3

```
Dim oBuch As New CBuch
With oBuch
  .Titel = "Alles klar mit .NET"
  .KennNr = 1001
End With
```

Dieser Aspekt unterscheidet sich durch nichts von der Benutzung einer Klasse, in der keine Schnittstelle implementiert wurde.

Das folgende Beispiel fasst die letzten Schritte noch einmal in einem kompletten Programm zusammen.

Buch-CD: vbnet1110.vb

```
' -------------------------------------------------
' vbnet1110.vb - Implementieren einer Schnittstelle
' Jetzt lerne ich Visual Basic .NET
' -------------------------------------------------

Option Explicit
Option Strict On
```

Listing 11-10: Implementieren einer Schnittstelle

```
Imports System

  Interface IBuch
    Property Titel As String
    Property KennNr As Long
  End Interface

Class App
' -------------------------------------
' Sub Main
' -------------------------------------
  Shared Sub Main ()
    Dim oBuch As New CBuch()
    With oBuch
      .Titel = "Alles klar mit .NET"
      .KennNr = 1001
    End With
    BuchAusgabe (oBuch)
    Console.WriteLine ("Alles klar!")
  End Sub


' -------------------------------------
' BuchAusgabe
' -------------------------------------
  Shared Sub BuchAusgabe (Buch As IBuch)
    With Buch
      Console.WriteLine ("*************************")
      Console.WriteLine ("Titel     : " & .Titel)
      Console.WriteLine ("Buch-KennNr: " & .KennNr)
      Console.WriteLine ("*************************")
      Console.WriteLine ()
    End With
  End Sub
End Class


' -------------------------------------
' Class Cbuch
' -------------------------------------
Class CBuch : Implements IBuch
  Private m_sTitel As String
  Private m_nKennNr As Long
  Property Titel As String Implements IBuch.Titel
    Get
      Return m_sTitel
    End Get
    Set
      m_sTitel = Value
    End Set
```

```
   End Property
   Property KennNr As Long Implements IBuch.KennNr
     Get
       Return m_nKennNr
     End Get
     Set
       m_nKennNr = Value
     End Set
   End Property
End Class
```

11.5.2　Schnittstellen in den .NET-Basisklassen

Schnittstellen spielen auch in den NET-Basisklassen eine wichtige Rolle, denn diese stellen nicht nur Klassen, sondern auch viele Schnittstellen zur Verfügung. Hier ein häufig benutztes Beispiel. Eine Feldvariable basiert bei Visual Basic .NET auf der *Array*-Klasse der .NET-Basisklassen. Diese Klasse bietet die Schnittselle *IComparable* an. Warum, werden Sie gleich sehen. Die *Array*-Klasse verfügt über die gemeinsame Methode *Sort*, die, wie es der Name dezent andeutet, das Array, das als Argument übergeben wird, sortiert. Enthält das Array Zahlen oder Texte, ist das Sortieren kein Problem, denn hier sind die Sortierkriterien fest definiert. Enthält das Array aber Objekte, gibt es keine eindeutige Sortierreihenfolge mehr. Doch auch für diesen Fall ist die *Sort*-Methode vorbereitet. Man muss in der Klasse, die dem zu sortierenden Objekt zugrunde liegt, lediglich die *IComparable*-Schnittstelle und deren einzige Methode *CompareTo* implementieren. Hier legt man fest, wie ein Vergleich zwischen zwei Objekten der Klassen durchgeführt wird. Wird später die *Sort*-Methode des Arrays aufgerufen, ruft die CLR für jeden Vergleich die *CompareTo*-Methode auf und benutzt den Rückgabewert der Methode 0, 1 oder -1 dafür, die Objekte zu sortieren. Auf diese Weise lässt sich die Sortierfunktion mit minimalem Aufwand individuell anpassen.

Das folgende Beispiel zeigt eine kleine Anwendung für die *IComparable*-Schnittstelle. Es wird eine Klasse *Robot* definiert, deren Objekte später über die *Sort*-Methode sortiert ausgegeben werden. Statt eines Array- wird ein *ArrayList*-Objekt verwendet, was aber für die Benutzung der Schnittstelle keinen Unterschied ausmacht.

Buch-CD: vbnet1111.vb

Listing 11-11: Objekte sortieren mit IComparable-Schnittstelle

```
' -----------------------------------------------
' vbnet1111.vb - Implementieren einer Vergleichs-
' funktion über die IComparable-Schnittstelle
' Jetzt lerne ich Visual Basic .NET
' -----------------------------------------------
```

```
Option Explicit
Option Strict On

Imports System
Imports System.Collections
Imports Microsoft.VisualBasic

Class App
  Shared Sub Main()
    Dim Roboter As New ArrayList(10)
    Dim oRob1 As New Robot(100, "Polarente", 8000)
    Dim oRob2 As New Robot(101, "Polarente II", 17000)
    Dim oRob3 As New Robot(102, "Polarente II", 5000)
    Dim oRob4 As New Robot(103, "Polarente II", 9000)
    Dim oRob5 As New Robot(104, "Mars Explorer", 2000)
    Dim oRob6 As New Robot(105, "Luna Special", 1200)
    With Roboter
      .Add(Value:=oRob1)
      .Add(Value:=oRob2)
      .Add(Value:=oRob3)
      .Add(Value:=oRob4)
      .Add(Value:=oRob5)
      .Add(Value:=oRob6)
      .Sort()
    End With
    Dim oRob As Robot
    For Each oRob In Roboter
      With oRob
        Console.WriteLine("Name: {0}, Typ: {1}, Leistung: {2}", _
          .RobotID, .Typ, .Leistung)
      End With
    Next
    Console.ReadLine()
  End Sub
End Class

Class Robot : Implements IComparable
  Public RobotID As Byte
  Public Typ As String
  Public Leistung As Short
  Sub New(ByVal ID As Byte, ByVal Typ As String, _
    ByVal Leistung As Short)
    With Me
      .RobotID = ID
      .Typ = Typ
      .Leistung = Leistung
    End With
  End Sub
```

```
  Private Function CompareTo(ByVal Obj As Object) _
    As Integer Implements IComparable.CompareTo
    Dim oRob As Robot = CType(Obj, Robot)
    ' -1 - String1 < String2, 1 -String1 > String2
    If StrComp(Me.Typ, oRob.Typ, CompareMethod.Text) = 1 Then
      Return 1
    ElseIf StrComp(Me.Typ, oRob.Typ, CompareMethod.Text) = -1 Then
      Return -1
    Else
      Return Me.Leistung < oRob.Leistung
    End If
  End Function
End Class
```

An diesem Beispiel wird sehr schön deutlich, wie Schnittstellen die Flexibilität bei der Programmierung erhöhen. Indem ein Programmierer in einer Klasse die Schnittstelle *IComparable* implementiert, kann er beliebig festlegen, wie die Sortierung aussehen soll. Die *Sort*-Methode kommt mit jeder Variante klar, da sie als universeller Baustein lediglich ein Objekt erwartet, das diese Schnittstelle und ihre *CompareTo*-Methode implementiert. Wird *Sort* aufgerufen, ruft sie bei jedem Vergleich die *ToCompare*-Methode auf, übergibt das zu vergleichende Objekt und berücksichtigt das Ergebnis bei der internen Sortierung. Das ist schnittstellenbasierte Programmierung in Aktion.

11.5.3 Spezialitäten beim Umgang mit Schnittstellen

In diesem Abschnitt geht es um ein paar Spezialitäten beim Umgang mit Schnittstellen, die Sie am Anfang nicht benötigen werden, die aber wichtig sind und das Bild für Schnittstellen als ein ganz normales Sprachelement bei Visual Basic .NET abrunden.

11.5.4 Mehrere Schnittstellen implementieren

Visual Basic .NET unterstützt zwar keine Mehrfachvererbung, es ist aber kein Problem (und zudem völlig »unspektakulär«), mehrere Schnittstellen in einer Klasse zu implementieren:

▪ Die Namen der Schnittstellen werden durch Kommata voneinander getrennt.

▪ Wie immer müssen alle Mitglieder der einzelnen Schnittstellen implementiert werden.

▪ Kommt ein und derselbe Name in den verschiedenen Schnittstellen mehrfach vor, so ist dies kein Problem, da der Name des Mitglieds, über den das Mitglied der Schnittstelle implementiert wird, beliebig gewählt werden kann.

11.5.5   Feststellen, ob eine Klasse eine Schnittstelle unterstützt

Jede zusätzliche Schnittstelle, die eine Klasse unterstützt, fügt einen weiteren Typ hinzu, zu dem die Klasse typenkompatibel ist (Stichwort: Polymorphie). Um festzustellen, ob ein Objekt *X* der Klasse *Y* die Schnittstelle *IZ* unterstützt, gibt es zwei Möglichkeiten:

- Man ruft die *CType*-Funktion auf, um das Objekt *X* der Klasse *Y* in ein Objekt vom Typ *IZ* zu konvertieren. Tritt dabei eine Ausnahme auf, die abgefangen werden muss, unterstützt die Klasse die Schnittstelle nicht.

- Man verwendet den *TypeOf*-Operator in der Form »TypeOf X Is IZ«. Der Ausdruck gibt *True* zurück, wenn das Objekt die Schnittstelle *IZ* unterstützt, ansonsten *False*.

Die zweite Variante ist im Allgemeinen die einfachere.

Im folgenden Beispiel wird geprüft, ob das Objekt *Robot* einer Klasse, die *IRobot* implementiert, auch die Schnittstelle *ISpezialRobot* unterstützt:

```
Dim Robot As IRobot
...
If TypeOf Robot Is ISpezialRobot Then
```

11.5.6   Die Vorteile von Schnittstellen

Zum Abschluss dieses hoffentlich interessanten Abschnitts soll natürlich auch die Frage beantwortet werden, welche Vorteile Schnittstellen für die Programmierung bringen. Die wichtigste Eigenschaft einer Schnittstelle wurde hoffentlich deutlich: Schnittstellen enthalten keine Befehle, sondern nur die Definitionen für Eigenschaften, Methoden und gegebenenfalls auch Ereignisse. Schnittstellen können daher nicht instanziert werden, sie können nur in anderen Klassen (oder Strukturen, wenngleich dies sehr selten sein dürfte) implementiert werden.

Mit Schnittstellen wird etwas erreicht, das vor allem für die Umsetzung großer Projekte sehr wichtig ist: eine klare Trennung zwischen der Definition und der Implementierung einer Klasse. Schnittstellen sind daher so etwas wie »Klassenprogrammierung Version 2.0«. Während die einfachen Klassen bereits eine gewisse Modularisierung erreichen, geht dies bei Verwendung von Schnittstellen noch einen entscheidenden Schritt weiter.

Eine Schnittstelle, die in einer Klasse implementiert wird, kann überall dort eingesetzt werden, wo auch die Klasse eingesetzt werden kann.

Jede Klasse, die eine Schnittstelle implementiert, ist kompatibel zu allen anderen Klassen, die ebenfalls diese Schnittstelle, oder eine von dieser Schnittstelle abgeleiteten Schnittstelle, implementieren. Dieser Zustand heißt *Polymorphie* und wurde in Zusammenhang mit dem Ableiten von Klassen (Vererbung) bereits erklärt. Neben der Vererbung über den *Inherits*-Befehl gibt es bei Visual Basic .NET also noch die schnittstellenbasierte Vererbung über den *Implements*-Befehl. Klasse A ist polymorph zu Klasse B, wenn beide die gleiche Schnittstelle implementieren. Auf diese Weise werden »Verwandtschaftsbeziehungen« hergestellt, ohne dass dazu Vererbung notwendig ist, die gleichzeitig eine Abhängigkeit herstellt. Ändert sich bei Vererbung nämlich die Implementierung einer Eigenschaft in der Basisklasse, ändert sich dadurch auch das Verhalten aller davon abgeleiteten Klassen, die diese Eigenschaft nicht überschreiben. Diese Abhängigkeit gibt es bei der Schnittstellenvererbung nicht. Ändert sich die Signatur einer Schnittstelle, stehen in der Regel die alte und die neue Schnittstelle zur Verfügung und dem Programmierer steht es frei, die alte oder die neue Schnittstelle zu implementieren. Dieses Konzept ist flexibler als das der Vererbung. Natürlich müssen bei einer Schnittstellenimplementierung immer alle Mitglieder implementiert werden. Das macht dieses Konzept im Vergleich zur Vererbung etwas aufwändiger.

Das Vererben und das Implementieren von Mitgliedern ergänzen sich und stehen nicht im Widerspruch zueinander. Das Konzept der abstrakten Basisklassen ist dem Konzept der Schnittstellen sehr ähnlich (zur Erinnerung: Eine abstrakte Basisklasse ist eine Klasse, die mit *MustInherit* deklariert wird und in der einzelne Mitglieder nur definiert, aber nicht implementiert werden). Es gehört bereits sehr viel Erfahrung dazu, entscheiden zu können, wann welches Konzept die bessere Wahl ist.

11.6 Zusammenfassung

Zum Abschluss des Themas objektorientierte Programmierung mit Visual Basic .NET enthält Tabelle 11.1 eine Übersicht aller Befehle und Schlüsselwörter, die in diesem Zusammenhang eine Rolle spielen.

Befehl/Schlüsselwort	Kontext	Bedeutung
Inherits-Befehl	Class	Gibt die Klasse an, von der die aktuelle Klasse abgeleitet werden soll.
Implements-Befehl	Class/Interface	Gibt die Schnittstelle an, die in der aktuellen Klasse implementiert werden soll.

Tabelle 11.1: Befehle und Schlüsselwörter der objektorientierten Programmierung

329

Befehl/Schlüsselwort	Kontext	Bedeutung
NonInheritable	Class	Gibt an, dass die Klasse nicht abgeleitet werden kann.
MustInherit	Class	Gibt an, dass die Klasse abgeleitet werden muss (da es sich um eine abstrakte Basisklasse handelt).
Overridable	Prozedur/Funktion	Gibt an, dass die Methode überschrieben werden kann.
NotOverridable	Prozedur/Funktion	Gibt an, dass die Methode nicht überschrieben werden kann.
MustOverride	Prozedur/Funktion	Gibt an, dass die Methode überschrieben werden muss (wenn sie Teil einer abstrakten Basisklasse ist).
Overrides	Prozedur/Funktion	Gibt an, dass die Methode in einer abgeleiteten Klasse die gleichnamige Methode der Basisklasse überschreibt.
MyBase	Programmcode	Steht für die Basisklasse.
MyClass	Programmcode	Steht für die aktuelle Klasse.
Me	Programmcode	Steht für die aktuelle Instanz der Klasse
Protected	Mitglied	Gibt an, dass das Mitglied nur in abgeleiteten Klassen zur Verfügung steht.
Friend Protected	Mitglied	Gibt an, dass das Mitglied nur in abgeleiteten Klassen und nur innerhalb des Assembly zur Verfügung steht.

11.7   F&A

Frage 11-1

Viele Mitglieder der .NET-Basisklassen werden mit *Public Protected* deklariert. Was hat dies zu bedeuten? Wie unterscheiden sie sich allgemein von Mitgliedern, die mit *Friend Protected* deklariert werden?

Frage 11-2

Was ist der Unterschied zwischen dem Überladen und dem Überschreiben einer Methode?

Frage 11-3

Warum kann die folgende Methode einer Basisklasse

```
Public Overridable Sub GehtNicht(ByVal Wert As Integer)
...
```

nicht durch die folgende Methode einer abgeleiteten Klasse überschrieben werden?

```
Public Overrides Sub GehtNicht(ByVal Wert2 As Short)
```

Frage 11-4

Definieren Sie den Begriff Schnittstelle in einem Satz. Wie heißt der Befehl, der in Visual Basic .NET eine Schnittstelle definiert?

Frage 11-5

Welche zwei Fehler enthält die folgende Schnittstellendefinition?

```
Interface IKnifflig
  Public Property Prop1()
  ReadOnly Property Prop2
    Get
      Return = 123
    End Get
  End Property
End Interface
```

Frage 11-6

Ist es erlaubt, dass ein implementiertes Mitglied einen anderen Namen besitzt als das entsprechende Mitglied in der Schnittstellendefinition?

(Alle Antworten und Lösungen finden Sie in Anhang D.)

KAPITEL 12

XML – was sonst?

Die Überschrift zu diesem Kapitel ist natürlich etwas ironisch gemeint. Nicht jeder kann schließlich wissen, dass XML schon seit Jahren das Schlagwort der IT-Industrie schlechthin ist, das nicht nur die Lösung nahezu sämtlicher Probleme verspricht, sondern auch ganz nebenbei die Lingua franca des E-Commerce werden und allen Beteiligten sagenhafte Umsätze bescheren soll. Davon ist natürlich einiges übertrieben, woran aber nicht XML schuld ist. XML ist eine erstaunlich simple Angelegenheit, die sich aber in vielfältiger Art und Weise einsetzen lässt und vor allem extrem erweiterbar ist. Ein wenig scheint es so, als hätte man mit XML das Alphabet oder das Rad (oder beides zusammen) neu erfunden und die Menschen würden nun beginnen, darüber nachzudenken, was sich damit alles anstellen lässt. Diese hoch fliegenden Ambitionen hat dieses Kapitel natürlich nicht. Es soll lediglich zwei Aufgaben erfüllen: erklären, was XML ist, und an einfachen Beispielen zeigen, welche Rolle es bei der Visual Basic .NET-Programmierung spielt bzw. spielen kann. Nebenbei werden noch ein paar Begriffe erklärt, die Sie bestimmt schon einmal im Vorübergehen gehört haben, deren Bedeutung aber vermutlich noch nicht so hundertprozentig klar geworden sein dürfte (am Ende des Kapitels wissen Sie zum Beispiel, welche Rolle XPath spielt).

Die Themen für dieses Kapitel:

- XML für »Dummies«

- Von Knoten und Kindern

- Beispiele für den Zugriff auf XML-Dateien

- Wann ist XML wichtig und wann nicht?

- Ein kurzer Ausblick auf die XML Webservices

Der erste Abschnitt erhält eine kleine und kompakte Einführung in XML. Er hat noch nicht direkt etwas mit Visual Basic .NET zu tun. Wenn Sie sich bereits mit XML hinreichend auskennen, können Sie diesen Abschnitt natürlich überspringen. Ansonsten sollten Sie ihn aufmerksam durchlesen, denn XML spielt in der gesamten .NET-Welt eine wichtige Rolle. Allerdings gilt auch hier der fast allgemeingültige Grundsatz: Wenn etwas wirklich wichtig ist, ist es praktisch unsichtbar. Bezogen auf .NET bedeutet dies: Auch wenn XML (fast) überall mit dabei ist, sobald Daten irgendwo zwischengespeichert werden sollen, so tritt es nur selten direkt in Erscheinung. Insbesondere, wenn Sie mit Visual Studio .NET arbeiten, kommen Sie mit XML nicht direkt in Berührung, da die Entwicklungsumgebung dies für Sie übernimmt. Dennoch sind XML-Kenntnisse auch hier von Vorteil, da Sie sehr viel besser verstehen, um was es geht, und sollte es wirklich einmal erforderlich sein (man kann bekanntlich nie wissen), per Hand eingreifen können. Und noch eine Kleinigkeit muss bereits vorangestellt werden: XML ist in erster Linie eine allgemeine Beschreibungssprache für beliebige Daten und damit ein vielseitig einsetzbares Datenformat. Mit dem Internet hat es nicht zwangsläufig etwas zu tun und es kann auch in Programmen vorteilhaft genutzt werden, die völlig unabhängig vom Internet arbeiten (das soll es auch geben). Es ist vielmehr so, dass immer dann, wenn es in einer Internetanwendung um die Notwendigkeit geht, Daten austauschen zu müssen, sich XML beinahe zwangsläufig anbietet. (Oder anders herum: Würde jemand eine Lösung für das Problem eines universellen Datenaustauschs von Grund auf neu erfinden, käme mit hoher Wahrscheinlichkeit wieder XML dabei heraus.)

12.1 XML für »Dummies«

In diesem Abschnitt wird erst einmal erklärt, was XML ist und wo seine spezifischen Vorteile liegen. Es sei vorangestellt, dass XML nicht alles ersetzen soll und daher nicht in jedem Fall die beste Alternative ist. Es ist zum Beispiel immer dann gut geeignet, wenn Daten zwischen Anwendungen ausgetauscht werden sollen, die ansonsten keine Beziehung zueinander haben. Der Vorteil von XML besteht in dieser Situation darin, dass es standardisiert ist und die Programmierer beider Anwendungen sich nicht verständigen müssen[1]. Die Programmierer der Anwendung *A* stellen ihre Daten im XML-Format zur Verfügung und können daher davon ausgehen, dass die Programmierer der Anwendung *B* diese Daten weiterverarbeiten können. Doch nun zu der spannenden Frage: Was ist XML?

---

1. Offiziell existiert nur eine »Recommendation« (zu deutsch »Empfehlung«), doch darf dies wohl mit gutem Gewissen mit Standard gleichgesetzt werden.

XML ist eine allgemeine Beschreibungssprache, mit der sich beliebige Daten beschreiben lassen. Wenn Sie HTML kennen, dürfte Ihnen auch XML vertraut vorkommen, wenngleich XML und HTML zwei völlig verschiedene Paar Schuhe sind. HTML ist eine Seitenbeschreibungssprache, bei der durch festgelegte Markierungen, die stets in spitze Klammern gesetzt werden, der Aufbau einer Dokumentseite beschrieben wird. Eine HTML-Seite kann wie folgt aussehen:

```
<HTML>
<TITLE>Alles ganz easy</TITLE>
<H1>Das ist auch schon alles</H1>
</HTML>
```

Die Worte in den spitzen Klammern sind die *Markierungen* (engl. »tags«) ihre Namen werden durch den HTML-Standard (4.0 bzw. XHTML 1.0) definiert und sind weltweit einheitlich. Die Markierungen sind, auch wenn sie in Textform vorliegen, nicht für den menschlichen Betrachter gedacht. Es sind vielmehr Anweisungen an ein Programm, das die Markierungen in eine optische Form umsetzt. Dieses Programm ist zum Beispiel ein Web-Browser wie der Internet Explorer. Wird eine HTML-Datei in den Internet Explorer geladen (was immer dann passiert, wenn eine Webseite aus dem Internet abgerufen wird) und trifft der Browser auf die Markierung *<H1>*, dann erkennt er: »Aha, ab hier soll alles als große Überschrift ausgegeben werden.« Die Markierung *</H1>* beendet diesen Zustand wieder.

Bei HTML besitzen alle Markierungen eine feste Bedeutung. *<H1>* bedeutet, alle folgenden Zeichen als Überschrift 1. Ordnung, *<B>* alle folgenden Zeichen fett auszugeben und *<TABLE>* leitet eine Tabelle ein. Fügen Sie in ein HTML-Dokument dagegen die Markierung *<XYZ>* ein, so wird diese beim Laden des Dokuments vom Browser ignoriert, denn dies ist keine HTML-Markierung. Bei XML ist dies ganz anders, denn XML ist eine allgemeine Beschreibungssprache, die nicht an einen bestimmten Zweck gebunden ist. Listing 12-1 zeigt ein (ganz) kleines XML-Dokument, das den allgemeinen Aufbau von XML-Dokumenten veranschaulichen soll. Dieses Beispiel wird in den folgenden Abschnitten dazu benutzt, verschiedene XML-Techniken mit Hilfe kleiner Visual Basic .NET-Programme zu demonstrieren.

```
<?xml version="1.0" ?>
<startrek>
  <Folge Nr="45">
    <Titel>A private little war</Titel>
    <Stardate>4211.4</Stardate>
  </Folge>
  <Folge Nr="46">
    <Titel>The Gamesters of triskelion</Titel>
    <Stardate>3211.7</Stardate>
  </Folge>
```

Listing 12-1:
Ein kleines
XML-Doku-
ment

335

```
<Folge Nr="47">
  <Titel>Obsession</Titel>
  <Stardate>3619.2</Stardate>
</Folge>
<Folge Nr="48">
  <Titel>The immunity syndrom</Titel>
  <Stardate>4307.1</Stardate>
</Folge>
<Folge Nr="51">
  <Titel>Return to tomorow</Titel>
  <Stardate>4768.3</Stardate>
</Folge>
<Folge Nr="52">
  <Titel>Patterns of Force</Titel>
  <Stardate>2534.0</Stardate>
</Folge>
</startrek>
```

Das ist also XML. Wenn Sie sich Listing 12-1 genauer anschauen, werden Sie feststellen, dass bestimmte Markierungen öfter vorkommen: Da wären *<Folge>*, *<Titel>* und *<Stardate>*. Handelt es sich hier um bestimmte Markierungen, die irgendwo definiert sind[1]? Nein, und das ist eine der wichtigsten Regeln bei XML. Die Namen spielen keine Rolle und können beliebig gewählt werden. (Es gibt lediglich gewisse allgemeine Regeln, von denen noch die Rede sein wird.) Doch wozu sind die Namen dann gut? Auch das ist einfach. Die Namen dienen lediglich dazu, um die Struktur des Dokuments zu beschreiben und später einen Zugriff auf die Inhalte (oder Attribute) der Markierungen zu ermöglichen. Wenn Sie sich das Listing noch etwas genauer anschauen, werden Sie eine Regelmäßigkeit erkennen. Die *<Folge>*-Markierung kommt insgesamt sechsmal vor und besitzt immer einen einheitlichen Aufbau:

```
<Folge Nr="51">
  <Titel>Return to tomorow</Titel>
  <Stardate>4768.3</Stardate>
</Folge>
```

Innerhalb einer *<Folge>*-Markierung sind weitere Markierungen enthalten: *<Titel>* und *<Stardate>*. Alle Markierungen werden durch eine schließende Markierung wieder beendet. Es gibt weder Regeln bezüglich der Anzahl der Markierungen innerhalb einer Markierung noch bezüglich ihrer Anordnung. So kann eine *<Folge>*-Markierung weitere Markierungen enthalten, während bei einer anderen *<Folge>*-Markierung etwa die *<Titel>*-Markierung fehlen kann. Solange es keine Schemadatei gibt, die gewisse Regeln aufstellt (mehr

---

1. Etwa in einem Handbuch der Konföderation der vereinigten Planeten?

dazu später) ist in einer XML-Datei praktisch alles erlaubt. Es müssen lediglich folgende Grundregeln eingehalten werden:

- Das XML-Dokument muss mit *<?xml version="1.0" ?>* beginnen (bzw. einer erweiterten Form dieser Kopfzeile, die unter anderem den Zeichensatz auswählen kann). Dies ist ein reiner Formalismus, doch wenn dieser fehlt, erkennen einige Programme das Dokument nicht mehr als ein echtes XML-Dokument. Dabei kommt es übrigens auf die Groß-/Kleinschreibung an.

- Das XML-Dokument muss mit einem Wurzelelement beginnen und wieder enden – im obigen Beispiel ist es *<startrek>*. Ein XML-Dokument darf nur ein solches Wurzelelement (engl. »root element«) enthalten.

- Das XML-Dokument darf bestimmte Sonderzeichen nicht enthalten (Umlaute zum Beispiel nur dann, wenn vorher über die Kopfzeile ein passender Zeichensatz ausgewählt wurde). Auch Leerzeichen sind nicht immer erlaubt. Es ist dabei nicht so, dass Sie diese Zeichen nicht eingeben dürften. Es ist vielmehr so, dass bestimmte XML-Parser (so werden die Programme genannt, die den Inhalt einer XML-Datei in ihre Bestandteile zerlegen) einen Fehler anzeigen und das Dokument nicht weiter laden, wenn gewisse Formalitäten (die auch sinnvoll sind) nicht eingehalten werden.

- Die Groß-/Kleinschreibung wird bei den Namen der Markierungen unterschieden (<Buch> ist also nicht identisch mit <buch>).

12.1.1 Wohl geformte XML-Dokumente

Ein XML-Dokument, das die im letzten Abschnitt aufgezählten Regeln einhält, wird als *wohl geformtes XML-Dokument* (engl. »well formed«) bezeichnet. Die wichtigste Regel ist dabei, dass es zu jeder öffnenden Markierung auch eine schließende Markierung geben muss und dass sich Markierungen nicht überlappen dürfen. Wenn Sie sich einmal die Mühe machen und die XML-Datei aus Listing 12-1 mit Notepad abtippen, in einer Datei mit der Erweiterung *.Xml* speichern und diese in den Internet Explorer (ab Version 5.0) laden, werden Sie belohnt, indem Sie die Struktur der Datei in einer etwas anderen Darstellungsweise sehen. Unter anderem können Sie die einzelnen Zweige auf- und zuklappen. Das bringt zwar nicht viel, ist aber vermutlich eine neue Erkenntnis. Darüber hinaus zeigt Ihnen der Internet Explorer auch schonungslos alle Fehler in einem Dokument an. Sollten Sie eine spitze Klammer vergessen oder eine Markierung falsch platziert haben, wird anstelle des Dokuments eine Fehlermeldung angezeigt (in der Regel wird die Zeile angezeigt, in der der erste Fehler auftrat, wobei auch die Fehlermeldung sehr lehrreich ist).

337

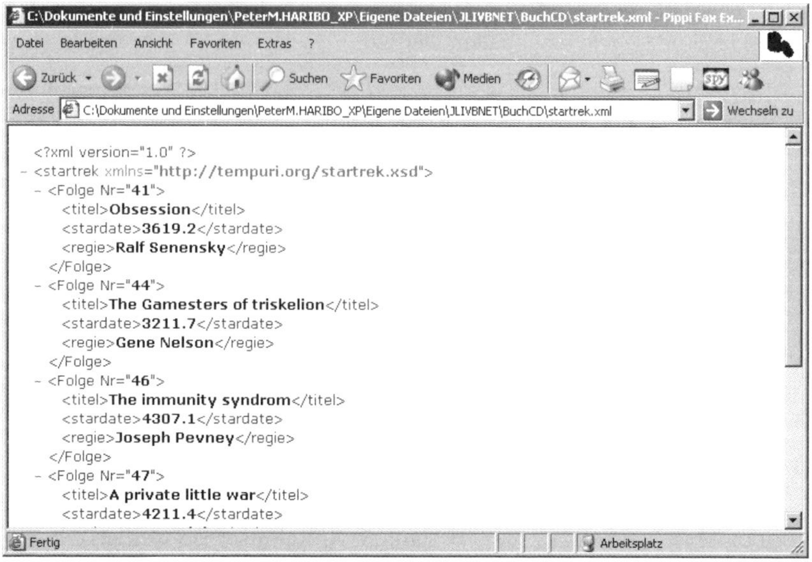

Abb. 12.1:
Der Internet
Explorer zeigt
eine wohl ge-
formte XML-
Datei in einem
Standard-
format an

```
<?xml version="1.0" ?>
- <startrek xmlns="http://tempuri.org/startrek.xsd">
  - <Folge Nr="41">
      <titel>Obsession</titel>
      <stardate>3619.2</stardate>
      <regie>Ralf Senensky</regie>
    </Folge>
  - <Folge Nr="44">
      <titel>The Gamesters of triskelion</titel>
      <stardate>3211.7</stardate>
      <regie>Gene Nelson</regie>
    </Folge>
  - <Folge Nr="46">
      <titel>The immunity syndrom</titel>
      <stardate>4307.1</stardate>
      <regie>Joseph Pevney</regie>
    </Folge>
  - <Folge Nr="47">
      <titel>A private little war</titel>
      <stardate>4211.4</stardate>
```

12.2   Von Knoten und Kindern

Sie wissen bereits, dass ein XML-Dokument einen einheitlichen Aufbau besitzt. Im einfachsten Fall besteht ein XML-Dokument lediglich aus einem Wurzelelement:

```
<Kartei>

</Kartei>
```

Dieser Aufbau ist zwar schön überschaubar, doch leider auch relativ witzlos, da das XML-Dokument keine echten Informationen enthält. Damit es für irgendetwas zu gebrauchen ist, muss es etwas mehr Substanz enthalten:

```
<Kartei>

  <Person>
    <Name> </Name>
    <Email> </Email>
  </Person>

  <Person>
    <Name> </Name>
    <Email> </Email>
  </Person>
```

```
<Person>
  <Name> </Name>
  <Email> </Email>
</Person>
```

```
</Kartei>
```

Das sieht doch gleich etwas ansprechender aus. Auch wenn dieses Dokument nur aus Markierungen besteht und noch keine Daten enthält, zeigt es bereits sehr schön den hierarchischen Aufbau eines XML-Dokuments. Da wäre ganz oben das Wurzelelement, in diesem Fall heißt es *<Kartei>*, das den Rahmen des Dokuments bildet. Innerhalb des Rahmens befindet sich dreimal die *<Person>*-Markierung. Sie wird als Knoten (engl. »node«) bezeichnet. Jede Markierung enthält weitere Knoten. Da sich diese unterhalb eines anderen Knoten befinden und von diesem im übertragenen Sinne abstammen, werden sie auch als Kindknoten (engl. »childnodes«) bezeichnet. Die Markierung *<Name>* ist daher ein Kindknoten des Knotens *<Person>*. Und was ist mit *<Email>*? Handelt es sich auch um einen Kindknoten? Ja, aber nur bezogen auf *<Person>*. Bezogen auf *<Name>* ist *<Email>* gleichberechtigt, da sich beide auf der gleichen Hierarchieebene befinden. Um bei der Familienanalogie zu bleiben, spricht man hier von einem Geschwisterknoten (engl. »sibling«). Da theoretisch auch die Kindknoten *<Name>* und *<Email>* eigene Kindknoten enthalten können, ergibt sich eine Hierarchie, die sich endlos fortsetzen kann. In Kapitel 12.3 werden Sie erfahren, wie Sie mit Hilfe der *XmlDocument*-Klasse auf die einzelnen Knoten zugreifen, etwa um den Wert abzufragen oder zu schreiben, der sich zwischen zwei Markierungen befindet. Dabei werden Sie lernen, dass jeder Knoten über ein *XmlNode*-Objekt angesprochen wird, dessen Eigenschaften wie *Name*, *InnerText* oder *Value* den Knoten definieren.

Bislang bestand das XML-Dokument lediglich aus Knoten, was fehlt, sind die Daten, um die es letztendlich immer geht. Nun, diese werden entweder zwischen zwei Markierungen gesetzt oder über ein Attribut in einer Markierung eingetragen (mehr dazu im nächsten Abschnitt):

```
<Kartei>

  <Person>
    <Name>Heiner Geisler</Name>
    <Email>heinerg@noname.de</Email>
  </Person>

  <Person>
    <Name>Dietrich Genscher</Name>
    <Email>dietrichg@noname.de</Email>
  </Person>
```

```
<Person>
  <Name>Helmut Kohl</Name>
  <Email>helmutk@noname.de </Email>
</Person>
```

```
</Kartei>
```

Das, was zwischen zwei Markierungen steht, ist ein beliebiger Text, der in diesem Zusammenhang als (Text-)*Element* bezeichnet wird. Natürlich wäre es wünschenswert, dass jeder Markierung ein bestimmter Typ von Inhalt zugeordnet werden könnte. So wäre es für die Markierung *<Name>* sinnvoll, einen beliebigen Text zuzulassen. Außerdem wäre es ein obligatorisches Feld, das mindestens einmal vorkommen muss. Der (fiktiven) Markierung *<Alter>* würde man dagegen einen Zahlendatentyp zuordnen, der nicht negativ werden darf, dafür aber optional ist. Durch diese so genannte *Schemainformation* wird aus dem reinen Textdokument, das im Prinzip beliebige Inhalte besitzen darf, eine Art Datenbank, für deren Elemente gewisse Regeln gelten. Auf diese Weise wird XML, wenn es für den Datenaustausch benutzt werden soll, erst brauchbar. Auf das Erstellen von Schemadateien wird in diesem Kapitel aber nur am Rande eingegangen (etwas mehr dazu in Kapitel 12.2.3).

12.2.1 Die Rolle der Attribute

Werfen Sie noch einmal einen scharfen Blick auf das Listing 12-1. Die *<Folge>*-Markierung ist ein wenig anders als die übrigen, sie besitzt einen »Inhalt«. Wer HTML etwas besser kennt, weiß, dass es sich hier um ein Attribut handelt. Jede XML-Markierung kann eine beliebige Anzahl an Attributen besitzen, wobei auch hier die Namen (gewisse Regeln immer vorausgesetzt) frei gewählt werden können. Bei der *<Folge>*-Markierung heißt das Attribut *Nr* und steht für die Nummer der jeweiligen Folge. Natürlich hätte man dafür auch eine weitere Markierung einfügen können. Dies liegt allein im Ermessen des XML-Autors.

Ein Attribut erhält einen Wert über ein Gleichheitszeichen und muss in Anführungsstriche gesetzt werden.

Durch das kleine Beispiel ist hoffentlich deutlich geworden, welche Aufgabe (von vielen) XML erfüllen kann: Es dient zur Beschreibung beliebiger Daten auf eine einheitliche Weise[1]. Das XML-Dokument stellt damit eine kleine Datenbank dar, die eine Reihe von Datensätzen enthält. XML ist damit eine

---

1. Echte Trekkies werden es schon erkannt gaben, das XML-Dokument enthält die Beschreibung einiger StarTrek-Folgen meiner DVD-Sammlung. Damit es nicht zu unübersichtlich wird, werden pro Folge nur zwei Angaben aufgeführt.

Möglichkeit, Daten einheitlich zu beschreiben. Wer jetzt einwendet, dass es dafür auch eine kleine Access-Datenbank oder eine simple Textdatei, die mit Notepad angelegt werden kann, getan hätte, hat damit nur bedingt Recht. Sicherlich gibt es viele Möglichkeiten, Daten zu beschreiben. Eine Access-Datenbank bietet sogar den Vorteil, dass die Daten binär gespeichert werden (und damit weniger Platz einnehmen) und Access eine sehr komfortable Oberfläche zur Eingabe der Daten zur Verfügung stellt (etwas Ähnliches gibt es für XML-Daten allerdings auch). In Sachen Effektivität oder Komfort ist XML nicht unbedingt Spitze. Das ist auch in Ordnung, denn XML legt den Schwerpunkt auf die Übertragbarkeit der Daten, vor allem über das Internet. Schicken Sie die Access-Datenbank an einen Menschen, der die Daten auswerten soll, benötigt dieser entweder Access (bzw. die Jet-Engine) oder Sie müssen die Daten vorher in ein allgemeines Format exportieren (seit Access 2002 kann dies auch XML sein). Schicken Sie die Daten dagegen im Textformat, müssen Sie entweder sicherstellen, dass jede Textzeile den gleichen Aufbau besitzt (also keine Spalte versehentlich weglassen), oder eine Zeile mit den Überschriften einfügen, so dass das Textdokument interpretierbar wird. Diese Alternative ist nur ein wenig einfacher, dafür mit Sicherheit bei weitem nicht so flexibel (Sie haben erst 5% der Möglichkeiten von XML kennen gelernt). Halten wir fest: XML ist, was die Weitergabe von Daten angeht, in den meisten Fällen bezüglich Flexibilität der Darstellung und der Möglichkeit der Weiterverarbeitung unter im Prinzip beliebigen Softwaresystemen die beste Wahl.

Jetzt ist ein guter Zeitpunkt, das Wichtigste der letzten Absätze noch einmal zusammenzufassen:

- XML ist eine allgemeine Beschreibungssprache, wobei die Namen der Markierungen vollkommen frei gewählt werden können (es gibt lediglich gewisse Grundregeln).

- Ein XML-Dokument hat einen einheitlichen Aufbau. Es besitzt eine Kopfzeile, die ein paar Formalitäten enthält, ein Wurzelement und eine beliebige Anzahl an Knoten, die wiederum eine beliebige Struktur enthalten können.

- Ein XML-Dokument besteht ausschließlich aus Text, es enthält keine binären Daten. (Dennoch ist es möglich, dass ein XML-Dokument etwa eine Bitmap enthält – diese muss dann in einem Textformat, etwa *Base64*, dargestellt werden.)

- XML ist standardisiert. Der Standard lautet XML 1.0 und kann unter *www.w3.org/xml* im Detail nachgelesen werden.

12.2.2 XML-Dokumente sind in Wirklichkeit Bäume

Diese Zwischenüberschrift dürfte inzwischen einen gewissen Sinn ergeben. Dieser Abschnitt ist daher eine Art Wiederholung. Sie wissen mittlerweile, dass ein (wohl geformtes) XML-Dokument genau ein Wurzelelement (Root-Element) enthält. Dieses Wurzelelement umfasst eine beliebige Anzahl an Unterelementen, die *Knoten*. Sie wissen ferner, dass jeder Knoten eine beliebige Anzahl an Unterknoten enthalten kann, die wiederum eine beliebige Anzahl an Unterknoten enthalten können usw. Informatiker nennen ein solches Gebilde nicht eigenartig, sondern einen *Baum*. Jedes (wohl geformte) XML-Dokument besitzt daher eine Baumstruktur, die aus einem Wurzelknoten und mehreren (meistens vielen) Knoten besteht. Die Unterknoten eines Knotens werden auch als *Kindknoten* bezeichnet, die entsprechende Eigenschaft der XML-Klasse heißt daher *ChildNodes*. Gibt es zu einem Kindknoten Knoten auf der gleichen Ebene, heißen diese *Siblings* (zu Deutsch »Geschwister«). Ein *Node*-Objekt der XML-Klasse besitzt dazu unter anderem die Eigenschaften *NextSibling* und *PreviousSibling*. Und wie nennt man wohl den Knoten, der einem Kindknoten übergeordnet ist? Richtig, *Parent* (zu Deutsch »Elternteil«). Um über die XML-Klasse zu einem *Node*-Objekt den darüber liegenden Knoten zu erhalten, verwendet man die *ParentNode*-Eigenschaft (sofern es für den Knoten einen Elternknoten gibt). Beim Zugriff auf eine XML-Datei dreht sich daher (fast) alles um Knoten. Ein einzelner Knoten kann drei Merkmale besitzen:

- Einen Namen

- Einen Text (das, was zwischen den Markierungen steht)

- Attribute

Abbildung 12.2 zeigt dieses Schema am Beispiel der *Startrek.xml*-Datei, wobei es nur um das Prinzip geht und nicht alle Details aufgeführt werden.

Abb. 12.2: Ein XML-Dokument in einer allgemeinen Baumansicht

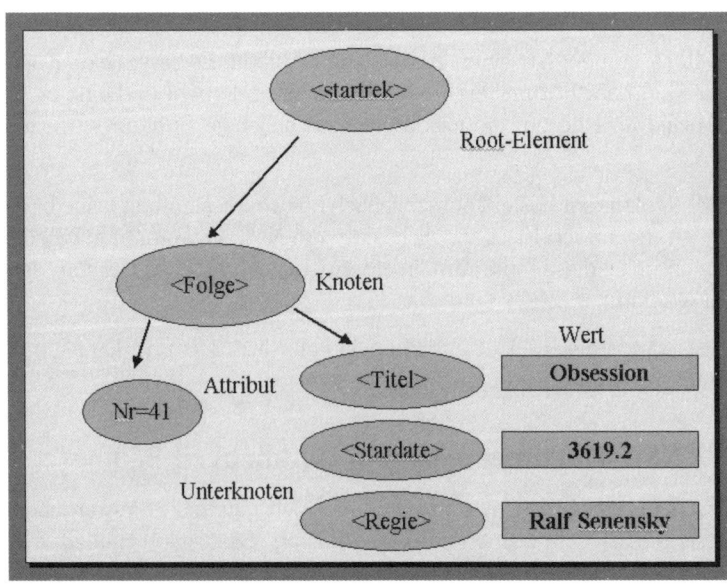

12.2.3 Schemadateien geben XML-Dokumenten eine Struktur

Falls ein XML-Dokument die Rolle einer Datenbank spielen soll, muss es eine Möglichkeit geben, die allgemeine Struktur zu beschreiben. Diese allgemeine Struktur wird (ganz allgemein) als *Schema* bezeichnet. Schemata sind nicht nur an XML gebunden, auch Tabellen einer Datenbank besitzen ein Schema. Es umfasst unter anderem die Datentypen jedes einzelnen Feldes, denn dies ist eine sehr wichtige Information, etwa, wenn es um die Validierung eines Feldes geht. Trifft ein Programm, das ein XML-Dokument auswerten soll, etwa auf die Markierung *<Stardate>* kann es ohne eine Schemainformation nicht entscheiden, ob es lediglich ein String-Wert oder vielleicht ein Date-Wert ist. Sollte Letzteres der Fall sein, kann das Programm den Wert anhand allgemeiner Gültigkeitsregeln validieren und dabei unter Umständen Fehler frühzeitig erkennen. Erst durch eine Schemadatei kann ein XML-Dokument seiner Rolle als Datenformat gerecht werden. Da Schemadateien so wichtig sind, gibt es nicht eine, sondern gleich mehrere Alternativen:

▨ *Document Type Definitions*, DTD. Dies ist eine sehr allgemeine Schemadefinition, die Teil des XML 1.0-Standards ist und deren Ursprünge auf SGML, den Vorläufer von XML, zurückgehen. DTDs sind zwar weitverbreitet, haben aber den Nachteil, dass sie nicht in XML definiert sind. Zudem sind sie überdimensioniert, wenn es lediglich um die Beschreibung von Datenformaten oder einfachen Befehlsformaten geht (etwa in Zusammenhang mit SOAP und Webservices). Microsoft verwendet bei .NET daher keine DTDs, sondern das sehr viel modernere XSD.

▨ *XDR-Schemata*. XDR-Schemata (das »DR« steht für »Data Reduced«, da es auf einer reduzierten Fassung eines W3C-Vorschlags basiert) basieren zwar bereits auf XML, sind aber offiziell nicht standardisiert, da sie Microsoft entwickelt hat, um möglichst schnell eine Alternative zu den DTDs zu erhalten. Sie werden zwar in einigen Produkten unterstützt (unter anderem SQL Server 2000 und Office 2000), werden aber durch XML-Schemata, dem offiziellen W3C-Standard, ersetzt werden.

▨ *XSD-Schemata*. Dies ist der inzwischen offizielle Standard zur Schemabeschreibung, der auch von Visual Studio .NET verwendet wird.

Das wirklich Schöne an XSD-Schemata ist, dass Sie sie nur in Ausnahmefällen direkt (etwa mit Notepad) eintippen müssen. Diese Aufgabe übernimmt Visual Studio .NET (oder ein anderer XML-Editor, etwa das populäre XML Spy) für Sie. Gehen Sie dabei wie folgt vor:

▨ Laden Sie die XML-Datei über *Datei | Vorhandenes Element hinzufügen* (oder alternativ ⌈Strg⌉+⌈D⌉) in ein Projekt.

▨ Klicken Sie die Dokumentfläche mit der rechten Maustaste an und wählen Sie *Schema erstellen*.

343

Visual Studio .NET legt daraufhin ein komplettes Schema an, das Sie sowohl visuell als auch direkt im XML-Format betrachten können. Außerdem können (und müssen in vielen Fällen) die Datentypen nachträglich angepasst werden, denn Visual Studio .NET kann ohne eine DTD-Information anhand eines Markierungsnamens nicht auf dessen Datentyp schließen und gibt allen Markierungen zunächst den stets passenden, aber nicht immer optimalen Datentyp *String*.

Abb. 12.3:
Visual Studio
.NET hat zu
Startrek.xml
ein passendes
Schema
angelegt

```
startrek.xml  startrek.xsd*                                                    ◁ ▷ ×
<?xml version="1.0" ?>
<xs:schema id="startrek" targetNamespace="http://tempuri.org/startrek.xsd" xmlns:mstns=
    <xs:element name="startrek" msdata:IsDataSet="true" msdata:Locale="de-AT" msdata:En
        <xs:complexType>
            <xs:choice maxOccurs="unbounded">
                <xs:element name="Folge">
                    <xs:complexType>
                        <xs:sequence>
                            <xs:element name="titel" type="xs:string" minOccurs="0" msda
                            <xs:element name="stardate" type="xs:string" minOccurs="0" r
                            <xs:element name="regie" type="xs:string" minOccurs="0" msda
                        </xs:sequence>
                        <xs:attribute name="Nr" form="unqualified" type="xs:string" />
                    </xs:complexType>
                </xs:element>
            </xs:choice>
        </xs:complexType>
    </xs:element>
</xs:schema>

◻ DataSet  ▣ XML
```

Wie bereits in der Einleitung angedeutet wurde, ist XML keine Erfindung der Firma Microsoft, sondern ein in der gesamten Softwareindustrie seit Jahren anerkannter Standard. Es gibt daher zahlreiche Alternativen, wenn es um das Erstellen und Verarbeiten von XML-Dokumenten geht. Ein besonders komfortables (allerdings auch nicht ganz preiswertes) Werkzeug ist der *XML Spy* der Firma *Altova*, der eine Fülle von Möglichkeiten und recht viel Komfort (allerdings auch eine manchmal etwas eigenwillige Bedienerführung) zu bieten hat. Mit seiner Hilfe ist es zum Beispiel relativ komfortabel möglich, eine XML-Datei zu erstellen und daraus eine Schemadatei zu generieren.

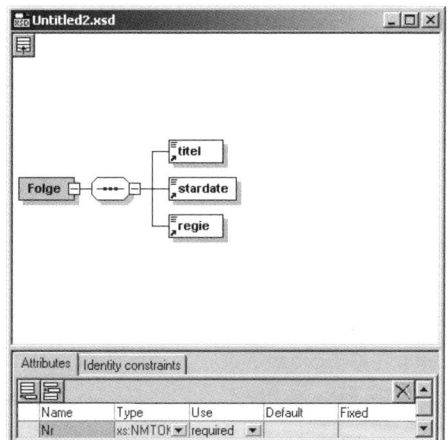

*Abb. 12.4:
Es muss nicht
immer Micro-
soft sein – der
XML Spy hat
für Start-
rek.xml eine
Schemadatei
erzeugt, die
nun grafisch
angezeigt wird*

12.3 Beispiele mit XML

Das soll an Theorie erst einmal genügen – wenn Sie auf die Frage »Alles klar?«
(halbwegs) guten Gewissens mit Ja antworten können, dann sind Sie hiermit
aus dem Theorieteil entlassen. In diesem Abschnitt geht es ausschließlich um
kleine Beispiele, die den grundsätzlichen Umgang mit XML-Daten veranschaulichen sollen. Um XML-Daten in ein Visual Basic .NET-Programm
einlesen oder (beliebige) Daten im XML-Format speichern zu können, benötigen Sie keine zusätzlichen Programme. Alles, was Sie jemals brauchen, steht
über verschiedene Klassen im *System.Xml*-Namespace bereit.

Beim Kompilieren von Konsolenanwendungen, die Klassen im *Sys-
tem.Xml*-Namespace verwenden, muss das Assembly *System.xml.dll* über
die Option /r: eingebunden werden.

12.3.1 Ein erstes Beispiel mit XML

Fangen wir ganz einfach an und schreiben ein kleines Programm, das die
Knoten einer XML-Datei der Reihe nach durchgeht und dabei die Anzahl der
Kindknoten ausgibt. Das braucht natürlich niemand wirklich, es geht daher
auch in erster Linie darum, das Prinzip zu veranschaulichen, nach dem ein
Knoten über die *XmlDocument*-Klasse angesprochen wird. Im Mittelpunkt
steht dabei das *XmlNode*-Objekt, dessen wichtigste Eigenschaften in Tabelle
12.1 zusammengestellt sind.

Mitglied	Bedeutung
AppendChild-Methode	Fügt ein angelegtes *XmlNode*-Objekt an das Ende der bereits vorhandenen Knotenliste an.
Attributes-Eigenschaft	Steht für die Attribute des Knotens.
ChildNodes-Eigenschaft	Steht für die Auflistung aller vorhandenen Kindknoten.
FirstChild-Eigenschaft	Steht für den ersten Kindknoten in der Auflistung der Kindknoten.
HasChildNodes-Eigenschaft	*True*, wenn der Knoten Kindknoten besitzt.
InnerText-Eigenschaft	Der Text zwischen den Markierungen des Knoten.
InnerXml-Eigenschaft	Der Text des Knotens inklusive der eingrenzenden Markierungen.
LastChild-Eigenschaft	Steht für den letzten Kindknoten in der Auflistung der Kindknoten.
Name-Eigenschaft	Der Name des Knotens.
NextSibling-Eigenschaft	Steht für den nächsten Knoten auf der gleichen Hierarchieebene.
NodeType-Eigenschaft	Gibt an, um welchen Typ von Knoten es sich handelt (z.B. Attribut, Kommentar, Element, Text usw.)
OuterXml-Eigenschaft	Der Text des Knotens inklusive der XML-Markierungen und jener des einschließenden Knotens.
ParentNode-Eigenschaft	Steht für den Knoten, zu dem der aktuelle Knoten gehört.
RemoveChild-Methode	Entfernt einen Knoten aus einer Auflistung von Knoten.
SelectNodes-Methode	Wählt bestimmte Knoten aufgrund eines Kriteriums aus.
Value-Eigenschaft	Steht bei Elementknoten für den Text zwischen zwei Markierungen.

Das folgende Beispiel lädt die Datei *Startrek.xml* als *XmlDocument*-Objekt, weist das Root-Element der Variablen *oXMLRoot* zu und geht anschließend die einzelnen Knoten über die *ChildNodes*-Auflistung durch. Dies wären die einzelnen <*Folge*>-Markierungen. Um »herauszubekommen«, wie viele Kindknoten jeder dieser Knoten besitzt, wird die *Count*-Eigenschaft jeder einzelnen *ChildNodes*-Auflistung ausgegeben.

Buch-CD: vbnet1201.vb

Listing 12-2:
Ein einfacher
Zugriff auf eine
XML-Datei

```vbnet
' -----------------------------------------------
' vbnet1201.vb - Laden und Anzeigen einer XML-Datei
' Jetzt lerne ich Visual Basic .NET
' -----------------------------------------------

Imports System
Imports System.IO
Imports System.Xml

Class App
  Shared Sub Main()
    Dim stXMLPfad As String = _
     "C:\Eigene Dateien\Startrek.xml"
    Dim oXMLDoc As XmlDocument = New XmlDocument()
    oXMLDoc.Load(stXMLPfad)
    Dim oXMLRoot As XmlElement = oXMLDoc.DocumentElement
    Console.WriteLine("Anzahl Hauptknoten: {0}", _
     oXMLRoot.ChildNodes.Count)
    Dim oXMLe As XmlElement
    For Each oXMLe In oXMLRoot.ChildNodes
      Console.WriteLine("Der Knoten {0} besitzt {1} Unterknoten", _
      oXMLe.Name, oXMLe.ChildNodes.Count)
      Console.WriteLine("Der Knoten {0} besitzt {1} Unterknoten", _
       oXMLe.GetAttribute("Nr"), oXMLe.ChildNodes.Count)
    Next
    Console.ReadLine()
  End Sub
End Class
```

12.3.2   XML-Dateien lesen

Beim Zugriff auf eine XML-Datei geht es in erster Linie darum, einzelne Knoten und ihren Inhalt, d.h. den Text zwischen zwei Markierungen, anzusprechen. Dafür gibt es mehrere Alternativen. Über die *ChildNodes*-Auflistung alle Kindknoten der Reihe nach durchzugehen, ist eine, über die *SelectSingleNode*-Methode gezielt auf einen Knoten über seinen Namen zuzugreifen, eine andere. Sie werden in Kapitel 12.3.5 erfahren, dass hier statt eines schlichten Namens ein komplexer Ausdruck übergeben werden kann. XML ist in dieser Beziehung extrem flexibel (die Beispiele in diesem Kapitel können dies nur andeuten).

Das folgende Beispiel greift über die *SelectSingleNode*-Methode gezielt auf einen Kindknoten (in diesem Fall *<titel>*) eines *<Folge>*-Knotens zu.

347

Listing 12-3:
Zugriff auf die
XML-Knoten
einer XML-
Datei

Buch-CD: vbnet1202.vb

```
' ---------------------------------------------
' vbnet1202.vb - Zugriff auf XML-Knoten
' Jetzt lerne ich Visual Basic .NET
' ---------------------------------------------
Imports System.Xml
Imports System

Class App
  Shared Sub Main()
    Dim obXMLDoc As XmlDocument = New XmlDocument()
    Dim stXMLPfad As String = _
     "C:\Eigene Dateien\Startrek.xml"
    obXMLDoc.Load(stXMLPfad)
    Dim obRoot As XmlNode = obXMLDoc.DocumentElement
    Dim obXMLElement As XmlNode
    For Each obXMLElement In obRoot.ChildNodes
      Console.WriteLine("Folge Nr. {0}", _
      obXMLElement.Attributes("Nr").Value)
      Console.WriteLine("Titel: {0}", _
        obXMLElement.SelectSingleNode("titel").InnerText)
    Next
    Console.WriteLine("Alles klar mit .NET und XML!")
    Console.ReadLine()
  End Sub
End Class
```

12.3.3   Der Zugriff auf Attribute

Um die Daten, um die es bei einem XML-Dokument letztendlich immer geht, abzuspeichern, gibt es grundsätzlich zwei Möglichkeiten: Über den Text zwischen zwei Markierungen (dieser wird über die *InnerText*-Eigenschaft des *XmlNode*-Objekts oder über die *Text*-Eigenschaft des dazugehörigen Knotenelements abgefragt) oder über *Attribute* (engl. »attributes«). Attribute sind das, was (wie bei HTML) als zusätzliche Eigenschaft einer Markierung aufgeführt werden kann:

```
<Folge Nr="41">
```

In diesem Beispiel besitzt der Knoten *<Folge>* das Attribut *Nr* und dieses den Wert 41 (auch wenn es sich um eine Zahl handelt, Attributwerte werden immer in Anführungsstriche gesetzt). Ob Daten nun als Text zwischen zwei Markierungen oder als Attribut gespeichert werden, spielt keine Rolle und ist meistens Ansichtssache. Für den Zugriff auf Attribute gibt es mit *XmlAttribute* eine eigene Klasse und mit der *Attributes*-Eigenschaft eines Knotens die passende Auflistung (ein Knoten kann beliebig viele Attribute enthalten).

Das folgende Beispiel gibt die Werte des Attributs *Nr* in den *<Folge>*-Knoten in der Datei *Startrek.xml* aus.

Buch-CD: vbnet1203.vb

```
' -----------------------------------------------
' vbnet1203.vb - Zugriff auf Attribute
' Jetzt lerne ich Visual Basic .NET
' -----------------------------------------------
Imports System.Xml
Imports System

Class App
  Shared Sub Main()
    Dim obXMLDoc As XmlDocument = New XmlDocument()
    Dim stXMLPfad As String = _
     "C:\Eigene Dateien\Startrek.xml"
    obXMLDoc.Load(stXMLPfad)
    Dim obRoot As XmlNode = obXMLDoc.DocumentElement
    Dim obXMLElement As XmlNode
    Dim obXMLAtt As XmlAttribute
    For Each obXMLElement In obRoot.ChildNodes
      Console.WriteLine("Knoten '{0}' besitzt folgende Attribute:", _
        obXMLElement.Name)
      For Each obXMLAtt In obXMLElement.Attributes
        Console.WriteLine("Attribut '{0}' besitzt den Wert '{1}'", _
          obXMLAtt.Name, obXMLAtt.Value)
      Next
    Next
    Console.WriteLine("Alles klar mit .NET und XML!")
    Console.ReadLine()
  End Sub
End Class
```

Listing 12-4:
Zugriff auf die
Attribute eines
XML-Knotens

12.3.4 Die XMLReader-Klasse

Bislang erfolgte der Zugriff auf XML-Dateien über das *Document Object Model* (kurz DOM), bei dem ein XML-Dokument komplett in den Arbeitsspeicher gelesen und in eine aus Knoten bestehende Baumstruktur umgesetzt wird. Dieses Verfahren hat Vor- und Nachteile. Ein Vorteil ist, dass der Zugriff relativ einfach und vor allem logisch ist (hat man sich erst einmal an das Baumprinzip gewöhnt, ist es relativ einfach, sich von Ast zu Ast zu hangeln, sprich von Knoten zu Knoten zu bewegen). Doch leider gibt es auch einen dicken Nachteil. Bei großen Dateien (wir reden hier von XML-Dateien mit mehreren tausend Knoten oder mehr) ist dies nicht nur sehr speicherintensiv, sondern auch sehr langsam (probieren Sie es einmal aus). Da Programmierer häufig

349

nur an den Werten einzelner Knoten oder Attribute, nicht aber an dem Dokument als Ganzes interessiert sind, gibt es im *System.Xml*-Namespace der Basisklassen eine Alternative zum DOM.

Als Alternative zum Zugriff über ein *XMLDocument*-Objekt, hinter dem das DOM mit seinen *XmlNode*-Objekten steckt, bieten die .NET-Basisklassen die *XMLReader*- und *XMLWriter*-Klassen. Hierbei handelt es sich aber um abstrakte Basisklassen, so dass sie nicht direkt benutzt werden können. Sie müssen vielmehr in anderen Klassen implementiert werden. Eine Klasse, bei der dies geschehen ist, ist die *XmlTextReader*-Klasse. Sie liest ebenfalls ein komplettes XML-Dokument ein. Allerdings wird kein DOM aufgebaut, der Inhalt der Datei wird vielmehr über einen Stream zur Verfügung gestellt. Dieser Stream muss über die *Read*-Methode Element für Element eingelesen werden. Es ist die Aufgabe des Programms anhand der *NodeType*-Eigenschaft des aktuell gelesenen Elements zu prüfen, ob dieses Element etwa ein Knoten, ein Attribut, ein Textelement oder etwas ganz anderes ist.

Das folgende Beispiel liest die (inzwischen sicherlich hinlänglich bekannte) *Startrek.xml*-Datei ein, dieses Mal aber über eine *XmlTextReader*-Klasse. Der Konstruktor der *XmlTextReader*-Klasse ist mehrfach überladen. Statt eines *StreamReader*-Objekts, das den eigentlichen Dateizugriff durchführt, kann auch eine URL angegeben werden, so dass es möglich ist, einen XML-Stream direkt über das Internet zu öffnen.

Listing 12-5:
Einlesen einer
XML-Datei
über die XML-
Reader-Klasse

Buch-CD: vbnet1204.vb

```
' --------------------------------------------------
' vbnet1204.vb - XML-Dokument mit XMLTextReader lesen
' Jetzt lerne ich Visual Basic .NET
' --------------------------------------------------
Imports System.IO
Imports System.Xml
Imports System

Class App
  Shared Sub Main()
    Dim stPfad As String = _
      "C:\Eigene Dateien\Startrek.xml"
    Dim oRd As New StreamReader(stPfad)
    Dim oXmlRead As New XmlTextReader(oRd)
    Do While oXmlRead.Read()
      Select Case oXmlRead.NodeType
        Case XmlNodeType.Element
          Console.WriteLine("Name des Knotens: {0}", _
            oXmlRead.Name)
        Case XmlNodeType.Text
          Console.WriteLine("Wert des Knotens: {0}", _
            oXmlRead.Value)
```

```
      Case Else
        ' Console.WriteLine("XML unknown entity")
      End Select
    Loop
    Console.WriteLine("Alles klar mit .NET und XML!")
    Console.ReadLine()
  End Sub
End Class
```

12.3.5 Spezialitäten mit XPath

XML wäre nicht so populär, wenn es nicht so flexibel wäre. Eine tragende Säule dieser Flexibilität ist die Möglichkeit, die einzelnen Knoten eines Dokuments über eine Art Abfragesprache lokalisieren zu können, die ein wenig an die Datenbankabfragesprache SQL erinnert. Diese Abfragesprache wird *XPath* genannt. XPath betrachtet ein XML-Dokument als eine hierarchische Struktur, ähnlich wie die hierarchische Struktur eines Verzeichnisses, bei dem jeder Knoten über einen Pfad (engl. »path«) erreicht wird. Über XPath wird es möglich, Knoten zu lokalisieren, die bestimmte Kriterien erfüllen. Eine Situation, bei der XPath in Erscheinung tritt, ist die *SelectSingleNode*-Methode der *XmlNode*-Klasse. Statt eines Knotennamens kann hier ein komplexer XPath-Ausdruck übergeben werden. XPath wird auch bei der *Extensible Style Sheet*-Language (XSL) benutzt, um jene Knoten auszuwählen, mit denen eine bestimmte Transformation (etwa in HTML) durchgeführt werden soll.

Das folgende Beispiel benutzt XPath dazu, einen Knoten anhand eines Attributs zu lokalisieren. Nach dem Programmstart muss eine Folgenummer eingegeben werden. Anschließend werden die Daten jener Folge (also des *<Folge>*-Knotens) angezeigt, deren *Nr*-Attribut mit der eingegebenen Nummer übereinstimmt.

Buch-CD: vbnet1205.vb

Listing 12-6:
Einfacher
Knotenzugriff
über XPath

```
' ---------------------------------------------
' vbnet1205.vb - Abfrage mit XPath
' Jetzt lerne ich Visual Basic .NET
' ---------------------------------------------
Imports System.Xml
Imports System

Class App
  Shared Sub Main()
    Dim cApChar As Char = Convert.ToChar(39)
    Dim obXMLDoc As XmlDocument = New XmlDocument()
    Dim stXMLPfad As String = _
      "C:\Eigene Dateien\Startrek.xml"
    obXMLDoc.Load(stXMLPfad)
```

351

```
Dim obRoot As XmlNode = obXMLDoc.DocumentElement
Do
  Console.Write("Folge?")
  Dim stFolgeNr As String = Console.ReadLine()
  If stFolgeNr = "" Then Exit Do
    Dim obXMLe As XmlNode
    obXMLe = _
    obRoot.SelectSingleNode("descendant::Folge[@Nr=" & cApChar & _
      stFolgeNr & cApChar & "]")
    If Not obXMLe Is Nothing Then
      With obXMLe
        Console.WriteLine("Folge: {0}", _
          .Attributes("Nr").InnerText)
        Console.WriteLine("Titel: {0}", _
          .ChildNodes(0).InnerText)
        Console.WriteLine("Stardate: {0}", _
          .ChildNodes(1).InnerText)
        Console.WriteLine("Regie: {0}", _
          .ChildNodes(2).InnerText)
      End With
    Else
      Console.WriteLine("Keinen Knoten gefunden, sorry")
    End If
  Loop
  Console.WriteLine("Alles klar mit .NET und XML!")
  Console.ReadLine()
End Sub
End Class
```

Über XPath lassen sich nicht nur einzelne Knoten über einen mehr oder weniger komplexen Abfrageausdruck lokalisieren. Es ist zum Beispiel auch möglich, alle Knoten eines bestimmten Namens in einer Auflistung zusammenzufassen. Das folgende Beispiel fasst alle *<Titel>*-Knoten zusammen und gibt ihren Inhalt aus.

Listing 12-7:
Knoten-
auswahl
über XPath

Buch-CD: vbnet1206.vb

```
' ----------------------------------------------
' vbnet1206.vb - Knotenauswahl mit XPath
' Jetzt lerne ich Visual Basic .NET
' ----------------------------------------------

Imports System.Xml
Imports System

Class App
  Shared Sub Main()
    Dim obXMLDoc As XmlDocument = New XmlDocument()
```

```
    Dim stXMLPfad As String = _
      "C:\Eigene Dateien\Startrek.xml"
    obXMLDoc.Load(stXMLPfad)
    Dim obRoot As XmlNode = obXMLDoc.DocumentElement
    Dim obRoots As XmlNodeList
    obRoots = obRoot.SelectNodes("/startrek/Folge/titel")
    Dim obXMLe As XmlNode
    For Each obXMLe In obRoots
      Console.WriteLine("Titel: {0}", obXMLe.InnerText)
    Next
    Console.WriteLine("Alles klar mit .NET und XML!")
    Console.ReadLine()
  End Sub
End Class
```

12.3.6   XML-Dateien schreiben

Bislang wurde eine XML-Datei nur gelesen, jetzt soll gezeigt werden, dass sich eine XML-Datei auch schreiben lässt. Dazu gibt es mehrere Möglichkeiten: einmal als Ganzes über die *XMLTextWriter*-Klasse oder einzeln, indem ein neuer Knoten an ein zuvor über das DOM eingelesenes XML-Dokument angehängt wird.

Das folgende Beispiel nimmt die Daten für einen *<Folge>*-Knoten entgegen und fügt an das XML-Dokument einen neuen Knoten an. (Damit das Originaldokument nicht überschrieben wird, wird stattdessen das Dokument *Startrek2.xml* verwendet.) Nach dem Start erscheint eine kleine Menüauswahl, die entweder alle vorhandenen Knoten auflistet oder die Möglichkeit bietet, einen neuen Knoten an das Dokument anzuhängen. Sollte das XML-Dokument noch nicht existieren, wird über die *XMLTextWriter*-Klasse ein komplett neuer Rahmen mit einem *<Startrek>*-Root-Element angelegt. Ansonsten wird über die *CreateElement*-Methode ein neuer Knoten angelegt, der über die *AppendChild*-Methode zur Auflistung hinzugefügt wird. Auch ein Attribut ist in diesem Zusammenhang ein *Node*-Objekt.

Buch-CD: vbnet1207.vb

Listing 12-8: XML-Dateien schreiben

```
' ---------------------------------------------
' vbnet1207.vb - XML-Datei schreiben
' Jetzt lerne ich Visual Basic .NET
' ---------------------------------------------

Imports System.IO
Imports System.Xml
Imports System
```

```
Class App
  Shared Sub Main()
    Dim stAuswahl As String
    Do
      MenüAuswahl()
      Console.Write("?")
      stAuswahl = Console.ReadLine()
      Select Case stAuswahl
        Case "1"
          KnotenAuflisten()
        Case "2"
          KnotenAnhängen()
        Case "3"
          Exit Do
        Case Else
      End Select
    Loop
    Console.WriteLine("Alles klar mit .NET und XML!")
    Console.ReadLine()
  End Sub

  Shared Sub KnotenAuflisten()
    Dim obXMLDoc As XmlDocument = New XmlDocument()
    Dim stXMLPfad As String = _
      "C:\Eigene Dateien\Startrek2.xml"
    If File.Exists(stXMLPfad) = False Then Exit Sub
    obXMLDoc.Load(stXMLPfad)
    Dim obRoot As XmlNode = obXMLDoc.DocumentElement
    Dim obRoots As XmlNodeList
    obRoots = obRoot.SelectNodes("/Startrek/Folge")
    Dim obXMLe As XmlNode
    Dim obXMLKind As XmlNode
    For Each obXMLe In obRoots
      Console.WriteLine("Vorhandene Knoten:")
      Console.WriteLine("Titel: {0}", _
       obXMLe.ChildNodes(0).ChildNodes(0).Value)
      Console.WriteLine("Folge: {0}", _
       obXMLe.Attributes.GetNamedItem("Nr").Value)
      Console.WriteLine("Stardate: {0}", _
       obXMLe.ChildNodes(1).ChildNodes(0).Value)
      Console.WriteLine("Regie: {0}", _
       obXMLe.ChildNodes(2).ChildNodes(0).Value)
      Console.WriteLine()
    Next
  End Sub
```

354

```
Shared Sub KnotenAnhängen()
  Dim stFolgeNr, stTitel, stStarDate, _
   stRegie As String
  Try
    Console.Write("Folge-Nr:?")
    stFolgeNr = Console.ReadLine()
    Console.Write("Titel:?")
    stTitel = Console.ReadLine()
    Console.Write("Stardate:?")
    stStarDate = Console.ReadLine()
    Console.Write("Regie:?")
    stRegie = Console.ReadLine()
  Catch
    Console.WriteLine("Bitte Eingabe wiederholen!")
    Exit Sub
  End Try
  Dim stXMLPfad As String = _
   "C:\Eigene Dateien\Startrek2.xml"
  If File.Exists(stXMLPfad) = False Then
    Dim obTw As XmlTextWriter
    Dim obStW As StreamWriter
    obStW = New StreamWriter(stXMLPfad)
    obTw = New XmlTextWriter(obStW)
    obTw.WriteStartDocument()
    obTw.WriteStartElement("Startrek")
    obTw.WriteEndElement()
    obTw.WriteEndDocument()
    obTw.Close()
  End If
  Dim obXMLDoc As XmlDocument = New XmlDocument()
  obXMLDoc.Load(stXMLPfad)
  Dim obNode As XmlElement = _
   obXMLDoc.CreateElement("Folge")
  With obNode
    Dim obNode1 As XmlElement = _
     obXMLDoc.CreateElement("Titel")
    obNode1.InnerText = stTitel
    obNode.AppendChild(obNode1)
    Dim obNode2 As XmlElement = _
     obXMLDoc.CreateElement("Stardate")
    obNode2.InnerText = stStarDate
    obNode.AppendChild(obNode2)
    Dim obNode3 As XmlElement = _
     obXMLDoc.CreateElement("Regie")
    obNode3.InnerText = stRegie
    obNode.AppendChild(obNode3)
```

355

```
        Dim obNode4 As XmlAttribute = _
          obXMLDoc.CreateAttribute("Nr")
        obNode4.InnerText = stFolgeNr
        obNode.Attributes.Append(obNode4)
      End With
      obXMLDoc.DocumentElement.AppendChild(obNode)
      obXMLDoc.Save(stXMLPfad)
    End Sub

    Shared Sub MenüAuswahl()
      Console.WriteLine("**********************************")
      Console.WriteLine("Menü-Auswahl:")
      Console.WriteLine("**********************************")
      Console.WriteLine("(1) Knoten auflisten")
      Console.WriteLine("(2) Knoten anhängen")
      Console.WriteLine("(3) Ende")
    End Sub
End Class
```

12.3.7 Objekte speichern durch XML-Serialisierung

Zum Abschluss dieses hoffentlich abwechslungsreichen Kapitels soll gezeigt werden, dass sich XML auch für ganz »normale« Tätigkeiten benutzen lässt. In diese Kategorie fällt das Abspeichern von Objekten (auch »Persistenz« genannt). Doch was kann man bei einem Objekt speichern? Etwa seinen Namen oder die Anzahl seiner Mitglieder? Nein, darum geht es in diesem Fall nicht, zumal diese Metadaten stets vorhanden sind und jederzeit über die *Get-Type*-Methode und die Klassen im *System.Reflection*-Namespace abgefragt werden können. Bei Objektpersistenz geht es darum, dass ein Objekt seine Daten, d.h. die aktuellen Werte seiner Felder und Eigenschaften, also seinen Zustand speichert. Die .NET-Basisklassen bieten im Namespace *System.Serialization* eine Reihe von Klassen, mit denen diese nicht ganz triviale Aufgabe erstaunlich einfach gelöst werden kann. Statt langatmiger Erklärungen soll Listing 12-9 das Prinzip veranschaulichen und dabei ein paar wichtige Details erklären.

Um ein Objekt serialisieren zu können, das einen Konstruktor besitzt, der Parameter erwartet, muss die Klasse zusätzlich eine *New*-Prozedur besitzen, die keine Parameter erwartet.

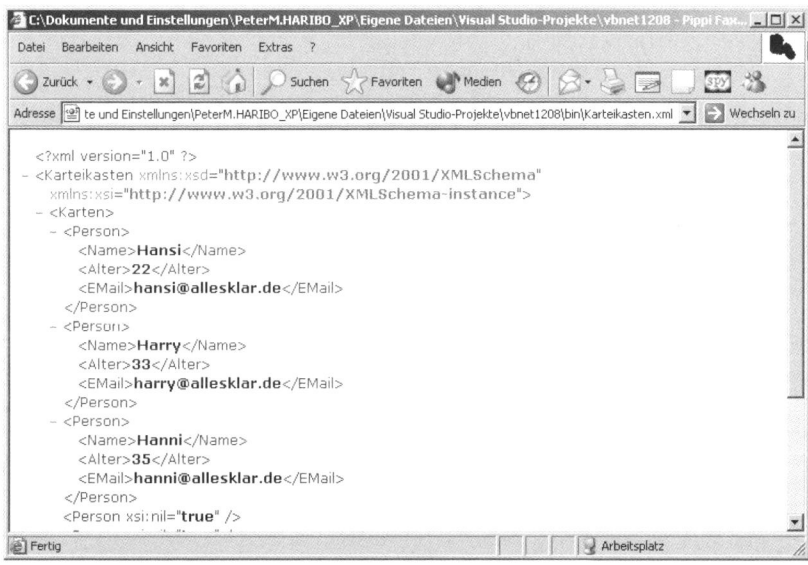

Abb. 12.5:
Ein Objekt mit
einer Array-
Eigenschaft
wurde in XML
serialisiert

Das folgende Beispiel serialisiert ein Objekt in XML. Das zu serialisierende Objekt heißt *obK* und ist vom Typ *Karteikasten*. Über seine Eigenschaft *Karten* enthält es ein Array mit einer (im Prinzip) beliebigen Anzahl an Objekten vom Typ *Person*. Es handelt sich also nicht um ein einzelnes Objekt, sondern um einen kleinen Baum, der vom Serialisierer abgearbeitet werden muss. Nach dem Start des Programms wird das Objekt im Arbeitsspeicher angelegt, in XML serialisiert und anschließend über den Deserialisierer wieder eingelesen. Abbildung 12.5 zeigt, wie die resultierende XML-Datei im Internet Explorer angezeigt wird.

Buch-CD: vbnet1208.vb

Listing 12-9:
Objekte spei-
chern durch
Serialisierung

```
' ----------------------------------------------
' vbnet1208.vb - Objekte in XML speichern
' Jetzt lerne ich Visual Basic .NET
' ----------------------------------------------

Imports System.IO
Imports System.Collections
Imports System
Imports System.Xml.Serialization

Class App
  Shared Sub Main()
    Dim obK As New Karteikasten()
    Dim oP1 As New Person("Hansi", 22, _
    "hansi@allesklar.de")
```

357

```
      Dim oP2 As New Person("Harry", 33, _
        "harry@allesklar.de")
      Dim oP3 As New Person("Hanni", 35, _
        "hanni@allesklar.de")
      With obK
        .Karten(0) = oP1
        .Karten(1) = oP2
        .Karten(2) = oP3
      End With
      Dim obSer As New _
        XmlSerializer(GetType(Karteikasten))
      Dim obTw As New FileStream("Karteikasten.xml", _
        FileMode.Create)
      obSer.Serialize(obTw, obK)
      obTw.Close()
      Console.WriteLine("Alles serialisiert, war doch kein Problem!")
      Console.ReadLine()
      obK = Nothing
      Dim obTr As New FileStream("Karteikasten.xml", _
        FileMode.Open)
      obK = obSer.Deserialize(obTr)
      obTr.Close()
      Dim K As Object
      For Each K In obK.Karten
        If K Is Nothing Then Exit For
          With K
          Console.WriteLine("Name: {0}", .Name)
          Console.WriteLine("Alter: {0}", .Alter)
          Console.WriteLine("EMail: {0}", .EMail)
        End With
      Next
      Console.ReadLine()
    End Sub
End Class

Public Class Person
  Public Name As String
  Public Alter As Byte
  Public EMail As String

  Sub New()
   ' Default-Konstruktor muss vorhanden sein
  End Sub

  Sub New(ByVal Name As String, ByVal Alter As Byte, _
    ByVal Mail As String)
      Me.Name = Name
      Me.Alter = Alter
      Me.EMail = Mail
    End Sub
```

```
End Class

Public Class Karteikasten
  Public Karten(10) As Person
    Sub New()
      ' Hier passiert nichts, muss aber vorhanden sein
    End Sub
End Class
```

12.4   Wann ist XML wichtig und wann nicht?

Jetzt, wo Sie alles Wichtige über XML in Zusammenhang mit Visual Basic .NET wissen, kann diese Frage ganz unbefangen beantwortet werden (zu Beginn dieses Kapitels wäre diese Frage eher akademischer Natur gewesen, denn man muss XML in Aktion erlebt haben, um den Nutzen beurteilen zu können). XML spielt seine Vorteile in erster Linie dann aus, wenn es darum geht, Daten zwischen zwei Anwendungen auszutauschen, die ansonsten keine Gemeinsamkeiten haben. Das klassische Beispiel sind dabei die relativ neuen XML Webservices, von denen im nächsten Abschnitt kurz die Rede sein wird. Hier liegt ein Fall vor, bei dem eine Anwendung bei einer anderen Anwendung (dem Webservice) eine Anfrage stellt und in der Regel (beliebige) Daten zurückhält. Stellen Sie sich ein Programm vor, das auf der Webseite eines kleinen Reisebüros läuft und den Kunden des Reisebüros die Abfrage von Flugdaten (etwa die aktuellen Abflugdaten nach Eingabe der Flugnummer und des Datums) erlauben soll. Damit gewährleistet ist, dass die anfragende Anwendung die zurückerhaltenen Daten auch verarbeiten kann, ist XML die optimale Lösung. Natürlich könnten sich die beiden Anwendungen auch auf ein x-beliebiges Format einigen, doch wäre dann der Datenaustausch auf diese beiden Anwendungen beschränkt. So kann das Reisebüro mit minimalem Aufwand den Webservice jeder Fluggesellschaft benutzen, der sich an den XML-Standard hält. Durch die Verwendung von XML wird gewährleistet, dass im Prinzip jede Anwendung die Daten weiterverarbeiten kann. Das ist in etwa so, als würden sie bei einer internationalen Telefonauskunft anrufen, die weltweit für jeden erreichbar ist. Es ist naheliegend, dass das »Fräulein« Englisch spricht, denn dies ist der internationale »Standard« für Sprachen (Ideal wäre natürlich die Sprache Esperanto, da diese genau für eine globale Verständigung geschaffen wurde. Doch besteht hier das Problem darin, dass einfach viel zu wenig Menschen diese Sprache beherrschen. Damit XML nicht ein ähnliches Schicksal erleidet, wurde es frühzeitig standardisiert und der Standard wurde glücklicherweise, was keinesfalls selbstverständlich ist, von allen Beteiligen akzeptiert.)

Bei Visual Basic .NET ist XML natürlich nur dann beteiligt, wenn es um die Weiterverarbeitung von Daten geht. Das ist konkret in (mindestens) drei Situationen der Fall:

- Wenn ein Objekt dauerhaft gespeichert werden soll (Stichwort: Serialisierung).

- Wenn ein *DataSet*-Objekt (Stichwort: ADO .NET) mit Daten geladen wurden, die zum Beispiel aus einer Datenbank stammen.

- Wenn das Ergebnis einer Abfrage an einen Webservice ausgewertet werden soll.

Bei vielen Programmen, die ihre Daten nicht mit anderen Anwendungen teilen sollen, ist auch unter Visual Basic .NET kein XML im Spiel (zumindest nicht, wenn es der Programmierer nicht wünscht). Es ist also nicht so, dass Visual Basic .NET und XML unzertrennlich miteinander »verbandelt« sind.

Soll ich also ab sofort alle meine Daten in XML speichern? Nein, das wäre viel zu umständlich und würde auch in den meisten Fällen keine unmittelbaren Vorteile bieten. Traditionelle Datenbanken, wie Access oder der SQL Server, der ab der Version 2000 auch per XML angesprochen werden kann und mit der nächsten Version (Codename »Yukon«) seine Daten auch direkt im XML-Format anbieten soll, werden auch in Zukunft an erster Stelle stehen. XML kommt immer dann ins Spiel, wenn die Daten so weitergegeben werden sollen, dass sie möglichst viele Anwendungen weiterverarbeiten können. Die Kunden- und Auftragsdaten eines Geschäfts oder die Bestandsdaten einer Bibliothek sind nach wie vor in einer Datenbank gut aufgehoben. Sollen Außendienstler der Firma die Gelegenheit erhalten, aktuelle Auftragsdaten abzurufen, oder eine Bibliothek den Bestand einer anderen Bibliothek abfragen können, kommt XML als Option ins Spiel. Bei .NET hat sich Microsoft aus gutem Grund dazu entschlossen, aus der Option einen zentralen Baustein zu machen.

12.5 Ein kurzer Ausblick auf die XML-Webservices

In einem Kapitel über XML muss in einem .NET-Buch das Thema XML-Webservices zumindest kurz angesprochen werden, denn ohne XML wären Webservices im Grunde nicht brauchbar. Doch was ist ein Webservice und warum wird um diese »Dinger« so viel Wirbel gemacht? Ein Webservice ist eine beliebige Funktion, die in einem Programm enthalten ist, das sich auf einem Webserver befindet. Das bedeutet, dass die Funktion nicht einfach über ihren Namen aufgerufen werden kann, da sich der Webserver, der die Funktion beheimatet, irgendwo auf der Welt befinden kann. Für den Aufruf eines Webservice kommt das gleiche Prinzip zur Anwendung, das auch beim Aufruf beliebiger Dokumente eingesetzt wird. Als Adresse für die Funktion wird eine URL benutzt. Ein Webservice ist damit eine Funktion, die über das Internet aufgerufen und über eine normale URL angesprochen wird. Heißt ein Webservice zum Beispiel *Horoskop* und befindet sich die Funktion auf einem Webserver mit dem Namen *HoroskopDienst*, sieht die Aufruf-URL wie folgt aus:

```
http://HoroskopDienst/Service1.asmx/Horoskop?GebDatum=25.10.2002
```

Service1.asmx ist der Name der ASP .NET-Seite, die den Webservice enthält und daher ebenfalls angegeben werden muss.

Der Vorteil von Webservices besteht darin, dass sich mit ihrer Hilfe beliebige Funktionen auf eine einheitliche Weise aufrufen lassen. Webservices eignen sich vor allem für beliebige »Datendienstleistungen«, wie sie für kommerzielle Anwendungen im Internet in Zukunft eine wichtige Rolle spielen werden. Die Möglichkeiten, die sich durch Webservices für eine kommerzielle Erschließung des Internets ergeben können und bereits ergeben, sind äußerst vielfältig und lediglich durch die Fantasie der Beteiligten begrenzt. Viele Menschen werden es vermutlich noch nicht benutzt haben, aber auch Windows XP macht von Webservices Gebrauch. Wann immer Sie im Ordner *Eigene Bilder* auf die Idee kommen sollten, über den entsprechenden Eintrag in der Aufgabenliste Abzüge über das Internet zu bestellen (etwa bei Foto Quelle) ist ein Webservice im Spiel, der die Bilder entgegennimmt und die finanzielle Transaktion abwickelt. Der Anwender nimmt dies nicht wahr und es ist ihm auch herzlich egal, ob im Hintergrund XML, SOAP und vielleicht ein Visual Basic .NET-Programm werkeln. Hauptsache es funktioniert, es ist einigermaßen preiswert und es ist sicher (in dieser Reihenfolge). Natürlich kann ein Fotolabor seine Dienste auch über eine reguläre Webseite anbieten und die Kunden auffordern, ihre Bilder hochzuladen (diese Aufgabe könnte ein JavaApplet übernehmen, das auf der Webseite arbeitet[1]). Der Vorteil eines Webservice besteht darin, dass sich die Dienstleistung sehr viel flexibler von anderen Anwendungen nutzen lässt.

Webservices können im Prinzip in jeder Programmiersprache programmiert werden, besonders geeignet ist dafür Visual Studio .NET, da es dem Programmierer praktisch alle Formalitäten abnimmt. Einen Webservice mit Visual Basic .NET zu programmieren, ist dabei so einfach, wie die Programmierung einer Konsolenanwendung. Einen »Nachteil« darf man allerdings nicht vergessen: Webservices, die mit einer .NET-Sprache programmiert werden, setzen ASP .NET und damit mindestens Windows 2000 als Betriebssystem und den *Internet Information Server* (IIS) als Webserver voraus. Da dies nur von we-

---

1. Bei Windows XP allerdings erst, nachdem eine virtuelle Java-Maschine nachträglich installiert wurde.

nigen Internet-Providern angeboten wird, schränkt dies die Einsatzmöglichkeiten von Webservices auf Basis von .NET jedenfalls noch deutlich ein[1].

12.6 Zusammenfassung

XML ist der »neue« Standard, wenn es darum geht, beliebige Daten zwischen Anwendungen auszutauschen. Und dabei ist nicht so sehr der Datenaustausch zwischen Anwendungen auf ein und demselben Computer gemeint (dafür sind die vorhandenen Dateiformate mehr als ausreichend), sondern in erster Linie natürlich Anwendungen, die über das Internet verbunden sind. Das Stichwort Webservices, das in diesem Zusammenhang zwangsläufig fallen muss, konnte in diesem Kapitel aus Platzgründen nur kurz erklärt werden (dafür gibt es viele andere schöne Bücher). Für den Zugriff auf XML-Daten stellt Visual Basic .NET »natürlich« (inzwischen dürften Sie .NET so gut kennen, dass diese ironischen Anführungsstriche ihre Wirkung nicht verfehlen) keine Befehle zur Verfügung, diese wichtige Aufgaben übernehmen ebenfalls .NET-Basisklassen, die im Namespace *System.xml* zusammengefasst sind. Dabei gibt es zwei grundsätzlich verschiedene Ansätze. Der eine besteht darin, über die *XmlDocument*-Klasse ein *Document Objekt Model* (DOM) aufzubauen und auf die einzelnen Knoten über ein Objektmodell und Auflistungen zuzugreifen. Der andere besteht darin, die XML-Datei über die *XmlTextReader*-Klasse Element für Element einzulesen und zu prüfen, ohne dass die eingelesen Daten aber im Speicher verbleiben. Es ist vielmehr Aufgabe des Programms, die Knoten und ihre Elemente abzufangen und weiterzuverarbeiten.

12.7 F&A

Frage 12-1

Für was steht eigentlich die Abkürzung XML?

Frage 12-2

Die Klasse *Person* besitzt folgenden Aufbau:

```
Class Person
  Public Name As String
  Public Alter As Byte
  Public Email As String
End Class
```

---

1. Ein hiesiger Provider, der zumindestens ASP .NET-Anwendungen hostet, ist Quality Hosting (*www.qualityhosting.de*).

Wie lässt sich diese Struktur in einem XML-Dokument beschreiben? Lassen Sie dabei die Datentypen außer Acht, da dafür eine Schemabeschreibung benötigt würde, die in diesem Kapitel lediglich dezent angedeutet, aber nicht mit einem Beispiel vorgestellt wurde.

Frage 12-3

Wie lautet die Kopfzeile, mit der (praktisch) jede XML-Datei beginnt?

Frage 12-4

Schreiben Sie ein kleines Programm, das die XML-Datei, wie sie in Antwort 12-2 vorgestellt wird, über eine *XmlDocument*-Klasse einliest und ausgibt.

Frage 12-5

Wiederholen Sie die Aufgabe aus Frage 12-4, nur dass Sie dieses Mal für das Einlesen eine *XmlTextReader*-Klasse benutzen.

Frage 12-6

Schreiben Sie ein kleines Programm, das eine beliebige XML-Datei über die *XmlDocument*-Klasse einliest und ihre Struktur über eine rekursive Prozedur ausgibt, die sich bei jedem Knoten für jeden vorhandenen Kindknoten selber aufruft. Als Abbruchkriterium für die Rekursion kann die *HasChildNodes*-Eigenschaft eines *XmlNode*-Objekts benutzt werden, die *False* zurückgibt, wenn der Knoten keine Kindknoten besitzt.

(Alle Antworten und Lösungen finden Sie in Anhang D.)

KAPITEL 13

Visual Basic .NET und das Internet

Dieses Kapitel besitzt eine vielversprechende Überschrift, denn das Internet übt, auch wenn es sich inzwischen zu einer Art Alltagsgebrauchsgegenstand entwickelt hat, nach wie vor eine große Faszination auf Programmierer aus. Insbesondere natürlich, weil .NET im Allgemeinen und Visual Basic .NET im Speziellen gerade in Hinblick darauf entwickelt wurden, die Internetprogrammierung zu vereinfachen bzw. überhaupt erst zu ermöglichen. In diesem Kapitel geht es allerdings lediglich um einen kleinen Teilaspekt dieses sehr großen Bereichs. Es geht nicht um die Programmierung kompletter Internetanwendungen (auf der Basis von ASP .NET) oder die Anbindung einer Datenbank, so dass Datenbankabfragen über das Web möglich werden und das Ergebnis einer solchen Abfrage von einem Webbrowser angezeigt werden kann. Im Vordergrund steht vielmehr die allgemeine Netzwerkprogrammierung auf der Grundlage eines TCP/IP-Netzwerks. Ob dieses Netzwerk aus lediglich zwei Computern besteht oder ob es sich um das Internet als weltweit größtem Verbund von Netzwerken handelt, spielt grundsätzlich keine Rolle. Mit Hilfe der umfangreichen Klassen im *System.Net*-Namespace lassen sich prinzipiell alle Netzwerke einheitlich ansprechen. In diesem Kapitel wird erneut einer der wichtigsten Vorteile des .NET-Frameworks eine Rolle spielen: Alles passt zusammen. So wird in einem Beispiel zunächst eine HTML-Datei, anschließend eine XML-Datei von einem Webserver geladen. Da beide Dateien zunächst in einem Stream zwischengelagert werden, spielt es keine Rolle, ob dieser direkt ausgegeben oder dem *XmlDocument*- oder *XPathNavigator*-Objekt zugeführt wird. Das ist wirklich einer der ganz großen Fortschritte beim .NET-Framework und ein wohltuender Kontrast zur Vergangenheit, wo häufig zwei Bausteine passend gemacht werden mussten, was sehr viel Erfahrung erforderte.

Und noch eine kleine Besonderheit muss vorangestellt werden. Die Beispiele in diesem Kapitel gehen von einer bestehenden Internetverbindung aus, das heißt, es geht nicht um die Frage, wie sich eine DFÜ-Verbindung starten und wieder beenden lässt (eine solche Funktionalität ist in den .NET-Basisklassen offenbar nicht enthalten – hier müssen die guten alten API-Funktionen herhalten).

Die Themen für dieses Kapitel:

- Internet für »Dummies«

- Netzwerkverbindungen über Sockets

- Kurzer Überblick über den *System.Net*-Namespace

- Der Download einer HTML-Datei

- Und nun alles mit XML

13.1   Internet für »Dummies«[1]

Der folgende Absatz hat nur indirekt etwas mit der Visual Basic .NET-Programmierung zu tun. Er ist in erster Linie für jene Leserinnen und Leser gedacht, die sich bislang noch nicht mit dem Thema Internetprogrammierung beschäftigt haben und/oder sich wundern, warum der Begriff »Net« (die »Abkürzung« für Internet) bei Visual Basic auf einmal eine so wichtige Rolle spielt.

Das Internet, nun, was ist das denn eigentlich (wir stellen uns einmal absichtlich ganz dumm)? Wenn Sie jetzt spontan so etwas antworten wie »eine einzige Zeitverschwendung« oder »ein großer Haufen nutzloser Informationen«, dann haben Sie offensichtlich noch nicht die Ernsthaftigkeit der Lage erkannt und jemand von Microsoft wird sich in Kürze wohl etwas ausführlicher mit Ihnen unterhalten müssen (schließlich hat man .NET nicht zum Spaß entwickelt). Man kann zum Internet stehen wie man will, im Jahre 2004 sind zwei Dinge so sicher wie die Tatsache, dass auf einen Freitag das Wochenende folgt[2]: 1. Das Internet hat sich als Informationsmedium etabliert (bei den jüngeren Mitmenschen etwas mehr als bei den älteren) und wird in stetig zunehmendem Maße dazu benutzt, die unterschiedlichsten Dienstleistungen zu verkaufen. 2. Die Firma Microsoft will mit dem Internet in absehbarer Zeit sehr viel Geld

---

1. Der Dummy (auszusprechen wie »dammie«), Mehrzahl Dummies, neudeutsch: Noch nicht mit allen Raffinessen und Besonderheiten eines speziellen Themengebiets bewanderter, ansonsten aber höchst intelligenter und sympathischer Mensch beiderlei Geschlechts.

2. Auch wenn es eigentlich hier nicht hingehört und dies bestimmt wieder in einer Rezension bei Amazon.de beanstandet wird, aber mich überkommt beim Schreiben solcher Jahreszahlen nach wie vor ein gewisses Gefühl der Ehrfurcht. Wir befinden uns tatsächlich mitten in der Zukunft.

verdienen und hat dementsprechend praktisch ihre gesamte Strategie auf dieses Ziel ausgerichtet und dafür unter anderem mehrere Jahre intensiver Arbeit und mehrere Milliarden € investiert. Das Ergebnis heißt .NET und inzwischen sollte hoffentlich etwas klarer sein, was sich (zumindestens aus der Perspektive eines Visual Basic-Programmierers) dahinter verbirgt. Diese Investition soll sich nicht nur auszahlen, sie muss sich auszahlen. Doch wie soll das gehen, das .NET Framework-SDK ist doch kostenlos? Nun, das .NET Framework-SDK, das eher als »Appetithäppchen« für das Visual Studio .NET-Paket verabreicht wird, ist nur Mittel zum Zweck. Auch die Einnahmen von Visual Studio .NET werden nicht ausreichen, um auch nur einen kleinen Teil der gewaltigen Investitionen abzudecken (wenn es nur darum gehen würde, hätte man sich auch mit einem »Visual Basic 7.0« begnügen können). Der große Umsatz soll mit Webservices gemacht werden. Webservices sollen das Fundament einer künftigen Dienstleistungsgesellschaft sein, bei der alle möglichen Dienstleistungen (die keine physische Präsenz erfordern, wie etwa Maniküre oder der Besuch beim Friseur) über das Internet abgewickelt werden.

Das Ganze ist sehr einfach. Hier ein Beispiel von (sehr) vielen: Die bekannte Sängerin *Britney Spears* bringt eine neue CD heraus, viele Millionen Teenager in aller Welt erfahren es, sobald sie das nächste Mal Windows XP booten (über einen kleinen »Alert«, der über dem Statusfeld der Taskleiste eingeblendet wird), klicken in freudiger Erwartung auf den dafür vorgesehenen Button, um die Liedchen in den Windows Media Player zu laden. Vorher geben sie noch schnell die Kreditkartennummer (eines Erziehungsberechtigten) ein, denn die Musik gibt es natürlich nicht kostenlos (zumindestens nicht bei Microsoft, wo kämen wir da denn hin?). Frau Spears freut sich über die Tantiemen, die Plattenfirma freut sich über die Umsätze, die beteiligten Werbeträger über die Klickraten, die Agenturen über die Konsumentenprofile – und freut sich Microsoft auch? Wahrscheinlich ja, denn die Firma wird sich mit jedem Download prozentual am Umsatz beteiligen, was auch nachvollziehbar ist, denn sie schafft über Windows XP nicht nur die Voraussetzung für den Kauf, sondern stellt die komplette Infrastruktur an Server und Serversoftware zur Verfügung, über die der Download abgewickelt und der Lizenzbetrag vom Kreditkartenkonto abgebucht werden kann. Der Download einer neuen CD ist dabei nur ein Beispiel von buchstäblich Zehntausenden. So oder ähnlich wird die Zukunft des Internets zumindestens im kommerziellen Bereich aussehen.

Doch was hat das Ganze denn mit .NET und vor allem mit Visual Basic .NET zu tun? Eine ganze Menge, denn wenn Microsoft von der Programmierung von Internetanwendungen spricht, ist damit längst nicht mehr der simple Download von Dateien von einem Web- oder FTP-Server, die Abfrage einer Datenbank oder das Aufpäppeln einer HTML-Seite mit VBScript oder ActiveX gemeint. Das sind Themen der Vergangenheit, die zwar noch eine gewisse Rolle spielen, im Grunde aber niemanden mehr wirklich interessieren. Wenn von Internetprogrammierung die Rede ist, ist damit in erster Linie

367

die Programmierung von Webservices (und ASP .NET-Anwendungen, die Web Forms) gemeint, die Grundbausteine der nächsten Generation des kommerziell ausgerichteten Internets. .NET wurde zu einem wesentlichen Teil nicht nur dafür konzipiert, dass sich diese Anwendungen möglichst effektiv erstellen lassen, sondern dass sie auch eng verzahnt mit der Microsoft-Plattform laufen (wenngleich fairer Weise bereits an dieser Stelle angemerkt werden muss, dass ein Visual Basic .NET-Programm beliebige Webdienste konsumieren kann und dass dies bereits mit Visual Basic 6.0 möglich war, wenngleich deutlich weniger komfortabel). Und aus diesem Grund laufen diese neuen .NET-Anwendungen nicht auf einem *Apache* Webserver (dem zurzeit am weitesten verbreiteten und im Rahmen des *Open Source*-Lizenzmodells kostenlos erhältlichen Webserver), sondern ausschließlich auf einem Microsoft Webserver (IIS) unter Windows 2000, Windows XP Professional oder Windows Server 2003 als Plattform. Das Ganze ist eine absolut wertneutrale Feststellung, denn jede Firma hat natürlich das Recht, ihre Strategie so auszurichten, dass sie davon maximal profitiert. Die Feststellung muss allerdings einmal erfolgen, denn ansonsten macht man sich als »Internetneuling«, der Visual Basic .NET vielleicht genau aus dem Grund wählt, unter Umständen falsche oder unrealistische Vorstellungen, was die Möglichkeiten angeht, die mit Visual Basic .NET einhergehen werden.

13.1.1   Internet = Client + Server

Nachdem im letzten Abschnitt kurz und hoffentlich einleuchtend[1] die Rolle von .NET unter firmenstrategischen Gesichtspunkten erläutert wurde, soll es in diesem Abschnitt um das allgemeine Prinzip einer Internetanwendung gehen. Was heißt es genau, auf das Internet zuzugreifen? Es bedeutet konkret, dass ein Programm über eine bestehende Netzwerkverbindung auf einen anderen Computer zugreift und von diesem entweder eine Datei abruft (meistens wird es sich dabei um HTML-Programme handeln) oder ein Programm startet, das zum Beispiel eine Datenbankabfrage durchführt und das Ergebnis im HTML-, XML- oder einem ganz anderen Format an das Programm zurückschickt. Diese Form der Kommunikation fällt in die große (und vermutlich nirgendwo genauer definierte) Kategorie der Client-Server-Anwendungen. Da gibt es auf der einen Seite den Client, der eine Anfrage an den Server schickt. Und es gibt eben diesen Server, der die Anfrage empfängt, verarbeitet und ein Ergebnis zurückschickt. Die Begriffe Client und Server sind insofern etwas irreführend, da sie in der Computertechnik in vielen unterschiedlichen Situationen benutzt werden. Schon gar nicht hat der Begriff Server in diesem Zusammenhang etwas mit einem Server-Computer oder einem Netzwerk-Server zu tun. Die Begriffe Client und Server beschreiben einzig und allein

---

1. Und hoffentlich auch sachlich richtig, denn ein gewisser Interpretationsspielraum bleibt bei diesen Betrachtungen immer.

eine Aufgabenverteilung. Bezogen auf das Internet ist der Client meistens der Webbrowser, während der Server der Webserver ist. Diese Aufgabenteilung ist keinesfalls unveränderlich. Auch der Webserver kann an ein anderes Programm eine Anfrage stellen und spielt in diesem Zusammenhang die Rolle des Clients und der Client kann (wenngleich dies bei einer Internetverbindung eher selten der Fall ist) eine Anfrage entgegennehmen und agiert dann als Server. Die Client-Server-Verbindung zwischen einem Webbrowser und einem Webserver weist drei Besonderheiten auf:

- Der gesamte Austausch von der Anfrage bis zum Beantworten der Anfrage (unter Umständen muss vorher noch eine Authentifizierung erfolgen) wird über das HTTP-Protokoll abgewickelt. Auch wenn auf dieses Protokoll in diesem Buch nicht näher eingegangen werden kann, ist es die Grundlage für das Web und das Abrufen und Ausführen von Programmen auf einem Webserver.

- Der Server besitzt eine feste Adresse (die IP-Adresse).

- Die Verbindung ist zustandslos. Das bedeutet, wenn der Client ein Dokument abgerufen hat, wird die Verbindung zum Server sofort wieder beendet. Ruft der gleiche Client kurz danach ein weiteres (oder das gleiche) Dokument auf, wird der Client vom Server wie ein komplett neu anfragender Client behandelt. Ohne besondere Vorkehrungen wird der Zustand der Verbindung (der Client hat Dokument1 abgerufen und bezieht sich mit der nächsten Anfrage auf dieses Dokument) nicht gespeichert.

Diese Besonderheiten gelten natürlich auch dann, wenn ein Visual Basic .NET-Programm auf einen anderen Computer über das Internet zugreift. Lassen wir den Fall, dass auf dem Server eine komplette Anwendung läuft, die unter anderem den Zustand speichern kann, einmal außer Acht, verläuft die Anfrage nach einem Dokument (stark vereinfacht) nach folgendem Schema:

- Der Client (in diesem Fall das Visual Basic .NET-Programm) schickt über das HTTP-Kommando *GET* eine Anfrage an einen Computer im Internet (wie diese Anfrage den Computer erreicht wird gleich kurz erläutert).

- Auf dem Computer läuft ein Webserver, dessen Aufgabe darin besteht, über den vereinbarten Kommunikationsport auf eintreffende Anfragen zu warten. Trifft eine *GET*-Anfrage ein, ermittelt der Webserver den Namen des angeforderten Dokuments (der Dateiname ist Teil der Anfrage), lokalisiert dieses in seiner Verzeichnisstruktur und schickt es (komplett als Text, auch wenn es um binäre Inhalte geht) an den Client zurück.

- Zum Schluss wird die Verbindung wieder beendet.

Ob der Client unmittelbar danach eine weitere Anfrage startet, hängt davon ab, ob das Dokument aus mehreren Teilen besteht. Wenn Sie als Websurfer eine Seite abrufen, die zwei Bilder enthält, müssen insgesamt drei Dateien vom Webserver nacheinander abgerufen werden. Zuerst wird das HTML-Dokument abgerufen. Beim Verarbeiten des Dokuments stellt der Browser fest, dass ein Bild angezeigt werden soll, und ruft dieses vom Server ab. Dann wird das zweite Bild abgerufen und an den Browser übertragen. Insgesamt finden drei voneinander unabhängige Zugriffe auf den Server statt, nur dass jedes Mal eine andere Datei angefordert wird.

Stellen Sie sich nun vor, dass es sich bei dem Client um ein Visual Basic .NET-Programm (oder ein beliebiges anderes Programm) handelt. Dann muss das Programm mindestens zwei Dinge leisten:

- Eine Verbindung zum Computer herstellen, auf dem der Webserver läuft.

- Ein Dokument über das HTTP-*GET*-Kommando anfordern.

- Das erhaltene Dokument in Empfang nehmen und weiterarbeiten.

Dieser Ablauf wird in dem Beispielprogramm in Listing 13-2 umgesetzt. Zuvor muss aber kurz erklärt werden, wie die Verbindung zu einem x-beliebigen Computer im Internet hergestellt wird.

13.2 Netzwerkverbindungen über Sockets

Damit ein Computer (Client) einen anderen Computer (Server) lokalisieren und eine Verbindung herstellen kann, müssen zwei Voraussetzungen erfüllt sein:

- Der Client muss die IP-Adresse des Servers kennen.

- Client und Server müssen den gleichen Kommunikationsport verwenden.

Um eine Webseite aufzurufen, gibt ein Websurfer nur in seltenen Ausnahmefällen eine IP-Adresse ein. Der Aufruf erfolgt vielmehr über eine »richtige« Adresse, die URL (*Uniform Resource Locator*). Für die Umwandlung der URL in eine IP-Adresse sorgt ein Computer, auf dem der *Domain Name Service* (DNS) beheimatet ist. Die Aufgabe des DNS ist es, anhand einer mehr oder weniger großen Tabelle einer URL die passende IP-Adresse zuzuordnen. Ist diese bekannt, was heutzutage in Bruchteilen einer Sekunde festzustellen ist, wird mit dem Computer eine Verbindung hergestellt. Wenn in diesem Zusammenhang von Herstellen einer Verbindung die Rede ist, so ist damit nicht das Herstellen einer DFÜ-Netzwerkverbindung zum Internet-Provider gemeint. Dies ist eine Art Spezialfall, der für das Internet im Grunde keine Rolle spielt. Das Herstellen einer Verbindung bedeutet vielmehr, dass Computer A (Client) einem Computer B (Server) eine Anfrage sendet (zum Beispiel ein HTTP-Kommando) und dieser darauf antwortet. Dass viele Privatpersonen erst per Modem- oder ISDN-Verbindung eine Einwählverbindung zu ihrem Provider aufbauen müssen, um überhaupt mit dem Internet verbunden zu sein, ist eine Situation, die von den Architekten des Internets nicht berücksichtigt wurde und daher auch irrelevant für die Verbindung ist. Alle Protokolle (und damit auch die .NET-Basisklassen, die diese Protokolle umsetzen) gehen einfach davon, dass eine Netzwerkverbindung besteht (auf welche Weise diese zustande gekommen ist, spielt keine Rolle).

Die IP-Adresse des Gegenübers zu kennen, ist aber nur eine Hälfte der Geschichte. Um eine Verbindung über ein bestimmtes Protokoll (etwa HTTP für den Abruf einer Webseite) herstellen zu können, müssen Client und Server den gleichen Kommunikationsport verwenden, bei dem es sich einfach nur um eine Zahl handelt, die beide Seiten für den »Verbindungsaufbau« benutzen. Damit es kein Durcheinander gibt und Client und Server möglichst leicht zueinander finden, sind den wichtigsten Diensten im Internet feste Portnummern zugeordnet. Die Portnummer für den Zugriff auf einen Webserver lautet beispielsweise 80. Diese Portnummer verwendet standardmäßig jeder Browser, der via HTTP auf einen Webserver zugreifen möchte. Es wäre auch möglich, dass beide die Portnummer 90 verwenden, doch dann würden alle anderen Browser, die es nach wie vor über Port 80 versuchen, ausgesperrt.

Bislang wurde nur der allgemeine Ablauf einer Kommunikation über das Internet beschrieben. Auf der unteren Ebene gibt es die Protokolle *TCP* (*Transmission Control Protocol*) und *IP* (*Internet Protocol*), die dafür sorgen, dass zwei Computer im Internet zueinander finden (IP) und eine Verbindung aufbauen (TCP). Dann gibt es das HTTP-Protokoll als eines von mehreren Diensten im Internet, über das die Verständigung zwischen Client und Server stattfindet (nach dem Motto »Anfrage: Gib mir Datei xyz – Antwort: OK, hier hast du Datei xyz«). Nun muss das Ganze auch programmiert werden. Hier kommt eine allgemeine Programmierschnittstelle ins Spiel, mit deren Hilfe jedes Programm eine Verbindung auf der untersten Ebene eines TCP-Netzwerks aufbauen und Daten über einen vereinbarten Port austauschen kann. Diese Programmierschnittstelle heißt allgemein Winsock, was sich von dem Begriff »Implementierung der Sockets-Funktionalität unter Windows« ableitet, wobei es sich bei Sockets um eine an der amerikanischen Universität Berkley vor langer Zeit entwickelte allgemeine Technologie handelt, mit der ein Datenaustausch in Netzwerken ermöglicht wird. Das sind jedoch Details, die Programmierer allenfalls am Rande interessieren. Wichtig ist, dass über Winsock eine Reihe von Funktionen zur Verfügung stehen, mit deren Hilfe sich über die Angabe einer Portnummer eine Verbindung aufbauen und Daten in beide Richtungen austauschen lassen. Winsock ist daher die API für allgemeine Netzwerkprogrammierung in einem Netzwerk, das die TCP/IP-Protokolle verwendet (nur zur Erinnerung, das ist zum Beispiel in jedem Windows-2000-Netzwerk der Fall). Möchte ein Programmierer daher an einen anderen Computer im Netzwerk Daten schicken, benutzt er oder sie dazu die Winsock-API. Auf dem Gegenüber muss natürlich ein Programm laufen, das den vereinbarten Port überwacht, die Daten entgegennimmt und gegebenenfalls auch quittiert. Da ein Computer im Internet ebenfalls über die TCP/IP-Protokolle angesprochen wird (dazu wurden sie auch entwickelt), lässt sich auch die Internetprogrammierung mit Winsock betreiben. Auch wenn es denkbar wäre, einen Webserver oder einen Mailserver mit Winsock-Funktionen anzusprechen, wäre dies recht umständlich, da es hier nicht nur um das reine Herstellen der Verbindung, sondern um den Protokollaustausch auf einer höheren Ebene geht (HTTP für Webserver oder POP3/SMTP für Mailserver). Programmierer arbeiten daher mit Funktionsbibliothek auf einer höheren Ebene, die auf den Winsock-Funktionen aufsetzen (müssen).

Nach diesem kurzen Abriss über das Prinzip der Internetprogrammierung (denken Sie daran, dass ein Verbindungsaufbau bedeutet, über einen gemeinsamen Port einen anderen Computer anzusprechen und nicht eine DFÜ-Verbindung herzustellen) wird Sie natürlich interessieren, wie sich das alles unter Visual Basic .NET nutzen lässt. Die Antwort heißt *System.Net*. Dahinter steckt ein Namespace, der knapp 40 Klassen zur Verfügung stellt, in denen die eben beschriebene Funktionalität zu finden ist. Mit den Klassen können Sie unter anderem direkt einen Webserver ansprechen, aber auch auf der unteren Ebene Winsock-Verbindungen aufbauen und Daten über eine solche Verbindung austauschen. Die Klassen, die praktisch die gesamte Netzwerkfunktionalität der .NET-Basisklassen beheimaten, werden in Kapitel 13.3 kurz vorgestellt. Zunächst soll Sie ein kleines Beispiel davon überzeugen, dass Internetprogrammierung zwar eine Reihe neuer Begriffe mit sich bringt, wie das meiste bei .NET aber alles andere als kompliziert sein muss (zumindestens, wenn man sich auf einfache Aufgaben beschränkt).

 Das folgende Beispiel (es basiert auf einem Beispiel der Hilfe zu Visual Basic .NET) zeigt, wie über Sockets eine Verbindung zu einem anderen Netzwerkcomputer hergestellt werden kann. In diesem Beispiel ist der andere Computer ein (im Prinzip beliebiger) Computer, auf dem ein (im Prinzip beliebiger) Webserver läuft. Sollten Sie allerdings nicht mit einem anderen Computer verbunden sein, können Sie das Beispiel trotzdem ausführen. In diesem Fall müssen Sie allerdings auf Ihrem Computer einen Webserver installieren und starten (sofern dies noch nicht geschehen ist).

Beachten Sie ferner, dass die Konsolenanwendung in der Kommandozeile mit der Option */r:system.dll* kompiliert werden muss.

Nach dem Programmstart werden eine Reihe »unverständlicher« Zeilen von Techno-Slang ausgegeben. Bei näherer Betrachtung stellt sich heraus, dass es sich hierbei um die Standardkonfigurationsdaten des Webservers handelt, die dieser aufgrund der Anfrage zurückgeschickt hat. Die Details spielen in diesem Zusammenhang keine Rolle, wichtig ist lediglich, dass überhaupt etwas zurückkommt. Sonst läuft entweder der Webserver nicht oder das Programm enthält noch einen Fehler. Das Programm erfüllt daher keine besondere

Funktion. Es soll lediglich das Prinzip einer Netzwerkkommunikation über Sockets veranschaulichen. Lassen Sie sich bitte durch die verschiedenen Zeilen mit auskommentierten Befehlen nicht irritieren. Diese sollen lediglich andeuten, dass es an dieser Stelle auch alternative Befehlsfolgen gibt.

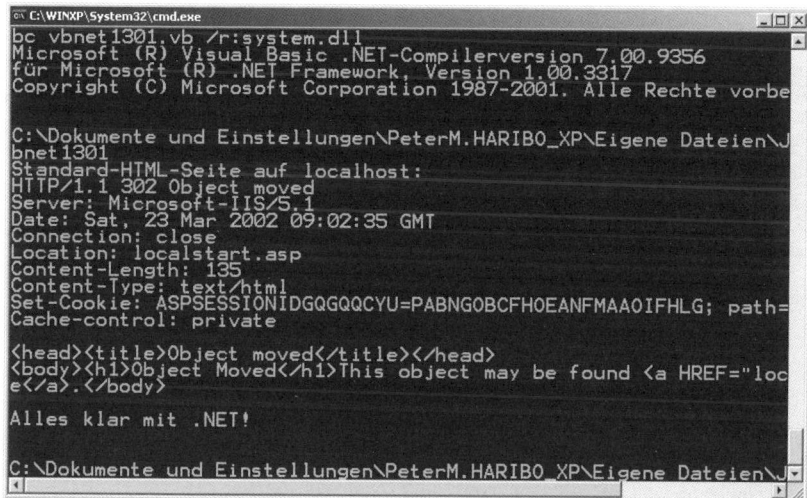

Abb. 13.1:
Webserver bitte
melden – das
Resultat einer
allgemeinen
Anfrage wird in
der Komman-
dozeile aus-
gegeben

Buch-CD: vbnet1301.vb

Listing 13-1:
Zugriff auf ei-
nen Webserver
über ein Socket
und Portnum-
mer 80h

```
' -----------------------------------------------
' vbnet1301.vb - WebServer-Zugriff über Sockets
' Jetzt lerne ich Visual Basic .NET
' -----------------------------------------------
Imports System
Imports System.Net
Imports System.Net.Sockets
Imports System.Text
Imports Microsoft.VisualBasic

Class App
' -----------------------------------------------
' Hier beginnt das Programm
' -----------------------------------------------

Shared Sub Main()
  Try
    Console.WriteLine(GetServerAntwort("localhost"))
      Catch obEx As SystemException
        Console.WriteLine("Laufzeitfehler: {0}", obEx.Message)
```

373

```vbnet
      Finally
        Console.WriteLine("Alles klar mit .NET!")
    End Try
    Console.ReadLine()
End Sub


' ---------------------------------------------
' Function GetServerAntwort(ByVal ServerName As String) As String
' ---------------------------------------------

Public Shared Function GetServerAntwort _
  (ByVal stServerName As String) As String
  'HTTP-Kommando zusammenbauen
  Dim ASCII As Encoding = Encoding.ASCII
  Dim stGet As String = "GET / HTTP/1.1" _
   & ControlChars.CrLf & _
   "Host: " & stServerName & ControlChars.CrLf & _
   "Connection: Close" & ControlChars.CrLf & _
   ControlChars.CrLf
  Dim BytesAnServer As Byte() = ASCII.GetBytes(stGet)
  Dim BytesVomServer(256) As Byte
  Dim stRetPage As String = Nothing
  ' IPAddress and IPEndPoint repräsentieren den Server,
  ' an den die GET-Anfrage geschickt wird
  ' Es wird stets die erste Adresse genommen, die von
  ' DNS geliefert wird
  ' Alternativen:
  ' Dim HostAddr As IPAddress =
  ' Dns.GetHostByName(server).AddressList(0)
  ' Dim HostAdd As IPAddress = _
  ' Dns.GetHostByAddress("169.254.182.200"). _
  ' AddressList(0)

    Dim HostAddr As IPAddress = _
     Dns.Resolve(stServerName).AddressList(0)
    Dim EPHost As New IPEndPoint(HostAddr, 80)
  ' Socket anlegen, um Daten über TCP-Netzwerk zu versenden
    Dim Sock As New Socket(AddressFamily.InterNetwork, _
      SocketType.Stream, ProtocolType.Tcp)

  ' Mit Server über IPEndPoint verbinden
      Sock.Connect(EPhost)
      If Not Sock.Connected Then
        stRetPage = "Verbindung mit Server nicht möglich"
        Return stRetPage
      End If
```

```
' HTTP-Kommando an Server senden
    Sock.Send(BytesAnServer, BytesAnServer.Length, 0)

' Seite Byte für Byte empfangen
    Dim AnzahlBytes As Integer = _
     Sock.Receive(BytesVomServer, BytesVomServer.Length, 0)
    stRetPage = "Standard-HTML-Seite auf " & _
     stServerName & ":" & ControlChars.CrLf
    stRetPage = stRetPage + _
     ASCII.GetString(BytesVomServer, 0, AnzahlBytes)
    While AnzahlBytes > 0
      AnzahlBytes = Sock.Receive(BytesVomServer, _
       BytesVomServer.Length, 0)
      stRetPage = stRetPage + _
       ASCII.GetString(BytesVomServer, 0, AnzahlBytes)
    End While

    Return stRetPage
End Function

End Class
```

13.3 Kurzer Überblick über den System.Net-Namespace

In diesem Abschnitt lernen Sie in der gebotenen Kürze mit *System.Net* einen der wichtigsten Namespaces der .NET-Basisklassen kennen. Hinter *System.Net* verbergen sich zwar »nur« etwa 40 Klassen, doch dahinter steckt die gesamte Netzwerkfunktionalität der .NET-Basisklassen. Wann immer Netzwerkprogrammierung erforderlich ist, geschieht sie entweder via Remoting (dem Nachfolger von DCOM, der in diesem Buch aber nicht behandelt wird) oder mit den Klassen in *System.Net*. Es ist wichtig zu verstehen, dass diese Klassen allgemeine Netzwerkprogrammierung ermöglichen, die von einem bestimmten Netzwerkprotokoll unabhängig ist. Anstelle weiterer Erläuterungen fasst Tabelle 13.1 die wichtigsten Klassen in diesem Namespace zusammen.

Tabelle 13.1: Die wichtigsten Klassen im System.Net-Namespace

Klasse	Bedeutung
Cookie	Ermöglicht einer Serveranwendung das Setzen und Abfragen von Cookies.
CookieCollection	Ermöglicht einer Serveranwendung eine Cookie-Verwaltung über eine Collection an Cookie-Objekten.
Dns	Ist für die »Namensauflösung« zuständig. Erhält als Argument z.B. eine URL und liefert einen Adresseintrag vom Typ IPAdress mit der IP-Adresse (eine Internetverbindung in diesem Fall vorausgesetzt, falls kein lokaler DNS-Service zur Verfügung steht und dieser auch ausreicht).
EndPoint	Steht für eine einzelne Netzwerkadresse, die von einer Verbindung angesprochen wird.
HttpWebRequest	Führt eine Anfrage an einen Webserver durch.
HttpWebResponse	Enthält das Ergebnis der Abfrage an einen Webserver über *HttpWebRequest*.
IPAdress	Steht für die Adresse eines Computers im Netzwerk, die zuvor, z.B. über die *Resolve*-Methode der *Dsn*-Klasse, dort eingetragen wurde. Die Adresse selbst steht als Zahl über die Adresseigenschaft zur Verfügung und kann über die (überschriebene) *ToString*-Methode in der üblichen Quartett-Schreibweise ausgegeben werden.
IPEndpoint	Steht als Verbindungspunkt einer Sockets-Verbindung für eine IP-Adresse und eine Portnummer. Auch hier gibt es eine Adresseigenschaft, deren Wert über die *ToString*-Methode im üblichen Format ausgegeben werden kann.

Klasse	Bedeutung
WebClient	Stellt die Funktionalität eines Webclients zur Verfügung, der Anfragen an einen Webserver stellen und das Ergebnis entgegennehmen kann. Auch der Download und Upload einzelner Dateien ist mit dieser Klasse möglich.
Socket	Stellt die komplette Sockets-Funktionalität über den Aufbau und Abbau einer Verbindung bis zum Datenaustausch zur Verfügung. Ist im Namespace *System.Net.Sockets* enthalten.
WebRequest	Abstrakte Basisklasse, die von *FileWebRequest* und *HttpWebRequest* implementiert wird.
WebResponse	Abstrakte Basisklasse, die von *FileWebResponse* und *HttpWebResponse* implementiert wird.

*Tabelle 13.1:
Die wichtigsten
Klassen im
System.Net-
Namespace
(Forts.)*

13.4 Der Download einer HTML-Datei

In diesem Beispiel geht es um ein kleines Beispiel, das das Prinzip der Internetprogrammierung veranschaulichen soll. Es wird gezeigt, wie sich über die Klassen *HttpWebRequest* und *HttpWebResponse* eine beliebige Datei aus dem Internet herunterladen lässt. Sie benötigen dazu noch nicht einmal eine Internetverbindung, da der Webserver auch auf dem gleichen Computer laufen kann. In diesem Fall müssen Sie aber gegebenenfalls den *Internet Information Server* (IIS) nachträglich installieren, was wiederum die Windows 2000- oder Windows XP Professional-CD voraussetzt. Greifen Sie dagegen über das Internet auf eine Datei zu, spielt der Typ des Webservers natürlich keine Rolle, denn das dafür verwendete HTTP-Protokoll ist (selbstverständlich) vom Typ des Betriebssystems oder des Webservers absolut unabhängig.

Das folgende Beispiel zeigt ein kleines Visual Basic .NET-Programm, das eine HTML-Datei von einem Webserver abruft und den Inhalt der Datei in der Konsole ausgibt. Beim Webserver handelt es sich um einen IIS, der auf dem gleichen Computer läuft und daher über den Standardnamen »localhost« angesprochen wird – hier kann alternativ auch die IP-Adresse des Computers angegeben werden (die Sie bei Windows 2000/XP unter anderem über das Konsolenprogramm *Ipconfig* erhalten – probieren Sie es es einmal aus, falls Sie das kleine Programm noch nicht kennen sollten). Bei der abgerufenen Datei handelt es sich um die Standarddatei im virtuellen Webverzeichnis *TestWeb*. Hier müssen Sie entweder ein anderes Verzeichnis verwenden oder ein solches mit dem Namen *TestWeb* zuvor anlegen (über das Administrationsprogramm *Internet-Informationsdienste* in der Programmgruppe *Verwaltung* der Systemsteuerung).

Nach dem Programmstart wird der komplette Inhalt der ausgewählten Datei in der Konsole ausgegeben. Auch das ist nicht besonders spektakulär, macht aber hoffentlich anschaulich das Prinzip deutlich, nach dem ein Visual Basic .NET-Programm auf einen beliebigen Webserver zugreift, um eine Datei in Gestalt eines Streams herunterzuladen. Auf die gleiche Weise laden Sie jede x-beliebige Datei aus dem Internet herunter (sofern sie nicht in einem geschützten Verzeichnis liegt). Sollte eine Verbindung zum Internet bestehen, probieren Sie doch einmal die Adresse *www.activetraining.de/halloub-net.htm* aus (Groß-/Kleinschreibung beachten).

Beachten Sie, dass die Konsolenanwendung in der Kommandozeile mit der Option */r:system.dll* kompiliert werden muss.

Listing 13-2: Abrufen einer HTML-Datei von einem Webserver

Buch-CD: vbnet1302.vb

```
' ------------------------------------------------
' vbnet1302.vb - Download einer HTML-Datei
' Jetzt lerne ich Visual Basic .NET
' ------------------------------------------------

Imports System
Imports System.Net
Imports System.IO

Class App

Shared Sub Main()
  Try
    Dim obWeb As HttpWebRequest = _
     HttpWebRequest.Create("http://localhost/TestWeb")
    Dim obResp As HttpWebResponse = _
     obWeb.GetResponse()
    Dim obSt As Stream = obResp.GetResponseStream()
    Dim obStRead As StreamReader = _
     New StreamReader(obSt)
    Dim sZeile As String
    Do While obStRead.Peek <> -1
      sZeile = obStRead.ReadLine()
      Console.WriteLine(sZeile)
    Loop
    Catch obEx As SystemException
      Console.WriteLine("Laufzeitfehler: {0}", obEx.Message)
    Finally
    Console.WriteLine("Alles klar mit .NET!")
    End Try
  Console.ReadLine()
End Sub
End Class
```

13.5   Und nun alles mit XML

Wenn Sie das Beispiel aus dem letzten Abschnitt erfolgreich umgesetzt und zur Ausführung gebracht haben, stellt dieser Abschnitt nur noch eine geringfügige Steigerung des Schwierigkeitsgrads dar. Wenn Ihnen zu Beginn des Buchs jemand die Aufgabe gestellt hätte, eine XML-Datei aus dem Internet zu laden und auszuwerten, hätten Sie wahrscheinlich vermutet, dass irgendwo Stefan Raab mit versteckter Kamera lauert und das Ganze kurze Zeit später einem hauptsächlich jugendlichen Publikum zur Belustigung vorgeführt wird. Doch spätestens nach Durcharbeiten der Kapitel 11 und 12 sollte nicht nur klar sein, dass es sich um eine lösbare Aufgabe mittleren Schwierigkeitsgrads handelt, sondern vor allem, dass die Verwendung von XML keine zusätzliche Hürde darstellt. Im Gegenteil, liegt die XML-Datei erst einmal als Stream vor, ist die Weiterverarbeitung sogar etwas einfacher, da Sie über das *Document Object Model* (DOM) und die *XmlDocument*-Klasse oder die *XPathNavigator*-Klasse sehr einfach auf einzelne Informationsinhalte (Knoten) zugreifen. Die Umsetzung der folgenden Übung ähnelt dem Beispiel aus dem letzten Abschnitt daher auch weitgehend, nur dass die als Stream heruntergeladene XML-Datei direkt einem *XPathNavigator*-Objekt zur Weiterverarbeitung zugeführt wird.

Im Folgenden sehen Sie ein Visual Basic .NET-Programm, das eine XML-Datei von einem Webserver lädt. Das Beispiel entspricht jenem aus Listing 13-2, nur dass es sich dieses Mal um eine XML-Datei handelt, die direkt in ein *XmlDocument*-Objekt geladen und von dort einem *XPathNavigator*-Objekt zugeführt wird. Anschließend werden über die *Select*-Methode jene Knoten angesteuert und ihre Kindknoten mit ihren Werten der Reihe nach ausgegeben, die zuvor über einen eingegebenen XPath-Ausdruck selektiert wurden. (Tabelle 13.2 enthält ein paar XPath-Ausdrücke, die Sie der Reihe nach ausprobieren sollten.) Bei der Xml-Datei *Buecher.xml* handelt es sich um eine Datei, die die Informationen zu Buchtiteln enthält und sowohl in Abbildung 13.2 zu sehen als auch auf der Buch-CD zu finden ist.

XPath-Ausdruck	Was wird zurückgegeben?
/Buecher	Alle Knoten unterhalb des Wurzelknotens.
/Buecher/Buch	Alle Knoten im Pfad */Buecher/Buch*.
/Buecher/Buch[@ID>1002]	Alle Knoten mit einer ID größer 1002.
//Buch[@ID=1001]	Der Knoten mit einer ID = 1001.
//[contains(Titel,'Visual')]*	Alle Knoten, in denen das Titelelement das Wort »Visual« enthält.

Tabelle 13.2: Eine Reihe von XPath-Ausdrücken zum Ausprobieren

Beachten Sie, dass die Konsolenanwendung in der Kommandozeile mit den Optionen */r:system.dll /r:system.xml.dll* kompiliert werden muss.

Abb. 13.2:
Die Datei
Buecher.xml

```xml
<?xml version="1.0" encoding="UTF-8"?>
<!-- edited with XML Spy v4.3 U (http://www.xmlspy.com) by Peter Monadjemi
(ActiveTraining) -->
<Buecher>
  <Buch ID="1001">
    <Titel>C'# für Angeber</Titel>
    <Kategorie>Fortgeschrittene</Kategorie>
    <Jahr>2002</Jahr>
    <Thema>C#</Thema>
  </Buch>
  <Buch ID="1000">
    <Titel>Das große Visual Basic Angeberbuch</Titel>
    <Kategorie>Einsteiger</Kategorie>
    <Jahr>1999</Jahr>
    <Thema>Visual Basic</Thema>
    <Thema>Programmiersprachen</Thema>
  </Buch>
  <Buch ID="1002">
    <Titel>Das große Visual Basic Angeberbuch</Titel>
    <Kategorie>Einsteiger</Kategorie>
    <Jahr>1999</Jahr>
    <Thema>Lifestyle</Thema>
    <Thema>Visual Basic</Thema>
    <Thema>Programmiersprachen</Thema>
  </Buch>
  <Buch ID="1003">
    <Titel>Das nette .NET-Buch</Titel>
    <Kategorie>Experten</Kategorie>
    <Jahr>2002</Jahr>
    <Thema>.NET</Thema>
    <Thema>Microsoft</Thema>
  </Buch>
  <Buch ID="1004">
    <Titel>C# supersimpel</Titel>
    <Kategorie>Einsteiger</Kategorie>
    <Jahr>2002</Jahr>
    <Thema>C#</Thema>
    <Thema>Programmiersprachen</Thema>
  </Buch>
</Buecher>
```

Buch-CD: vbnet1303.vb

```
' ------------------------------------------------
' vbnet1303.vb - Download einer XML-Datei
' Jetzt lerne ich Visual Basic .NET
' ------------------------------------------------

Imports System
Imports System.Net
Imports System.IO
Imports System.Xml.XPath
Imports System.Xml
Imports Microsoft.VisualBasic

Class App
  Shared Sub Main()
    Dim obSt As Stream
    Try
      Dim obWeb As HttpWebRequest = HttpWebRequest.Create _
        ("http://localhost/TestWeb/Buecher.xml")
      Dim obResp As HttpWebResponse = obWeb.GetResponse()
      obSt = obResp.GetResponseStream()
      Catch obEx As Exception
      Console.WriteLine("Laufzeitfehler: {0}", obEx.Message)
    End Try
    Dim oXml As New XmlDocument()
    oXml.Load(obSt)
    Do
      Console.Write("XPath? (z.B. //Buch): ")
      Dim stXPath As String = Console.ReadLine()
      If stXPath = "" Then Exit Sub
      Try
        Dim oXNav As XpathNavigator
        oXNav = oXml.CreateNavigator()
        Dim oXNavIt1 As XPath.XPathNodeIterator
        Dim oXNavIt2 As XPath.XPathNodeIterator
        oXNavIt1 = oXNav.Select(stXPath)
        While oXNavIt1.MoveNext()
          oXNavIt2 = oXNavIt1.Current.SelectChildren _
            (XPathNodeType.All)
          While oXNavIt2.MoveNext()
            With oXNavIt2.Current
              Console.WriteLine("Knoten: {0}, Wert: {1}", _
                .Name, .Value)
            End With
          End While
          Console.WriteLine(oXNavIt1.Current.Name)
        End While
```

Listing 13-3:
Abrufen einer
XML-Datei von
einem Web-
server

```
        Catch obEx As SystemException
           Console.WriteLine("Laufzeitfehler: {0}", obEx.Message)
        Finally
           Console.WriteLine("Alles klar mit .NET!")
      End Try
    Loop
    Console.ReadLine()
  End Sub
End Class
```

13.6 Zusammenfassung

Internetprogrammierung ist ein sehr weiter Bereich. Im Zusammenhang mit .NET bedeutet Internetprogrammierung die Programmierung von XML Webservices und kompletter Anwendungen auf der Basis von ASP .NET. Beides sind Aufgaben, für die Visual Basic .NET (neben C#, das fairer Weise nicht ignoriert werden soll) die ideale Programmiersprache ist. In diesem Kapitel ging es aber weder um Webservices noch um ASP .NET. Stattdessen wurde mit Hilfe einiger elementarer Klassen im *System.Net*-Namespace gezeigt, wie sich eine beliebige Datei von einem beliebigen Webserver herunterladen und weiterverarbeiten lässt. Internetprogrammierung bedeutet stets, dass ein Client (in diesem Fall ein Visual Basic .NET-Programm) eine einmalige Anfrage an einen Server (in diesem Fall ein beliebiger Computer im Internet oder im Intranet) stellt und dabei eine beliebige Datei anfordert. Der Server beantwortet die Anfrage, indem er die Datei (sofern sie existiert) komplett zurückschickt. Es liegt am Client, wie die Datei weiterverarbeitet wird. Anschließend wird die Verbindung wieder beendet. Möchte der Client eine weitere Datei anfordern, muss die Verbindung komplett neu aufgebaut werden (mit Verbindung ist die direkte Verbindung zum Server und nicht eine Einwählverbindung über einen Internetdienstanbieter gemeint). Diese Form der Internetprogrammierung lässt sich dank der Klassen im *System.Net*-Namespace mit wenig Aufwand realisieren.

13.7 F&A

Frage 13-1

In welchem Jahr wurde das Internet »erfunden« und in welchem Jahr begann der bis heute anhaltende Internetboom? (Hier darf auch geraten werden.)

Frage 13-2

Welche Voraussetzung muss erfüllt sein, damit ein Computer, auf dem ein Visual Basic .NET-Programm läuft, mit den folgenden Befehlen die Datei *Devisen.htm* vom Webserver *www.activetraining.de* abrufen kann?

```
Dim obWeb As HttpWebRequest = HttpWebRequest.Create _
 ("http://www.activetraining.de/hallovbnet.htm")
Dim obResp As HttpWebResponse = obWeb.GetResponse()
Dim obSt As Stream = obResp.GetResponseStream()
Dim obStRead As StreamReader = New StreamReader(obSt)
```

Frage 13-3

Welcher Vorteil würde sich bieten, wenn eine Tabelle (etwa mit Devisenkursen), die auf einem Webserver gespeichert wird, nicht im HTML-, sondern im XML-Format vorliegt? Modifizieren Sie das Beispiel aus Listing 13-3 so, dass es die Datei *Bucher.xml* von *www.activetraining.de* abruft und auswertet.

(Alle Antworten und Lösungen finden Sie in Anhang D.)

KAPITEL 14

Windows-Anwendungen mit Formularen und Steuerelementen

In diesem Kapitel beginnt der angenehme Teil der Programmierung: Es geht um Windows-Formulare und Steuerelemente und damit um jene Elemente, die erfahrenen Visual Basic-Programmierern seit Jahren vertraut sind. Wenn Sie sich wundern, dass dieser so wichtige Part erst am Ende des Buchs behandelt wird, hat dies eine einfache (wenngleich sicher nicht für alle Leser befriedigende) Erklärung: Windows-Formulare und Steuerelemente sind bei Visual Basic .NET nur ein Thema von vielen, wenngleich nach wie vor eines der wichtigsten. Während es Visual Basic-Programmierer früher gewohnt waren, gleich zu Beginn alles über Windows-Anwendungen zu lesen, geht es bei einer modernen Einführung in Visual Basic .NET erst einmal um die Programmiersprache und die Grundlagen des .NET Frameworks. In dieser Beziehung hat sich Visual Basic an die Programmiersprache Java angepasst, wo die GUI-Programmierung (etwa mit den Swing-Klassen) nur ein Aspekt von vielen ist. Ohne dieses theoretische Gerüst ließen sich die Programmierung einer Windows-Anwendung und die damit verbundenen Besonderheiten nicht wirklich verstehen – etwa dass jedes Formular eine Klasse ist, die sich von der *Form*-Klasse im Namespace *System.Windows.Forms* ableitet, dass jedes Steuerelement sich ebenfalls von einer Basisklasse ableitet und beim Anzeigen des Formulars im Quelltext instanziert wird, und dass jedes Ereignis auf einem Delegaten basiert. Diese Dinge können Sie zu diesem Zeitpunkt aber nicht mehr erschrecken, so dass der etwas verspätete Einstieg in dieses traditionelle Visual Basic-Thema mit Sicherheit zu einer angenehmen Angelegenheit wird. Obwohl sich (selbstverständlich) auch Windows-Anwendungen komplett mit Notepad umsetzen lassen, kommt dies ab einer gewissen Größe aus praktischen Gründen nicht mehr in Frage. Windows-Anwendungen werden daher mit einer komfortablen Entwicklungsumgebung umgesetzt. Neben Visual

Studio .NET, dem eigentlichen Nachfolger von Visual Basic 6.0, lernen Sie in diesem Kapitel mit *Sharp Develop* eine höchst interessante Alternative kennen, für die ein sehr attraktives Argument spricht: Sie ist kostenlos und damit für alle jene Programmierer sehr interessant, die alles über Visual Basic .NET lernen möchten, für die die Anschaffung von Visual Studio .NET (das allerdings bei weitem nicht so kostspielig ist, wie es den Anschein haben könnte) aber nicht in Frage kommt[1].

Die Themen für dieses Kapitel:

- Windows-Formulare und Steuerelemente

- Eine Windows-Anwendung mit dem Editor erstellen

- Die *Form*-Klasse im Detail

- Ein kurzer Rundgang durch Visual Studio .NET

- *SharpDevelop* als Alternative

- Eine Windows-Anwendung als Krönung

14.1 Windows-Formulare und Steuerelemente

Windows-Formulare und Steuerelemente spielen bei Visual Basic .NET im Vergleich zu früheren Visual Basic-Versionen keine Sonderrolle mehr. Es sind lediglich Klassen (im Namespace *System.Windows.Forms*), die sich von jeder .NET-Sprache auf die exakt gleiche Weise nutzen lassen. Möchten Sie, dass nach dem Start des Programms ein Windows-Formular (im Zusammenhang mit .NET wird es oft als »Windows Forms« bezeichnet[2]) erscheint, genügt der folgende Quelltext:

```
Imports System.Windows.Forms

Class App : Inherits Form

  Sub New ()
    Me.Text = "Ein kleines Formular!"
  End Sub

End Class
```

---

1. Insbesondere die Lizenzen für Schüler und Studenten sind sehr preiswert.

2. Auch wenn der Begriff »Formular« noch nie eine optimale Übersetzung des engl. Wortes »forms« war, wird er der Gewohnheit halber in diesem Buch beibehalten.

Das »Geheimnis« besteht darin, dass sich die Klasse *App* von der *Form*-Klasse ableitet und damit alle Eigenschaften eines Formulars erhält. Die Fähigkeit, sich als Fenster zeichnen, und auf die üblichen Ereignisse reagieren zu können, ist in die *Form*-Klasse »fest eingebaut«. Damit der Quelltext in eine Windows-Anwendung übersetzt wird, müssen beim Aufruf des Compilers drei Besonderheiten berücksichtigt werden:

1. Das Assembly *System.Windows.Forms.dll* muss über die Option /r eingebunden werden.

2. Der Ausgabetyp muss über die Option /t auf *winexe* gesetzt werden.

3. Über die Option /main muss als Programmstart die Klasse *App* vereinbart werden.

Insgesamt sieht der Aufruf des Compilers wie folgt aus:

```
vbc winforms01.vb /r:system.d ll /r:system.windows.forms.dll /main:app
```

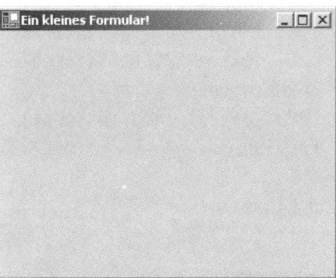

*Abb. 14.1:
Ein einfaches
Windows-
Formular*

Dass im obigen Beispiel im *New*-Konstruktor nur der Fenstertitel gesetzt wird, ist lediglich eine Konzession an die eingangs versprochene Einfachheit. Normalerweise passiert im Konstruktor der von *Form* abgeleiteten Klasse ein wenig mehr. Zum Beispiel werden hier die Steuerelemente initialisiert. Sämtliche Steuerelemente basieren auf Klassen im Namespace *System.Windows.Forms* – eine Ausnahme sind die ActiveX-Steuerelemente, für die lediglich ein Klassen-Wrapper erzeugt wird.

Der Forms Designer von Visual Studio .NET erzeugt ein Codegerüst, das etwas umfangreicher ist, als es notwendig wäre. Unter anderem wird ein Teil des Initialisierungscodes in eine Prozedur mit dem Namen *InitializeCompo-nent* ausgelagert. Zum Glück gibt es beim Editor von Visual Studio .NET die Regionen, so dass sich diese Formalitäten ein- und ausblenden lassen.

387

Das folgende Beispiel erweitert das letzte Beispiel, in dem dieses Mal ein Button in der Mitte des Formulars angezeigt wird:

```
' -----------------------------------------------------
' Zeigt ein Fenster mit Button an
' Jetzt lerne ich Visual Basic .NET 2004
' -----------------------------------------------------
Imports System.Windows.Forms
Imports System.Drawing

Class App : Inherits Form
  Private bnKnopf As Button

  Sub New ()
    Me.Text = "Ein kleines Formular!"
    bnKnopf = New Button
    With bnKnopf
      .Size = New Size(128, 48)
      .Location = New Point((Me.Width - .Width)\2, _
      (Me.Height-.Height) /2)
      .Text = "Bitte klicken"
    End With
    Me.Controls.Add (bnKnopf)
  End Sub

End Class
```

Abb. 14.2: Das Windows-Formular wurde um einen Button erweitert

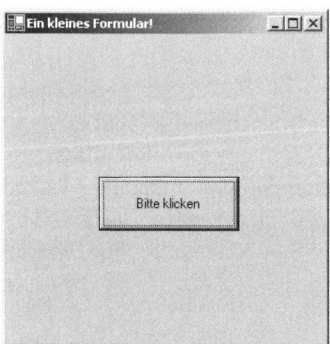

Mit *System.Drawing* kommt ein neuer Namespace ins Spiel, der unter anderem die Klassen *Point* zur Angabe einer Position und *Size* für die Angabe einer Größe beherbergt. Beachten Sie dabei, wie die Verwendung von *New* bei der Zuweisung die Programmierung ein wenig vereinfacht, indem keine eigene Variable definiert werden muss. Selbstverständlich muss das Assembly *System.Drawing.dll* beim Compileraufruf angegeben werden:

```
vbc winforms02.vb /r:system.d 11 /r:system.windows.forms.dll
  /r:system.drawing.dll /main:app
```

Zum Abschluss dieser kleinen und hoffentlich lehrreichen Übung soll der Button natürlich auf ein Ereignis reagieren können. Dazu definiert man lediglich eine normale Prozedur, die über den *AddHandler*-Befehl mit dem *Click*-Ereignis des *Button*-Objekts verbunden wird. Voraussetzung ist allerdings, dass die Prozedur jene Signatur besitzt, die durch das Ereignis vorgegeben wird. Bei den meisten Ereignissen lautet diese:

```
ByVal Sender As Object, ByVal e As EventArgs
```

Ignorieren Sie dabei die etwas »merkwürdigen« Parameternamen, wichtig ist nur, dass der Datentyp des ersten Parameters *Object* und der des zweiten Parameters *EventArgs* lautet. Ereignishandler basieren (natürlich) auf Delegates, wenngleich diese nicht direkt in Erscheinung treten.

Das folgende Beispiel erweitert das letzte Beispiel, nur dass der Button dieses Mal auf das Anklicken reagiert.

```
' -------------------------------------------------------
' Der Button kann auf ein Ereignis reagieren
' Jetzt lerne ich Visual Basic .NET 2004
' -------------------------------------------------------
Imports System.Windows.Forms
Imports System.Drawing
Imports Microsoft.VisualBasic
Imports System

Class App : Inherits Form
  Private bnKnopf As Button

  Sub New ()
    Me.Text = "Ein kleines Formular!"
    bnKnopf = New Button
    With bnKnopf
      .Size = New Size(128, 48)
      .Location = New Point((Me.Width - .Width)\2, _
      (Me.Height-.Height) /2)
      .Text = "Bitte klicken"
    End With
    Me.Controls.Add (bnKnopf)
    AddHandler bnKnopf.Click, AddressOf Klick
  End Sub

  Sub Klick (ByVal Sender As Object, ByVal e As EventArgs)
    Msgbox ("Danke, dass Sie hier geklickt haben!")
  End Sub
End Class
```

389

Bis auf zwei neue *Imports* gibt es bei diesem Beispiel keine Besonderheiten zu beachten. Der *AddressOf*-Operator erzeugt indirekt einen Delegaten, über den der Aufruf der Prozedur *Klick* durch die .NET-Laufzeit durchgeführt wird.

Abb. 14.3: Jetzt kann der Button auch auf ein Ereignis reagieren

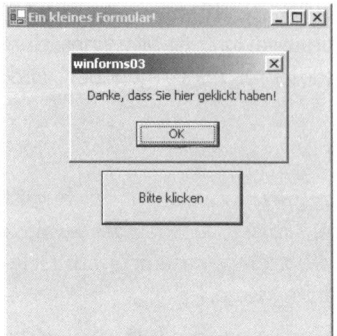

Auch wenn es faszinierend ist, wie durchgängig textbasierend und objektorientiert die Programmierung mit Visual Basic .NET ist, so richtig glücklich werden Sie damit sicherlich nicht sein. Müsste man auf diese Weise alle Windows-Programme »einhacken«, wäre dies ein deutlicher Rückschritt gegenüber dem komfortablen Visual Basic 6.0. Doch keine Sorge, niemand wird gezwungen, so zu programmieren. Wozu gibt es Entwicklungsumgebungen wie Visual Studio .NET und SharpDevelop, die unter anderem einen komfortablen Formulardesigner enthalten, mit denen Sie wie früher Formulare hinzufügen und Steuerelemente auf dem Formular anordnen? Im Unterschied zu Früher führt jede dieser Operationen dazu, dass jener Quelltext im Klassenmodul erzeugt wird, der während der Programmausführung dazu führt, dass das Steuerelement so angeordnet wird, wie es im Formulardesigner vorgegeben wurde. Die verschiedenen Forms Designer nehmen Ihnen daher nur die Arbeit des Eintippens ab, es ist nach wie vor die exakt gleiche Programmierung im Spiel.

14.2 Die *Form*-Klasse im Detail

Es gehört zu den »großen Neuerungen« bei der Windows-Programmierung mit .NET, dass hinter einem Formular eine gewöhnliche Klasse steht. Es ist die *Form*-Klasse, die in diesem Abschnitt kurz vorgestellt wird. Diese Klasse gut zu kennen, ist deswegen so wichtig, weil sie die Möglichkeiten eines Formulars absteckt. Das gilt sowohl für die Eigenschaften als auch für die zur Verfügung stehenden Ereignisse. Tabelle 14.1 und Tabelle 14.2 zeigen die wichtigsten Eigenschaften und Methoden der *Form*-Klasse. Insgesamt besitzt diese umfangreiche Klasse über 100 Mitglieder, die alle in der Dokumentation ausführlich beschrieben sind.

14.2.1   Formulare anzeigen

Ein Formular kann auf zwei Weisen angezeigt werden. Entweder wird die Klasse, die das Hauptformular anzeigt, zum Startobjekt gemacht (entweder in den Projekteigenschaften der IDE – bei SharpDevelop im Projektfenster – oder über den Compilerschalter /main). In diesem Fall wird das Formular mit dem Start der Anwendung automatisch angezeigt. Ein Formular kann auch jederzeit nachträglich angezeigt werden. Auch hier gibt es zwei Varianten zu unterscheiden. Geht es um das Hauptformular, also das Anwendungsfenster, muss eine Instanz dieses Formulars der *Run*-Methode des *Application*-Objekts übergeben werden:

```
Application.Run(New oF)
```

Die *Run*-Methode sorgt unter anderem dafür, dass die Nachrichtenschleife eingerichtet wird, so dass das Formular auf Ereignisse reagieren kann. Pro Anwendung kann nur ein Fenster auf diese Weise eingerichtet werden. Alle weiteren Formulare werden lediglich mit *New* instanziert und entweder mit *Show* oder *ShowDialog* angezeigt:

```
Dim oF As New Form
oF.Show()
```

14.2.2   Dialogfelder anzeigen

Ein Dialogfeld unterscheidet sich von einem regulären Fenster in erster Linie dadurch, dass es nicht als Anwendungsfenster fungiert, sondern stets zu einem Fenster der Anwendung gehört. Ein Dialogfeld ist bei .NET ein reguläres Formular, das über die *ShowDialog*-Methode angezeigt wird. Interessant ist, auf welche Weise abgefragt werden kann, ob der Anwender das Dialogfeld mit dem *OK*- oder dem *Abbrechen*-Button beendet hat. Dies wird nämlich über den Rückgabewert der *ShowDialog*-Methode abgefragt. Das folgende Beispiel geht davon aus, dass das Formular *fDialogInfo* unter anderem einen *OK*- und einen *Abbrechen*-Button enthält.

```
Dim F As New fDialogInfo
If F.ShowDialog = DialogResult.OK Then
  MsgBox("Alles klar!")
Else
  MsgBox("Dialog wurde abgebrochen")
End If
```

Damit diese Abfrage funktioniert, müssen zwei Voraussetzungen erfüllt sein:

1. Bei den beiden Buttons muss die *DialogResult*-Eigenschaft auf *OK* bzw. *Abort* gesetzt werden.

2. Beide Buttons schließen das Formular über *Me.Close()*.

14.2.3   Ereignisse

Während des »Lebenszyklus« eines Formulars treten eine Reihe von Ereignissen auf:

- Das *Load*-Ereignis

- Das *Activated*-Ereignis

- Das *Closing*-Ereignis

- Das *Closed*-Ereignis

An der Rolle des *Load*-Ereignisses hat sich gegenüber früheren Visual Basic-Versionen nichts geändert. Neu ist, dass es kein *Unload*-Ereignis mehr gibt. Es wird durch das *Closed*-Ereignis ersetzt, dem ein *Closing*-Ereignis (das Pendant zu *QueryUnload* früherer Versionen) vorausgeht, indem das bevorstehende Schließen des Fensters noch abgebrochen werden kann. Ausgewählt werden die Ereignisprozeduren, in dem Sie im Programmcodefenster aus der linken Auswahlliste »<Formularname> Events)« wählen (bei Visual Studio .NET 2002 lautete der Eintrag noch »Basisklassenereignisse«) und aus der rechten Auswahlliste das entsprechende Ereignis. Denken Sie daran, dass es Ereignisprozeduren in dem Sinne wie bei früheren Visual Basic-Prozeduren nicht mehr gibt. Eine Ereignisprozedur ist eine gewöhnliche Prozedur mit der durch das Ereignis vorgegebenen Signatur, die entweder über das *Handles*-Schlüsselwort (dann muss die Variable, die das Formular repräsentiert, mit *WithEvents* deklariert werden) oder den *AddHandler*-Befehl mit dem Ereignis verknüpft wird. Darüber hinaus besitzt das Formular, wie jede Klasse, einen *New*-Konstruktor. Hier werden jene Initialisierungen vorgenommen, die nicht voraussetzen, dass das Formular bereits angezeigt wird.

14.2.4   Andere Formulare in einer Anwendung ansprechen

Umfasst ein Projekt mehrere Formulare, gibt es gegenüber früheren Visual Basic-Versionen einen kleinen, aber wichtigen Unterschied zu beachten. Bei früheren Visual Basic-Versionen war es so, dass für jedes hinzugefügte Formular automatisch eine Variable definiert wurde, über welche die Instanz dieses Formulars zur Verfügung stand. Umfasste ein Projekt die Formulare *Form1* und *Form2*, gab es auch zwei globale Instanzenvariablen *Form1* und *Form2*, so dass der Befehl

```
Form2.Show()
```

jederzeit ausgeführt werden konnte. Bei Visual Basic .NET ist dies nicht mehr der Fall. Besitzt ein Projekt die Formulare *Form1* und *Form2*, führt der Befehl

```
Form2.Show()
```

zu einer Fehlermeldung, da *Form2* der Name einer Klasse ist, die sich von der *Form*-Klasse ableitet, und *Show* kein freigegebenes Mitglied ist, sondern nur über eine Instanzenvariable aufgerufen werden kann. Um *Form2* anzeigen zu können, muss erst eine Instanz gebildet werden:

```
Dim F2 As New Form2()
F2.Show()
```

Eine kleine »Schwierigkeit« entsteht immer dann, wenn ein Formular auf eine andere Formularinstanz zugreifen soll. Angenommen, *Form1* ruft *Form2* auf. Dann ist es innerhalb von *Form2* nicht so ohne weiteres möglich, auf *Form1* zuzugreifen, da die Instanz, über die *Form1* angesprochen werden kann, innerhalb von *Form2* nicht automatisch zur Verfügung steht. Eine Lösung besteht darin, innerhalb der Klasse *Form1* eine freigegebene Variable zu definieren, diese *public* zu machen und ihr die Instanz der eigenen Klasse zuzuweisen:

```
Class Form1 : Inherits Form
  Public Shared instF1 As Form1

  Sub New()
    instF1 = Me
  End Sub

End Class
```

Die Klasse *Form1* besitzt nun eine Eigenschaft *instF1*, über die ein Zugriff auf die aktuelle Instanz von anderen Klassen aus möglich ist. Auch wenn sich dies im Moment noch kompliziert anhören mag, ist es eine relativ einfache Programmiertechnik[1].

14.2.5　MDI-Formulare

Eine MDI-Anwendung (*Multiple Document Interface*) besteht aus einem oder mehreren Hauptfenstern, in deren Innenfläche sich die Kindfenster bewegen. Während es bei früheren Visual Basic-Versionen für MDI-Formulare einen eigenen Formulartyp gab, ist bei .NET ein MDI-Formular ein normales Formular, dessen *IsMdiContainer*-Eigenschaft auf *True* gesetzt wird. Ein MDI-Formular unterscheidet sich optisch und durch ein paar zusätzliche Eigenschaften von einem normalen Windows-Formular. MDI-Kindformulare werden zur Laufzeit durch Setzen der *MdiParent*-Eigenschaft des Kindformulars auf das MDI-Formular festgelegt. Das folgende Beispiel definiert ein neues Formular und macht es zum Kindfenster des aktuellen MDI-Formulars:

---

1. Aber offenbar nicht einfach genug, denn mit der kommenden Version von Visual Basic wird es wieder ein Pendant zur guten, alten Forms-Auflistung geben, über die alle Formulare einer Anwendung zur Verfügung stehen.

```
Dim oF As New Fom
oF.MdiParent = Me
```

Übrigens kann eine Windows-Anwendung auch mehrere MDI-Hauptformulare besitzen.

Ein Beispiel für eine MDI-Anwendung finden Sie in Kapitel 14.5.

Windows-Fenster (auf denen auch die meisten Steuerelemente basieren) besitzen ein so genanntes Fenster-Handle. Dieses stellen sowohl die *Form*-Klasse als auch die *Control*-Klasse, von welcher sich die *Form*-Klasse indirekt ableitet, über die *Handle*-Eigenschaft zur Verfügung.

Tabelle 14.1: Die wichtigsten Eigenschaften der Form-Klasse

Eigenschaft	Bedeutung
AcceptButton	Legt den Button fest, dessen Click-Ereignis mit dem Drücken der ⏎-Taste ausgelöst wird, oder gibt die aktuelle Einstellung zurück.
ActiveControl	Gibt das aktive Steuerelement zurück oder legt es fest.
ActiveMdiChild	Gibt bei einem MDI-Hauptfenster das momentan aktive Kindfenster zurück.
AutoScale	Legt fest, ob sich die Größe des Formulars und der Steuerelemente der Höhe der im Formular verwendeten Schriftart anpasst oder gibt die aktuelle Einstellung zurück. Der Skalierungsfaktor wird über die AutoScaleBaseSize-Eigenschaft eingestellt.
AutoScroll	Legt fest, ob die Innenfläche des Formulars scrollbar ist, oder gibt die aktuelle Einstellung zurück.
BackgroundImage	Steht für ein Image-Objekt, über das sich ein in der Innenfläche des Formulars angezeigtes Bitmap festlegen lässt.
Bounds	Gibt die Größe und Position des Fensters als Rectangle-Struktur zurück.
CancelButton	Legt den Button fest, dessen Click-Ereignis mit dem Drücken der Esc-Taste ausgelöst wird, oder gibt die aktuelle Einstellung zurück.
ClientRectangle	Gibt die Größe und Position des Innenbereichs des Fensters als Rectangle-Struktur zurück.
ControlBox	True/False-Wert, der angibt, ob die Titelleiste eine Systembox erhält.
Controls	Steht für eine Auflistung an Steuerelementen (Control-Objekten), die auf dem Formular angeordnet wurden.
Cursor	Legt den Typ des Cursors fest, der angezeigt wird, wenn sich der Mauszeiger im Innenbereich des Fensters befindet, oder gibt diesen Wert zurück.

*Tabelle 14.1:
Die wichtigsten
Eigenschaften
der Form-
Klasse
(Forts.)*

Eigenschaft	Bedeutung
DesktopLocation	Legt die Position des Fensters bezogen auf den Desktop und die Taskleiste fest oder gibt diese zurück. Ist in den meisten Fällen mit der Location-Eigenschaft identisch.
FormBorderStyle	Legt die Art der Umrandung fest oder gibt die aktuelle Einstellung zurück.
Handle	Gibt das Fensterhandle (Hwnd-Eigenschaft) zurück, das bei einigen API-Aufrufen benötigt wird.
HasChildren	Gibt True zurück, wenn das Formular Steuerelemente enthält. Laut Hilfe ist das Abfragen dieser Eigenschaft schneller, da keine Controls-Auflistung angelegt wird.
IsMdiChild	Gibt an, ob das Formular ein Kindfenster eines MDI-Hauptformulars ist.
IsMdiContainer	Legt fest, dass das Formular ein MDI-Hauptformular ist, oder gibt die entsprechende Einstellung zurück.
KeyPreview	Legt fest, dass das Formular Tastatureingaben vor dem Steuerelement erhält, das den Fokus besitzt, oder gibt die aktuelle Einstellung zurück.
Location	Gibt die aktuellen Koordinaten der linken oberen Ecke des Fensters als Point-Struktur zurück oder legt diese fest.
MaximizeBox	True/False-Wert, der angibt, ob die Titelleiste eine Maximalbox erhält.
MdiChildren	Gibt die Kindfenster als Form-Array zurück, falls es sich bei dem Fenster um ein MDI-Hauptformular handelt und dieses Kindfenster besitzt.
MdiParent	Legt das aktuelle MDI-Hauptformular fest, dem dieses Formular als Kindfenster zugeordnet werden soll, oder gibt die aktuelle Einstellung zurück.
Menu	Legt das MainMenu-Objekt des Formulars fest oder gibt dieses zurück. Auf diese Weise lässt sich zur Laufzeit eine andere Menüleiste einblenden.
MinimizeBox	True/False-Wert, der angibt, ob die Titelleiste eine Minimalbox erhält.
MinimumSize	Legt die Minimalgröße des Fensters über eine Size-Struktur fest oder gibt diese zurück.
Opacity	Legt die Durchlässigkeit des Fensterhintergrunds über eine Prozentangabe fest oder gibt den aktuellen Wert zurück.
OwnedForms	Gibt ein Form-Array mit jenen Formularen zurück, die das aktuelle Formular »besitzt«. Über die *AddOwnedForm*-Methode wird ein Formular einem Besitzer (englisch »owner«) zugeordnet. Wenn einem Formular ein anderes Formular als Besitzer zugeordnet ist, wird es zusammen mit dem Besitzerformular minimiert und geschlossen.

395

Tabelle 14.1:
Die wichtigsten
Eigenschaften
der Form-
Klasse
(Forts.)

Eigenschaft	Bedeutung
Owner	Legt das Formular fest, das Besitzer dieses Formulars ist, oder gibt die aktuelle Einstellung zurück.
ShowInTaskbar	Legt fest, ob das Fenster in der Taskleiste erscheint, oder gibt die aktuelle Einstellung zurück.
StartPosition	Legt die Anfangsposition des Fensters über eine Konstante fest oder gibt die aktuelle Einstellung zurück.
Text	Legt die Überschrift des Fensters fest oder gibt die aktuelle Einstellung zurück.
TopLevel	True/False-Wert, der festlegt, ob das Fenster als Fenster der obersten Ebene angezeigt wird, oder die aktuelle Einstellung.
TopMost	True/False-Wert, der festlegt, ob das Fenster als oberstes Fenster der Anwendung angezeigt wird, oder die aktuelle Einstellung.
WindowState	Legt über die *FormWindowState*-Enumeration den Zustand des Fensters (minimiert, maximiert oder normal) fest oder gibt die aktuelle Einstellung zurück.

Tabelle 14.2:
Die wichtigsten
Methoden der
Form-Klasse

Methode	Bedeutung
Activate	Aktiviert das Formular, so dass es den Fokus erhält.
AddOwnedForm	Macht ein anderes Formular zum Besitzer dieses Formulars. Der Besitzer eines Formulars kann auch über dessen Owned-Eigenschaft festgelegt werden.
Close	Schließt das Formular und löst dabei das *Closing*-Ereignis aus.
CreateGraphics	Legt eine Zeichenfläche (Graphics-Objekt) an, in der anschließend Ausgaben durchgeführt werden können.
Hide	Macht das Fenster unsichtbar. Entspricht dem Setzen der *Visible*-Eigenschaft auf False.
LayoutMdi	Steht zur Verfügung, wenn es sich um ein MDI-Hauptformular handelt, und ordnet die Kindfenster automatisch an.
RemoveOwned-Form	Entfernt das Formular aus der Liste der Formulare, die das angegebene Formular besitzt.
ResetCursor	Setzt den aktuellen Cursor auf den Standardwert zurück.
ResetFont	Setzt die aktuelle Schriftart auf den Standardwert zurück.
ResetForeColor	Setzt die aktuelle Hintergrundfarbe auf den Standardwert zurück.

Methode	Bedeutung
Scale	Führt eine Skalierung der Größe des Fensters und aller darauf angeordneten Steuerelemente über einen Skalierungsfaktor durch, der größer oder kleiner als 1 sein kann.
Show	Zeigt das Fenster an. Entspricht dem Setzen der Visible-Eigenschaft auf True.
ShowDialog	Zeigt das Fenster als modale Dialogbox an. Das bedeutet, dass die Befehle nach dem Aufruf dieser Methode erst dann fortgesetzt werden, wenn die Dialogbox wieder geschlossen wurde. Der Rückgabewert dieser Methode ist vom Typ *DialogResult*, so dass anschließend unter anderem ausgewertet werden kann, ob der OK- oder der Cancel-Button geklickt wurde.

Tabelle 14.2:
Die wichtigsten
Methoden der
Form-Klasse
(Forts.)

14.3 Ein kurzer Rundgang durch Visual Studio .NET

Visual Studio .NET ist das Entwicklungswerkzeug von Microsoft für alle Programmierer, die möglichst komfortabel .NET-Anwendungen erstellen möchten. Visual Studio .NET ist eine integrierte Entwicklungsumgebung (kurz IDE für *Integrated Development Environment*), die gleich mehrere .NET-Programmiersprachen vereinigt: Visual C#, Visual J# (der Java-Dialekt von Microsoft), Visual C++ und Visual Basic .NET.

Es gibt zwei wichtige Unterschiede zu Visual Basic 6.0:

1. Visual Studio .NET ist die IDE für sämtliche Microsoft .NET-Sprachen.

2. Die IDE ist ein wenig moderner, sowohl was die Optik als auch die zur Verfügung stehenden Funktionen betrifft.

Erfahrene Visual Basic-Programmierer werden sich trotz zahlreicher Neuerungen relativ schnell wieder heimisch fühlen.

In diesem Buch wird die aktuelle Version Visual Studio .NET 2003 vorgestellt, die sich von ihrer Vorgängerin Visual Studio .NET 2002 durch zwei wichtige Neuerungen (das .NET Compact Framework für die Entwicklung von Programmen für PDAs und das Internet Mobile Toolkit für die Entwicklung von Webseiten, die von einem mobilen Gerät abgerufen werden können) und ein paar kleinere Verbesserungen unterscheidet.

Abb. 14.4:
Visual Studio
.NET ist das
Microsoft-
Entwicklungs-
werkzeug für
Visual Basic
.NET

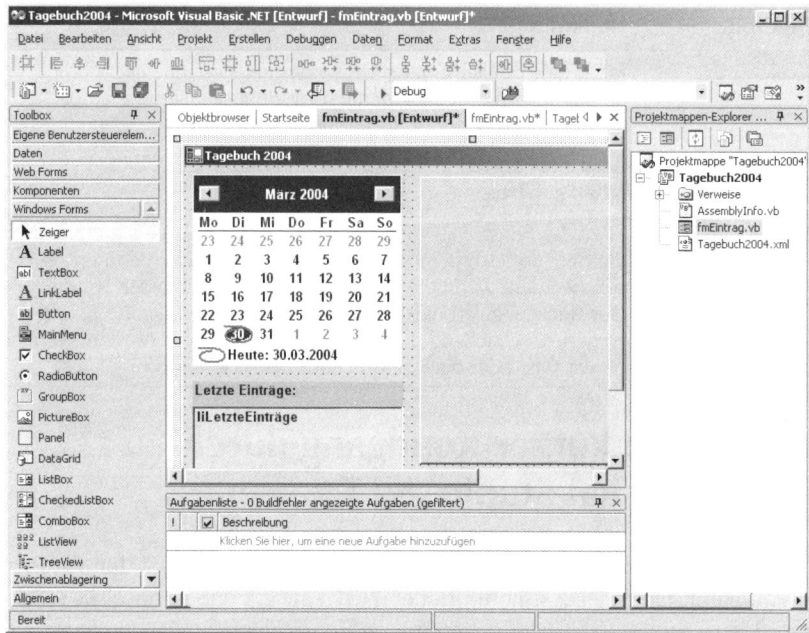

 Visual Studio .NET ist im Unterschied zum .NET-Framework SDK nicht kostenlos erhältlich. Es muss käuflich erworben werden und wird in verschiedenen Editionen angeboten. Wer sich ausschließlich für Visual Basic .NET interessiert, erhält mit der preiswerten Visual Basic .NET-Standard Edition die komplette Entwicklungsumgebung ohne die übrigen Sprachen (sowie ohne die zahlreichen Microsoft Server-Produkte, die den relativ hohen Preis der Enterprise- und Enterprise Architect-Editionen ausmachen).

14.3.1   Die DIE im Schnelldurchgang

In diesem Abschnitt werden in aller Kürze die wichtigsten Funktionen und Fenster der DIE vorgestellt. Die verschiedenen Fenster werden entweder über das *Ansicht*-Menü oder während einer Programmunterbrechung über den Eintrag *Fenster* im *Debuggen*-Menü ausgewählt.

---

1. Ein kostenloses »Ablaufmodell« gibt es zwar nicht mehr, aber jeder kann sich auf der Microsoft-Seite ein für 60 Tage gültiges Visual Studio .NET 2003 Professional auf DVD bestellen.

2. Über aktuelle Preise müssen Sie sich bei einem Händler informieren.

Die persönliche Startseite

Eine nette Einrichtung der (neuen) Entwicklungsumgebung ist eine Startseite, die nicht nur die zuletzt bearbeiteten Projekte auflistet, sondern auch zahlreiche Verknüpfungen auf Microsoft-Webseiten enthält, in denen aktuelle Informationen rund um Visual Studio .NET zur Verfügung stehen. Sollten Service-Releases anstehen, können diese direkt über die Startseite installiert werden. Ist eine Internetverbindung aktiv, lädt Visual Studio .NET selbständig aktuelle Informationen von der Microsoft-Seite und zeigt sie in der Startseite an.

Programme starten, anhalten und beenden

Über die F5-Taste oder den Menübefehl *Debuggen | Starten* wird das aktuelle Projekt gestartet. Es wird dabei jedes Mal in eine Exe-Datei (oder Dll) kompiliert, denn Visual Basic .NET ist kein Interpreter wie bei früheren Versionen, wo der Compiler lediglich eine Option war. Dennoch ist es möglich, ein Programm über die F8-Taste schrittweise auszuführen, die Programmausführung über den Menübefehl *Debuggen | Alle unterbrechen* zu unterbrechen oder die Programmausführung über den Menübefehl *Debuggen | Debuggen beenden* wieder zu beenden.

Das ist ein wichtiger Unterschied gegenüber früheren Visual Basic-Versionen und gleichzeitig eine deutliche Einschränkung: Während einer Programmunterbrechung können *keine* Änderungen am Programm vorgenommen werden. Auch dann nicht, wenn das Programm aufgrund eines Laufzeitfehlers unterbrochen wurde. Standardmäßig ist das Programmcodefenster schreibgeschützt, was in den Optionen aber geändert werden kann. In jedem Fall muss das Programm neu gestartet werden, damit die Änderungen wirksam werden.

Wird ein Projekt gestartet, wird die Exe-Datei im Unterverzeichnis *Bin* des Projektverzeichnisses angelegt. Letzteres wird automatisch mit dem Anlegen eines neuen Projekts eingerichtet. Jedes Visual Basic .NET-Projekt erhält damit automatisch ein eigenes Verzeichnis. Falls Sie nichts anderes festlegen, werden alle Projektverzeichnisse im Unterverzeichnis *Visual Studio-Projekte* von *Eigene Dateien* angelegt.

---

1. Das soll mit der nächsten Version von Visual Studio .NET, die für Sommer 2005 in Aussicht gestellt wurde, wieder anders werden.

Abb. 14.5:
Die Programm-
ausführung
wird über das
Debuggen-
Menü gesteuert

Der Projektmappen-Explorer

Alle geladenen Projekte und die dazu gehörenden Dateien werden im Projekt-mappen-Explorer angezeigt. Dazu gehören auch die Verweise auf externe Assemblies, wie zum Beispiel *System.dll*. Sollte der Projektmappen-Explorer nicht sichtbar sein, muss er über das *Ansicht*-Menü sichtbar gemacht werden.

Abb. 14.6:
Der Projekt-
mappen-
Explorer zeigt
alle Dateien
und Verweise
an, die zum
aktuellen Pro-
jekt gehören

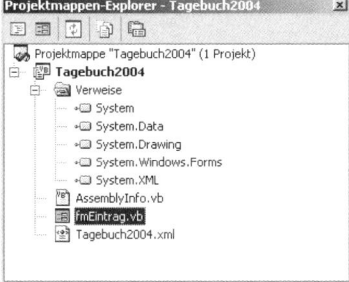

Wird der Projektname unmittelbar nach der Auswahl eines neuen Projekts geändert, muss der Programmname nach dem ersten Programmstart gegebenenfalls in den Projekteigenschaften nachträglich geändert werden. Sie erhalten ansonsten die wenig verständliche Fehlermeldung, dass das Startformular (oder die Prozedur *Main* bei Konsolenanwendungen) nicht gefunden werden kann.

Der Windows Form-Designer

Die meisten Visual Basic .NET-Anwendungen werden mindestens ein Windows-Formular enthalten. Windows-Formulare sind die Fenster und Dialogboxen einer Anwendung. Sie werden im Windows Forms-Designer bearbeitet, der automatisch angezeigt wird, wenn das Formular im Projektmappen-Explorer ausgewählt und, sollte stattdessen das Programmcodefenster angezeigt werden, der *Designer anzeigen*-Button angeklickt wurde.

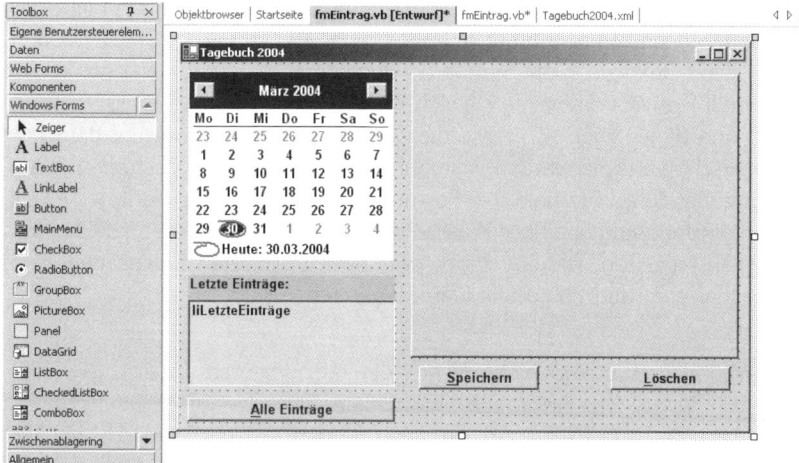

Abb. 14.7:
Im Windows
Forms-
Designer
werden
Formulare
zusammen-
gestellt

Die Steuerelemente (Controls), die auf einem Formular angeordnet werden können, sehen Sie in einem Fenster namens *Toolbox* aufgelistet. Hier stehen auch die Menüelemente zur Verfügung (und vieles mehr), die bei früheren Visual Basic-Versionen noch über ein separates Fenster hinzugefügt wurden. Die Toolbox zeigt von Anfang an alle Steuerelemente an, die in den eingebundenen Assemblies enthalten sind. Die Toolbox ist beliebig erweiterbar, was aber am Anfang nur selten notwendig sein dürfte.

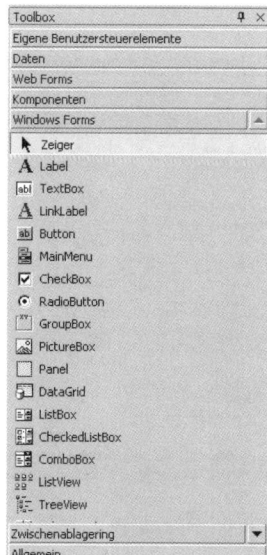

Abb. 14.8:
Die Toolbox
enthält alle
Steuerele-
mente, die
auf einem
Windows-
Formular ange-
ordnet werden

401

Wie bei früheren Visual Basic-Versionen enthält die Toolbox auch Elemente, die während der Programmausführung nicht sichtbar sind. Dazu gehören neben dem Timer auch die Standarddialogelemente. Diese Elemente heißen (inoffiziell) Komponenten, da sie sich nicht von der *Control*-Klasse ableiten lassen und daher auch nicht wie die übrigen Steuerelemente auf dem Formular erscheinen. Sie werden vielmehr in einem dafür vorgesehenen »Komponentenbereich« unterhalb des Formulars angeordnet. Der einzige Vorteil, diese Komponenten über ihre Klassen nicht direkt im Quelltext zu deklarieren und zu instanzieren, besteht darin, dass ihre wichtigsten Eigenschaften im Eigenschaftenfenster eingestellt werden können.

Dieser Hinweis muss noch einmal erfolgen, auch wenn es im Prinzip bereits klar sein dürfte: Das Anordnen eines Steuerelements auf einem Formular führt dazu, dass alle für das Anzeigen des Steuerelements erforderlichen Befehle in die Formular-Klasse eingefügt werden. Es spielt keine Rolle, ob ein Steuerelement auf diese Weise oder durch Eingeben der Befehle erstellt wird. Die Toolbox dient daher lediglich dem Komfort und wäre streng genommen verzichtbar.

Das Eigenschaftenfenster

Sowohl Windows-Formulare als auch Steuerelemente besitzen eine Vielzahl von Eigenschaften, die zur Entwurfszeit geändert werden können (sie besitzen Standardwerte, die nicht zwangsläufig geändert werden müssen). Dies geschieht im *Eigenschaftenfenster*, das über die F4 -Taste sichtbar gemacht wird.

Abb. 14.9: Im Eigenschaftenfenster können die voreingestellten Werte für das aktuell selektierte Windows Form oder Control geändert werden

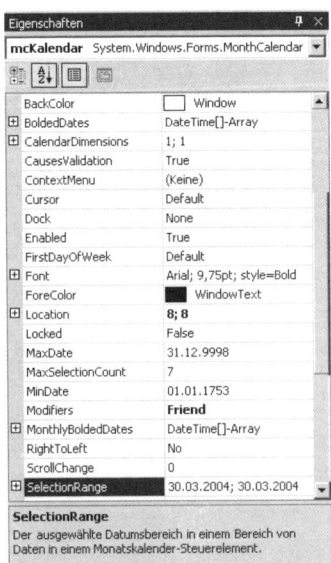

Der Objektbrowser

Der *Objektbrowser*, der über die F2 -Taste geöffnet wird, zeigt alle Klassen an, die für das aktuelle Projekt zur Verfügung stehen. Der Objektbrowser bietet auch eine Suchfunktion, wobei nur jene Assemblies durchsucht werden, die momentan eingebunden wurden (mit anderen Worten, es werden nicht von Anfang an alle in Frage kommenden .NET-Basisklassen angezeigt).

Wenn Sie im Programmcodefenster mehr über die Bedeutung einer Klasse oder eines Mitglieds einer Klasse erfahren möchten, selektieren Sie das Wort und drücken Sie ⇧ F2 . Dadurch wird der betreffende Eintrag im Objektbrowser eingeblendet und Sie erfahren zum Beispiel, zu welchem Namensraum oder Assembly eine Klasse gehört. Über die Taste F1 können Sie von dort die Hilfe aufrufen.

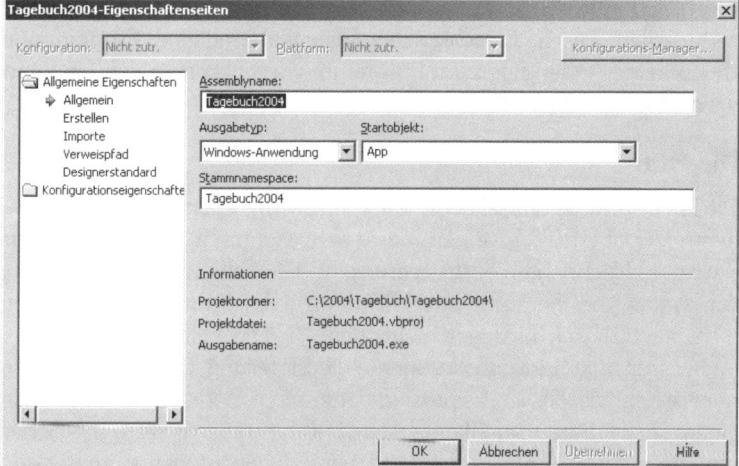

Abb. 14.10:
Der Objektbrowser zeigt die Namensraumhierarchie mit den darin enthaltenen Klassen und ihren Mitgliedern an

Debugging-Fenster

Während einer Programmunterbrechung stehen zahlreiche weitere Fenster zur Verfügung, die Programminformationen anzeigen. Die wichtigsten Fenster sind:

- Das Haltepunkte-Fenster
- Das Überwachungsfenster
- Das Lokalfenster
- Das Direktfenster

403

Das Direktfenster

Das *Direktfenster* steht während einer Programmunterbrechung zur Verfügung und erlaubt die Eingabe von Befehlen, die direkt ausgeführt werden. Im Unterschied zu früheren Visual Basic-Versionen gibt es einen wichtigen Unterschied zu beachten: Das Direktfenster kennt zwei »Betriebszustände«, zwischen denen durch Eingabe von »>cmd« (Kommandomodus) und »>immed« (Direktmodus) umgeschaltet wird. Während im Kommandomodus alle Befehle eingegeben werden können (bei Visual Studio .NET 2003 steht im Gegensatz zum Vorgänger auch hier Intellisense zur Verfügung), können im Direktmodus alle Befehle der IDE ausgeführt werden. Die IDE lässt sich also komplett über Tastaturkommandos steuern.

Lokalfenster

Das *Lokalfenster* zeigt während einer Programmunterbrechung die aktuellen Werte aller im Gültigkeitsbereich befindlichen Variablen. Das ist wichtig und kann leicht übersehen werden: Einzelne Werte können im Lokalfenster editiert werden, was die Einschränkung, dass während einer Programmunterbrechung keine Änderungen am Programm vorgenommen werden können, zumindest ein wenig abmildert.

Die Hilfe

Die Hilfe spielt bei Visual Basic .NET eine sehr viel wichtigere Rolle als bei früheren Visual Basic-Versionen, da es sehr viel mehr zum Nachschlagen gibt. Zwei gute Nachrichten bereits vorweg: 1. Die Hilfe ist vollständig und umfasst von Anfang an die komplette Hilfe zum .NET-Framework (diese muss also nicht nachträglich hinzugefügt werden). 2. Die Hilfe ist viel übersichtlicher und besser organisiert. Insbesondere die Einteilung in verschiedene Unterthemen ist sehr viel besser. Es passiert daher nicht mehr, dass bei der Suche nach einem Visual Basic-Befehl die ersten 100 Einträge zu allem möglichen gehören, nur nicht zu Visual Basic. Auch wenn die Suchfunktion immer noch nicht perfekt ist, findet man die zu einem Begriff gehörenden Hilfethemen bedeutend schneller als etwa bei Visual Basic 6.0.

Und es gibt noch eine mehr als sinnvolle Verbesserung, an die man sich aber erst gewöhnen muss. Die Hilfeseite wird nicht mehr als eigenes Fenster, sondern als eine weitere Unterteilung (Register) des Programmcodefensters angezeigt. Das bedeutet, dass man per Mausklick auf den Registerreiter und nicht mehr per [Alt][⇄] auf die Hilfeseite umschaltet (das ist am Anfang wirklich etwas gewöhnungsbedürftig). Die Hilfe ist wie eine große Website organisiert (sie kann zum Beispiel über das Internet erweitert oder aktualisiert werden), so dass man zwischen einzelnen Seiten vor- und zurückblättern kann. Und noch eine gute Nachricht zum Schluss: Es gibt nicht nur eine komplette, sondern auch sehr übersichtliche Übersicht über den Befehlssatz von Visual Basic .NET.

14.3.2   Anlegen von Projekten

Vor dem Anlegen eines neuen Projekts müssen Sie sich für den Projekttyp entscheiden. Folgende Projekttypen stehen bei Visual Studio .NET 2003 zur Auswahl:

- Windows-Anwendung

- Klassenbibliothek

- Windows-Steuerelementbibliothek

- Anwendung für intelligente Geräte

- ASP.NET-Webanwendung

- ASP.NET-Webdienst

- ASP.NET Mobile Webanwendung

- Websteuerelement-Bibliothek

- Konsolenanwendung

- Windows-Dienst

Die Auswahl ist also vielfältig (die gleiche Auswahl steht übrigens auch für Visual C#-Projekte zur Verfügung), wobei die Auswahl eines Projekts lediglich bestimmte Voreinstellungen betrifft und in den Projekteigenschaften nachträglich geändert werden kann. In diesem Buch haben Sie bislang ausschließlich Konsolenanwendungen kennen gelernt. Ein Beispiel für eine Windows-Anwendung wird in Kapitel 14.5 vorgestellt.

14.3.3   Projekteigenschaften

Jedes Projekt besitzt eine Reihe von Eigenschaften, die nur selten geändert werden müssen. Die Dialogbox zum Einstellen dieser Eigenschaften wird über den Projektmappen-Explorer geöffnet, indem das Projekt mit der rechten Maustaste ausgewählt und der Eintrag *Eigenschaften* ausgewählt wird. Zu den wichtigsten Eigenschaften gehören:

- Der Assembly-Name (dieser lautet am Anfang so wie der Projektname).

- Der Ausgabetyp (Windows-Anwendung, Konsolenanwendung oder Klassenbibliothek).

- Das Startobjekt (je nach Projekttyp zum Beispiel ein Windows Form oder die Prozedur *Main*).

- Ein Namensraum, der für jedes Projekt automatisch definiert wird und am Anfang dem Projektnamen entspricht. Achten Sie darauf, dass Klassennamen nicht identisch mit dem Projektnamen sind, da Visual Studio ansonsten ein wenig durcheinander kommt.

◦ Die Anfangseinstellungen für *Option Explicit*, *Option Strict* und *Option Compare*.

◦ Importeinstellungen für Namensräume (z.B. ist *Microsoft.VisualBasic* immer dabei, so dass dieser nicht über den *Imports*-Befehl importiert werden muss).

◦ Verschiedene Konfigurationseinstellungen, wie den Ausgabepfad für die Exe-Datei, die Frage, ob Debug-Informationen in die Exe- oder Dll-Datei eingetragen werden und ob bzw. welche Optimierungen der Compiler durchführen soll. Dies sind spezielle Einstellungen, die am Anfang nicht geändert werden müssen.

Abb. 14.11: In dieser Dialogbox werden die Eigenschaften für ein Projekt eingestellt

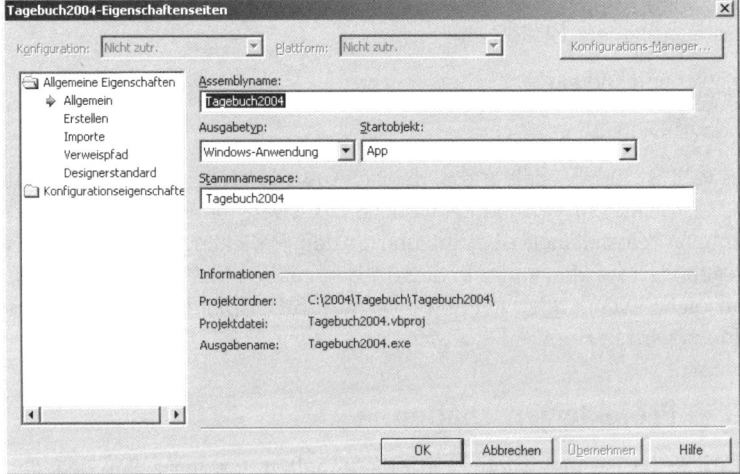

14.3.4   Bestandteile eines Projekts

Ein Projekt ist der Oberbegriff für alle Dateien, die zu einem Programm gehören. Je nach Projekttyp enthält ein Projekt von Anfang an ein Modul (Konsolenanwendung) oder ein Windows-Formular (Windows-Anwendung). Über das *Projekt*-Menü können jederzeit weitere Dateien hinzugefügt werden.

Jedes Visual Basic .NET-Projekt erhält in der IDE eine Datei mit dem Namen *AssemblyInfo.vb*. Hier werden allgemeine Programminformationen (wie zum Beispiel der Programmname oder die Versionsnummer) hinterlegt. Es handelt sich um eine normale Quelltextdatei, die eine Reihe von Attribut-Objekten enthält, über die die jeweiligen Informationen den Metadaten des Assembly hinzugefügt werden. Diese Datei kann beliebig editiert und erwei-

tert werden und es ist auch möglich, alle enthaltenen Befehle etwa in die For-
mulardatei zu übernehmen.

> Das ist wichtig: Im Unterschied zu früheren Visual Basic-Versionen kann
> eine Datei mehrere Klassen oder Module enthalten. Insbesondere für Klas-
> sen muss kein eigenes Modul eingefügt werden (diese Option steht eher aus
> Kompatibilitätsgründen zur Verfügung). Es ist üblich (sofern es sinnvoll ist),
> alle Klassen in einem einzigen Dateimodul unterzubringen. Das Dateimodul
> beeinflusst nicht den Gültigkeitsbereich von Klassen oder Variablen. Auch
> das allgemeine Modul (die Bas-Dateien früherer Visual Basic-Versionen) gibt
> es bei Visual Basic .NET nicht mehr in dem Sinne, wie es früher der Fall war
> – wenn über den Menübefehl *Projekt | Modul hinzufügen* ein Modul hinzu-
> gefügt wird, wird intern eine weitere Klasse angelegt. Es ist nicht nur kein
> Problem, sondern wohl eher der Normalfall, dass alles, was zu einem Projekt
> gehört (zumindestens bei kleineren und mittleren Projekten) in einer einzi-
> gen Datei untergebracht wird.

14.3.5　Dateierweiterungen

Alle Dateimodule tragen die Erweiterungen *.Vb*, die Projektdatei die Erweiterung *.Vbproj*. Über alle weiteren Erweiterungen gibt Tabelle 14.3 Auskunft.

Erweiterung	Bedeutung
.Vb	Allgemeines Modul (Windows Form, Klasse oder Modul).
.Vbproj	Visual Basic .NET-Projektdatei.
.Sln	Projektsammelmappe (Solution). Spielt immer dann eine Rolle, wenn mehrere Projekte geladen werden. Es können auch Pro- jekte in anderen Sprachen, etwa C#, sein.
.Resx	Hilfsdatei, die während der Programmausführung in der IDE die binären Bestandteile eines Windows Form enthält (die .Frx-Datei früherer Visual Basic-Versionen).

Tabelle 14.3:
Die wichtigsten
Dateierweite-
rungen bei
Visual Basic
.NET

14.3.6　Debug oder Release?

Bei einem Projekt kann wahlweise in der Debug- oder der Release-Konfiguration kompiliert werden. Dieser Umstand ist vor allem für jene Programmierer verwirrend, die bereits ältere Visual Basic-Versionen kennen, wo es diese
Unterscheidung nicht gab. Hinter dieser Unterscheidung steckt die nahelie-
gende Überlegung, dass ein Projekt, solange es getestet wird, mit anderen
Compilerschaltern kompiliert wird, wie wenn es ausgeliefert werden soll. Für
den ersten Fall wird (auch wenn es kein Zwang ist) die Debug-Konfiguration
verwendet, die voreingestellt wird. Diese sorgt automatisch dafür, dass die
Exe- oder Dll-Datei die so genannten *Debug-Informationen* enthält, die ein

407

Debuggen auf Quelltextebene erlauben (bei älteren Visual Basic-Versionen war dies fest eingebaut, bei Visual Basic .NET muss es aktiviert werden.) Soll ein Projekt dagegen ausgeliefert werden, werden die Symbolinformationen nicht mehr benötigt. Jetzt wird die Release-Konfiguration gewählt, bei der diese Option nicht mehr gesetzt ist. Die Unterscheidung zwischen Debug- und Release-Konfiguration, die unter anderem über eine Auswahlliste in der Hauptsymbolleiste vorgenommen wird, beeinflusst daher lediglich bestimmte Konfigurationseinstellungen, die auch einzeln in den Projekteigenschaften vorgenommen werden könnten. Über den Konfigurationsmanager ist es übrigens möglich, weitere Konfigurationssets einzuführen und ihnen beliebige Namen zu geben oder vorhandene Konfigurationssets (darunter auch Debug und Release) nachträglich zu bearbeiten.

Unabhängig davon, ob die Release- oder die Debug-Konfiguration gewählt wird, das Drücken der F5-Taste oder das Ausführen der verschiedenen *Erstellen*-Befehle im *Erstellen*-Menü legt immer eine Exe- oder Dll-Datei an.

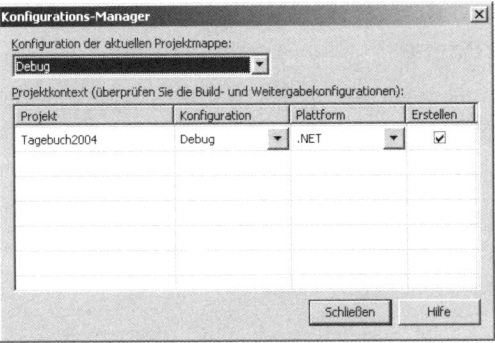

Abb. 14.12: Der Konfigurationsmanager erlaubt das Bearbeiten und Anlegen von Konfigurationssets für jedes einzelne Projekt

14.4 SharpDevelop als Alternative

SharpDevelop ist eine komfortable Entwicklungsumgebung, die unter der *GNU General Public License* kostenlos zur Verfügung steht und ihrem großen Vorbild Visual Studio .NET erstaunlich ähnlich sieht. Die beste Nachricht für alle Visual Basic-Programmierer ist, dass es mit der Version 0.99 auch einen Forms Designer für Visual Basic gibt, so dass der Komfort fast dem entspricht, was Visual Basic-Programmierer von Visual Basic 6.0 gewohnt waren. Allerdings nur fast, denn bei SharpDevelop gibt es (natürlich) kein echtes Intellisense, da eine eingegebene Zeile nicht bereits mit der Eingabe kompiliert wird. Allerdings bietet auch SharpDevelop gewisse Eingabehilfen und sogar eine automatische Eingabevervollständigung an.

Sie finden die Version 0.99b auf der Buch-CD – die aktuellste Version erhalten Sie unter *http://www.icsharpcode.net/OpenSource/SD/Download/*.

Leider ist SharpDevelop (wie vermutlich jede größere .NET-Anwendung) sehr arbeitsspeicherintensiv. Deaktivieren Sie nach der Installation die Option *Schnelles Erstellen* und klicken Sie auf *Datenbank anlegen*, wird eine umfangreiche Datenbank angelegt, was bei Rechnern mit zu wenig Arbeitsspeicher leider »ewig« dauert und das System scheinbar (oder tatsächlich) lahm legt. Der Aufwand lohnt sich, denn am Ende erhalten Sie, wie bei Visual Studio, Autovervollständigung auch bei den .NET-Basisklassen.

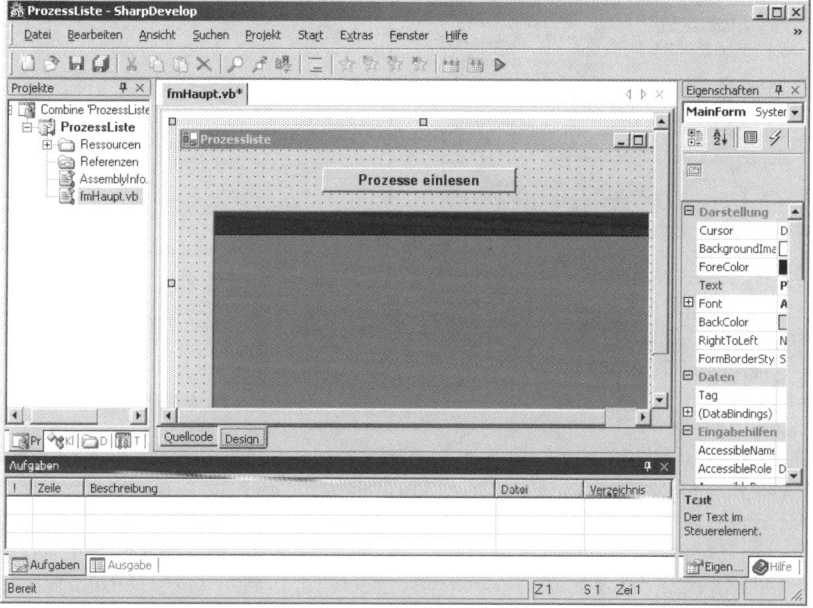

Abb. 14.13:
SharpDevelop
besitzt eine
verblüffende
Ähnlichkeit
mit Visual
Studio .NET

14.4.1   Combines statt Projektsammelmappen

Bei SharpDevelop gibt es keine Projektsammelmappen, sondern »Combines«. Ein Combine (Erweiterung *.Cmbx*) fasst ein oder mehrere Projekte (Erweiterung *.Prjx*) zusammen (weitere Projekte werden aber nicht über das

---

1. Kein Wunder, denn während dem Anlegen der Datenbank belegt die IDE zeitweise unglaubliche 250 Mbyte im Arbeitsspeicher. Der Hinweis, dass diese Variante »länger als eine Minute« dauert, kann daher nur als leichter Sarkasmus verstanden werden.

409

Datei-Menü, sondern über das Projekt-Fenster hinzugefügt). Auch wenn es nur ein simples Namensspielchen ist, sorgt diese Unterscheidung nicht nur am Anfang für etwas Verwirrung, denn selbst für ein kleines Windows-Programm muss ein Combine angelegt werden, das auch ein Projekt umfasst. Vielen Visual Basic-Programmierern dürfte daher am Anfang nicht klar sein, was sie mit F5 zur Ausführung bringen – die ganze Projektmappe, ein einzelnes Projekt oder nur eine einzelne Datei? Es kann schnell passieren, dass man ein Projekt öffnet, anschließend eine zu einem Projekt gehörende Datei versehentlich erneut einzeln öffnet, Änderungen an dieser Datei vornimmt und sich beim Starten wundert, warum die Änderungen scheinbar nicht berücksichtigt wurden. Der Grund ist, dass die Änderungen nicht am Projekt durchgeführt wurden[1].

Abb. 14.14:
Alle Combines
mit den Pro-
jekten und
ihren Dateien
werden im
Projekt-Fens-
ter angezeigt

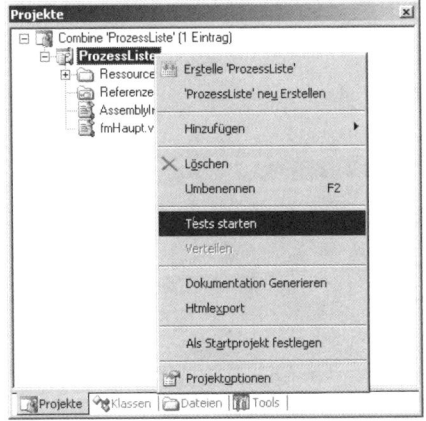

Aufgrund der Unterscheidung zwischen Combine und Projekt gibt es auch zwei Möglichkeiten, ein Projekt zu kompilieren: über F8, um das gesamte Combine zu übersetzen, und über F9, um nur das aktuelle Projekt zu übersetzen. Das Drücken von F5 führt, anders als bei Visual Studio .NET, lediglich dazu, dass das aktuelle Projekt gestartet wird. Genau wie bei Visual Studio .NET erhält man keine Abfrage zum Speichern eventuell durchgeführter Änderungen. Dies geschieht vielmehr automatisch, was im Allgemeinen auch sehr praktisch ist.

---

1. Im multinationalen Programmierteam um den Berliner Mike Krueger ist der Job des »Ergonomiespezialisten« sicherlich noch nicht besetzt.

14.4.2   Der Forms Designer für Visual Basic .NET

Visual Basic-Programmierer nehmen es zwar als selbstverständlich hin, doch da bei .NET alles auf Quelltext basiert, ist es dies natürlich nicht. Die Rede ist von einem Forms Designer, dessen Aufgabe es ist, dem Programmierer ein Formular und eine Toolbox anzubieten, so dass dieser Steuerelemente anordnen und deren Eigenschaften einstellen kann. Dazu muss der Designer in der Lage sein, die angeordneten Elemente in Quelltext umzuwandeln und jede Änderung im Quelltext wieder im Designer zu berücksichtigen. Es hat daher auch eine Weile gedauert, bis SharpDevelop diesen »Luxus« bieten konnte, der die IDE zu einer beinahe vollwertigen Alternative zu Visual Studio macht. Auch wenn der Designer noch ein wenig »holprig« wirkt, ist er eine enorme Verbesserung zum rein quelltextbasierten Ansatz.

Abb. 14.15: Die Toolbox, die Teil des Projekte-Fensters ist, enthält unter anderem die zur Verfügung stehenden Steuerelemente

14.4.3   Weitere Kleinigkeiten

Auch bei SharpDevelop wird zwischen dem Debug- und dem Release-Modus unterschieden. Optionen in der IDE werden nur selten eingestellt. Sie beziehen sich in erster Linie auf »Nebensächlichkeiten«, wie die Landessprache der IDE, die Frage, ob Änderungen mit dem Start automatisch gespeichert werden oder ob Tabs durch Leerzeichen ersetzt werden, was immer dann praktisch ist, wenn man den Quelltext in Word-Dateien übernehmen möchte. Dass SharpDevelop von Programmierern für Programmierer gemacht wurde, machen die vielen Kleinigkeiten deutlich, die aus Platzgründen leider nur stichwortartig aufgeführt werden können:

■ Ein Messagebox-Assistent zum Erstellen von Mitteilungsboxen.

■ Ein Tool zum Umwandeln von XML-Kommentaren eines C#-Projekts in einen HTML-Report.

411

Ein Wortzähler, der unter anderem die Befehlszeilen in einem Projekt zählt.

Ein Tool mit dem Namen *Regular Expression Toolkit* zum Austesten regulärer Ausdrücke.

Ein Datenbankfenster, in dem Verknüpfungen auf vorhandene Datenbanken angelegt werden können und das auch das Abrufen von Tabelleninhalten erlaubt.

14.4.4   SharpDevelop in Aktion

Zum Abschluss soll ein kleines Mini-Projekt den Umgang mit SharpDevelop veranschaulichen und deutlich machen, dass es viele Gemeinsamkeiten zu Visual Studio .NET gibt. Das Projekt soll alle aktiven Prozesse mit allen Prozessdaten in einem DataGrid anzeigen. Wetten, dass ein solches »Programm« nicht mehr als eine Befehlszeile benötigt?

Schritt 1   Anlegen eines VB Windows Forms-Projekts

Legen Sie über *Datei | Neu | Combine* eine neue VB Windows Forms-Anwendung an. Achten Sie dabei auf das Verzeichnis, in dem die Projektdatei angelegt wird. Wie bei Visual Studio .NET wird auf Wunsch für ein neues Projekt ein eigenes Verzeichnis angelegt.

Abb. 14.16:
Auch bei
SharpDevelop
stehen mehrere
Projekttypen
zur Auswahl

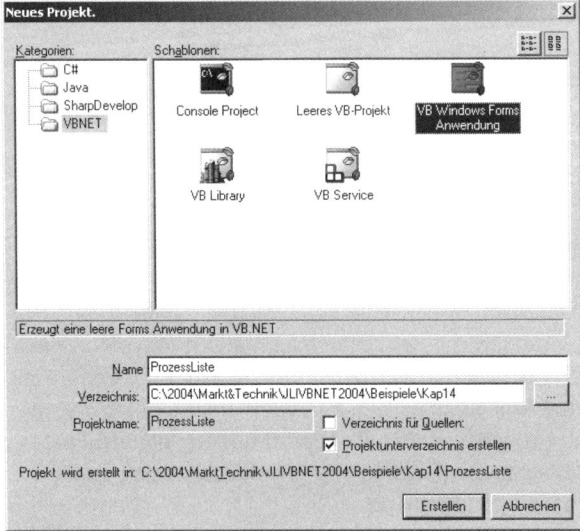

Hinzufügen von Steuerelementen　　　　　　　　　　　　　*Schritt 2*

Ordnen Sie auf dem Formular ein DataGrid und einen Button untereinander an, in dem Sie sie aus der Toolbox auf das Formular ziehen und an der gewünschten Position ablegen. Anders als bei früheren Visual Basic-Versionen ist es eher verzeihlich, wenn die Steuerelemente keine Namen erhalten. Außerdem gibt es keine »empfohlenen« Namenskonventionen mehr. Stellen Sie über das Eigenschaftsfenster beim Button für die *Text*-Eigenschaft den Wert »Prozesse auflisten« ein. Über den Eintrag »AutoFormat« können Sie dem DataGrid eine andere Formatierung verpassen.

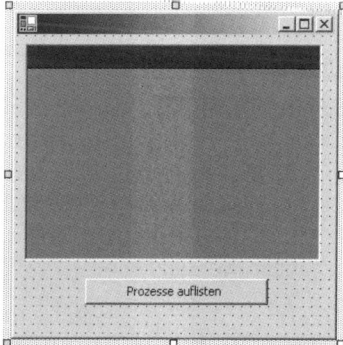

Abb. 14.17: Auf dem Formular wurden ein DataGrid und ein Button angeordnet

Hinzufügen von Programmcode　　　　　　　　　　　　　*Schritt 3*

Klicken Sie das Formular doppelt an – Sie landen im Programmcodefenster und dort in der Ereignisprozedur, die sich um das *Load*-Ereignis des Formulars kümmert. Geben Sie dort den folgenden Befehl ein:

```
DataGrid.DataSource = System.Diagnostics.Process.GetProcesses
```

Haben Sie beim Erstellen der Autovervollständigungsdatenbank nicht die schnelle Variante gewählt, erscheint nach Eingabe eines Punkts eine Auswahlliste. Dies ist für eine freie IDE wirklich sehr beeindruckend.

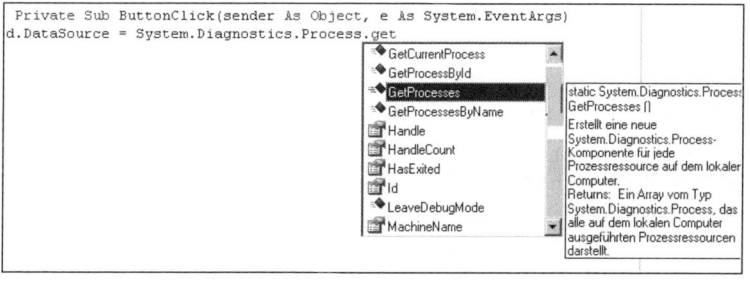

Abb. 14.18: Auch bei SharpDevelop gibt es Intellisense

413

Schritt 4   Projekt übersetzen

Kompilieren Sie das Projekt über die [F9]-Taste. Sollte es noch Fehler enthalten, werden diese nun in der Aufgabenliste angezeigt. Ansonsten erhalten Sie im Ausgabefenster die Meldung »Erstellen: 1 erfolgreich, 0 fehlgeschlagen«.

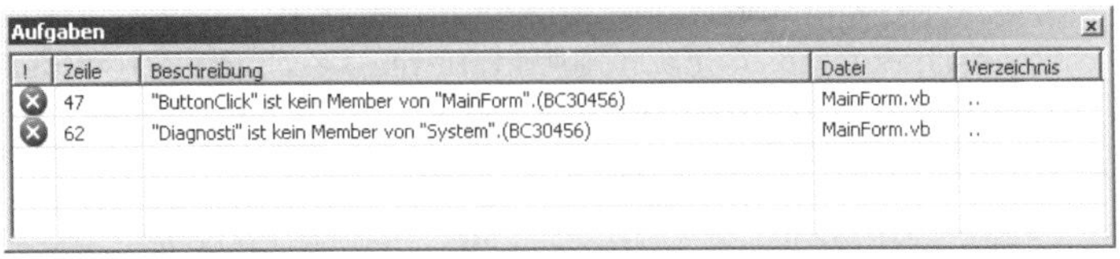

Abb. 14.19: Fehlermeldungen werden im Aufgabenfenster angezeigt

!	Zeile	Beschreibung	Datei	Verzeichnis
✗	47	"ButtonClick" ist kein Member von "MainForm".(BC30456)	MainForm.vb	..
✗	62	"Diagnosti" ist kein Member von "System".(BC30456)	MainForm.vb	..

Schritt 5   Projekt starten

Starten Sie das Projekt über die [F5]-Taste und klicken Sie auf den Button. Einen Augenblick später werden alle Prozesse mit ihren Daten im DataGrid angezeigt. Dahinter steckt keine Zauberei, sondern der simple Umstand, dass die *GetProcesses*-Methode ein Array mit *Process*-Objekten zurückgibt, das, da dieses die *ICollection*-Schnittstelle implementiert, direkt an das DataGrid gebunden werden kann.

Abb. 14.20: Das kleine Programm listet alle aktiven Prozesse auf

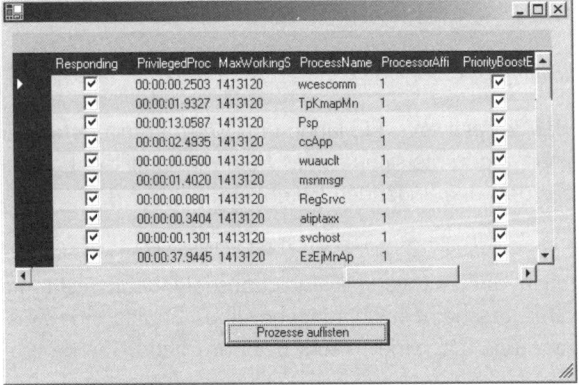

Der Umgang mit SharpDevelop macht richtig Spaß, wenngleich SharpDevelop kein vollwertiger Ersatz für Visual Studio .NET ist und auch die Version 0.99b noch ein paar kleine Macken hat. Eine davon ist, dass ein Projektverzeichnisname offenbar keine Leer- und Sonderzeichen besitzen darf, eine andere, dass eine angezeigte Datei nicht automatisch zu einem Projekt gehören muss. Achten Sie daher genau darauf, welche Dateien im Projekte-Fenster aufgelistet werden.

14.5   Eine Windows-Anwendung zum Schluss

Zum Schluss soll eine kleine Windows-Anwendung vorgestellt werden, die viele der in diesem Buch vorgestellten Techniken umfasst. Es handelt sich um eine kleine MDI-Anwendung, mit der Sie ein persönliches Tagebuch führen können. Für jeden Tag, der über einen Kalender ausgewählt wird, stehen eine Reihe von Kategorien zur Verfügung. Abgespeichert werden die Daten in einer XML-Datei, die als *XmlDocument*-Objekt eingelesen wird, und bei der die Abfrage auf einen Knoten über einen XPath-Ausdruck geschieht. Sie sehen, es sind eine Reihe moderner .NET-Programmiertechniken vertreten.

Anlegen eines Windows-Anwendungsprojekts   *Schritt 1*

Der erste Schritt besteht stets im Anlegen eines neuen Projekts vom Typ »Windows-Anwendung«. Dadurch wird eine Formularklasse zum Projekt hinzugefügt.

Das Formular wird zur MDI-Form   *Schritt 2*

Das erste Formular soll das MDI-Formular sein, was durch Setzen von *IsMdi-Container* auf *True* geschieht.

Das Formular erhält ein Menü   *Schritt 3*

Einen Menüeditor wie bei früheren Visual Basic-Versionen gibt es bei Visual Studio .NET nicht. Menüs und Menüeinträge sind Steuerelementklassen und werden in der Toolbox angeboten. Das Formular benötigt ein *MainMenu*, das die Menüleiste als Ganzes vorgibt, sowie ein *MenuItem*, das sowohl für das Menü als auch dessen Einträge steht. Sie werden feststellen, dass das Hinzufügen von Einträgen sehr einfach ist. Schreiben Sie das Menü einfach herunter.

Hinzufügen eines weiteren Formulars   *Schritt 4*

Der Tagebucheintrag soll auf einem weiteren Formular angezeigt werden. Fügen Sie über *Projekt | Windows Form hinzufügen* ein Formular hinzu und geben Sie ihm den Namen »fmEintrag«.

Fügen Sie in beide Formulare *Imports*-Befehle für *System.IO* und *System.Xml* ein.

Anordnen von Steuerelementen auf dem Formular   *Schritt 5*

Ordnen Sie auf dem Formular ein Kalendersteuerelement, ein Label, eine Listbox, einen Button, ein TabControl und darunter zwei Buttons an. Die Seiten werden zur Laufzeit hinzugefügt. Damit ist die Oberfläche des Programms erst einmal »fertig«.

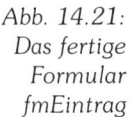

Abb. 14.21:
Das fertige
Formular
fmEintrag

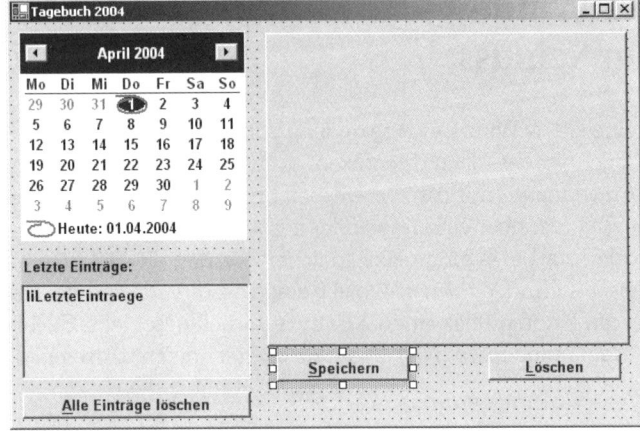

Schritt 6   *Anlegen einer XML-Datei*

Die Tagebuchdaten sollen aus einem Eintrag pro Tag bestehen, der in verschiedene Kategorien (Privat, Allgemein, Wetter, Business usw.) unterteilt ist. Diese Daten sollen in einer XML-Datei gespeichert werden. Fügen Sie über *Projekt | Neues Element hinzufügen* und Auswahl von »XML-Datei« eine XML-Datei hinzu, geben Sie ihr den Namen »Tagebuch.xml« und geben Sie die folgende Grundstruktur ein:

```
<?xml version="1.0" encoding="utf-8"?>
<Tagebuch>
  <Eintrag Datum="27.03.2004">
  <Allgemein></Allgemein>
  <Wetter></Wetter>
  <Business></Business>
</Eintrag>
```

Die XML-Datei wird beim Speichern im *bin*-Unterverzeichnis des Projekts abgelegt. Das muss später beim Laden berücksichtigt werden.

Schritt 7   *Laden des XML-Dokuments*

Das XML-Dokument wird unmittelbar nach dem Programmstart in der *Load*-Prozedur des MDI-Formulars in ein *XmlDocument*-Objekt geladen:

```
XMLPfad = Path.GetDirectoryName(Application.ExecutablePath) &
"\..\Tagebuch2004.xml"
XDoc = New XmlDocument
XDoc.Load(XMLPfad)
```

416

Der Vorteil eines *XmlDocument*-Objekts besteht darin, dass jederzeit jeder Knoten angesprochen werden kann. Ein Nachteil ist, dass bei großen XML-Dokumenten relativ viel Arbeitsspeicher belegt wird.

Hinzufügen der Register   *Schritt 8*

Die einzelnen Register für das TabControl sollen sich natürlich nach den Kategorien der XML-Datei orientieren. Damit die Namen möglichst flexibel vergeben werden können, benutzt das Programm einfach die Namen der Unterknoten vom *Eintrag*-Knoten in der XML-Datei. An diese Namen kommt man am schnellsten über eine XPath-Abfrage heran. Sie lautet

```
//Eintrag/child::*
```

und gibt alle Kindknoten des Knotens *Eintrag* zurück. Über die *LocalName*-Eigenschaft erhalten Sie den Namen des Knotens. Dabei muss natürlich geprüft werden, ob ein Knoten doppelt vorkommt, was über eine *HashTable* und deren *ContrainsKey*-Methode geschieht:

```
Sub TabsAnlegen()
  Dim XPNav As XPathNavigator = _
  New XPathDocument(XMLPfad).CreateNavigator
  Dim XPIt As XPathNodeIterator = _
  XPNav.Select("//Eintrag/child::*")
  Dim iNr As Integer
  While XPIt.MoveNext
    Dim sName As String = XPIt.Current.LocalName
    If Eintraege.ContainsKey(sName) = False Then
      Eintraege.Add(sName, iNr)
      iNr += 1
    End If
  End While
  For Each sName As String In Eintraege.Keys
    Dim Tp As New TabPage(sName)
    tabTb.TabPages.Add(Tp)
    Dim Rtf As New RichTextBox
    With Rtf
      .BackColor = Color.SeaShell
      .Left = 0
      .Top = 0
      .Width = Tp.Width
      .Height = Tp.Height
      .Name = "tb" & sName
      .Text = "Eintrag " & sName
    End With
    Tp.Controls.Add(Rtf)
  Next
End Sub
```

Bislang wurde die Frage gar nicht geklärt, wo ein Tagebucheintrag eingegeben wird. Dafür ist ein RichTextBox-Steuerelement vorgesehen, was aber noch nicht auf dem Formular angeordnet wurde. Das muss es auch nicht, denn es wird zur Laufzeit hinzugefügt und auf jedem TabControl angeordnet:

```
Dim Rtf As New RichTextBox
...
Tp.Controls.Add(Rtf)
```

Da das Steuerelement auf diese Weise aber nur über die *Controls*-Auflistung angesprochen werden kann, ist bei den Zugriffen auf die speziellen Eigenschaften (also auf jene, die nicht direkt von der *Control*-Klasse stammen) ein »Type casting« über die *CType*-Funktion erforderlich:

```
CType(Ta.Controls(0), RichTextBox).Modified = False
```

Schritt 9   *Feststellen, ob ein Eintrag existiert*

Wird ein Tagebucheintrag gespeichert, kann es natürlich sein, dass dieser bereits existiert. Dies wird wieder über einen XPath-Ausdruck im Rahmen der *SelectSingleNode*-Methode des *XmlDocument*-Objekts geprüft. Gibt es den Knoten bereits, wird er lediglich aktualisiert. Ansonsten wird er komplett neu angelegt. Am Ende wird das gesamte *XmlDocument*-Objekt in einer XML-Datei gespeichert (das komplette Speichern sollte unter Umständen bei großen Dokumenten nur einmal am Programmende erfolgen).

```
Sub EintragSpeichern(ByVal Datum As Date)
  Dim XN As XmlNode
  XN = XDoc.SelectSingleNode("//Eintrag[@Datum='" _
  & Datum.ToShortDateString & "']")
  ' Neuen Knoten anlegen?
  If XN Is Nothing Then
    XN = XDoc.CreateNode(XmlNodeType.Element, _
      "Eintrag", "")
    Dim Attr As XmlAttribute = _
    XDoc.CreateAttribute("Datum")
    Attr.Value = Datum.ToShortDateString
    XN.Attributes.Append(Attr)
    Dim XNSub As XmlNode
    For Each Ta As TabPage In tabTb.TabPages
      Dim sKategorie As String = Ta.Text
      XNSub = XDoc.CreateNode(XmlNodeType.Element, _
        sKategorie, "")
      XNSub.InnerText = Ta.Controls(0).Text
      XN.AppendChild(XNSub)
    Next
    XDoc.DocumentElement.AppendChild(XN)
    XDoc.Save(XMLPfad)
    ' Vorhandene Knoten nur aktualisieren
```

```
Else
   For Each Ta As TabPage In tabTb.TabPages
     ' Wurde der Text geändert?
     If CType(Ta.Controls(0), _
      RichTextBox).Modified = True Then
       XN.ChildNodes(Eintraege.Item(Ta.Text)).InnerText = _
        Ta.Controls(0).Text
       CType(Ta.Controls(0), RichTextBox).Modified _
        = False
     Fnd If
   Next
   XDoc.Save(XMLPfad)
  End If
End Sub
```

Damit ist das Projekt so gut wie fertig. Alle weiteren Details, etwa die Anzeige eines einzelnen Eintrags, entnehmen Sie bitte dem Projekt auf der Begleit-CD oder der Homepage des Buchs (die Projektmappendatei heißt *Tagebuch2004.sln*).

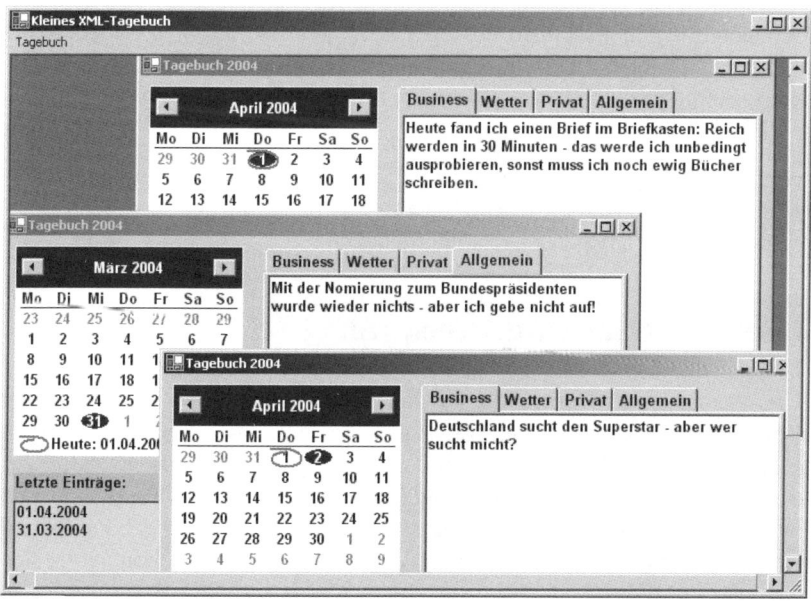

Abb. 14.22:
Das Tagebuch-
Programm in
Aktion

14.5.1   .NET-Anwendungen ausliefern

Eine wichtige Frage ist natürlich, wie eine .NET-Anwendung auf einen anderen Rechner gelangt. Den beliebten Paket- und Weitergabeassistenten früherer Visual Basic-Versionen gibt es nicht mehr. Der Nachfolger ist das Setup-

419

Projekt in Visual Studio .NET, das in der Kategorie *Setup- und Weitergabe-projekte* ausgewählt wird. Einen Assistenten, der einen Schritt für Schritt durch alle erforderlichen Einstellungen führt, gibt es hier nicht. Stattdessen wird über die Menüs *Ansicht* und *Aktion* ausgewählt, was bei der Installation passieren soll. Es ist wichtig zu verstehen, dass dieses Dialogfeld die Sichtweise auf den Zielcomputer darstellt, dass alle Dateien, um die es geht, hinzugefügt werden müssen und dass der Rest über den Eigenschaftendialog des jeweiligen Kategorieeintrags angezeigt wird. Es gibt drei Kategorien:

1. Den Anwendungsordner, der während der Installation angelegt wird, und in den alle Anwendungsdateien kopiert werden.

2. Den Desktop des Benutzers – hier könnten Verknüpfungen angelegt werden.

3. Das Programmmenü des Benutzers – hier werden Verknüpfungen auf die installierte Anwendung angelegt.

Was in den Anwendungsordner der *Exe*-Datei kopiert werden soll, wird unter dem allgemeinen Namen »Projektausgabe« zusammengefasst, da es sich um eine Ausgabe des zu installierenden Projekts handelt. Am Ende wird über den Menübefehl *Erstellen | AutorenAbfrageSetup erstellen* eine *Msi*-Datei erstellt. Diese Datei, die alle zur Projektausgabe hinzugefügten Dateien umfasst, wird weitergegeben. Sie kann überall dort ausgeführt werden, wo der Microsoft Installer 2.0 vorhanden ist.

Jedes .NET-Programm benötigt die .NET-Laufzeit zur Ausführung. Diese ist nicht Teil der Msi-Datei. Sie wird in Gestalt einer ca. 20 Mbyte großen Datei mit dem Namen *Dotnetfx.exe* weitergegeben.

14.6 Zusammenfassung

Aha, es gibt sie also doch, die Formulare und Steuerelemente, mit denen Programmierer älterer Visual Basic-Versionen bestens vertraut sind und die in Programmiereinführungen früher meistens ganz am Anfang vorgeführt wurden. Anders als bei älteren Visual Basic-Versionen sind Formulare und Steuerelemente keine Bausteine, die von der Entwicklungsumgebung fix und fertig zur Verfügung gestellt werden. Wie bei allem in .NET handelt es sich auch hier um Klassen, die wie jede andere Klasse der .NET-Basisklassen behandelt werden und zum Beispiel auch über Vererbung erweitert werden könnten. Ein Windows-Formular ist daher eine »normale« Klasse, ebenso ein Button. Das macht die Programmierung sehr einheitlich, bedeutet aber für erfahrene Visual Basic-Programmierer ein erhebliches Umlernen.

14.7   F&A

Frage 14-1

Welche .NET-Basisklasse steckt hinter einem Windows-Formular und welchen Befehl muss jede Klasse enthalten, über die ein Windows-Formular angezeigt werden soll?

Frage 14-2

Wie sieht der allgemeine Aufbau einer Prozedur aus, die auf ein Ereignis reagieren kann, das von einem Windows-Formular oder einem Steuerelement ausgelöst wird?

Frage 14-3

Was genau bewirkt die Auswahl eines Projekttyps bei Visual Studio .NET?

Frage 14-4

Ein Programmierer möchte sein Programm möglichst modular gestalten und verteilt seinen Programmcode auf viele einzelne Klassenmodule, die er der Reihe nach über den Menübefehl *Projekt | Klasse hinzufügen* einfügt. Tut sich unser Programmierer damit wirklich einen Gefallen?

14.8   Schlusswort und Ausblick

Wir sind damit am Ende einer hoffentlich abwechslungsreichen und lehrreichen Reise durch die Welt der .NET-Programmierung angelangt. Sie haben mit Visual Basic .NET nicht nur eine einfach zu handhabende und dennoch sehr leistungsfähige Programmiersprache, sondern mit .NET eine von Grund auf neu entwickelte Programmierplattform kennen gelernt, deren Entwicklung etwa 1997 begann. Sie wurde im Jahre 2002 offiziell fertig gestellt und wird im Jahre 2020 aller Voraussicht nach immer noch eine, wenn nicht die wichtigste, Rolle in der Windows-Welt spielen[1]. Wenn am Anfang Begriffe wie .NET-Basisklassen, *Common Language Runtime* oder Typen wahrscheinlich sehr abstrakt geklungen haben, sollte jetzt sehr viel klarer sein, was sich dahinter verbirgt. Vor allem sollte der Sammelbegriff für das alles, das .NET-Framework, keine leere Worthülse mehr sein. Mit Visual Basic .NET, der CLR, den .NET-Basisklassen und einigem mehr haben Sie die wichtigsten

---

1. Die nächste Version von Windows (Codename »Longhorn«), die für 2006 oder 2007 erwartet wird, wird einen großen Teil der Win32-API (wenn nicht sogar die komplette API) durch verwaltete Funktionen ersetzen. Das wäre ein komplettes .NET-Betriebssystem, auf dem eine vollkommen neue Generation von Anwendungen aufbauen wird. Die Zukunft ist daher verwaltet.

Bestandteile dieses .NET-Frameworks anhand zahlreicher Beispiele kennen gelernt. Dabei sollten mindestens drei Dinge deutlich geworden sein: 1. Das .NET-Framework ist eine umfassende, durchdachte und sehr leistungsfähige Programmierumgebung, die viele Programmierer in die Lage versetzt, Aufgaben zu lösen, die in der Vergangenheit nur schwierig zu lösen gewesen wären. Dies gilt besonders für Visual Basic-Programmierer, deren Sprache in der Vergangenheit oft als eine Sprache zweiter Klasse behandelt wurde. 2. Die Programmiersprache spielt bei .NET nur eine untergeordnete Rolle. Ob Visual Basic .NET oder C#, allen Sprachen stehen die gleichen Möglichkeiten auf nahezu die gleiche Weise zur Verfügung. Und 3. Die .NET-Programmierung kann sehr viel Spaß machen, da das meiste sehr schön aufeinander abgestimmt und vor allem praktisch vollständig dokumentiert ist. Visual Basic-Programmierer müssen nicht mehr befürchten, dass ihnen wichtige Informationen vorenthalten werden. Hat man einmal die erste Hürde genommen und ist der sprichwörtliche Knoten geplatzt, fügt sich auf einmal wie in einem großen Puzzle vieles zusammen, was vorher vielleicht keinen rechten Sinn zu ergeben schien.

Sie kennen jetzt die Grundlagen von Visual Basic .NET und .NET – wie geht es weiter? Nun, über das .NET-Framework-SDK steht Ihnen die komplette Dokumentation der Basisklassen zur Verfügung. Viele wichtige Themen konnten in diesem Buch nicht behandelt werden, da es in erster Linie um eine Einführung in die Programmiersprache Visual Basic .NET gehen sollte. Wenn Sie wirklich alles über die .NET-Programmierung lernen möchten, sollten Sie sich mit dieser Dokumentation ausführlich beschäftigen. Parallel dazu sollten Sie möglichst viele kleine Beispiele ausprobieren. Diese finden Sie im .NET-Framework-SDK, im Rahmen von Visual Studio .NET sowie auf vielen Sites im Internet.

.NET von A bis Z

Mit .NET gehen viele neue Begriffe einher, die sich nicht alle selbst erklären und die gerade am Anfang die Übersicht unnötig erschweren können. Damit das Lernen von Visual Basic .NET nicht daran scheitert, dass Sie über den Unterschied zwischen CTS und CLR nachgrübeln müssen, finden Sie im Folgenden eine Auflistung einiger wichtiger Begriffe.

.NET

Ausgesprochen wie »dotnett«. Der Sammelname sowohl für das .NET Framework als auch für eine neue Ausrichtung der Firma Microsoft auf Webservices. Inzwischen wird der Begriff allerdings nicht mehr so häufig verwendet und soll auch in künftigen Produkten nicht mehr erscheinen (etwa wird der Nachfolger von Visual Studio .NET 2003 lediglich Visual Studio 2005 heißen), was aber auf die Rolle des .NET Frameworks keinen Einfluss hat.

.NET-Framework

Das .NET Framework ist der Name der Programmierplattform, die sich durch drei Merkmale auszeichnet:

1. Die Common Language Runtime (CLR) als allgemeine Laufzeitumgebung für alle .NET-Programme.

2. Verwalteter Code (engl. »managed code«), der von jedem .NET-Compiler erzeugt und unter der Kontrolle der CLR ausgeführt wird.

3. Eine umfangreiche Klassenbibliothek für alle .NET-Programmiersprachen.

.NET Framework-SDK

Sammelbegriff für alle Tools, Beispieldateien, Dokumentationen sowie der .NET-Laufzeitumgebung, die Microsoft kostenlos zur Verfügung stellt.

ASP .NET

Der Teil von .NET, der für die Entwicklung und Ausführung von Webanwendungen auf der Basis eines IIS-Webservers zuständig ist. ASP .NET ist der Nachfolger der Active Server Pages (ASP).

Assembly

Die kleinste Einheit, in der eine .NET-Anwendung ausgeliefert wird. Im einfachsten Fall besteht ein Assembly aus einer einzelnen Exe- oder Dll-Datei.

Basisklasen (BCL für Base Class Library)

Dieser Teil der .NET-Klassen stellt den Kern dar. Es handelt sich im Wesentlichen um die Klassen der Datei Mscorlib.dll, die den größten Teil des *System.Namespace* darstellen. Die Bezeichnung BCL ist allerdings nicht offiziell. Sie wird in manchen Büchern und Artikeln verwendet, um den Kern der .NET-Klassen von dem Rest, wie *System.Data* (u.a. Datenbankzugriff) oder *System.WindowsForms.Forms* zu unterscheiden.

C#

Ausgesprochen C-Sharp. (Relativ) neue Programmiersprache, die von Microsoft speziell für die Programmierung von .NET geschaffen wurde. C# ist eine Mischung aus C und Java, bei der die weniger optimalen Eigenschaften dieser Sprachen weggelassen wurden (es gibt in C# keine Pointer und unsicherer Code, etwa Speicherzugriffsbefehle, muss separat gekennzeichnet werden). Für Visual Basic .NET-Programmierer ist es wichtig zu wissen, dass sich beide Sprachen nur geringfügig unterscheiden (in erster Linie bezüglich der Syntax) und dass C# (bis auf ein paar Kleinigkeiten) keine nennenswerten Vorteile gegenüber Visual Basic .NET zu bieten hat. Beide Sprachen unterscheiden sich in erster Linie durch ihre Zielgruppen.

CLI

Common Language Infrastructure. Unter diesem Namen werden alle Komponenten zusammengefasst, die Microsoft unter dem (selbst entworfenen) Shared Source-Lizenzmodell für die Öffentlichkeit freigegeben hat und die bereits nach *FreeBSD Unix* portiert wurden (eine weitere Implementierung der CLI unter Linux ist in Arbeit, weitere werden mit Sicherheit folgen).

CLR

Common Language Runtime. Name der Laufzeitumgebung, die für die Ausführung jedes .NET-Programms zuständig ist. Der Name »Common« soll ausdrücken, dass sie von allen .NET-Programmen gemeinsam genutzt wird. Sie wird zum Beispiel durch das .NET Framework SDK auf den Computer installiert.

CLS

Common Language Specification. Vereinfacht beschrieben ein Satz von Regeln und Spezifikationen (zum Beispiel, dass Arrays bei 0 beginnen), die der Hersteller einer neuen Programmiersprache beachten muss, damit seine Sprache .NET-konform ist.

CTS

Common Type System. Beschreibt einen Satz von Datentypen, die jede Programmiersprache unterstützen sollte, damit sie mit anderen Programmiersprachen zusammenarbeiten kann. Visual Basic .NET ist vollständig CTS übereinstimmend, C# im Prinzip auch, enthält aber auch Datentypen (wie vorzeichenlose Ganzzahlen), zu denen es im CTS kein Pendant gibt.

Framework Class Library (FLC)

Dies ist der »Rest« der .NET-Klassen, die nicht zur *Base Class Library* (BCL) gehören. Auch dieser Begriff ist nicht offiziell und soll in erster Linie dem Umstand gerecht werden, dass sich die BCL vermutlich nicht mehr ändern wird, während die .NET-Klassen selbst kontinuierlich Zuwachs durch neue Klasse (etwa, um mobile Endgeräte anzusprechen) erhalten werden.

IL

Intermediate Language. Dies ist die eigentliche .NET-Programmiersprache. Alle .NET-Compiler wandeln ihre Programme in IL-Code um, der von der CLR ausgeführt wird, indem mit dem Aufruf des Programms ein JIT-Compiler aus dem IL-Code Maschinencode macht. (Es gibt allerdings auch die Möglichkeit, Teile eines größeren Programms direkt in Maschinencode zu kompilieren, so dass der JIT nicht tätig werden muss.)

Manifest

Beschreibt die zu einem Assembly gehörenden Typen und Metadaten.

XML

Extensible Markup Language. Allgemeine Beschreibungssprache, die vor allem für die Beschreibung von Daten sehr gut geeignet ist und bei .NET unter anderem für die Steuerung von Webservices benutzt wird. Aber auch das *DataSet*-Objekt, das als universelle »In-Memory-Datenbank« immer dann vorteilhaft benutzt werden kann, wenn ein Programm Daten zwischenspeichern soll, speichert seinen Inhalt im XML-Format.

Visual Basic .NET-Referenz

Auch wenn die Hilfe zum .NET Framework-SDK eine komplette Befehlsreferenz für Visual Basic .NET umfasst, soll dieser Anhang die Übersicht erleichtern, indem alle Befehle, Schlüsselwörter und Operatoren mit einer kurzen Erläuterung zusammengefasst werden. Und was ist mit den Funktionen? Nun, bis auf die relativ unspektakulären Typenkonvertierungsfunktionen, wie z.B. *CInt* oder *CBool*, besitzt Visual Basic .NET keine eigenen Funktionen. Die von früheren Visual Basic-Versionen bekannten Funktionen sind nun Teil der Klassen im *Microsoft.VisualBasic*-Namespace und stehen allen .NET-Programmiersprachen gleichermaßen zur Verfügung.

B.1 Visual Basic .NET-Befehle

Tabelle B.1 enthält eine Übersicht über alle Visual Basic .NET-Befehle – Befehle, die mit Visual Basic .NET eingeführt wurden, sind mit (*) gekennzeichnet.

Befehl	Bedeutung
AddHandler (*)	Fügt einen weiteren Ereignishandler zur Liste der Ereignishandler hinzu und verbindet ein in einer Klasse definiertes Ereignis mit einer Prozedur über den *AddressOf*-Operator.
Call	Ruft eine Prozedur oder Funktion auf. Ist nur optional.
Catch (*)	Leitet in einem *Try-/End Try*-Befehl den Teil der Ausnahmebehandlung ein, der aufgerufen wird, wenn eine Ausnahme auftritt.

Tabelle B.1: Die Visual Basic .NET-Befehle in der Übersicht

	Befehl	Bedeutung
Tabelle B.1:	Class (*)	Leitet die Definition einer Klasse ein, die durch den *End Class*-Befehl beendet wird.
Die Visual		
Basic .NET-	Const	Definiert eine Konstante.
Befehle in der		
Übersicht	Declare	Definiert eine externe DLL-Funktion, z.B. eine API-Funktion.
(Forts.)		
	Delegate (*)	Definiert ein *Delegate*-Objekt. Ein Delegate-Objekt steht für eine bestimmte Funktionssignatur. Indem das Delegate einer Prozedur oder Funktion übergeben wird, lässt sich auf diese Weise eine Callback-Funktion einrichten. Delegates werden auch dazu benutzt, Ereignishandler einzurichten.
	Dim	Definiert eine oder mehrere Variablen.
	Do Loop	Definiert eine Programmschleife.
	End	Beendet verschiedene Befehlskonstrukte, wie eine Klasse, Prozedur oder *While*-Schleife. Er kann auch dazu benutzt werden, das Programm zu beenden, wenngleich der direkte Aufruf der *Exit*-Methode der *Environment*-Klasse den Vorteil bietet, dass sich ein Exitcode übergeben lässt (spielt vor allem bei Konsolenanwendungen eine Rolle).
	Enum	Leitet eine Konstantenenumeration ein, die durch den *End Enum*-Befehl beendet wird.
	Erase	Löscht ein Array und gibt den dadurch belegten Arbeitsspeicher wieder frei und entspricht dem Setzen der Variablen auf *Nothing*. Kann nur auf Prozedurebene benutzt werden.
	Error	Löst einen Laufzeitfehler aus. Ist bei Visual Basic .NET nur aus Kompatibilitätsgründen mit dabei und sollte durch die *Raise*-Methode des *Err*-Objekts oder den *Throw*-Befehl ersetzt werden.
	Event	Definiert ein Ereignis in einem Klassenmodul.
	Exit	Verlässt eine Befehlskonstruktion, wie eine Prozedur oder *Do*-Schleife, vorzeitig.
	Finally (*)	Definiert den Teil der strukturierten Ausnahmebehandlung über den *Try/End Try*-Befehl, der in jedem Fall ausgeführt wird.
	For Next	Definiert eine Programmschleife.
	Function	Leitet eine Funktionsdefinition ein, die durch den *End Function*-Befehl wieder beendet wird.
	Get	Leitet den *Get*-Teil einer *Property*-Definition ein, der immer dann aufgerufen wird, wenn der Wert einer Eigenschaft abgefragt wird.
	GoTo	Führt einen Sprung zu einer Sprungmarke innerhalb einer Prozedur durch. Der besitzt auch bei Visual Basic .NET seine Berechtigung (auch wenn es kein Pendant in C# gibt), da sich so sehr einfach eine verschachtelte Schleife verlassen lässt.

Befehl	Bedeutung
If	Leitet eine Entscheidung ein.
Implements (*)	Gibt den Namen der Schnittstelle an, die in der Klasse implementiert werden soll.
Imports (*)	Dieser Befehl macht einen Namespace im aktuellen Modul bekannt.
Inherits (*)	Gibt den Namen einer Klasse an, die in der aktuellen Klasse abgeleitet werden soll.
Interface (*)	Leitet die Definition einer Schnittstelle ein.
Module (*)	Leitet die Definition eines Befehls ein. Bei Visual Basic 6.0 wurden Module durch Hinzufügen eines Moduls zu einem Projekt hinzugefügt.
Namespace (*)	Leitet die Definition eines Namespaces ein.
Property	Leitet die Definition einer Eigenschaft ein. Gegenüber Visual Basic 6.0 wurde die Syntax verändert. Eine *Property*-Prozedur erhält optional einen *Get*- und/oder einen *Set*-Teil, wobei zusätzlich die Schlüsselwörter *ReadOnly* und *WriteOnly* zur Verfügung stehen.
RaiseEvent	Ruft ein über den *Event*-Befehl definiertes Ereignis auf.
ReDim	Ändert die Größe eines zuvor definierten Arrays. Anders als bei Visual Basic 6.0 kann dieser Befehl nicht mehr zur Deklaration eines Arrays benutzt werden. Arrays sind bei Visual Basic .NET grundsätzlich dynamisch und können jederzeit ihre Größe ändern.
Rem	Leitet einen Kommentar ein. Diesen Befehl gibt es schon »ewig«, wobei er auch schon seit ewigen Zeiten durch ein Apostroph ersetzt wird.
RemoveHandler (*)	Entfernt einen Ereignishandler aus der Liste der Ereignishandler, die mit dem *AddHandler*-Befehl hinzugefügt wurde.
Resume	Bewirkt, dass die Programmausführung in einem Fehlerhandler mit dem Befehl fortgesetzt wird, der den Laufzeitfehler ausgelöst hat oder auf diesen folgt.
Return (*)	Beendet eine Funktion und legt den Rückgabewert fest.
Select	Leitet einen *Select Case*-Befehl ein.
Set (*)	Leitet den *Set*-Teil einer *Property*-Definition ein, der immer dann aufgerufen wird, wenn der Wert einer Eigenschaft einen Wert erhält. Dieser Befehl ist neu, auch wenn es bei Visual Basic 6.0 ebenfalls einen *Set*-Befehl gab, der aber eine andere Bedeutung besaß.
Stop	Hält die Programmausführung an.
Structure (*)	Leitet die Definition einer Struktur ein.

Tabelle B.1:
Die Visual
Basic .NET-
Befehle in der
Übersicht
(Forts.)

Tabelle B.1:
Die Visual
Basic .NET-
Befehle in der
Übersicht
(Forts.)

Befehl	Bedeutung
Sub	Leitet die Definition einer Prozedur ein.
SyncLock (*)	Leitet einen Programmbereich ein, der zu einem Zeitpunkt nur von einem Thread durchlaufen werden kann.
Throw (*)	Ruft eine Ausnahme auf, die als Objekt vom Typ *Exception* folgen muss.
Try (*)	Leitet eine strukturierte Ausnahmebehandlung ein. Dies ist der offizielle Nachfolger der Laufzeitfehlerbehandlung über den *On Error Goto*-Befehl, die auch von Visual Basic .NET unterstützt wird, intern aber auf der strukturierten Ausnahmebehandlung aufsetzt.
With	Leitet einen *With/End With*-Block ein.

B.2 Visual Basic 6.0-Befehle, die nicht mehr unterstützt werden

In diesem Abschnitt werden jene Visual Basic-Befehle vorgestellt, die von Visual Basic .NET nicht mehr unterstützt werden.

Tabelle B.2:
Diese Befehle
werden von
Visual Basic
.NET nicht
mehr unter-
stützt

Befehl	Anmerkung
Def<Typ>	In frühen Basic-Versionen war es üblich, über einen Befehl wie DefInt einer Gruppe von Variablen, deren Name mit dem durch den DefInt-Befehl festgelegten Buchstaben begann, einen Standarddatentyp zuzuordnen, so dass diese Variablen ohne Angabe eines Datentyps deklariert werden konnten. Diese Hilfskonstruktionen gibt es bei Visual Basic .NET nicht mehr.
Gosub-/Return	Über dieses Befehlspaar konnten »Unterprogramme« innerhalb einer Prozedur eingerichtet werden. Es gibt nur wenige Situationen, in denen ein solches Unterprogramm kleinere Vorteile gebracht haben dürfte. Unterprogramme müssen nun durch Prozeduren ersetzt werden.
Let	Dieser Befehl hat noch nie eine echte Rolle gespielt, da er seit den frühesten Basic-Versionen entfallen konnte.
LSet	Dieser Befehl wurde dazu benutzt, einen String oder eine benutzerdefinierte Variable linksbündig in einem festen Feld anzuordnen und mit der fehlenden Anzahl an Leerzeichen aufzufüllen, so dass stets ein gleich großes Feld resultiert. Dieser Befehl wurde nur sehr selten eingesetzt.
On ... Goto/Gosub	Diese Befehle sind, wie der Let-Befehl, Überbleibsel aus frühen Basic-Tagen.

Befehl	Anmerkung	
RSet	Entspricht dem LSet-Befehl, nur dass das Feld dieses Mal rechtsbündig aufgefüllt wird.	
Set-Befehl	Dieser Befehl wird bei Visual Basic .NET nicht mehr unterstützt, da nicht mehr zwischen Objektvariablen und normalen Variablen unterschieden wird (alles ist ein Objekt). Es gibt einen neuen *Set*-Befehl, der aber nur im Rahmen einer *Property*-Prozedur eingesetzt wird.	*Tabelle B.2: Diese Befehle werden von Visual Basic .NET nicht mehr unterstützt (Forts.)*

B.3   Visual Basic .NET-Schlüsselwörter

Neben den Befehlswörtern gibt es eine Vielzahl an Schlüsselwörtern, die ergänzend zu einem Befehl aufgeführt werden. In diesem Abschnitt werden alle Schlüsselwörter von Visual Basic .NET vorgestellt. Mit (*) versehene Schlüsselwörter sind neu.

Schlüsselwort	Bedeutung	
Alias	Wird bei einem *Declare*-Befehl dazu benutzt, einen anderen Namen für eine Funktion anzugeben.	*Tabelle B.3: Übersicht über alle Visual Basic .NET-Schlüsselwörter*
Ansi (*)	Wird bei einem *Declare*-Befehl dazu benutzt, den Zeichensatz eines String-Parameters anzugeben.	
As	Gibt den Datentyp bei einer Deklaration an.	
Assembly (*)	Gibt an, dass die folgenden Attribute im gesamten Assembly gültig sind.	
Auto (*)	Wird in einem *Declare*-Befehl dazu benutzt, festzulegen, dass Stringparameter mit den Regeln der Common Language Runtime behandelt werden.	
ByRef	Gibt an, dass ein Parameter als Referenz übergeben wird.	
ByVal	Gibt an, dass ein Parameter als Wert übergeben wird (ist bei Visual Basic .NET der Default).	
Default	Legt in einer Klassendefinition die Standardeigenschaft fest.	
DirectCast (*)	Führt wie die *CType*-Funktion eine Typenkonvertierung aus, nur dass *DirectCast* erwartet, dass der umzuwandelnde Typ direkt dem Typ entspricht, dem der gesamte Ausdruck zugewiesen werden soll. In diesem Fall kann *DirectCast* schneller ausgeführt werden.	
Each	Wird in einer *For Each*-Schleife benutzt.	
Else	Wird in einem *If*-Befehl benutzt.	
ElseIf	Wird in einem *If*-Befehl benutzt.	
For	Wird in einer *For*-Schleife benutzt.	

431

Schlüsselwort	Bedeutung
Friend	Legt fest, dass sich der Gültigkeitsbereich eines Programmelements auf das aktuelle Assembly bezieht.
Handles (*)	Verbindet eine Prozedur mit einem Ereignishandler, der zum Beispiel über den *Event*-Befehl definiert wurde.
In	Wird innerhalb einer *For Each*-Schleife benutzt.
Lib	Wird in einem *Declare*-Befehl dazu benutzt, den Namen der Bibliothek festzulegen.
Loop	Wird in einer *Do Loop*-Programmschleife benutzt.
Me	Steht für die aktuelle Instanz einer Klasse innerhalb der Klasse.
MustInherit (*)	Macht eine Klasse zu einer abstrakten Basisklasse, indem diese Klasse nicht direkt instanziert werden kann, sondern geerbt werden muss.
MustOverride (*)	Legt fest, dass eine Methode in einer Basisklasse in der abgeleiteten Klasse überschrieben werden muss.
MyBase (*)	Steht in einer Klasse für die Basisklasse.
MyClass (*)´	Steht in einer Klasse wie *Me* für die Instanz der Klasse. Der Unterschied besteht darin, dass überschriebene Methoden so behandelt werden, als wären sie nicht überschrieben worden, und über *MyClass* die Methoden der Basisklasse aufgerufen werden.
New	Legt bei der Deklaration einer Objektvariablen eine neue Instanz an.
Next	Wird im Zusammenhang mit einer *For*-Schleife oder einem *On Error*-Befehl eingesetzt.
Nothing	Steht für den Wert »Nichts«, durch den die in einer Objektvariablen gespeicherte Referenz auf ein Objekt gelöscht wird. Bei Visual Basic .NET besitzt auch eine Stringvariable, die noch keinen Wert erhalten hat, den Wert *Nothing*.
NonInheritable (*)	Legt fest, dass eine Klasse nicht abgeleitet werden kann.
NotOverwritable (*)	Legt fest, dass ein Mitglied in der abgeleiteten Klasse nicht überschrieben werden kann.
On	Wird in einem *On Error*-Befehl und mit dem *Option*-Schlüsselwort eingesetzt.
Option	Wird zu Beginn eines Moduls dazu benutzt, bestimmte Compiler-Einstellungen festzulegen (*Option Explicit* – Variablendeklaration, *Option Strict* – implizite Typenkonvertierung, *Option Compare* – Textvergleich). Das Schlüsselwort *Option Base* zur Festlegung der unteren Grenze eines Array (0 oder 1) wird bei Visual Basic .NET nicht mehr unterstützt, da Arrays grundsätzlich bei 0 beginnen.

Schlüsselwort	Bedeutung
Optional	Wird dazu benutzt, einen optionalen Parameter festzulegen – dieser muss bei Visual Basic .NET mit einem Anfangswert belegt werden.
Overloads (*)	Gibt an, dass eine Methode eine andere Methode überlädt.
Overridable (*)	Gibt an, dass eine Methode überschrieben werden kann.
Overrides (*)	Gibt an, dass eine Methode eine andere Methode überschreibt.
ParamArray	Deklariert einen Prozedurparameter, für den beim Aufruf eine variable Anzahl an Parametern übergeben werden können. Bei Visual Basic .NET werden *ParamArrays* grundsätzlich als Wert übergeben.
Preserve	Gibt an, dass ein Array seinen Inhalt behält, wenn es über den *ReDim*-Befehl eine neue Größe erhält.
Private	Legt fest, dass sich der Gültigkeitsbereich eines Programmelements auf die aktuelle Klasse bezieht.
Protected (*)	Legt fest, dass ein Mitglied einer Klasse nur in abgeleiteten Klassen angesprochen werden kann.
Public	Legt fest, dass ein Programmelement auch außerhalb eines Assembly angesprochen werden kann.
ReadOnly (*)	Deklariert eine Eigenschaft oder ein Feld als Nur-Lese-Eigenschaft bzw. -Feld.
Resume	Wird im Rahmen einer Laufzeitfehlerbehandlung über den *On Error*-Befehl eingesetzt.
Shadows (*)	Ermöglicht, dass in einer Klasse ein Mitglied definiert werden kann, das mit dem gleichen Namen in dem Gültigkeitsbereich bereits existiert.
Shared (*)	Deklariert ein freigegebenes Mitglied einer Klasse, das direkt benutzt werden kann, ohne dass eine Instanz der Klasse angelegt werden muss.
Static	Deklariert eine Variable innerhalb einer Prozedur als statisch, d.h., die Variable verliert mit dem Verlassen lediglich ihren Gültigkeitsbereich, nicht aber ihren Wert. Im Unterschied zu Visual Basic 6.0 kann es nicht mehr auf Prozeduren angewendet werden.
Step	Wird im Rahmen einer *For Next*-Schleife eingesetzt, um die Schrittweite festzulegen.
Then	Wird im Rahmen eines *If Then*-Befehls eingesetzt.
To	Wird im Rahmen einer *For Next*-Schleife und eines *Case*-Befehls eingesetzt, um einen Vergleichsbereich festzulegen.
Unicode (*)	Wird bei einem *Declare*-Befehl dazu benutzt, den Zeichensatz eines String-Parameters anzugeben.

Tabelle B.3:
Übersicht über
alle Visual
Basic .NET-
Schlüssel-
wörter
(Forts.)

433

Schlüsselwort	Bedeutung
Until	Wird zusammen mit einer *Do Loop*-Schleife benutzt.
When (*)	Wird in Zusammenhang mit der strukturierten Ausnahmebehandlung dazu benutzt, eine Bedingung festzulegen, die erfüllt sein muss, damit der *Catch*-Teil aufgerufen wird.
While	Wird zusammen mit einer *Do Loop*-Schleife benutzt.
WithEvents	Wird bei der Deklaration einer Objektvariablen benutzt, wenn die Klasse auch Ereignisse unterstützt und diese über die Objektvariable zum Aufruf von Ereignisprozeduren führen sollen.
WriteOnly	Deklariert eine Eigenschaft oder ein Feld als Nur-Schreibe-Eigenschaft bzw. -Feld.

B.4   Visual Basic .NET-Operatoren

Neben Befehlen und Schlüsselwörtern gehören zum Sprachumfang auch die Operatoren, die in Tabelle B.4 zusammengestellt sind.

Die Operatoren *Imp* und *Eqv* werden bei Visual Basic .NET nicht mehr unterstützt.

Operator	Bedeutung
-	Subtraktion.
&	Verknüpfung zweier Zeichenketten.
&=	Zuweisung verbunden mit der Verknüpfung zweier Zeichenketten.
*	Multiplikation.
*=	Zuweisung verbunden mit einer Multiplikation.
/	Division.
/=	Zuweisung verbunden mit einer Division.
\	Ganzzahlige Division.
\=	Zuweisung verbunden mit einer ganzzahligen Division.
^	Potenzierung.
^=	Zuweisung verbunden mit einer Potenzierung.
+	Addition.
+=	Zuweisung verbunden mit einer Addition.
-=	Zuweisung verbunden mit einer Subtraktion.

Operator	Bedeutung
>>	Arithmetische Verschiebung nach rechts.
>>=	Arithmetische Verschiebung nach rechts, verknüpft mit einer Zuweisung.
<<	Arithmetische Verschiebung nach links.
<<=	Arithmetische Verschiebung nach links, verknüpft mit einer Zuweisung.
AddressOf-Operator	Übergibt die Adresse einer Prozedur oder Funktion (z.B. beim Anlegen eines Thread-Objekts). Dahinter steht bei Visual Basic .NET immer ein Delegate-Objekt.
And	Führt eine logische Und-Verknüpfung durch.
AndAlso	Wertet den folgenden Ausdruck nur aus und führt eine logische Und-Verknüpfung durch, wenn der vorausgegangene Ausdruck *True* ergeben hat.
Is	Führt einen Vergleich zweier Objektreferenzen durch und gibt *True* zurück, wenn der zweite Operand eine Schnittstelle des ersten Operanden unterstützt.
Like-Operator	Führt einen Vergleich zweier Stringwerte durch, bei der auch Platzhalter (z.B. * und ?) erlaubt sind.
Mod	Gibt den ganzzahligen Rest einer Division zurück.
Not	Führt eine Negation durch, indem alle Bits des Ausdrucks umgedreht werden.
Or	Führt eine logische Oder-Verknüpfung durch.
OrElse	Wertet den folgenden Ausdruck nur aus und führt eine logische Oder-Verknüpfung durch, wenn der vorausgegangene Ausdruck *True* ergeben hat.
Xor	Führt eine logische Exor-Verknüpfung durch.

Tabelle B.4: Übersicht über die Visual Basic .NET-Operatoren (Forts.)

B.5　Die Visual Basic .NET-Datentypen

Da auch die Datentypen zur Befehlsreferenz und die Namen der Datentypen zu den unterstützten Schlüsselwörtern gehören, bietet Tabelle B.5 eine Übersicht über alle Datentypen. Gegenüber Visual Basic 6.0 hat es folgende Änderungen gegeben:

- Den Datenyp *Variant* gibt es nicht mehr. Der Standarddatentyp ist *Object*, von dem sich alle übrigen Datentypen ableiten.

- Den Datentyp *Currency* gibt es nicht mehr – als Ersatz ist *Decimal* vorgesehen.

435

Mit *Char* und *Short* gibt es zwei neue Datentypen. Neu ist auch, dass Variablen vom Typ *Decimal* direkt deklariert werden können.

Ein *Integer* ist nun 32 Bit und ein *Long* 64 Bit breit.

Eine Variable vom Typ *Date* wird intern nicht mehr als *Double*-Wert, sondern als 64 Bit-Ganzzahl dargestellt.

Tabelle B.5: Die Datentypen bei Visual Basic .NET

Datentyp	Bedeutung	Anmerkung
Boolean	True/False-Wert	-
Byte	Ganzzahl im Bereich 0 bis 255 (8 Bit)	-
Char	Ein Unicode-Zeichen	Neu
Date	Datum	Wird intern als 64-Bit-Ganzzahl und nicht mehr als *Double*-Wert dargestellt.
Decimal	Ganzzahl oder Zahl mit einer variablen Anzahl an Nachkommastellen	Gab es bereits bei Visual Basic 6.0, konnte dort aber nicht direkt deklariert werden.
Double	Doppelt genaue Fließkommazahl mit bis zu 15 Nachkommastellen	-
Integer	Ganzzahl (32 Bit)	War bei Visual Basic 6.0 nur 16 Bit breit.
Long	Ganzzahl (64 Bit)	War bei Visual Basic 6.0 nur 32 Bit breit.
Object	Allgemeiner Datentyp, den jede Variable besitzt, für die kein Datentyp angegeben wurde.	Der »Nachfolger« von Variant.
Short	Ganzzahl (16 Bit)	Neu – der »Nachfolger« von Integer.
Single	Einfach genaue Fließkommazahl mit bis zu 7 Nachkommastellen	-
String	Zeichenketten	-

Überblick über das .NET-Framework-SDK

Das .NET-Framework-SDK ist der Satz an Dateien, der auf einem Computer installiert werden muss, damit Sie auf diesem Computer a) .NET-Programme programmieren und b) .NET-Programme ausführen können. Das .NET-Framework-SDK ist noch aus einem anderen Grund sehr wichtig, es umfasst praktisch die komplette Dokumentation sowohl zu Visual Basic .NET als auch zum .NET-Framework, seinen Basisklassen und seinen Tools. Es ist wichtig zu verstehen, dass das .NET-Framework-SDK auch die Compiler für Visual Basic .NET und C# enthält, so dass Sie a) diese nicht einzeln irgendwo »herunterladen« müssen (Sie finden sie auf der Buch-CD) und b) nicht unbedingt Visual Studio .NET benötigen. Letztere packt alles in eine schöne grafische Oberfläche, wird für die Programmierung mit Visual Basic .NET (anders als in der Vergangenheit) aber nicht zwingend benötigt. Das ganze .NET-Framework-SDK ist ca. 130 Mbyte groß. Sie finden es in Gestalt einer einzigen Datei auf der Buch-CD und können es zudem kostenlos von der Microsoft-Website herunterladen.

In diesem Anhang geht es um die wichtigsten Bestandteile des .NET-Framework-SDK.

C.1 Allgemeines zum .NET-Framework-SDK

Visual Basic-Programmierer sind an die Idee eines *Software Development Kits* (SDK) nicht gewöhnt, denn bislang war immer alles schön zusammen in einem Programm und da die Laufzeitumgebung gerade einmal 1,3 Mbyte groß war, fiel sie nicht weiter auf. Angehende Java-Programmierer mussten sich dagegen von Anfang an daran gewöhnen, dass alle zur Umsetzung und Ausführung benötigten Werkzeuge und Dateien im Java SDK zusammenge-packt wurden. Und genauso ist es auch bei .NET. Das .NET-Framework-SDK enthält alle für die Umsetzung und Ausführung benötigten Werkzeuge und Dateien. Dazu gehört zwar keine grafische Entwicklungsumgebung, sondern lediglich die Sprachencompiler für Visual Basic .NET, C# und C++, verschie-dene kleinere und recht spezielle Tools, wie z.B. ein Disassembler zur Rück-übersetzung einer Exe-Datei in IL-Code, und natürlich auch die benötigte Laufzeitumgebung. Tabelle 17.1 enthält eine Übersicht über die wichtigsten Bestandteile des ca. 130 Mbyte umfassenden .NET-Framework-SDK.

Tabelle C.1: Die wichtigsten Tools des .NET-Frame-work-SDK

Dateiname	Bedeutung
AxImp.exe	Verpackt ein ActiveX-Steuerelement so, dass es als .NET-Control auf einem Windows Form angeordnet werden kann.
Certmgr.exe	Ruft die Zertifikatverwaltung aus. Zertifikate werden dazu benutzt, die Echtheit einer .NET-Anwendung zu bestätigen.
Cordbg.exe	Der Debugger der CLR, der ohne eine grafische Oberfläche auskommt.
Disco.exe	Macht keine Partystimmung, sondern fertigt eine Beschrei-bung der unter einer angegebenen URL gefundenen Web-dienste als Wsdl-Datei an.
Gacutil.exe	Zeigt den Inhalt des *Global Assembly Cache* (GAC) an, in der alle gemeinsam nutzbaren Assemblies installiert werden.
Ildasm.exe	IL-Disassembler. Macht aus einer Exe- oder Dll-Datei mit binärem IL-Code den IL-Code in lesbarer Textform.
Lc.exe	Erzeugt einen Lizenzschlüssel für ein Assembly und trägt ihn in die Metadaten ein.
Makecert.exe	Erzeugt eine Zertifikatdatei.
MgmtClassGen.exe	Interessantes Tool, das unter Angabe eines WMI-Name-spaces eine Quelltextdatei erzeugt, die in ein Assembly kom-piliert werden kann, über das sich die WMI-Klassen ansprechen lassen (das *Windows Management and Instru-mentation-Interface* stellt eine Fülle von Systeminformatio-nen zur Verfügung).
Mscordmp.exe	Führt einen so genannten Dump (das heißt die Ausgabe der Speicherzellen) eines .NET-Prozesses durch, der anhand der übergebenen PID (Process Identifier) identifiziert wird.
Nmake.exe	Compilerhilfstool, das die Anweisungen in einer Make-Datei dazu benutzt, mehrere Quelldateien auf einmal zu kompilie-ren und dabei zum Beispiel jene auszulassen, die seit der letz-ten Kompilierung nicht mehr geändert wurden.
PermView.exe	Zeigt die Zugriffserlaubnisse für ein Assembly an.

Dateiname	Bedeutung
PEVerify.exe	Überprüft die Integrität einer Exe- oder Dll-Datei (die beide im *Portable Executable*-Format vorliegen).
ResGen.exe	Ressource-Generator, der Ressource-Dateien von einem Format in ein anderes umwandelt.
Setreg.exe	Zeigt allgemeine Sicherheitseinstellungen an.
Signcode.exe	Fügt eine digitale Signatur an eine Datei an.
Sn.exe	Allgemeines Tool für den Umgang mit starken Namen. Fügt an ein Assembly einen starken Namen an oder extrahiert den öffentlichen Schlüssel des starken Namens in eine Datei und vieles mehr.
TlbExp.exe	Wandelt ein Assembly in eine COM-Typelibrary um.
TlbImp.exe	Verpackt den Inhalt einer COM-Typelibrary in ein Assembly.
WinCV.exe	Class Viewer. Erlaubt die Suche nach bestimmten Klassen in den Assemblies des GAC.

Tabelle C.1:
Die wichtigsten
Tools des
.NET-Frame-
work-SDK
(Forts.)

Auch beim .NET-Framework-SDK spielt sowohl die Versionsnummer als auch die Landessprache eine gewisse Rolle. So gibt es neben der US-Version inzwischen auch eine deutschsprachige Version. Darüber hinaus liegt SDK in verschiedenen Versionen vor, die sich aber nur in Details unterscheiden dürften[1].

C.2   Die Installation

Die Installation des .NET-Framework-SDK ist sehr einfach. Starten Sie die Exe-Datei auf der Buch-CD (sie trägt den Namen *NetFramework-SDK_10.exe*) oder die heruntergeladene Datei und befolgen Sie die Anweisungen auf dem Bildschirm. Auch wenn keine grafische Oberfläche installiert wird, kann die Installation »eine Weile« dauern. Nach dem Bestätigen der obligatorischen Lizenzvereinbarung wählen Sie aus, ob Sie das SDK (*Software Development Kit*) und die Beispiele installieren möchten. Abschließend wählen Sie den Verzeichnispfad für Dateien aus (in dieser Dialogbox legen Sie fest, dass die Umgebungsvariablen automatisch aktualisiert werden) und die Installation beginnt.

---

1. Die Beispiele dieses Buchs wurden mit der Version 1.0.3317 umgesetzt und mit der Version 1.1.4322 für die Version 1.1 des .NET Frameworks umgesetzt.

Abb. C.1:
Auf der Micro-
soft-Website zu
.NET (http://
msdn.micro-
soft.com/net)
gibt es auch
das .NET-
Framework-
SDK zum
Download und
vieles mehr

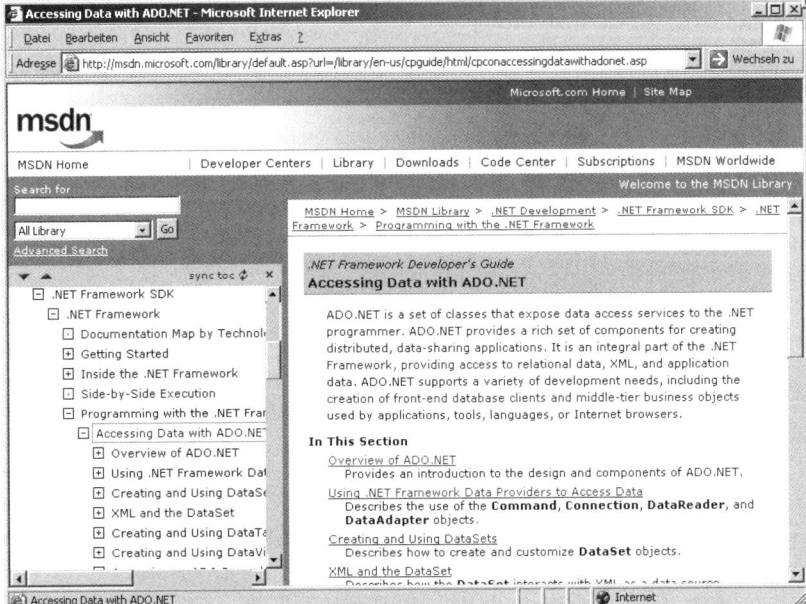

 Unter Windows 2000 kann vor der Installation der Hinweis erscheinen, dass einzelne Komponenten (etwa die *Data Access Components*, die in der Version 2.7 vorliegen sollten) nicht in der aktuellsten Version vorliegen. Sie können die Installation des .NET-Framework-SDK zwar fortsetzen, sollten aber die »angemahnten« Komponenten gelegentlich aktualisieren.

C.3 Die Laufzeitumgebung

Wer seine .NET-Programme weitergeben möchte, muss natürlich sicherstellen, dass auf allen Computer, auf denen das Programm laufen soll, die .NET-Laufzeitdateien vorhanden sind. Zum Glück muss man dazu nicht das komplette SDK weitergeben, die Laufzeitdateien gibt es auch einzeln zum Download unter *http://msdn.microsoft.com/net* (und dann in der rechten Spalte die entsprechende Verknüpfung auswählen). Die Datei, sie wird auch *.NET Framework Redistributable* genannt, gibt es in mehreren Landessprachen und ist knapp 20 Mbyte groß.

C.4   Ein Wort zum Editor

Auch wenn in der Einleitung erwähnt wurde, dass gerade Konsolenprogramme mit jedem beliebigen Editor erstellt werden können, muss es nicht gerade Notepad sein (und schon gar nicht jene Version aus Windows 2000, die noch nicht einmal Zeilen- und Spaltennummern anzeigt). Auch wenn Notepad den Vorteil besitzt, auf jedem System vorhanden zu sein, gibt es zahlreiche Alternativen. Neben normalen Texteditoren, die in einigen Fällen auch Unterstützung für die Scriptprogrammierung bieten, gibt es inzwischen auch richtige kleine Entwicklungssysteme, die zwar bei weitem nicht an den Komfort von Visual Studio .NET heranreichen (das ist auch gar nicht deren Absicht), die aber sehr viel mehr Komfort als Notepad bieten und entweder als Shareware oder sogar Freeware erhältlich sind.

Wenn Sie eine Suche mit *www.google.de* (oder Ihrer Lieblingssuchmaschine) nach Begriffen wie ».NET Editor« oder »C# Editor« starten, sollten Sie schnell fündig werden. Auf der Buch-CD finden Sie *SharpDevelop*, bei dem es sich um einen komfortablen Shareware-Editor sowohl für Visual Basic .NET als auch C# handelt. Grundsätzlich können Sie jeden x-beliebigen Editor verwenden, der Dateien im reinen Textformat erzeugt (sehr populär unter Profiprogrammierern und solchen, die gerne dafür gehalten werden möchten, ist Emacs).

Editor	URL
SharpDevelop	*http://www.icsharpcode.net/OpenSource/SD/default.asp*
ASPExpress	*http://www.aspexpress.com/aspexpress.asp*
C# for Emacs	*http://sourceforge.net/projects/csde/*

Tabelle C.2: Editoren für die Visual Basic .NET-Programmierung

441

Antworten

Kapitel 1

Das »einfachste« Visual Basic .NET-Programm der Welt könnte wie folgt aussehen: *Antwort 1-1*

```
Class Simple
  Shared Sub Main ()

  End Sub
End Class
```

Wird das Programm nicht in eine Exe-Datei, sondern in eine Dll-Datei kompiliert (über den Compiler-Schalter */t:library*), kann auch die *Main*-Prozedur entfallen. Das »Programm« besteht in diesem Fall lediglich aus einer leeren Klasse, was zwar nicht sehr funktional ist, aber kompiliert wird.

Visual Basic .NET-Programme besitzen üblicherweise die Erweiterung *.vb*. *Antwort 1-2*

Um aus einer Visual Basic .NET-Quelltextdatei eine Exe-Datei zu machen, *Antwort 1-3*
muss der Visual Basic .NET-Compiler *Vbc.exe* mit dem Namen der Quelltextdatei aufgerufen werden. Das Ergebnis ist eine Exe-Datei, die aber keinen Maschinencode, sondern IL-Code enthält. Der IL-Code wird erst bei der Ausführung in Maschinencode kompiliert.

Eine Konsolenanwendung ist ein Programm, das in der Eingabeaufforderung *Antwort 1-4*
(auch Konsole genannt) ausgeführt wird. Es führt alle Ein- und Ausgaben über die Kommandozeile durch, besitzt also keine Oberfläche. Der Vorteil von Konsolenanwendungen ist, dass sie sehr einfach aufgebaut sind und in allen Situationen, in denen keine Oberfläche benötigt wird, die einfachere Lösung darstellen. Funktional besitzen sie keine Einschränkungen, d.h., in einer Kon-

solenanwendung lassen sich alle .NET-Funktionen auf die gleiche Weise nutzen wie etwa in einer Windows-Anwendung.

Antwort 1-5 Die .NET-Basisklassen sind eine riesige »Funktionsbibliothek«, die vollständig auf Klassen aufbaut und praktisch alle Funktionen zur Verfügung stellt, die ein .NET-Programm benötigt. Die .NET-Basisklassen ersetzen die Windows-API, wenngleich es nicht für alle API-Funktionen ein Pendant gibt, so dass direkte API-Aufrufe ab und zu notwendig sein können. Sie gehören aber nicht mehr zum Alltag eines Visual Basic-Programmierers, wie es unter früheren Versionen der Fall war, sondern stellen eine Ausnahme dar.

Antwort 1-6 Ausgaben werden in einer Konsolenanwendung in der Regel über die *Write-Line*-Methode durchgeführt, die einen beliebigen Text mit einem Zeilenumbruch ausgibt. Über die *ToString*-Methode, über die jedes Objekt bei .NET verfügt, ist eine individuelle Formatierung jedes ausgegebenen Elements möglich.

Kapitel 2

Antwort 2-1 Damit auf einem beliebigen Windows-Computer (Windows 95 ausgenommen) ein Visual Basic .NET-Programm ausführt werden kann, müssen die .NET-Laufzeitdateien vorhanden sein, die unter anderem die *Common Language Runtime* (CLR) umfassen.

Antwort 2-2 Antwort c) ist richtig. Jeder .NET-Compiler erzeugt einen Code, der aus den Befehlen der *Intermedia Language* (IL) besteht. Dieser wird vor dem Aufruf durch den Just In Time-Compiler (JIT) in Maschinencode übersetzt, der dann als Ganzes ausgeführt wird. IL-Code wird daher nicht interpretiert.

Antwort 2-3 Antwort b) ist richtig, denn die .NET-Basisklassen sind fester Bestandteil der .NET-Laufzeitumgebung, die auf jedem Computer vorhanden ist, auf dem .NET installiert wurde.

Antwort 2-4 Eine Assembly ist die logische Einheit, in der ein .NET-Programm ausgeliefert wird und die die Versionierung, die Sicherheit und die länderspezifischen Einstellungen der Anwendung bestimmt.

Antwort 2-5 Ein privates Assembly kann in ein beliebiges Verzeichnis kopiert werden, ein öffentliches Assembly befindet sich immer in einem Verzeichnis, das als *Globales Assembly Cache* (GAC) bezeichnet wird.

Antwort 2-6 Ein Assembly, das in den GAC kopiert werden soll, benötigt einen starken Namen, der sich aus dem Namen des Assemblies, der Versionsnummer, der Kulturinfo und dem Public Key Token zusammensetzt.

Antwort 2-7 Der Visual Basic .NET-Compiler kann drei unterschiedliche Dateitypen erzeugen: Exe-Dateien, DLL-Dateien und Module. Letztere tragen die Erweiterung *.NetModule* und müssen Teil eines Assembly sein, können also von der CLR nicht alleine geladen werden.

444

Antwort a) ist richtig. Damit ein Visual Basic .NET-Programm eine Klasse er- *Antwort 2-8* weitern kann, die in C# (oder einer anderen Programmiersprache) erstellt wurde, muss diese lediglich öffentlich sein. Außerdem muss die DLL oder das Modul, in dem sich die Klasse befindet, beim Kompilieren der Visual Basic .NET-Anwendung angegeben werden. Übrigens, .NET ist von Anfang an nahezu vollständig. Sie werden daher am Anfang so gut wie nie in die Verlegenheit kommen, irgendetwas aus dem Internet herunterladen zu müssen (zumindest sollte dies die seltene Ausnahme sein).

Kapitel 3

Zum Beispiel wie folgt: *Antwort 3-1*

```
Dim n As Integer = 100, m As Integer As 100
```

Einfacher geht es nicht, denn wenn mehrere Variablen in einer Zeile gemeinsam deklariert und initialisiert werden, muss jede Variable einen eigenen Datentyp erhalten.

Leider nicht, auch wenn es zunächst naheliegend erscheint. Explizites Initiali- *Antwort 3-2* sieren mit mehreren Variablen, die mit nur einem Typbezeichner deklariert wurden, ist nicht zulässig.

Der Grund für die Fehlermeldung ist, dass bei *Option Strict On* (was in die- *Antwort 3-3* sem Beispiel der Fall war) eine implizite Zuweisung eines *Double*-Wertes an eine *Decimal*-Variable nicht erlaubt ist. Abhilfe schafft es, die Konstante explizit als *Decimal* auszuweisen:

```
Betrag = 1000000D
```

Bei Visual Basic .NET ist alles ein Objekt, so auch einfache Variablen. *ToSt-* *Antwort 3-4* *ring* ist eine Methode von *System.Object*, von der alle Datentypen erben und *ToString* aber von Fall zu Fall überschreiben. In diesem Beispiel übergibt unser Programmierer den Formatbezeichner »C«, der dazu führt, dass die Zahl im Währungsformat ausgegeben wird.

Dafür gibt es spezielle Operatoren, so dass etwas kürzer wird: *Antwort 3-5*

```
n += 1
```

Ganz einfach, gibt der Benutzer keine Zahl ein, gibt die *IsNumeric*-Funktion *Antwort 3-6* zwar *False* zurück, doch die folgende Umwandlung mit *CInt* führt unweigerlich zu einer Ausnahme. Abhilfe schafft der neue *AndAlso*-Operator, der den folgenden Ausdruck nur dann drannimmt, wenn der vorherige Ausdruck *True* war:

```
If IsNumeric(stEingabe) = True AndAlso CInt(stEingabe) > 0
```

Durch diese kleine Änderung ist der Programierer auf der sicheren Seite und muss keine Ausnahme befürchten, komme was wolle.

445

Kapitel 4

Antwort 4-1 Ein solcher *If*-Befehl muss den Ausdruck *z mod 2* prüfen. Ergibt dieser 1, ist die Zahl ungerade, da bei ungeraden Zahlen die Division durch 2 ein Rest von 1 übrigbleibt:

```
If z mod 2 = 1 Then
    Console.WriteLine("Die Zahl ist ungerade")
End If
```

Programmierer, die eine gewisse Bequemlichkeit schätzen, könnten versucht sein, die Abfrage etwas abzukürzen, denn schließlich interessiert sich der *If*-Befehl nur dafür, ob ein Ausdruck 0 ist oder nicht:

```
If z mod 2 Then
    Console.WriteLine("Die Zahl ist ungerade")
End If
```

Diese Abfrage funktioniert, doch sie birgt ein gewisses Risiko in sich. Sie reduziert sich auf die Abfrage:

```
If 1 Then
```

die unter der Annahme erfüllt ist, dass der Compiler die 1 als Ersatz für −1 (den Wert von *True*) akzeptiert. Auch wenn diese Abkürzung immer funktionieren sollte, ist sie doch ein Beispiel für eine »unsaubere« Programmiertechnik, da sie eine implizite Typenumwandlung eines Integers in einen Boolean vornimmt.

Antwort 4-2 Soll für den Fall, dass die geprüfte Bedingung nicht erfüllt ist, ein oder mehrere Befehle ausgeführt werden, muss der *If*-Befehl um einen *Else*-Befehl ergänzt werden.

```
If z mod 2 Then
    Console.WriteLine("Die Zahl ist ungerade")
Else
    Console.WriteLine("Die Zahl ist gerade")
End If
```

Dieser *If-/Else*-Befehl funktioniert deswegen, weil es für die Frage »Ist die Zahl ungerade?« nur zwei Antworten geben kann. Entweder ist die ungerade oder sie ist gerade.

Antwort 4-3 Tja, reich werden Sie in jedem Fall – warum also die Mühe? In jedem Fall können Sie ein ganzes Fußballteam an Programmierern einstellen, die Ihnen künftig alles ausrechnen. Doch hier geht es um die Ehre und wer weiß, vielleicht war ja alles nur ein schöner Traum? Hier ist eine kleine Programmschleife, die einen Startwert von 0,01 € genau 30 Mal verdoppelt und am Ende das Ergebnis ausgibt.

Listing 4-1:
*Die Auflösung
zur Übungs-
aufgabe 4.3*

Buch-CD: vbnet0415.vb

```vbnet
' -----------------------------------------------
' QuizSendung
' Lösung zur Aufgabe 4.3
' Jetzt lerne ich Visual Basic .NET
' -----------------------------------------------
Imports System

Class App

 Shared Sub Main ()
    Dim StartBetrag As Decimal = 0.01
    Dim Tage As Byte = 30
    Dim j As Byte
    For j = 1 To Tage
     StartBetrag *= 2
    Next j
    Console.WriteLine("Nach {0} Tagen erhalten Sie {1:c}", 30, _
     StartBetrag)
 End Sub
End Class
```

Immer diese pseudomathematischen Aufgaben, aber, na gut. Tun wir dem Autor mal den Gefallen. Außerdem kann es doch nicht so schwierig sein, eine Zahl mit sich selbst minus eins zu multiplizieren und das so oft, wie die Zahl groß ist, minus eins. Moment, und welche Variable ist jetzt die Schleifenvariable? Ganz so trivial ist die Aufgabe also doch nicht, aber auch alles andere als unlösbar. Hier ist eine von mehreren möglichen Lösungen.

Antwort 4-4

Listing 4-2:
*Die Auflösung
zur Übungs-
aufgabe 4.4*

Buch-CD: vbnet0416.vb

```vbnet
' -----------------------------------------------
' Fakultaet
' Lösung zur Aufgabe 4.4
' Jetzt lerne ich Visual Basic .NET
' -----------------------------------------------
Imports System

Class App

 Shared Sub Main ()
    Dim j As Short
    Dim Zahl As Decimal
    Console.Write("Zahl?")
    Zahl = Console.ReadLine()
    Console.Write("Die Fakultät von {0} ist ", Zahl)
```

```
      For j = Zahl To 2 Step -1
        Zahl *= j-1
      Next
      Console.WriteLine(Zahl)          '
  End Sub
```

```
End Class
```

Und was ist die größte Zahl, von der sich die Fakultät berechnen lässt? Das hängt vom verwendeten Datentyp ab, denn dieser bestimmt den Wertebereich der Variablen. Ist dieser *Decimal*, ist die größte Zahl lediglich 27, da 28! bereits den Wertebereich überschreitet. Wie lässt sich übrigens herausfinden, wie viele Ziffern die Zahl besitzt? Entweder am Bildschirm abzählen oder die Zahl über *ToString* in einen String umwandeln, dessen *Length*-Eigenschaft die Anzahl an Ziffern angibt:

```
Fak(100).ToString.Length)
```

Ist Visual Basic .NET nicht flexibel? Noch einmal zurück zur größten Fakultät. Diese beträgt bei *Double*-Werten 170 (genau wie bei den Vorgängerversionen von Visual Basic). Versucht man 171! zu berechnen, ist allerdings nicht eine Ausnahme aufgrund eines Überlaufs die Folge, sondern stattdessen nimmt das Ergebnis den Spezialwert »+unendlich« (den Wert der Konstanten *PositiveInfinity*) an. Ist Visual Basic .NET nicht flexibel?

Antwort 4-5   Ein Primzahlenprogramm darf in diesem Buch natürlich auch nicht fehlen, zumal es wirklich eine gute Gelegenheit darstellt, den Umgang mit Programmschleifen im Speziellen und den mit der Programmierlogik im Allgemeinen zu üben. Sollten Sie mit der Umsetzung noch gewisse Schwierigkeiten gehabt haben, gehen Sie schrittweise vor, in dem Sie zuerst eine kleine Zählschleife starten, die lediglich bei 3 beginnend in Zweierschritten zählt. Dann bauen Sie in die Schleife eine weitere *For Next*-Schleife ein, die jeweils von 3 (nicht bei 2, da gerade Zahlen ohnehin nicht geprüft werden) bis zum Wert des aktuellen Schleifenzählers der äußeren Schleife hochzählt. Und wenn Sie zum Schluss noch die Division mit einer entsprechenden Abfrage auf einen Rest = 0 einbauen, ist das Programm im Prinzip schon fertig.

Listing 4-3:
Die Auflösung
zur Übungs-
aufgabe 4.5

Buch-CD: vbnet0417.vb

```
' -------------------------------------------
' Primzahlenprogramm
' Lösung zur Aufgabe 4.5
' Jetzt lerne ich Visual Basic .NET
' -------------------------------------------
Imports System
Imports System.Math
```

448

```
Class App

  Shared Sub Main ()
    Dim n, m, AnzahlPrims As Short
    Dim NoPrim As Boolean
    For n = 3 To 1000 Step 2
     For m = 3 To Floor(Sqrt(n)) + 1
       If n Mod m = 0 Then NoPrim = True
     Next
     If NoPrim = False Then
         AnzahlPrims += 1
         Console.Write(" {0} ", n)
     End If
     NoPrim = False
    Next
    Console.WriteLine("Anzahl Primzahlen: {0}", AnzahlPrims)
  End Sub

End Class
```

Die etwas eigenartige Verwendung der Quadratwurzelfunktion (*Sqrt*) rührt daher, dass nur durch Zahlen bis zur Quadratwurzel des Prüflings dividiert werden muss, da durch alle Zahlen, die größer sind, bereits dividiert wurde.

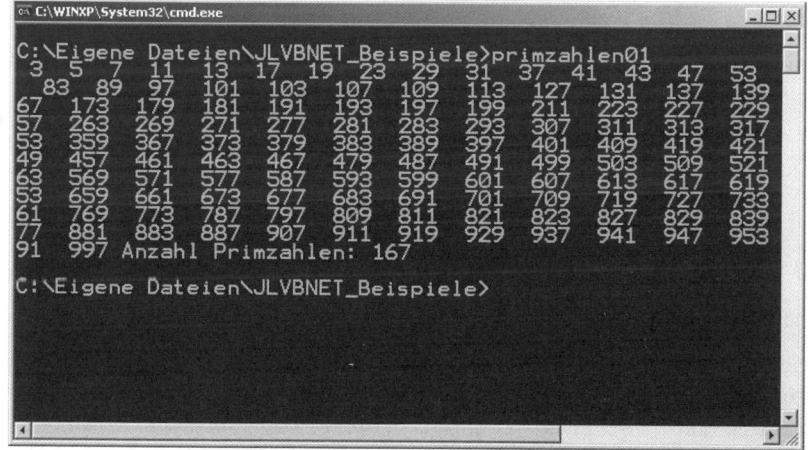

Abb. 4.1:
Die Primzahlen von 1 bis 1000 in der Konsole

Eine solche Schleife muss bei jedem Aufruf die *Read*-Methode ausführen, den eingegebenen Zeichencode in ein Zeichen umwandeln und mit dem »Q« vergleichen.

Antwort 4-6

449

```
Dim inKey As Integer
  Do
    inKey = Console.Read()
  Loop Until
(Microsoft.VisualBasic.Chr(inKey).ToString.ToUpper = "Q")
Console.WriteLine("Das war ein Q - cool!")
```

Die Abfrage ist nicht ganz so einfach, da die *Read*-Methode den ASCII-Code des Zeichens (z.B. eine 81 für ein großes Q) zurückgibt und dieser mit dem Zeichen verglichen werden soll. In diesem Beispiel wird daher von der *Chr*-Methode aus der *Microsoft.VisualBasic*-Kompatibilitätsklasse Gebrauch gemacht. Damit die Abfrage sowohl mit einem kleinen als auch mit einem großen Q funktioniert, wird der Rückgabewert der *Chr*-Methode (Datentyp *Char*) zunächst in einen String und dann in Großbuchstaben umgewandelt.

Kapitel 5

Antwort 5-1 Eine Prozedur ist eine Funktion, die keinen Wert zurückgibt und damit auch keinen Datentyp besitzt.

Antwort 5-2 Für die Funktion ist kein Datentyp angegeben, sie besitzt daher den Datentyp *Object*. Dies kann unter Umständen die Programmausführung verlangsamen und führt dazu, dass der Compiler keine Typenüberprüfung vornehmen kann, wenn die Funktion in einem Ausdruck eingesetzt wird.

Antwort 5-3 Beim »Einrahmen« einer Befehlsfolge in eine Funktion kommt es auf zwei Dinge an: die Parameter und ihre Datentypen sowie den Rückgabewert und seinen Datentyp festzulegen. Hier ist ein Lösungsvorschlag:

```
Function Fak(ByVal Zahl As Double) As Double
    Dim j As Long
    For j = Zahl To 2 Step -1
      Zahl *= j - 1
    Next
    Return Zahl
End Function
```

Antwort 5-4 Die Funktion *MinMax* erhält beim Aufruf zwei Parameter: *Modus* und *Zahlen*. Ersterer ist vom Typ *Boolean* und legt fest, ob nach der größten oder der kleinsten Zahl gesucht wird. (Er darf nicht optional sein, da dies in Zusammenhang mit einem *ParamArray* bei Visual Basic .NET nicht erlaubt ist.) Der zweite Parameter ist das *ParamArray* (es muss bei Visual Basic .NET an letzter Stelle übergeben werden).

Listing 5-1:
Ein Beispiel für
den Aufruf
einer selbst
definierten
Funktion mit
Parametern

```
' ------------------------------------------------
' MinMax-Funktion als Beispiel für eine Funktion
' Jetzt lerne ich Visual Basic .NET
' ------------------------------------------------
Imports System

Class App

  Shared Sub Main ()
    Dim Zahlen() As Byte = {10, 2, 20, 4, 30, 88, 11}
    Console.WriteLine("Die kleinste Zahl ist: {0}", _
    MinMax(False,Zahlen))
    Console.WriteLine("Die größte Zahl ist: {0}", _
    MinMax(True,Zahlen))
    Console.ReadLine()
  End Sub

  Shared Function MinMax(ByVal Modus As Boolean, _
   ByVal ParamArray Zahlen() As Byte) As Long
    Dim j As Integer
    Dim MinMaxWert As Byte
    For j = 0 To Zahlen.GetUpperBound(0)
     If Modus = True Then
        If Zahlen(j) > MinMaxWert Then _
           MinMaxWert = Zahlen(j)
        Else
        If Zahlen(j) < MinMaxWert Then _
           MinMaxWert = Zahlen(j)
     End If
    Next
    Return MinMaxWert
  End Function
End Class
```

Der Aufruf der Funktion kann wie folgt aussehen:

```
Console.WriteLine("Der Maxwert ist: {0}", MinMax(True, 2, 4, 12, 8))
```

Testen Sie die Lösung gründlich – warum funktioniert sie scheinbar nicht beim Herausfinden der kleinsten Zahl (es wird 0 angezeigt) und wie lässt sich dieses Problem beheben? (Die Antwort auf diese hoffentlich nicht allzu schwierige Frage ist nicht im Buch enthalten – hier ein kleiner Tipp: Es hat etwas mit dem Vergleichswert zu tun.)

451

Antwort 5-5   In diesem Fall ist, wie bei jeder falschen Typenzuordnung, eine Ausnahme die Folge.

Antwort 5-6   Der Wert von *x* beträgt 13.

Kapitel 6

Antwort 6-1   Das ist natürlich eine Fangfrage, denn die Antwort ist nicht so offensichtlich, wie es den Anschein haben mag. Insgesamt enthält das Programm nämlich drei Klassen, da der *Module*-Befehl ebenfalls eine Klasse repräsentiert, in der alle Mitglieder als gemeinsam deklariert wurden.

Antwort 6-2   Die Befehlssequenz kann nur dann funktionieren, wenn das Mitglied *Typ* über *Shared* als gemeinsam deklariert wurde. Ansonsten muss die Klasse zuerst über *New* instanziert werden, bevor ein Zugriff auf das Instanzmitglied möglich ist.

Antwort 6-3   Um die Klasse *CFlugzeug* um eine Eigenschaft *MaxGeschwindigkeit* zu erweitern, gibt es zwei Möglichkeiten: 1. Durch ein einfaches Feld. 2. Durch eine *Property*-Prozedur.

Variante 1:

Hier genügt es, den folgenden Befehl einzufügen:

```
Public ReadOnly MaxGeschwindigkeit As Single
```

Variante 2:

Etwas flexibler ist natürlich die Definition einer *Property*-Prozedur, wenngleich sie bei einer Eigenschaft, die lediglich gelesen und geschrieben werden soll, keine Vorteile bringt.

```
Private snMaxGeschwindigkeit As Single

Property MaxGeschwindigkeit() As Single
  Get
    Return snMaxGeschwindigkeit
  End Get

  Set(ByVal Value As Single)
    snMaxGeschwindigkeit = Value
  End Set
End Property
```

Antwort 6-4   Da ein Konstruktor eine ganz gewöhnliche Prozedur innerhalb einer Klasse ist, deren einzige Besonderheit darin besteht, dass sie immer *New* heißen muss und mit dem Instanzieren der Klasse automatisch aufgerufen wird, ist diese Aufgabe nicht schwer zu lösen. Der folgende Konstruktor erwartet

452

gleich drei Parameter (einzelne Parameter könnten auch optional sein), die beim Instanzieren der Klasse übergeben werden müssen:

```
Sub New(ByVal Typ As String, ByVal Sitze As Short, _
  ByVal MaxGeschw As Single)
  stFlugzeugtyp = Typ
  shSitze = Sitze
  snMaxGeschwindigkeit = MaxGeschw
End Sub
```

Das Schlüsselwort *Me* steht für die aktuelle Instanz der Klasse. Auf diese Weise kann ein Programm zum Beispiel gezielt auf die Eigenschaft der aktuellen Instanz zugreifen oder die aktuelle Instanz an eine Prozedur übergeben, damit diese auf die Mitglieder der Instanz zugreifen kann.   *Antwort 6-5*

Diese Aufgabe war bereits etwas anspruchsvoller – wenn Sie sie erfolgreich absolviert haben, dann herzlichen Glückwunsch. Es kam dabei vor allem darauf an, dass im Konstruktor der Klasse *CTicket* eine Instanz von *CFlugzeug* angelegt wird, die über die Eigenschaft *Flugzeug*, die vom Typ *CFlugzeug* sein muss, abgefragt werden kann. Der Zugriff auf den Flugzeugtyp erfolgt dann über: *Antwort 6-6*

```
Console.WriteLine("Flugzeugtyp: {0}", obTicket.Flugzeug.Typ)
```

Wie bei den »richtigen« .NET-Basisklassen ist es auch bei selbst definierten Klassen üblich und notwendig, mehrere Objekte zu einem Ausdruck zu kombinieren.

Buch-CD: vbnet0607.vb   *Listing 6-1:*
Die Lösung
zur Übungs-
aufgabe 6.6

```
' ---------------------------------------------
' Lösung zur Übungsaufgabe 6.6
' Jetzt lerne ich Visual Basic .NET
' ---------------------------------------------
Imports System

Class App
  Shared Sub Main()
    Dim obTicket = New CTicket()
    Console.WriteLine("Flugzeugtyp: {0}", _
      obTicket.Flugzeug.typ)
    Console.ReadLine()
  End Sub
End Class

Class CTicket
  Private obFlugzeug As CFlugzeug
```

453

```
Sub New()
  obFlugzeug = New CFlugzeug("B777")
End Sub

ReadOnly Property Flugzeug() As CFlugzeug
   Get
      Return obFlugzeug
   End Get
End Property
End Class

Class CFlugzeug
  Private stTyp As String
  Sub New(ByVal Typ As String)
    stTyp = Typ
  End Sub

  ReadOnly Property Typ() As String
    Get
      Return stTyp
    End Get
  End Property
End Class
```

Kapitel 7

Antwort 7-1   Zum Beispiel so:

```
Dim stTest As String = "Xenon ist ein Edelgas"
Console.WriteLine("1. Buchstabe ist ein 'X': {0}", stTest.Chars(0)="X")
```

Auch wenn bei dem Vergleich stillschweigend eine Umwandlung eines *Char*-Werts (*Chars(0)*) in einen *String*-Wert erfolgt, gibt es damit auch bei *Option Strict On* kein Problem.

Soll der Vergleich sowohl mit einem Klein- als auch mit einem Großbuchstaben funktionieren, muss das zu vergleichende Zeichen mit *ToUpper* in einen Großbuchstaben umgewandelt werden:

```
Dim stS As String = "xenon ist ein Edelgas"
Console.WriteLine("1. Buchstabe ist ein 'X': {0}", _
 Char.ToUpper(stS.Chars(0)) = "X")
```

Damit der Vergleich auf diese Weise funktioniert, wird die gemeinsame *ToUpper*-Methode der Char-*Klasse* aufgerufen, da die gleichnamige Methode der *String*-Klasse nicht als gemeinsame Methode zur Verfügung steht.

Oder Sie verwenden die vordefinierte Methode *StartsWith* in Kombination mit der *ToUpper*-Methode:

```
Dim stS As String = "xenon ist ein Edelgas"
Console.WriteLine("1. Buchstabe ist ein 'X': {0}", _
 stS.ToUpper.StartsWith("X"))
```

Hier genügt ein Aufruf der *Replace*-Methode, die alt gegen neu austauscht, wobei das neue Element nicht gleich groß sein muss: *Antwort 7-2*

```
Dim stS As String = "Mit COM wird alles besser"
Console.WriteLine(stS.Replace("COM", ".NET"))
```

Ist Ihnen die Gesamtaussage noch nicht euphorisch genug? Kein Problem, da der Rückgabewert von *Replace* wieder ein String ist (was sonst?), lässt sich die *Replace*-Methode auch erneut anwenden:

```
Console.WriteLine(stS.Replace("COM", _
 ".NET").Replace("besser", "viel besser"))
```

Die folgende Lösung ist natürlich eine von vielen: *Antwort 7-3*

```
Console.WriteLine("Ihre Auftragsbestätigung:")
Console.WriteLine("10 LCD Displays".PadRight(32) & 490.ToString("c"))
Console.WriteLine("12 Digitalkameras".PadRight(32) & 295.ToString("c"))
Console.WriteLine("24 drahtlose Mäuse".PadRight(32) & 19.95.ToString("c"))
```

Wichtig ist dabei, dass die *PadRight*-Methode auf den Teil der auszugebenden Zeichenkette angewendet wird, die in einem stets gleich großen Feld (in diesem Fall aus 32 Zeichen bestehend) linksbündig angeordnet ausgegeben werden soll. Über die *ToString*-Methode wird der Betrag als Währung formatiert ausgegeben (wobei das €-Zeichen in der Eingabeaufforderung nicht immer angezeigt wird).

Bei jeder erneuten Zuweisung an die Variable *stS1* wird das dahinter stehende *String*-Objekt zerstört und neu angelegt, was gerade in einer Programmschleife das Programm unnötig verlangsamt. Wird der String dagegen über die *StringBuilder*-Klasse zunächst zusammengesetzt und dann als Ganzes der *String*-Variablen zugewiesen, tritt dieses Phänomen nicht auf.   *Antwort 7-4*

Die Lösung ist vermutlich sehr viel einfacher, als Sie es sich vorgestellt haben, denn es genügt, die *Replace*-Methode für jeden auszutauschenden Umlaut einmal aufzurufen. Die Methode tauscht nämlich jeden vorkommenden Teilstring aus.   *Antwort 7-5*

```
Dim stS As String = "Plötzliche vorübergehende ähnliche öffentliche
Phänomene"
stS = stS.Replace("ä", "ae")
stS = stS.Replace("ö", "oe")
stS = stS.Replace("ü", "ue")
Console.WriteLine(stS)
```

455

Antwort 7-6 Das ist wieder eine der klassischen Übungsaufgaben. Die Lösung besteht darin, die Zeichenkette Zeichen für Zeichen durchzugehen und über die *Sub-String*-Methode jedes einzelne Zeichen an eine neue Zeichenkette anzuhängen.

```
Function Reverse(ByVal Wert As String) As String
    Dim i As Short
    For i = Wert.Length - 1 To 0 Step -1
      Reverse += Wert.Substring(i, 1)
    Next
End Function
```

Die Funktion kommt ohne *Return*-Befehl aus, da der Funktionsname bereits von Anfang an für den Rückgabewert steht.

Warum startet die Schleife bei *Wert.Length-1* und was würde passieren, wenn sie bei *Wert.Length* starten würde? Nun, da das erste Zeichen die Position 0 besitzt, hat das letzte Zeichen die Position *Länge-1*. Würde die Schleife bei *Länge* beginnen, wäre eine Ausnahme die Folge, da über die *SubString*-Methode ein Zeichen angesprochen werden sollte, das gar nicht existiert.

Kapitel 8

Antwort 8-1 Diese Frage besitzt einen »doppelten Boden«. Zwar kann das Array in der derzeitigen Form nur sechs Elemente aufnehmen (denken Sie stets daran, dass die Nummerierung bei 0 beginnt), es kann (etwa über den *ReDim*-Befehl) jederzeit vergrößert werden, so dass es im Prinzip »unendlich« groß ist. (Maximal kann ein Array jedoch »nur« 2.147.483.648 Elemente aufnehmen.)

Antwort 8-2 Die Anzahl der Zahlen erhält man zum Beispiel über die *Length*-Eigenschaft -1. Wichtig: Dies ist nicht die Anzahl der tatsächlich belegten Felder, sondern die Gesamtgröße des Arrays.

```
Dim aZahlen() As Byte = {11, 22, 33, 44, 55, 66}
Dim b As Byte
For b = 0 To aZahlen.Length – 1
  Console.Write(" {0} ", aZahlen(b))
Next
Console.ReadLine()
```

Und was hatte unser Programmierer vergessen? Den Datentyp bei der Deklaration des Arrays. Auch wenn das Programm funktioniert, ist das Array vom allgemeinen Typ *Object*, da kein Datentyp angegeben wurde.

Antwort 8-3 Hier kommt es lediglich darauf an, eine *For Next*-Schleife von 2 bis 20 laufen zu lassen und bei jedem Durchlauf über die *Math.Sqrt*-Funktion die Quadratwurzel zu berechnen. Da ein Array aber bei 0 beginnen muss, wird vom Schleifenzähler einfach 2 abgezogen.

```
Dim aZahlen(18) As Single
Dim b As Byte
For b = 2 To 20
  aZahlen(b - 2) = Math.Sqrt(b)
Next
For b = 2 To 20
  Console.WriteLine(" Die Wurzel von {0} ist {1}", b, _
    aZahlen(b - 2))
Next
```

Die Lösung zu dieser Aufgabe ist bereits etwas kniffliger, es lohnt sich jedoch, *Antwort 8-4* sie selbständig zu lösen, da Sie a) wieder etwas mehr über die Programmierung mit Visual Basic .NET lernen und b) Sie sich hinterher mit Sicherheit sehr gut fühlen. Hier ein Lösungsvorschlag von mehreren:

Buch-CD: vbnet0811.vb

```
Dim aSonntage() As Byte
aSonntage = SonntageErmitteln(2001, 10)
Dim b As Byte
For b = 0 To aSonntage.Length — 1
  Console.WriteLine(aSonntage(b))
Next

Shared Function SonntageErmitteln(ByVal Jahr As Short, ByVal Monat As Byte)
As Byte()
  Dim Sonntage(3) As Byte
  Dim b, i As Byte
  For b = 1 To 30
   If DateTime.Parse(Jahr & "." & Monat & "." _
   & b).DayOfWeek = DayOfWeek.Sunday Then
    Sonntage(i) = b
    i += 1
    End If
  Next
  Return Sonntage
End Function
```

Der eigentliche »Gehirnschmalz« steckt in der Funktion *SonntageErmitteln*. Sie erhält ein Jahr und einen Monat als Parameter und gibt ein Array mit vier Zahlen zurück, die Sonntage des jeweiligen Monats.

Einen kleinen Schwachpunkt besitzt das Programm allerdings noch. Es ist im Moment nicht in der Lage, zu unterscheiden, ob ein Monat 30 oder 31 Tage besitzt. Das ist eine kleine Herausforderung, die Sie noch lösen müssten. Dazu ein kleiner Tipp: Könnte es sein, dass die *DateTime*-Klasse dazu eine Lösung enthält?

Antwort 8-5   Das ist bereits ein recht imposantes Programmierprojekt geworden. Doch lassen Sie sich bitte durch den Umfang des Listings nicht abschrecken, das meiste sind notwendige Formalismen und Wiederholungen. Lediglich die Prozedur *EintragLöschen*, die einen Eintrag durch Anlegen eines neuen Arrays und Kopieren aller Einträge mit Ausnahme des zu löschenden Eintrags vornimmt, ist etwas anspruchsvoller und dürfte nicht auf Anhieb verständlich sein (wenngleich es mit Sicherheit andere Wege und vielleicht auch kürzere Wege gibt, das Ziel zu erreichen).

Listing 8-1:
Die Lösung zur
Aufgabe 8.5

Buch-CD: vbn0809.vb

```
' -----------------------------------------------
' vbnet0809.vb - Lösung zur Frage 8.5
' Jetzt lerne ich Visual Basic .NET
' -----------------------------------------------
Option Explicit
Imports System

Class App
    Private Shared obKartei() As CKarteikarte
    Private Shared inAnzahl As Integer
' -----------------------------------------------
' Sub Main – Programmstart
' -----------------------------------------------
    Shared Sub Main()
        Dim stKey As String
        Do
            MenuAnzeigen()
            stKey = Console.ReadLine()
            Select Case stKey
                Case "1"
                    EinträgeAuflisten()
                Case "2"
                    EintragAnlegen()
                Case "3"
                    EintragLöschen()
                Case "4"
                    EintragSuchen()
                Case "5"
                    Exit Do
                Case Else
            End Select
        Loop
    End Sub
```

```
' ------------------------------------------------
' EintragAnlegen
' ------------------------------------------------
    Shared Sub EintragAnlegen()
        Dim stName, stEMail As String
        Console.Write("Name?")
        stName = Console.ReadLine()
        ' Wurde nichts eingeben?
        If stName = "" Then Exit Sub
        Do
            Console.Write("Email?")
            stEMail = Console.ReadLine()
            If stEMail = "" Then Exit Sub
        Loop Until stEMail.IndexOf("@") > 0
        ' Feststellen, ob bereits Einträge existieren
        If Not obKartei Is Nothing AndAlso _
          obKartei.Length <= inAnzahl Then
            ReDim Preserve obKartei(inAnzahl + 1)
        ElseIf obKartei Is Nothing Then
            ReDim obKartei(0)
        End If
        ' Neuen Eintrag anlegen
        Dim obEintrag As CKarteikarte = _
          New CKarteikarte(stName)
        obEintrag.EMail = stEMail
        obKartei(inAnzahl) = obEintrag
        inAnzahl += 1
    End Sub


' ------------------------------------------------
' EintragSuchen
' ------------------------------------------------
    Shared Sub EintragSuchen()
     ' Feststellen, ob Einträge vorhanden sind
        If obKartei Is Nothing OrElse obKartei(0) _
          Is Nothing Then
            Console.WriteLine("Keine Einträge vorhanden")
            Exit Sub
        End If
        Console.Write("Name?")
        Dim stEintrag As String, stName As String _
          = Console.ReadLine()
        If stName = "" Then Exit Sub
        Dim i As Integer
     ' Alle Einträge der Reihe nach durchgehen
        For i = 0 To inAnzahl - 1
```

459

```
' Wenn Anfang übereinstimmt, ausgeben
  If obKartei(i).Name.StartsWith(stName) _
   = True Then
    Console.WriteLine("Name: {0} EMail: {1}", _
     obKartei(i).Name, obKartei(i).EMail)
    Exit Sub
  End If
Next
Console.WriteLine("Keinen Eintrag gefunden, sorry!")
End Sub


' --------------------------------------------
' EintragLöschen
' --------------------------------------------
Shared Sub EintragLöschen()
  ' Sind überhaupt Einträge vorhanden
  If obKartei Is Nothing OrElse _
   obKartei(0) Is Nothing Then
    Console.WriteLine("Keine Einträge vorhanden")
    Exit Sub
  End If
  Console.Write("Name?")
  Dim stEintrag As String, stName As _
   String = Console.ReadLine()
  Dim i As Integer
  ' Eintrag nach Namen suchen
  For i = 0 To inAnzahl
    If obKartei(i).Name.StartsWith(stName) = True Then
      stEintrag = obKartei(i).Name
    ' Temporäres Array anlegen
    Dim tmpKartei As Array = _
     Array.CreateInstance _
     (New CKarteikarte("x").GetType, inAnzahl)
    ' Wurde der 1. Eintrag gefunden?
    ' Dann nicht kopieren
    If i > 0 Then
       Array.Copy(obKartei, 0, tmpKartei, 0, i)
    End If
    ' Wurde der letzte Eintrag gefunden?
    ' Dann nicht kopieren
    If i < inAnzahl - 1 Then
       Array.Copy(obKartei, i + 1, _
        tmpKartei, i, inAnzahl - i)
    End If
    inAnzahl -= 1
    obKartei = tmpKartei
    Console.WriteLine("Eintrag für {0} wurde gelöscht!", _
     stEintrag)
```

```
            Exit Sub
        End If
      Next
    End Sub


  ' -----------------------------------------------
  ' EinträgeAuflisten
  ' -----------------------------------------------
    Shared Sub EinträgeAuflisten()
        If obKartei Is Nothing Then
            Console.WriteLine("Keine Einträge vorhanden")
        Else
            Dim i As Integer
            If obKartei(0) Is Nothing Then
                Console.WriteLine("Keine Einträge vorhanden")
                Exit Sub
            End If
            For i = 0 To inAnzahl - 1
              Console.WriteLine("Name: {0} EMail: {1}", _
              obKartei(i).Name, obKartei(i).EMail)
            Next
        End If
    End Sub


  ' -----------------------------------------------
  ' MenuAnzeigen
  ' -----------------------------------------------
    Shared Sub MenuAnzeigen()
        Console.WriteLine()
        Console.WriteLine("E-Mail-Verwaltung")
        Console.WriteLine("=================")
        Console.WriteLine("1. Einträge auflisten")
        Console.WriteLine("2. Neuen Eintrag anlegen")
        Console.WriteLine("3. Eintrag löschen")
        Console.WriteLine("4. Eintrag suchen")
        Console.WriteLine("5. Ende")
    End Sub
End Class


' -----------------------------------------------
' Klasse CKarteikarte
' -----------------------------------------------

Class CKarteikarte
  Private stName As String
  Private stEMail As String
```

461

```
ReadOnly Property Name() As String
  Get
    Return stName
  End Get
End Property

Sub New(ByVal Name As String)
  stName = Name
End Sub

Property EMail() As String
  Get
    Return stEMail
  End Get
  Set(ByVal Value As String)
    stEMail = Value
  End Set
End Property
End Class


' -------------------------------------------------

' Programmende

' -------------------------------------------------
```

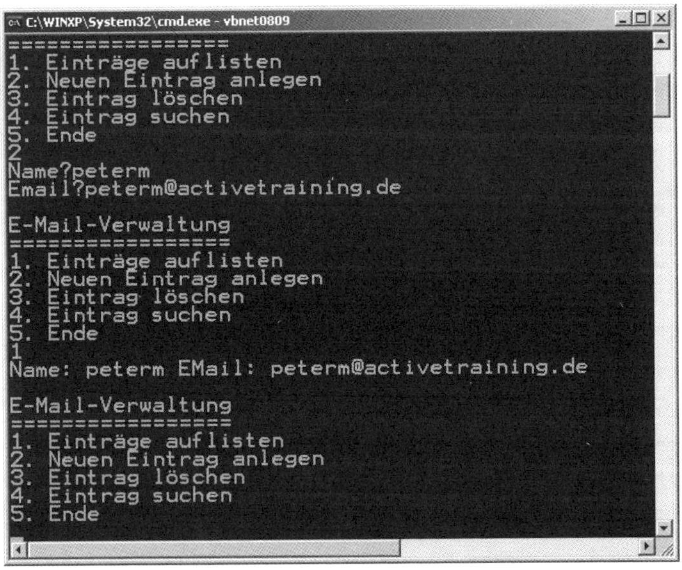

*Abb. 8.1:
Es funktio-
niert tatsäch-
lich – die
Lösung zur
Übungs-
aufgabe in
Aktion*

Antwort 8-6   Diese Aufgabe ist weit weniger anspruchsvoll als sie sich zunächst angehört haben mag. Steht nämlich erst einmal die Lösung zur Aufgabe Frage 8-5, ist es nicht mehr allzu viel Aufwand, das Array gegen ein *ArrayList*-Objekt auszutauschen. Der wichtigste Unterschied ist, dass neue Elemente über die *Add*-Methode hinzugefügt und über die *Remove*-Methode entfernt werden, dass es nicht notwendig ist, die Größe zu verwalten, und dass die einzelnen Elemente mit der *For Each*-Schleife durchlaufen werden (was bei einem Array auch möglich wäre). Außerdem steht für die Suche theoretisch die *Binary-Search*-Methode zur Verfügung. Theoretisch, denn dazu müsste in der Klasse *CKarteikarte* die *IComparable*-Schnittstelle implementiert werden, was für dieses Kapitel noch etwas zu anspruchsvoll wäre (aber auch alles andere als kompliziert ist).

Buch-CD: vbnet0810.vb

```
' ------------------------------------------------
' vbnet0810.vb - Lösung zur Frage 8.6
' Jetzt lerne ich Visual Basic .NET
' ------------------------------------------------
Option Explicit On

Imports System
Imports System.Collections

Class App
  Private Shared obKartei As New ArrayList()
  ' ------------------------------------------------
  ' Sub Main – Programmstart
  ' ------------------------------------------------
  Shared Sub Main()
    Dim stKey As String
    Do
     MenuAnzeigen()
     stKey = Console.ReadLine()
     Select Case stKey
       Case "1"
         EinträgeAuflisten()
       Case "2"
         EintragAnlegen()
       Case "3"
         EintragLöschen()
       Case "4"
         EintragSuchen()
       Case "5"
         Exit Do
       Case Else
     End Select
    Loop
  End Sub
```

```
' -----------------------------------------------
' EintragAnlegen
' -----------------------------------------------
Shared Sub EintragAnlegen()
    Dim stName, stEMail As String
    Console.Write("Name?")
    stName = Console.ReadLine()
    ' Wurde nichts eingeben?
    If stName = "" Then Exit Sub
    Do
        Console.Write("Email?")
        stEMail = Console.ReadLine()
        If stEMail = "" Then Exit Sub
    Loop Until stEMail.IndexOf("@") > 0
    ' Neuen Eintrag anlegen
    Dim obEintrag As CKarteikarte = _
     New CKarteikarte(stName)
    obEintrag.EMail = stEMail
    obKartei.Add(obEintrag)
    Dim stEintrag As String = obEintrag.Name & ":" _
     & obEintrag.Email
    Console.WriteLine("Eintrag für {0} wurde angelegt!", _
     stEintrag)
End Sub


' -----------------------------------------------
' EintragSuchen
' -----------------------------------------------
Shared Sub EintragSuchen()
' Feststellen, ob Einträge vorhanden sind
    If obKartei.Count = 0 Then
        Console.WriteLine("Keine Einträge vorhanden")
        Exit Sub
    End If
    Console.Write("Name?")
    Dim stEintrag As String, stName As String _
     = Console.ReadLine()
    If stName = "" Then Exit Sub
    Dim i As Integer
    Dim obEintrag As CKarteikarte
    ' Alle Einträge der Reihe nach durchgehen
    For Each obEintrag In obKartei
        ' Wenn Anfang übereinstimmt, ausgeben
      If obEintrag.Name.StartsWith(stName) _
       = True Then
       Console.WriteLine("Name: {0} EMail: {1}", _
        obEintrag.Name, obEintrag.EMail)
       Exit Sub
      End If
```

464

```
        Next
        Console.WriteLine("Keinen Eintrag gefunden, sorry!")
End Sub


' ---------------------------------------------
' EintragLöschen
' ---------------------------------------------
Shared Sub EintragLöschen()
' Sind überhaupt Einträge vorhanden
  If obKartei.Count = 0 Then
      Console.WriteLine("Keine Einträge vorhanden")
      Exit Sub
  End If
  Console.Write("Name?")
  Dim stEintrag As String, stName As String = _
   Console.ReadLine()
  If stName = "" Then Exit Sub
  Dim i As Integer, inAnzahl As Integer = _
   obKartei.Count - 1
  Dim obEintrag As CKarteikarte
 ' Eintrag nach Namen suchen
  For Each obEintrag In obKartei
   If obEintrag.Name.StartsWith(stName) = True Then
     stEintrag = obEintrag.Name & ":" & _
     obEintrag.Email
     obKartei.Remove(obEintrag)
     Console.WriteLine("Eintrag für {0} wurde gelöscht!", _
      stEintrag)
     Exit Sub
   End If
  Next
  Console.WriteLine("Eintrag {0} wurde nicht gefunden!", _
   stName)
End Sub


' ---------------------------------------------
' EinträgeAuflisten
' ---------------------------------------------
Shared Sub EinträgeAuflisten()
    Dim i As Integer
    If obKartei.Count = 0 Then
        Console.WriteLine("Keine Einträge vorhanden")
    End If
    Dim obEintrag As CKarteikarte
    For Each obEintrag In obKartei
      Console.WriteLine("Name: {0} EMail: {1}", _
       obEintrag.Name, obEintrag.EMail)
    Next
End Sub
```

465

```
    ' ---------------------------------------------
    ' MenuAnzeigen
    ' ---------------------------------------------
    Shared Sub MenuAnzeigen()
        Console.WriteLine()
        Console.WriteLine("E-Mail-Verwaltung")
        Console.WriteLine("=================")
        Console.WriteLine("1. Einträge auflisten")
        Console.WriteLine("2. Neuen Eintrag anlegen")
        Console.WriteLine("3. Eintrag löschen")
        Console.WriteLine("4. Eintrag suchen")
        Console.WriteLine("5. Ende")
        Console.WriteLine()
        Console.Write("Eingabe (1-5)?")
    End Sub
End Class


' ---------------------------------------------
' Klasse CKarteikarte
' ---------------------------------------------

Class Ckarteikarte
    Private stName As String
    Private stEMail As String
    ReadOnly Property Name() As String
     Get
         Return stName
     End Get
    End Property

  Sub New(ByVal Name As String)
    stName = Name
  End Sub

  Property EMail() As String
    Get
      Return stEMail
    End Get
    Set(ByVal Value As String)
        stEMail = Value
    End Set
  End Property
End Class


' ---------------------------------------------
' Programmende
' ---------------------------------------------
```

Kapitel 9

Diese Aufgabe lässt sich auf verschiedene Weisen lösen – die folgende Lösung   *Antwort 9-1*
ist daher nur ein Vorschlag, der zudem geringfügig erweitert wurde:

```
Imports System
Imports System.IO

Class App

  Shared Sub Main()
   Console.Write("Mal etwas eingeben: ")
   Dim stEingabe As String = Console.ReadLine()
   Dim obWriter As StreamWriter = _
    File.CreateText("C:\Blabla.txt")
   obWriter.WriteLine(stEingabe)
   obWriter.Flush()
   Console.WriteLine("Datei wurde geschrieben - {0} Bytes", _
    obWriter.BaseStream.Length)
   obWriter.Close()
   Console.ReadLine()
  End Sub
End Class
```

Der Weg über die *CreateText*-Methode des *File*-Objekts, die ein *StreamWriter*-Objekt zurückgibt, ist im Allgemeinen der einfachste Weg, eine Textdatei
anzulegen und mit Inhalten zu füllen. In diesem Beispiel sollte auch die Anzahl
der geschriebenen Bytes angezeigt werden. Diese wird über die *Length*-Me-
thode des zugrunde liegenden Streams (*BaseStream*-Eigenschaft) abgefragt.
Damit die Zeichen auch wirklich geschrieben werden, wird zuvor die *Flush*-
Methode ausgeführt. Das ist aber nur notwendig, um die Länge gleich abfragen zu können.

Tja, auf den ersten Blick ist diese Aufgabe nicht schwierig, denn das Pro-   *Antwort 9-2*
gramm muss lediglich einen *StreamReader* anlegen (inzwischen dürften Sie
damit eine gute Übung haben) und die Datei über die *ReadLine*-Methode Zeile für Zeile einlesen (so lange, bis *Peek* den Wert -1 zurückgibt) und bei jeder
Zeile über die *IndexOf*-Methode der *String*-Klasse prüfen, ob sie »Option Explicit On« enthält. So weit zur Theorie. Auch wenn das Programm in Listing
18-7 genau das macht, funktioniert es scheinbar nicht. Denken Sie einen Augenblick darüber nach (sollten Sie mit Visual Studio .NET arbeiten, sollten Sie
das Programm einmal mit der ⌊F8⌋-Taste schrittweise ausführen). Ansonsten
finden Sie die Lösung im Rahmen der nächsten Aufgabe.

Listing 9-1:
Die Lösung zur
Aufgabe 9.2

Buch-CD: vbnet0911.vb

```
' ----------------------------------------------
' vbnet0911.vb - Aufgabe0902.vb Dateizugriffe
' Jetzt lerne ich Visual Basic .NET
' ----------------------------------------------
Option Explicit On
Option Strict On

Imports System
Imports System.IO

Class App

  Shared Sub Main()
    Console.Write("Name der Vb-Datei: ")
    Dim stZeile As String
    Dim stDateiname As String = Console.ReadLine()
    Dim bnGefunden As Boolean
    Dim obReader As StreamReader = _
      File.OpenText(stDateiname)
    Do While obReader.Peek() > -1
      stZeile = obReader.ReadLine()
      If stZeile.IndexOf("Option Explicit On") > 0 Then
        Console.WriteLine("Alles ok, Option Explicit vorhanden!")
        bnGefunden = True
      End If
    Loop
    If bnGefunden = False Then
      Console.WriteLine("Datei enthält kein Option Explicit!")
    End If
    obReader.Close()
    Console.ReadLine()
  End Sub
End Class
```

Noch ein Tipp zur Eingabe des Dateinamens, falls das Programm in Visual Studio .NET ausgeführt wird. Da das Programm sich im *bin*-Verzeichnis, die Quelltextdatei (standardmäßig heißt sie *Module1.vb*) aber im darüber liegenden Projektverzeichnis befindet, muss die Eingabe »..\module1.vb« lauten, um *module1.vb* im darüber liegenden Verzeichnis anzusprechen.

Antwort 9-3   Dies ist lediglich eine Erweiterung der letzten Aufgabe, nur dass dieses Mal (sofern erforderlich) die Befehlszeile *Option Explicit On* in den Stream eingefügt wird. Außerdem wird hier die kleine »Unachtsamkeit« aus der letzten Aufgabe behoben, die darin bestand, dass die Abfrage auf »Option Explicit On« natürlich nicht auf den gesamten Programmtext ausgedehnt werden darf, da dieser String in jedem Fall in dem Abfragebefehl selbst vorkommt.

468

Listing 9-2:
Die Lösung zur
Aufgabe 9.3

Buch-CD: vbnet0912.vb

Diese Lösung entspricht weitestgehend jener aus der letzten Aufgabe mit zwei Unterschieden:

1. Die Abfrage auf ein *Option Explicit On* wird abgebrochen, sobald der erste *Class*-Befehl auftaucht, da der Befehl danach nicht mehr auftauchen kann.

2. Wurde kein *Option Explicit* gefunden, wird eine Befehlszeile in die Datei geschrieben. Dazu wird zunächst die komplette Datei in eine String-Variable eingelesen (so flexibel, dass sich ein Textelement einfach irgendwo dazwischen schieben ließe, ist das *Stream*-Objekt offenbar nicht) und die Datei geschlossen. Anschließend wird die Datei zum Schreiben geöffnet und die Zeile mit »Option Explicit On« geschrieben. Zuletzt wird der ursprüngliche Dateiinhalt geschrieben.

```
' -----------------------------------------------
' vbnet0912.vb - Aufgabe0903.vb Dateizugriffe
' Jetzt lerne ich Visual Basic .NET
' -----------------------------------------------

Imports System.IO
Imports System

Class App

  Shared Sub Main()
    Console.Write("Name der Vb-Datei: ")
    Dim stZeile As String
    Dim stDateiname As String = Console.ReadLine()
    Dim bnGefunden As Boolean
    Dim obReader As StreamReader = _
     File.OpenText(stDateiname)
    Do While obReader.Peek() > -1
       stZeile = obReader.ReadLine()
       If stZeile.IndexOf("Class") > 0 Then
          Exit Do
       End If
       If stZeile.IndexOf("Option Explicit On") > 0 Then
          Console.WriteLine("Alles ok, Option Explicit vorhanden!")
          bnGefunden = True
       End If
    Loop
    If bnGefunden = False Then
       Console.WriteLine("Datei enthält kein Option Explicit!")
       obReader.BaseStream.Position = 0
       Dim sDateiInhalt As String = obReader.ReadToEnd()
       obReader.Close()
```

469

```
              Dim obWriter As StreamWriter = _
               File.CreateText(stDateiname)
              obWriter.WriteLine("Option Explicit On")
              obWriter.Write(sDateiInhalt)
              obWriter.Close()
              Console.WriteLine("Option Explicit On wurde eingetragen!")
           End If
           obReader.Close()
           Console.ReadLine()
        End Sub
     End Class
```

Antwort 9-4 Bei solchen Aufgaben kann es natürlich stets passieren, dass der Autor (versehentlich natürlich) mehr Fehler einbaut als tatsächlich vorhanden sind. Also, folgende Programmierelemente wären da zu beanstanden:

1. Die *OpenText*-Methode gibt ein *TextReader*- und kein *TextWriter*-Objekt zurück.

2. Das ist ein subtiler Fehler: Da der *Dim*-Befehl im *Try*-Block steht, ist die Variable im *Finally*-Bereich nicht mehr gültig.

3. Da der *Finally*-Bereich immer ausgeführt wird, das Schließen der Datei aber davon abhängt, ob die Datei überhaupt geöffnet werden konnte, darf das Schließen dort nicht stehen, sondern muss ebenfalls Teil des *Try*-Blocks sein.

Antwort 9-5 Der *Finally*-Befehl leitet einen Befehlsblock ein, der in jedem Fall vor dem *End Try*-Befehl noch ausgeführt wird. Auf diese Weise erhält die strukturierte Ausnahmebehandlung einen definierten Ausgang, der sowohl ausgeführt wird, wenn eine Ausnahme auftrat, als auch, wenn dies nicht der Fall war (was man ja nie wissen kann). Aus dem *Finally*-Bereich ist allerdings kein Rücksprung über den *Return*-Befehl möglich, das muss außerhalb geschehen.

Antwort 9-6 Auf zum großen Finale, auch die letzte Aufgabe in diesem Kapitel will gelöst werden. Falls Sie mit der Umsetzung nicht auf Anhieb klar gekommen sein sollten (oder einfach nur die Lösung lesen wollen, ohne die grauen Zellen ein wenig beansprucht zu haben), hier ein Ratschlag, den die besten Programmierer der Welt jedem erteilen, der es wagt, sie zu fragen: »Wenn du nicht weißt, wie du anfangen sollst, dann fang halt irgendwie an.« Konkret, geben Sie erst einmal den Programmrahmen, die *Do*-Schleife und die *WriteLine*-Methoden für die Anzeige des Menüs, die *ReadLine*-Methode zum Entgegennehmen der Eingabe und den *Select Case*-Befehl für die Auswertung der Eingabe ein. Das ist nicht nur gut fürs Selbstvertrauen, sondern auch notwendig, denn dieser Rahmen wird in jedem Fall benötigt. Der Rest ist dann nicht mehr so schwer. Jeder *Case*-Zweig soll zu einer Funktion verzweigen, die zwei Zahlen abfragt, mit diesen Zahlen eine Rechenoperation durchführt und das Ergebnis zurückgibt. Das Ergebnis wird am Ende der *Do*-Schleife ausgegeben. Bis hier ist alles noch eine dröge Wiederholung der Kapitel 1 bis 5. Nun kommt der etwas schwierigere Part, denn Sie sollen in jede Funktion eine strukturierte Ausnahmebehandlung einbauen. Auch das ist nicht so schwer, wenn Sie den allgemeinen Rahmen aus Kapitel 9.8.5 einfügen. Sie müssen dann nur noch im *Try*-Teil die Operation durchführen und im *Catch*-Teil »irgendwie« darauf reagieren – die Ausgabe einer kleinen Meldung würde schon genügen. Und wissen Sie was? Damit sind Sie auch schon fertig.

Buch-CD: vbnet0913.vb (ohne Ausnahmebehandlung)

Buch-CD: vbnet0914.vb (mit Ausnahmebehandlung)

Listing 9-3: Die Lösung zur Übungsaufgabe 9.6

```
' ---------------------------------------------
' vbnet0914.vb - Lösung zur Aufgabe 9.6
' Jetzt mit Ausnahmebehandlung
' Jetzt lerne ich Visual Basic .NET
' ---------------------------------------------


Imports System

Class App

' Hier beginnt die Programmausführung
  Shared Sub Main()
    Dim stAuswahl As String
    Dim bErgebnis As Byte
    Do
' Anzeigen des Auswahlmenüs
      MenüAusgeben
      stAuswahl = Console.ReadLine()
      Select Case stAuswahl
       Case "1" ' Addition
        bErgebnis = Addition()
       Case "2" ' Subtraktion
        bErgebnis = Subtraktion()
       Case "3" ' Multiplikation
        bErgebnis = Multiplikation()
       Case "4" ' Division
        bErgebnis = Division()
       Case Else
        Exit Sub
      End Select
' Anzeigen des Rückgabewertes
      Console.WriteLine("Das Ergebnis ist: {0}", bErgebnis)
    Loop
  End Sub


' Zeigt die Menüauswahl an
```

```
Shared Sub MenüAusgeben ()
  Console.WriteLine("Auswahlmenü")
  Console.WriteLine("============")
  Console.WriteLine("1. Addition")
  Console.WriteLine("2. Subtraktion")
  Console.WriteLine("3. Multiplikation")
  Console.WriteLine("4. Division")
  Console.WriteLine("5. Ende")
End Sub


' Eine von vier Rechenfunktionen
Shared Function Addition () As Byte
  Dim op1, op2, Ergebnis As Byte
' Hier beginnt die Ausnahmebehandlung
  Try
    Console.Write("op1? ")
    op1 = CType(Console.ReadLine(), Byte)
    Console.Write("op2? ")
    op2 = CType(Console.ReadLine(), Byte)
    Ergebnis = op1+op2
' Der Teil wird aufgerufen, wenn eine Ausnahme auftrat
  Catch
' Lediglich eine Mahnung ausgeben
    Console.WriteLine("Addition nur mit Werten 0-255 erlaubt")
    Ergebnis = 0
' Der Teil wird in diesem Beispiel nicht benötigt
  Finally
    ' Wird hier nicht benötigt
  End Try
    Return Ergebnis
  End Function


Shared Function Subtraktion () As Byte
  Dim op1, op2, Ergebnis As Byte
  Try
    Console.Write("op1? ")
    op1 = CType(Console.ReadLine(), Byte)
    Console.Write("op2? ")
    op2 = CType(Console.ReadLine(), Byte)
    Ergebnis = op1-op2
  Catch
    Console.WriteLine("Subtraktion nur mit Werten 0-255 erlaubt")
    Ergebnis = 0
  Finally
    ' Wird hier nicht benötigt
  End Try
  Return Ergebnis
End Function
```

```
  Shared Function Multiplikation () As Byte
    Dim op1, op2, Ergebnis As Byte
    Try
      Console.Write("op1? ")
      op1 = CType(Console.ReadLine(), Byte)
      Console.Write("op2? ")
      op2 = CType(Console.ReadLine(), Byte)
      Ergebnis = op1*op2
    Catch
      Console.WriteLine("Multiplikation nur mit Werten 0-255" erlaubt")
      Ergebnis = 0
    Finally
      ' Wird hier nicht benötigt
    End Try
      Return Ergebnis
  End Function

  Shared Function Division () As Byte
    Dim op1, op2, Ergebnis As Byte
    Try
      Console.Write("op1? ")
      op1 = CType(Console.ReadLine(), Byte)
      Console.Write("op2? ")
      op2 = CType(Console.ReadLine(), Byte)
      Ergebnis = op1 / op2
    Catch
      Console.WriteLine("Division nur mit Werten 0-255 erlaubt")
      Ergebnis = 0
    Finally
      ' Wird hier nicht benötigt
    End Try
      Return Ergebnis
    End Function
End Class
```

Kapitel 10

Die *For Each*-Schleife kann auch auf Felder angewendet werden. Ihr kleiner   *Antwort 10-1*
Vorteil ist, dass sie den Zugriff auf ein einzelnes Element etwas einfacher
macht, da die intern aufgerufene *MoveNext*-Methode der *IEnumerator*-
Schnittstelle dafür sorgt, dass mit jedem Durchlauf das nächste Element angesprochen wird.

```
Dim obP As Person
For Each obP In obFeld
  With obP
    Console.WriteLine("Name: {0}", .Name)
    Console.WriteLine("Alter: {0}", .Alter)
  End With
Next
```

473

Antwort 10-2 Ganz einfach, weil die Variable *j* in einem Befehlsblock (die *For*-Schleife) deklariert wurde und außerhalb dieses Befehlsblocks nicht gültig ist.

Antwort 10-3 Bei *Option Strict On* sind implizite Typenkonvertierungen nicht erlaubt. Diese Option soll eine typenstrenge Kompilierung ermöglichen, mit dem Vorteil, dass typenstreng kompilierte Programme weniger fehleranfällig sind. Der Compiler muss so keine Annahmen treffen, die unter Umständen dazu führen, dass Variablen falsche Werte erhalten oder sich durch implizite Typenumwandlungen falsche Werte akkumulieren.

Antwort 10-4 Jedes Objekt besitzt eine *GetType*-Methode, die ein *Type*-Objekt (bzw. ein Objekt der abgeleiteten Klasse *RuntimeType*) zurückgibt, das alle Typeninformationen enthält.

Antwort 10-5 Die beim Programmaufruf übergebenen Kommandozeilenparameter werden über die *GetCommandLineArgs*-Methode der *Environment*-Klasse abgefragt. Diese Methode gibt ein String-Array zurück, auf das entweder einzeln zugegriffen werden kann oder das komplett einem Array zugewiesen werden kann:

```
Shared Sub Main()
  Console.WriteLine("Parameter 1: {0}", _
   Environment.GetCommandLineArgs(1))
  Console.WriteLine("Parameter 2: {0}", _
   Environment.GetCommandLineArgs(2))
  Console.ReadLine()
  Dim stParas() As String
  stParas = Environment.GetCommandLineArgs
  Dim stP As String
  For Each stP In stParas
     Console.WriteLine("Parameter: {0}", stP)
  Next
  Console.ReadLine()
End Sub
```

Werden die Kommandozeilenparameter durch ein Komma getrennt (ohne Leerzeichen dazwischen), werden sie als eine zusammenhängende Zeichenkette betrachtet. (Es ist daher immer gut, die Länge des String-Arrays abzufragen.) Sie müssen über die *Split*-Funktion getrennt werden:

```
Dim stCmd As String
stCmd = Environment.GetCommandLineArgs(1)
Dim stParas As String() = stCmd.Split(New Char() {","})
Dim stP As String
For Each stP In stParas
    Console.WriteLine("Parameter: {0}", stP)
Next
```

474

Um eine möglichst große Flexibilität bei der Übergabe von Kommandozeilen-parametern zu ermöglichen, ist es im Allgemeinen am praktischsten, über die *CommandLine*-Eigenschaft die komplette Kommandozeile zu holen, den Programmnamen als erstes Element abzutrennen und den Rest entweder über die *Split*-Funktion oder die Auswertung eines regulären Ausdrucks aus-zuwerten. (.NET ermöglicht die Auswertung eines regulären Ausdrucks über eine eigene Klasse im Namespace *System.Text.RegularExpressions*, die in diesem Buch aber nicht behandelt wird.)

Ein *Namespace* ist eine logische Unterteilung eines Assembly, das aus meh-   *Antwort 10-6*
reren Klassen besteht, in verschiedene Bereiche. Durch Einführen von Name-spaces können zum Beispiel mehrere Klassen in einem Assembly den glei-chen Namen tragen, wenn sie sich in verschiedenen Namespaces befinden. Ein Namespace kann sich auch aus mehreren Assemblies zusammensetzen, so wie es beim *System*-Namespace der Fall ist. Auf diese Weise kann ein Namespace sukzessiv erweitert werden.

Kapitel 11

Wenn ein Mitglied mit *Public Protected* deklariert wird, steht es nur in abge-   *Antwort 11-1*
leiteten Klassen, aber auch außerhalb des Projekts zur Verfügung. Wird es da-gegen mit *Friend Protected* deklariert, steht es nur innerhalb des Projekts und in abgeleiteten Klassen auch außerhalb des Projekts zur Verfügung.

Beim Überladen enthält eine Klasse mehrere Mitglieder mit gleichem Namen,   *Antwort 11-2*
aber unterschiedlichen Signaturen. Beim Überschreiben wird in der abgelei-teten Klasse ein Mitglied einer Basisklasse ersetzt.

Ganz einfach, beide Methoden besitzen nicht die gleiche Signatur.   *Antwort 11-3*

Eine Schnittstelle ist ein Satz von Definitionen für Eigenschaften, Methoden   *Antwort 11-4*
und Ereignisse, der keinerlei Implementierungsbefehle enthält. Schnittstellen (engl. »interfaces«) werden über das Befehlspaar *Interface/End Interface* de-finiert.

So lässt sich das Ganze nicht kompilieren, denn es ergibt keinen Sinn. Zum ei-   *Antwort 11-5*
nen darf eine Schnittstelle keinen Implementierungscode enthalten – der *Pro-perty*-Befehl ist daher völlig fehl am Platz. Zum anderen ist *Public* nicht zu-lässig, da es keine Gültigkeitsbereiche für Schnittstellenmitglieder (wohl für die Schnittstelle als Ganzes) gibt.

Ja, über das Schlüsselwort *Implements* wird das zu implementierende Mit-   *Antwort 11-6*
glied ausgewählt. Die Methode, in der das Mitglied implementiert wird, kann daher einen beliebigen Namen tragen.

475

Kapitel 12

Antwort 12-1 Das können Sie natürlich nicht wissen, denn es wurde in diesem Kapitel noch nicht erwähnt. Doch heute gibt es für diese Dinge ja das Internet und mit Google oder einer anderen Suchmaschine lässt sich in 0,439 s herausfinden, dass XML für *Extensible Markup Language* steht und dass der offizielle XML 1.0-Standard bereits aus dem Jahr 1998 stammt.

Antwort 12-2 Die XML-Datei in Abbildung 18.3 beschreibt eine Struktur, wie sie durch die Klasse *Person* vorgegeben ist.

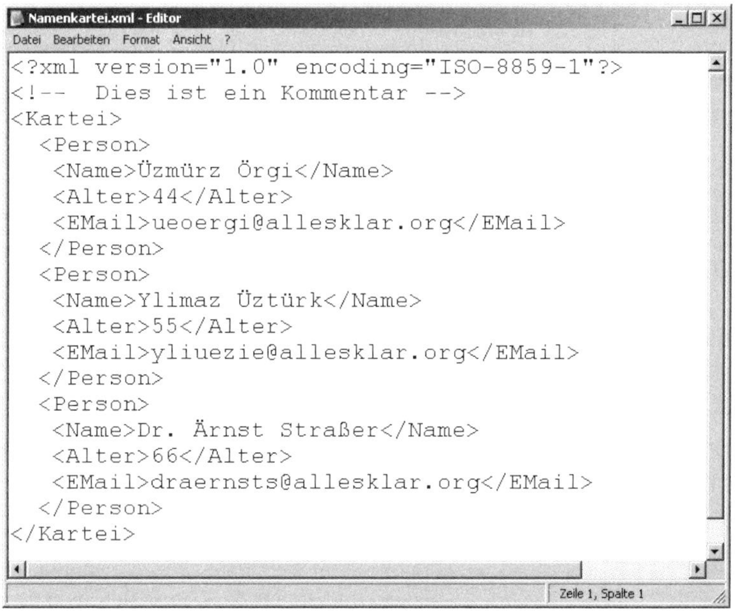

Abb. 12.1: Diese XML-Datei beschreibt die Klasse Person, die gleich mehrfach vorkommt und mit Inhalten versehen wurde

```
Namenkartei.xml - Editor
Datei  Bearbeiten  Format  Ansicht  ?
<?xml version="1.0" encoding="ISO-8859-1"?>
<!-- Dies ist ein Kommentar -->
<Kartei>
  <Person>
   <Name>Üzmürz Örgi</Name>
   <Alter>44</Alter>
   <EMail>ueoergi@allesklar.org</EMail>
  </Person>
  <Person>
   <Name>Ylimaz Üztürk</Name>
   <Alter>55</Alter>
   <EMail>yliuezie@allesklar.org</EMail>
  </Person>
  <Person>
   <Name>Dr. Ärnst Straßer</Name>
   <Alter>66</Alter>
   <EMail>draernsts@allesklar.org</EMail>
  </Person>
</Kartei>

                                    Zeile 1, Spalte 1
```

Antwort 12-3 Jede XML-Datei beginnt (auch wenn dies nicht zwingend ist) mit einer formellen Kopfzeile, der Deklarationszeile, die im einfachsten Fall wie folgt aussieht:

```
<?xml version="1.0" ?>
```

Zusätzlich kann in der Kopfzeile ein Zeichensatz ausgewählt werden (der Standard ist UTF-8, für europäische Schriftzeichen ist ISO 8859-1 die bessere Wahl):

```
<?xml version="1.0" encoding="ISO-8859-1"?>
```

Sowohl die Schreibweise als auch die Versionsnummer und die Reihenfolge müssen genau eingehalten werden, sonst ist eine Fehlermeldung bzw. eine Ausnahme beim Laden des Dokuments die Folge.

476

Das Einlesen einer XML-Datei in ein *XmlDocument* ist sehr einfach, da die *Antwort 12-4*
Klasse die meiste Arbeit übernimmt und uns ein fertiges Objektmodell präsentiert, auf das wir je nach Bedarf und Laune zugreifen können.

Der Pfad der XML-Datei *Namenkartei.xml* muss nachträglich angepasst
werden.

Buch-CD: vbnet1209.vb

Listing 12-1:
Die Lösung
zur Übungs-
aufgabe 12.4

```vbnet
' ----------------------------------------------
' vbnet1209.vb - Die Lösung zur Aufgabe 12.4
' Jetzt lerne ich Visual Basic .NET
' ----------------------------------------------
Imports System.Xml
Imports System

Class App

  Shared Sub Main()
    Dim stXlmPfad As String = _
    Environment.GetEnvironmentVariable("Userprofile") _
     & "\Eigene Dateien\Jlivbnet\Buchcd\Namenkartei.xml"
    Dim obXmlDoc As New XmlDocument()
    Try
       obXmlDoc.Load(stXlmPfad)
    Catch
       Console.WriteLine("XML-Datei kann nicht gelesen werden...")
       Environment.Exit(0)
    End Try
    Dim obKnoten, obKindKnoten As XmlNode
    Dim obRoot As XmlElement
    obRoot = obXmlDoc.DocumentElement
    For Each obKnoten In obRoot.ChildNodes
      Console.WriteLine("Der Knoten heisst: {0}", obKnotcn.Name)
      For Each obKindKnoten In obKnoten.ChildNodes
        Console.WriteLine("-->Der Knoten heisst: {0}", _
          obKindKnoten.Name)
      Next
    Next
    Console.ReadLine()
  End Sub

End Class
```

Diese Lösung ist etwas anspruchsvoller, da das XML-Dokument jetzt Knoten *Antwort 12-5*
für Knoten eingelesen wird und keine Hierarchie abgebildet wird (in dem Beispiel wird die *Depth*-Eigenschaft eines Knotens dazu benutzt, dessen Ebene
innerhalb der Hierarchie zu bestimmen).

Der Pfad der XML-Datei *Namenkartei.xml* muss nachträglich angepasst werden.

Listing 12-2:
Die Lösung
zur Übungs-
aufgabe 12.5

Buch-CD: vbnet1210.vb

```
' ---------------------------------------------
' vbnet1210.vb - Die Lösung zur Aufgabe 12.5
' Jetzt lerne ich Visual Basic .NET
' ---------------------------------------------
Imports System
Imports System.IO
Imports System.Xml
Imports Microsoft.VisualBasic

Class App
  Shared Sub Main()
    Dim stXmlPfad As String = _
     Environment.GetEnvironmentVariable("Userprofile") _
     & "\Eigene Dateien\Jlivbnet\Buchcd\Namenkartei.xml"
    Dim obTr As New FileStream(stXmlPfad, _
     FileMode.Open)
    Dim obXStr As XmlTextReader
    Try
       obXStr = New XmlTextReader(obTr)
    Catch
       Console.WriteLine("XML-Datei kann nicht gelesen werden...")
       Environment.Exit(0)
    End Try
    Do While obXStr.Read()
       If obXStr.NodeType = XmlNodeType.Element Then
          Console.WriteLine("{0}->Der Knoten heisst: {1}", _
           StrDup(obXStr.Depth, "-"), obXStr.Name)
       End If
    Loop
    Console.ReadLine()
  End Sub
End Class
```

Antwort 12-6   Das kleine Finale zu diesem Kapitel muss natürlich etwas anspruchsvoller sein, wenngleich es lediglich eine Wiederholung dieses Kapitels sowie des Kapitels 5, als es um die Prozeduraufrufe ging, darstellt. Als kleiner Bonus wird dafür gesorgt, dass die Knotenhierarchie »optisch« dargestellt wird. Dazu wird (ausnahmsweise) auf die praktische Funktion *StrDup* der Visual Basic-Kompatibilitätsklasse zurückgegriffen. Außerdem wird über die *NodeType*-Eigenschaft eines Knotens geprüft, ob es sich um ein Element handelt, da nur Elemente ausgegeben werden sollen.

Der Pfad der XML-Datei *Namenkartei.xml* muss nachträglich angepasst werden.

Buch-CD: vbnet1211.vb

*Listing 12-3:
Die Lösung
zur Übungs-
aufgabe 12.6*

```vbnet
' ----------------------------------------------
' Aufgabe 12.6
' Jetzt lerne ich Visual Basic .NET
' ----------------------------------------------
Imports System
Imports System.Xml
Imports Microsoft.VisualBasic

Class App

  Shared Sub Main()
    Dim stXlmPfad As String = _
    Environment.GetEnvironmentVariable("Userprofile") _
     & "\Eigene Dateien\Jlivbnet\Buchcd\Namenkartei.xml"
    Dim obXmlDoc As New XmlDocument()
    Try
      obXmlDoc.Load(stXlmPfad)
    Catch
      Console.WriteLine("XML-Datei kann nicht gelesen werden...")
      Environment.Exit(0)
    End Try
    Dim obKnoten As XmlNode
    Dim obRoot As XmlElement
    obRoot = obXmlDoc.DocumentElement
    KnotenAuflisten(obRoot, 1)
    Console.ReadLine()
  End Sub

  Shared Sub KnotenAuflisten(ByVal n As XmlNode, ByVal IdentLevel As Byte)
    Dim o As XmlNode
    If n.HasChildNodes = False Then
      Exit Sub
    End If
    For Each o In n.ChildNodes
      If o.NodeType = XmlNodeType.Element Then
        Console.WriteLine("{0}>Knoten: {1}", _
        StrDup(IdentLevel, "-"), o.Name)
        KnotenAuflisten(o, IdentLevel + 1)
      End If
    Next
  End Sub
End Class
```

Kapitel 13

Antwort 13-1   Die Antwort auf diese Frage wurde in diesem Kapitel weder erwähnt noch versteckt. Hier kommt es auch nicht auf die exakte Jahreszahl, sondern nur auf die ungefähren Zeiträume an, da so die Rolle der .NET-Initiative etwas deutlicher wird. Das Internet wurde Ende der Sechziger Jahre ins Leben gerufen und begann damals als ein kleines Netzwerk, das die Computer einiger großer amerikanischer Universitäten verband. Für den Internetboom gibt es keinen offiziellen Startpunkt. Meistens wird das Jahr 1994 genannt, als mit dem Netscape Navigator der erste Webbrowser für den Alltagsgebrauch erschien. Microsoft entdeckte das Internet erst relativ spät. Hier wird das Jahr 1997 als markantes Datum angegeben. Anschließend begann man sofort mit der Entwicklung von .NET, das im Jahre 2002 (in der Version 1) offiziell fertig gestellt wurde. Inwieweit es Microsoft gelingen wird, das Internet ähnlich zu dominieren wie im Bereich der PC-Betriebssysteme, wird sich frühestens in fünf bis zehn Jahren beantworten lassen.

Antwort 13-2   Der Computer, auf dem das Visual Basic .NET-Programm läuft, muss lediglich mit dem Internet verbunden sein. Da der Datenaustausch über das HTTP-Protokoll abgewickelt wird, spielt es keine Rolle, welcher Computer sich am anderen Ende befindet.

Antwort 13-3   Die Daten, in diesem Fall die verschiedenen Buchtitel, ließen sich sehr viel einfacher weiterverarbeiten und zum Beispiel mit einem einzigen Befehl in ein *DataSet*-Objekt einlesen. Das kann wiederum an ein Tabellensteuerelement gebunden werden, so dass die Daten (hübsch formatiert) auf einem Formular angezeigt werden könnten.

Kapitel 14

Antwort 14-1   Hinter einem Formular einer Windows-Anwendung steckt sowohl bei Visual Basic .NET als auch bei C# (und allen übrigen .NET-Programmiersprachen) ein Objekt der Klasse *Form* aus dem Namespace *System.Windows.Forms*. Ein Windows Form ist daher nichts anderes als eine weitere Klasse der .NET-Basisklassen. Dass ein Windows Form als rechteckiger Bereich mit einer Ausgabefläche und den typischen Attributen eines Fensters angezeigt wird, dafür sorgen zahlreiche Klassen und deren Methoden, die mit dem Instanzieren einer Form-Klasse »unsichtbar« aufgerufen werden. (Über das *Ildasm*-Tool aus dem .NET-Framework-SDK ließe sich aber der IL-Code, der in diesem Fall ausgeführt wird, Befehl für Befehl nachvollziehen.)

Antwort 14-2   Bei einer solchen Ereignisprozedur handelt es sich um eine gewöhnliche Prozedur, die einen beliebigen Namen tragen kann. Zwei Dinge zeichnen die Prozedur als Ereignisprozedur aus: 1. Das Schlüsselwort *Handles*, das die Prozedur mit einem Ereignis eines über *WithEvents* deklarierten Objekts verbinden. 2. Die Prozedurparameter, die vom Typ *System.Object* und *Sys-*

tem.EventArgs sein müssen. Während *System.Object* für das Objekt steht, das das Ereignis ausgelöst hat, steht *System.EventArgs* für eventuell übergebene Prozedurparameter (etwa die Mauszeigerkoordinaten bei einem Mausereignis).

Die Auswahl einer der angebotenen Projekttypen bewirkt nicht sehr viel, sondern lediglich bestimmte Einstellungen in den Projekteigenschaften, die sich jederzeit nachträglich ändern lassen, sowie die Auswahl eines »Template« (etwa einer Windows-Forms-Datei) aus dem allgemeinen Verzeichnis *Programme\Microsoft Visual Studio .NET\Vb7\VBProjectItems* und dessen Unterverzeichnissen. Indem die in diesen Verzeichnissen enthaltenen Dateien direkt editiert werden, lässt sich einstellen, welche Module mit welchen Inhalten nach Auswahl eines Projekttyps angezeigt werden.

Antwort 14-3

Vermutlich nicht, denn außer dass das Projekt künstlich aufgebläht wird (was vielleicht auf den Chef einen guten Eindruck macht) und sich die Klassen etwas leichter in andere Projekte einbinden lassen, da sie als eigene Dateien vorliegen, bringt es keine Vorteile. Im Gegenteil, es macht die Programmierung etwas umständlicher, da sehr viel häufiger zwischen verschiedenen Modulen gewechselt werden muss. Im Allgemeinen ist es ratsam, alle Klassen eines Projekts in einem Modul unterzubringen.

Antwort 14-4

481

Die Buch-CD im Überblick

Auf der beiliegenden CD finden Sie alle notwendigen Daten und Programme, um die Beispiele aus den einzelnen Kapiteln durcharbeiten zu können. Darüber hinaus bietet Ihnen die CD weiterführende Informationen und Links. Die Verzeichnisse im Überblick:

▪ Auf der CD-ROM sind die im Buch besprochenen und abgedruckten Quelltexte gespeichert, so dass Sie sie nicht eigens abtippen müssen. Über ein komfortables Web-Menü erhalten Sie Zugriff auf den Quellcode jedes einzelnen Programms. Alternativ steuern Sie mit einem Dateibrowser in das Verzeichnis Quellen, um die Dateien direkt aufzurufen.

▪ Das Verzeichnis Software enthält Links und kurze Erläuterungen zur Software, die Sie benötigen oder einsetzen können, um Visual Basic .NET zu programmieren. Die hier besprochenen Programme sind auf der CD-ROM enthalten, so dass Sie keinen Internetzugang benötigen.

▪ Jetzt lerne ich Visual Basic hat sich tausendfach bewährt – nicht nur für das Eigenstudium, sondern auch als Grundlage für Kurse, Seminare und Schulungen. Deswegen bietet der Verlag einen Trainerband an, der fertige Abläufe für Ihre Unterrichtseinheiten, Folien (als PowerPoint-Präsentation) und zusätzliche Übungen und Arbeitsblätter enthält. Im Unterverzeichnis Training können Sie das Konzept dieses Trainerbands anhand zweier Probekapitel in Augenschein nehmen.

Stichwortverzeichnis

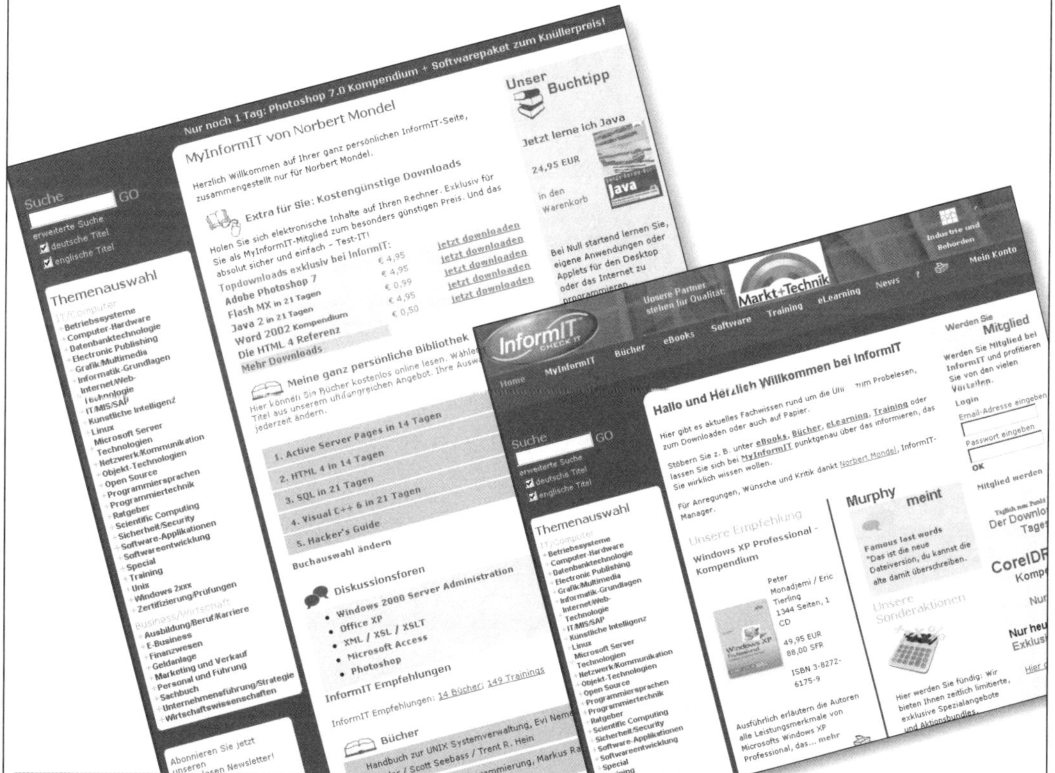